高 等 院 校 小 学 教 育 专 业 教 材

小学综合实践活动设计与实施

赵书超 / 主 编

郑 爽 / 副主编

清华大学出版社

北 京

内 容 简 介

本书主要面向小学教育师范生和中小学教师及教育工作者,使其了解并掌握小学综合实践活动课程的相关知识。本书理论篇主要介绍小学综合实践活动课程的性质、特点、理念、意义、活动维度、课程内容等;实践篇主要介绍课程设计、实施、资源开发三个主题;管理篇介绍活动管理、教师成长、活动评价。

本书可以作为师范类小学教育专业的教材和中小学综合实践活动教师的教学参考用书及学校管理者的业务进修用书。

图书在版编目(CIP)数据

小学综合实践活动设计与实施/赵书超主编. --北京:清华大学出版社,2013(2021.8 重印)

高等院校小学教育专业教材

ISBN 978-7-302-33103-2

Ⅰ. ①小… Ⅱ. ①赵… Ⅲ. ①小学-活动课程-教学研究-高等学校-教材 Ⅳ. ①G622.3

中国版本图书馆 CIP 数据核字(2013)第 150390 号

责任编辑:张 弛
封面设计:于晓丽
责任校对:袁 芳
责任印制:沈 露

出版发行:清华大学出版社

网   址:http://www.tup.com.cn,http://www.wqbook.com

地   址:北京清华大学学研大厦 A 座   邮 编:100084

社 总 机:010-62770175   邮 购:010-62786544

投稿与读者服务:010-62776969,c-service@tup.tsinghua.edu.cn

质量反馈:010-62772015,zhiliang@tup.tsinghua.edu.cn

印 装 者:三河市龙大印装有限公司

经   销:全国新华书店

开   本:185mm×260mm   印 张:17.75   字 数:447 千字

版   次:2013 年 11 月第 1 版   印 次:2021 年 8 月第12次印刷

定   价:49.00 元

产品编号:049544-03

前　言

　　将综合实践活动课程列入基础教育课程体系,这在新课程改革中,既是一个亮点,又是一个难点。

　　所谓亮点,是指综合实践活动成为学生生活与学校课程之间的一座桥梁。大而言之,成为素质教育实施、创新人才培养的"实训场";小而言之,为师生"自主开发课程、开创自己的教育生活"提供了条件。

　　所谓难点,是这一课程如何设计与实施。目前仍处于探索阶段,众说纷纭、莫衷一是。尤其是,我国当前教师教育理论及其实践严重滞后于基础教育课程改革实践。综合实践活动教师培养没有成熟、有效的教育教学模式,缺少大家普遍认可的适当教材。这对综合实践活动教师培养来说是一个亟须解决的问题。因此,笔者编写了本书。

　　本书主要面向的读者是小学教育专业的本科生、专科生,以及在职学习的小学教师和相关教育管理者。全书内容包括理论篇、实践篇、管理篇3篇,以我国新课程改革的教育理念为指导,系统阐述了综合实践活动的相关理论与实践变革。基于上述考虑,本书力图做到以下两点。

反映最新研究成果,立足理论探索与创新

　　自2001年《基础教育课程改革纲要(试行)》颁布以来,综合实践活动实施、管理等方面的著作、论文层出不穷,但这些研究成果中,理论的系统性、完整性有待提高,其整体框架也需要进一步创新。基于此,本书就该课程设计与实施理论方面的诸多问题进行了初步探索。

回应课改实践需求,强化策略分析与示范

　　本书定位于为小学一线教师或准教师提供综合实践活动课程在理论、实践与管理诸方面进行探讨的基本平台,所以,小学综合实践活动课程改革所遇到的现实问题必然是本书的关注点。并且,为了满足他们的工作需求,在教材编写体例处理上采用理论阐述及策略分析与案例点评相结合的方法,并在每章结束后将该章内容进行归纳与练习,配以与该章相关的资源链接,更加通俗易懂,便于具体运用。

　　本书的编写分工是:赵书超负责全书提纲编写,负责统稿中全书结构及内容的协调;郑爽负责书稿的文字、体例、格式等方面的协调与检校。各章节的具体分工是:第一章、第二章由赵书超编写;第三章由李运昌、赵书超编写;第四章由赵书超编写;第五章由陈新巧、赵书超编写;第六章、第七章由冯超编写;第八章、第九章由赵书超、郑爽编写。

　　由于编者的水平所限,本书难免存在不当之处,恳请各位读者给予批评指正。

编　者

2013 年 4 月

目录

理 论 篇

小学综合实践活动设计与实施

实　践　篇

管　理　篇

理 论 篇

　　理论篇的主要内容包括综合实践活动概述、综合实践活动理念与目标、综合实践活动内容 3 章。作为全书的理论基础，本篇目标是帮助学习者认识小学综合实践活动的课程性质与特点，理解这一课程的基本理论、活动内容及其开发；把握该课程的价值追求，提升教师自身的课程意识；为小学教师承担综合实践活动的指导任务，特别是进行活动设计与实施，提供宏观的、系统的理论指导。

第一章　综合实践活动概述

学习目标

- 把握综合实践活动的内涵与特点；
- 了解综合实践活动变革的国内外经验；
- 理解综合实践活动课程的地位与价值。

问题情境

和孩子一起成长

刚接触综合实践活动这门课程还是在三年前。当时这是一门全新的课程，接手时，我感到无知和彷徨，这门课程是什么样的课程？该如何去从事教学活动？学生到底要从中学到什么？我该如何来把握课堂的教学秩序，如何来引导学生进行这门课程的学习？一系列的问题在我脑海中盘旋。拿到资源包后，我特别仔细地对资源包内容进行了了解。感觉综合实践活动课既像《科学》课程，又好像《自然》课程，还包括一些思想品德教学的内容，也有一些分不清学科的内容，这简直是百科全书的儿童版嘛，自诩还是有点学问的我想当然地以为，这门课就是要给孩子介绍更多的知识。开始时，我的设想是按照课本给的资料来上课，但课本上的信息毕竟是有限的，为了教好这一堂课，我四处寻找资料，希望能教给孩子更多的知识，当然也有想在课堂上让孩子们崇拜我的潜意识。结果课堂上要么是我的"一言堂"，只看到孩子们发呆的眼神，要么是孩子们生搬硬套已有的课外知识，这还算好的，有的孩子干脆做作业、小声讲话，整个课程全无意义可言。这些"小淘气"，平常可不是这样的呀！问题究竟出在哪里呢？我压抑住自己的情绪，回到办公室再一次拿起了相关的指导书。看着看着，我不禁哑然失笑：什么？超越教材？注重实践？让学生自己来进行课题研究？而且还要让他们研究自己感兴趣的内容？不学知识怎么行呀！他们会吗？才几岁呀！接下来的几节课，我还是坚持我的想法，只是在纪律奖励方面有所加强，结果还是失败了。

难道是我错了？……①

上述案例记述了一位刚接触综合实践活动课程的教师的基本认识和教学经历，表现出这位

---

①　节选自《和孩子一起成长》。参见田慧生.综合实践活动课程实践中的问题与策略[M].北京：教育科学出版社，2007：167-168.

教师对综合实践活动课程的一系列误读、误解和误行为。当然,案例也向我们提出了一系列的问题。除了文中提到的疑问,还包括以下问题:综合实践活动课程究竟是一种什么样的课程?这样的课程究竟在中小学课程中的地位如何?有什么样的价值?这类课程设置的意图是什么?该类课程的历史发展历程怎样?等等。本章将针对这些问题逐一展开讨论。

理论述要

第一节 综合实践活动内涵

《基础教育课程改革纲要(试行)》规定:综合实践活动课程作为3～12年级的必修课程。那么,什么是综合实践活动?它有哪些特点?它与学科课程有什么不同?这些问题直接关系到综合实践活动的开设、设计、实施,影响到教师指导、学校课程管理等诸多方面的工作。

一、综合实践活动的含义与价值取向

在我国基础教育新课程体系中,综合实践活动作为一个全新的领域,首次被纳入课程结构,这是我国基础教育课程体系的结构性突破。

(一)综合实践活动的含义

综合实践活动以其"倡导学生自主活动,促进学生作为'整体人'的发展"打破了沉闷的学科教学,成为新课程中最活跃、最富有生机和活力的一个领域。因此,它作为新一轮课程改革中的一个亮点,备受人们关注。

综合实践活动是在教师引导下,学生自主进行的综合学习活动,是基于学生的直接经验,密切联系学生自身生活和社会实际,体现对知识、技能的综合运用的课程形态。

综合实践活动是一种以学生的经验与生活为核心的实践性课程。它着眼于发展学生的综合实践能力、创新精神和探究能力,属于发展性课程和经验性课程,是基础教育课程体系中综合化程度最高的课程。

(二)综合实践活动的价值取向

作为一门新型的课程形态,综合实践活动体现出一些新的价值取向。

1. 立足于学生的直接经验

传统的学科课程立足于文化符号系统所表征的课程形态来获取间接经验。间接经验的获取往往是借助文化符号系统或观察他人行动来思维、想象事物关系而获得知识,这一过程本身就意味着损耗甚至误读大量的活动信息,致使受动者的感受和体验是粗浅的,难以达成影响人的生活和身心发展的任务。所以,间接经验作为育人资源存在着严重的缺陷。

综合实践活动强调以学生经验整合课程资源,摈弃了抽象文化知识积累的认知方式,还原了人类认识事物最有效的方式——直接经验——依靠人的亲力亲为来获取经验。这种经验的内容最后沉淀下来的不再仅仅是知识——还包括丰富的情感、行动等具体形象认识——经验本身是丰满而自足的。也就是说,直接经验重新恢复了人的兴趣、直觉、情感、体验等在探寻世界中的合法身份和目的性价值,求知活动充满了生命的激情和心灵的感悟。这种经验在人的总体经验中占据核心地位,它也必然会深刻影响着学生当下及将来的生活。

【案例 1.1】

迷茫中的惊喜

　　如何使学生的活动成为真正有意义的探究过程,使学生通过体验生活、关注社会、团队合作来认识自我、完善自我、提升自我呢?我和黄老师都感到非常茫然。而对学生所选课题——蔬菜与饮食——的认识之浅更使我们心中没底。当时心中只有一个想法:自己全身心地投入,把自己作为孩子的同伴,共同步入蔬菜的王国。

　　而学生浓厚的探究兴趣就如同一缕缕阳光,照亮了我们的探究征途。他们每天都有着令人惊喜的行动或发现:"老师,今天我们播下了青菜的种子,顾连耀说要用脚踏一下才能长出来,可我不信,所以一人种一半田!"瞧他们多有主见呀!"老师,今天我们去采访了对面的农贸市场,了解了许多蔬菜的种类和产地!""老师,昨天我在家里向妈妈请教,用香菇烧了两个菜!""老师,我上网查到胡萝卜被誉为'皮肤食品',经常食用能使皮肤白嫩有光泽,我已经对妈妈说过了,别老是敷面膜,多吃点胡萝卜就行了!"

　　各个小组的活动都开展得不错:种类小组、营养小组通过到农贸市场采访卖菜的摊主、买菜的顾客,以及学校的老师,自己的家庭成员、邻居、同学等积累了大量第一手的资料;烹饪小组的同学在收集资料之余,还尝试着自己洗菜、做菜,获得了家长的好评;生长小组的干劲最足了,他们在学校的空地里自己犁田,开垦了一块土地,播下了蔬菜的种子,定时浇水、观察并记录。同时,我们的美容小组也没有闲着,他们也通过上网查阅、小调查等方式积累了一定的材料。

　　孩子们还用画笔画下了自己关于蔬菜的畅想曲;制作了一些相关的表格,记录了许多自己独特的体验及感受;兴致盎然地把自己的探究所得设计成了电子小报、手抄报等。[①]

【案例点评】

　　学生主动地参与、探究、体验、记录、总结,多方面拓展了学生经验。这种"兴趣盎然"源自"生命的激情和心灵的感悟",是基于学生直接经验上的课程开发与实施所展示出来的活动效果!没有学生的亲力亲为,不可能有学生如此热情、如此多的探究方式,如此形式不同的成果展示。[②]

　　当然,综合实践活动强调直接经验,并不意味着间接经验的退避,也不把直接经验与间接经验相对立,而是以直接经验为主线,努力寻求间接经验的个体意义,使之共同建构个体生命的完整性。直接经验总是具体的、历史的,立足于学生的直接经验还意味着综合实践活动课程不可能也不应该有统一的教材,它应当向学生个体完整的生活经验开放。

　　2. 回归学生的生活世界

　　所谓生活世界,是相对于科学世界而言的,是指人们日常生活的现实世界。对于传统学科

---

　　① 节选自《在活动中共同成长》,选入本书时稍有改动,题目为编者拟定。参见张华,安桂清等.综合实践活动课程开发与案例研究[M].北京:高等教育出版社,2008:15-16.

　　② "案例点评"部分,除非特别注明,一般为编者撰写,后文不一一注明。

小学综合实践活动设计与实施

课程,生活世界是被拒斥的。无论语文、历史、外语,还是物理、化学、数学,每门课程都以本学科知识逻辑为线索进行教材编写,教师教学也按照同样的顺序和逻辑进行讲授,课程本身构成一个封闭的体系——由学科逻辑整合而成的科学世界,学生的生活世界无权也无机会挤进这个世界。实际上,生活世界是科学世界的基础、目的和价值的源泉。然而,传统的课堂教学生活,往往是拒斥学生的生活甚至教师的生活的。

【案例 1. 2】

由一份调查问卷发现的问题

1993—1996 年联合国儿童基金会与我国教育部基础教育司共同做了一项调查,这项调查对我国初等教育教学质量做了检测。所有二年级的小学生(五年制)都做了这样一道题:小明的体重约 20 _____(克、千克)。所有三年级的小学生都做了这样一道题:课桌的面积是 50 _____(平方厘米、平方分米、平方米)。所有五年级的小学生都做这样一道题:昨天 18:30 乘火车去北京,途中行驶了 15 小时,问何时抵北京?

调查结果显示:二年级小学生的回答正确率为 50.14%,约占 1/2,三年级小学生的回答正确率为 37.68%,约占 1/3,五年级小学生的回答正确率为 25.52%,约占 1/4。这样的调查结果,令人很奇怪,题目并不难,比如第一道题目,一个人的体重总不会为 20 克吧? 即使用排除法也能选中啊。而让我们的学生做这样的题目:3 千克=( )克时,95%的学生都能答对。什么原因呢? 调查者经过分析认为,造成这种现象的深层原因还是因为在教学"量与测量"的内容时,教学的重点放在了单位换算上,而不是单位的实际意义。[①]

【案例点评】

案例中教学评估所得出的结论不限于样本意义,可以说基本上反映了中国数学教学的真实状况,即数学教学重点"不是单位的实际意义",这就是学科教学拒斥学生的生活世界的具体表现! 当然,其原因除了学科课程本身的封闭性之外,还包括我国应试教育——教育教学以学生分等排队的选拔性考试为目标——的文化,这种文化也起到了推波助澜的作用。所以,偏离生活世界的学科教学是走向"歧途"的、悲哀的、令人哭笑不得的!

综合实践活动力图克服传统课程与学生生活的剥离,突破学科疆域的束缚,回归儿童生活和经验,这就意味着学生的生活世界将会成为综合实践活动的背景、手段和意义所在。生活世界作为一个复杂整体,意味着个体与自然、个体与他人和社会、个体与自我不断发生关系,并且各种关系纠葛关联进而构成一个完整自我。在接近日常生活的情境中,学生经营亲近与探索自然、体验与融入社会、认识与完善自我,致力于提升人的内在生活品质,充实个体的生存意义。

3. 关注学生的自主探究

自主探究是与综合实践活动相适应的基本学习方式。采用这种学习方式意在改变单一知识"授受"学习方式和简单技艺训练的活动方式,使学生借助调查、访问、考察、测量、实验、劳动、查阅资料等多样化的活动方式开展学习。南宋陆游《冬夜读书示子聿》诗云:"纸上得来终觉浅,绝知此事要躬行。"也有人说:"我听过,会忘记;我看过,会记得;我做过,才懂得。"可见自主探究的重要性。

---

① 靳玉勒,宋乃庆,徐仲林. 新教材将会给教师带来些什么——谈新教材新功能[M].北京:北京大学出版社,2002:51.

【案例1.3】

"小小塑料瓶"活动反思

"小小塑料瓶"主题活动,不仅给了学生一个学习、探究和锻炼的机会,教师也从中受益匪浅。

……这次活动历时较长,活动内容较多,但全班没有一个学生表现出厌倦的情绪,没有把它当作一种沉重的任务,而是把它当作是一项愉快的活动。在查资料的过程中,他们表现出很强的求知欲;在调查采访时他们又是那么的认真、不辞辛苦;在设计方案时他们展现了无穷的想象力。教师被学生们的热情感动了,同时也被这门课程的魅力所深深地吸引。[①]

【案例点评】

综合实践活动把课程活动的决策权与探究机会交给了学生,品尝到自主解决实际问题乐趣的学生,不仅兴趣盎然,而且时时迸发出"精彩的观念"。正像达克沃斯所说的:"人们能够以这样的方式让儿童熟悉一些现象,吸引他们的兴趣,让他们提出并回答问题,让他们意识到自己的观念是重要的——他们因此有兴趣、有能力、有自信靠自己继续前进。"[②]让课程变成学生的生活,触发了学生的学习激情和灵感,这就是综合实践活动的魅力!

在自主探究过程中,有体验才会有领悟,才会有智慧显现;有智慧才会有知人认事,才会产生敬意和德行。所以,学生的自主探究活动能够"化信息为知识,化知识为智慧,化智慧为德性"。借助自主探究的实践活动,来实现全面育人,这是综合实践活动的更高追求。

二、综合实践活动的特点

在新的基础教育课程体系中,综合实践活动作为综合程度最高的课程,它不是其他课程的衍生或附庸,而是具有自己独特的功能和价值的。与其他课程相比,综合实践活动课程具有如下特征。

(一)整体性

综合实践活动面向学生的生活世界,这个世界具有整体性——学生与自然、社会、自我——相互关联,彼此交融,构成一个有机整体。从学生"自我"角度看,其人格发展同样具有整体性——需要在综合运用不同学科知识的过程中完成探究世界与自我,最终会通、融合成自身的素质、能力和倾向性。所以,综合实践活动本身也具有整体性。

(二)实践性

综合实践活动以活动为主要开展形式,强调学生的亲身经历,要求学生积极参与到各项活动中去,在"做"、"考察"、"实验"、"探究"、"设计"、"创作"、"想象"、"反思"、"体验"等一系列活动中发现和解决问题、体验和感受生活,发展实践能力和创新能力。

(三)开放性

综合实践活动面向每一个学生的个性发展,尊重每一个学生发展的特殊需要,其课程目标

---

① 节选自《小小塑料瓶》,选入本书时,重拟订了题目。参见刘道溶.中小学综合实践活动教学活动设计[M].北京:北京大学出版社,2005:146.

② [美]爱莉诺·达克沃斯.精彩观念的诞生——达克沃斯教学论文集[M].张华等译.北京:高等教育出版社,2005:11.

小学综合实践活动设计与实施

具有开放性。综合实践活动面向学生的整个生活世界,其课程内容具有开放性。综合实践活动强调富有个性的学习活动过程,关注学生在这一过程中获得的丰富多彩的学习体验和个性化的创造性表现,其学习活动方式与活动过程、评价与结果均具有开放性。

(四) 自主性

综合实践活动尊重学生的兴趣、爱好,注重发挥学生的自主性。学生自己选择学习的目标、内容、方式及指导教师,自己决定活动结果呈现的形式,指导教师只对其进行必要的指导,不包揽学生的工作。

(五) 生成性

综合实践活动是由师生双方在其活动展开过程中逐步建构生成的课程,而非根据预定目标预先设计的课程。随着实践活动的不断展开,学生的认识和体验不断深化,创造性的火花不断迸发,新的活动目标和活动主题将不断生成,综合实践活动的课程形态随之不断完善。

三、综合实践活动的内容领域

综合实践活动作为国家规定的必修课程,其课程内容则由地方教育主管部门指导,学校根据所在地区和学校具体情况自主开发。综合实践活动的内容范畴包括指定领域和非指定领域两部分。指定领域有研究性学习、社区服务与社会实践、劳动与技术教育、信息技术教育 4 个方面。

(一) 研究性学习

研究性学习是指学生基于自身兴趣,在教师指导下,从自然、社会和学生自身生活中选择和确定研究专题,主动地获取知识、应用知识、解决问题的学习活动。研究性学习强调学生通过实践,增强探究和创新意识,学习科学研究的方法,发展综合运用知识的能力。学生通过研究性学习活动,形成一种积极的、生动的、自主合作探究的学习方式。

(二) 社区服务与社会实践

社区服务与社会实践是学生在教师指导下,走出教室,参与社区和社会实践活动,以获取直接经验、发展实践能力、增强社会责任感为主旨的学习领域。通过该学习领域,可以增进学校与社会的密切联系,不断提升学生的精神境界、道德意识和能力,使学生人格臻于完善。

(三) 劳动与技术教育

劳动与技术教育是以学生获得积极劳动体验、形成良好技术素养为主的多方面发展为目标,且以操作性学习为特征的学习领域。它强调学生通过人与物的作用、人与人的互动来从事操作性学习,强调学生动手与动脑相结合。通过该领域使学生了解必要的通用技术和职业分工,形成初步的技术意识和技术实践能力。

(四) 信息技术教育

信息技术不仅是综合实践活动有效实施的重要手段,而且是综合实践活动探究的重要内容。信息技术教育的目的在于帮助学生发展适应信息时代需要的信息素养。这既包括发展学生利用信息技术的意识和能力,还包括发展学生对浩如烟海的信息的辨别和反思能力,形成健康向上的信息伦理。

以上几个方面是综合实践活动的指定领域,除上述指定领域以外,综合实践活动还包括大量非指定领域,如:班团队活动、校传统活动(科技节、体育节、艺术节)、学生的心理健康活动等,这些活动在开展过程中可与综合实践活动的指定领域相结合,也可以单独开设,但课程目标的指向是一致的。指定领域与非指定领域互为补充,共同构成内容丰富、形式多样的综合实践活动。

四、综合实践活动的组织线索

综合实践活动内容的选择与组织,主要围绕 3 条线索进行。

(一)人类与自然的关系

历史上,人类在处置与自然之关系时,有 3 种认识和实践。一是膜拜自然。古代社会,人类胸怀"敬天畏神"的思想,在大自然面前深感自己的无力和渺小。于是,匍匐在大自然脚下,祈祷自然与其神力的庇佑。二是征服自然。近代以来,随着科学技术的发展,"知识就是力量"成为人征服自然的号角,"役用自然"成为人类认识自然的目的和动力。人类把自身与自然对立起来,自封为自然的"主人"。三是感悟自然。在向大自然无度索取的同时,人类开始品尝其行为所带来的苦果。在此背景下,人们开始重新思考人与自然的关系,意识到"人类中心主义"的浅薄与可笑,试图重建人与自然"和谐共处"的关系,"热爱自然、保护自然"开始成为人类的职责,并试图借助自然感悟人生。人生于自然,归于自然。自然赐予人类物质的家园,自然同样开启人类精神的家园。在物质的层面上,人与自然休戚相关,一荣俱荣,一损俱损,已经毋庸赘述。在精神的层面上,大自然热情地敞开怀抱,让人们在纷乱尘世的余暇,去体验生活的片刻之宁静、感受自然之美与神秘;让人们在自然的怀抱中打开心灵的闸门,来感悟历史的悠远与深邃、苍宇的玄奥与博大、人生的价值与真谛!

【案例 1.4】

"关于自然"的自然探究

自然世界博大而精深,一片树叶,绿了又黄;一株含羞草,开开合合;一只蝴蝶,破茧而飞……更不论万里黄沙的悲壮,满地红叶的深情,落霞与孤鹜齐飞的胜景,秋水共长天一色的壮丽……自然总在生生不息中演绎出万千世界的传奇。在引导儿童认识姿态各异的自然景观时,我们会发现成人眼中微乎其微的事物,在儿童的眼中却是五彩斑斓、极具吸引力。"树叶天地"小组的同学表达了他们心中的疑问。

"为什么树叶一面颜色比较深,另一面颜色比较淡?"

"树叶的形状为什么不同?"

"为什么有些树叶有毒,有些树叶没有毒?"

"为什么树叶有的是绿的,有的是红的?"

"树叶有什么用处?"

"……"①

【案例点评】

面对儿童惊异的目光和惊奇的语言,我们成人的内心还保留着那丝对自然的敏感和敬畏吗?还是因生活的苦难而被磨砺得粗糙坚韧的内心已对自然的奇观视而不见、无动于衷了呢?

---

① 张华,安桂清.论综合实践活动课程开发的自然维度[J].教育发展研究,2007(24):18-24.

小学综合实践活动设计与实施

倘若是后者,我们的人生该是多么的困苦、狭隘、乏味和无聊!为避免重蹈覆辙,综合实践活动鼓励儿童在接触自然的过程中探究自然的奥秘,体验自然的神奇,使自然时时在他们眼前铺展、在他们耳边低吟、在他们心中驻足……"关于自然"的自然探究首先就是引导学生去体验自然,感悟宇宙中存在的一切美妙之物。①

综合实践活动沿着学生与自然关系的展开,其价值不是作为"征服自然"的牛刀小试,而是追寻人类精神家园之漫漫长旅的启程,是"感悟自然"的行为开始。所以,小学综合实践活动需要本着"在自然中,由于自然并为了自然"的原则来开展,在探究自然物质与"精神"生命过程中,在探究人与自然的关系中,在感悟自然之神秘与人类的价值中,不断地行进和升华。让"自然之探究"转化成"世界因为我们更美好"的具体而切实的行动吧!

(二)学生与社会的关系

每个学生怎样在小组中有效活动,怎样与他人和谐相处,如何处理合作与竞争、个人与集体的关系,都成为儿童在综合实践活动中必须面对的现实问题。上述诸方面都属于学生社会性的发展的内涵,它是综合实践活动课程独特而重要的任务。社会维度是综合实践活动课程的重要支撑点。综合实践活动是学生的活动,活动方式的要素是自主、探究、合作。自主强调的是学生的自觉性、能动性和自我选择与决断的特点,探究强调的是活动主题的"问题—解决"模式,合作强调的是学生之间、师生之间的相互沟通、分工协作的共同参与方式。因此,不仅社会问题可以成为综合实践活动的研究课题,综合实践活动本身也具有社会性特征。

【案例 1.5】

在研究中成长

在指导老师看来,"如何建设好班集体"这样一个比较大的课题研究没有一年半载不会有什么起色。但事实出乎预料,经过一学期的合作研究,同学们已经在很多方面表现出成长和进步,比如面对集体任务时的勇于承担、合作中的为人着想、布置教室时的积极热情等,以致学校要放暑假了,徐钱同学竟然说:"为什么要放这么长的假?一个人待在家里不开心,我喜欢在学校里,和同学们在一起。"看来研究活动还真有了效果,同学们已经开始把班级看作家了。小组同学的倾心和用情,使得班级带有了家的意义,用海德格尔的话说就是具有居住的意味。居住不仅表示居留在某个空间,同时还表示人的某种内在精神状态。②

【案例点评】

班级是儿童遇到的第一个正式的组织、一个真实的社会,学会在班级里生活是学会社会生活的第一步。案例中孩子们基于综合实践活动班级探究和行动,既改变了他们存在的环境,也改变了自己,同时见证了自己作为主人翁的能量,他们会逐渐生成参与和改进社会生活的意识和勇气,这为他们今后在纷繁的社会关系中安顿身心打开了一扇门,奠定了一层基础。

综合实践活动沿着学生与他人和社会关系的展开,可以让学生养成关注他者、人群与社会发展的态度,学会观察、理解、研究同伴、师长、他人及社会的方法,提高自身与他人、与社群进行交流的能力,并以此为契机实现自身成长,同时促进社会的不断完善。实际上,"社会之探究"也渗透在儿童与他人、儿童与自然的关系中,具体体现为儿童的合作、共处、关爱、尊重等品

---

① 参见张华,安桂清.论综合实践活动课程开发的自然维度[J].教育发展研究,2007(24):18-24.
② 题目为编者所加.参见张华,李树培.论综合实践活动课程开发的社会维度[J].教育发展研究,2008(18):64-71.

质和能力的养成。与他人有效交流并协作,与自然和谐相处并共生。

(三)学生与自我的关系

综合实践活动倡导自主探究,让学生在自我抉择、亲身实践和自由思考并自己解决问题的过程中,关注并不断理解人与自我、人与社会、人与自然的关系。学生与自我的关系是综合实践活动开发的自我维度,同时也是综合实践活动课程的出发点和价值追求,主要表现为儿童个性化的张扬和自主性的提升,具体体现为儿童独立思考并付诸实践、有所选择并敢于负责的意识和能力的提高。[①]

【案例1.6】
学会选择与思考

综合实践活动给了儿童很大的自主权,他们可以按照自己的兴趣和爱好确立主题,可以自己寻找合作伙伴,甚至可以自己选择指导教师。

上课铃响了,我整理了一下思路进入教室。学生们陆陆续续走了进来,因为他们来自于不同的班级,所以要比平时多花一点时间适应新环境。看得出,有的人一下子就适应了,神情平静地看着我,而大部分学生的眼神和动作还是慌乱茫然的。好不容易把他们安顿好后,我简单介绍了一下探究课的特点,特别强调它不像平常上课一样,老师讲学生听,而是让学生自己去探索感兴趣的事情,老师只是作为指导帮助他们完成研究工作。话一说完,许多学生脸上的表情轻松了不少,有一些学生表现出来跃跃欲试的神情,当然还是有一部分学生的表情是茫然的。

接下来,我提出了两个问题让他们思考并把结果写下来:①生活中,你对什么事物或什么现象产生过兴趣并有过思考?②如果你想对它们进行研究,你认为自己具备什么条件?学生们很快就写好了答案。我把交来的纸条快速浏览了一遍,出乎我的意料,绝大部分学生对第一个问题的回答都集中在天文宇宙方面,只有两个学生写了历史,还有一个学生写了生物。而对于第二个问题,大部分学生没有回答。大概是我说得不够清楚,于是我又重复了一遍。于是有不少同学回答可以通过上网查资料,也有同学说家里有书或者可以到学校图书馆查资料。当然仍有一部分同学脸上还是一片茫然。[②]

【案例点评】

孩子从小习惯了给予和束缚,他们的行动选择常常会受到别人尤其是成人的影响和干涉,习惯接受别人为他做出的选择,不想动脑筋自己做出选择,所以一旦有了自由,他们反而不知所措。当必须做出选择的时候,就会出现上述案例中好几次出现的"茫然"。但这并不意味着我们要顺应这种惯性,相反,我们还是要尝试放手让学生独立选择,哪怕出现暂时的混乱和不适。[③]

自我本身即是一个真实而自在的生活世界,是小学综合实践活动可以发掘的丰富的探究资源。同时,自我又永远都是独特的,这种独特性是在与他人、与社会、与自然的诸多关系中形成和发展的。综合实践活动课程借助学生参与课程开发,使学生的自我价值在此过程中充分彰显:学会思考与判断、学会选择与负责。在培养学生的自主性的过程中,教师要尽可能避免"被动的主体性"和"虚幻的自由",努力将学生自我价值的实现建基于他们反思性的探究。这

---

①②③　张华、李树培.论综合实践活动课程开发的自我维度[J].教育发展研究,2008(24):60-66.

是综合实践活动课程自我维度开发的基本原则。

综合实践活动的开发与实施,应以学生为核心,实现上述 3 种关系协调与整合,最终实现学生个性健康全面发展。

五、综合实践活动内容的开发原则

如前所述,综合实践活动内容领域极其广阔,组织线索多样且具有极大的开放性和自主性,给一线教师带来一定困惑和难度。那么,针对每项课题、每次活动,我们究竟如何选取内容呢? 下面是活动内容选择的基本原则。

(一)尊重每一个学生的兴趣、爱好与特长

每一个学生都是综合实践活动开展的原因和目标,他们的兴趣、爱好与特长是活动内容的选择标准,也是活动获得成功的基本保证,这是综合实践活动是否回归学生生活的标志。

(二)体现每一所学校的特色

综合实践活动是学校文化的有机构成,集中体现了学校特色,因此活动内容选择必须立足学校特色,视其为学校文化建设的重要环节。

(三)反映学校所在社区的特色

学校所在社区是学校特色的基础,因地制宜,挖掘社区中的课程资源与研究课题,让学生的探究基于成长的环境,并在与社区持续交互作用的过程中不断理解社区、服务社区,健康成长。

(四)从日常生活中选取探究课题

日常生活对学生发展的影响不逊于学科知识。尊重学生的日常生活,引导他们从中选取感兴趣的问题和课题,将学科知识与学生日常生活整合起来,是综合实践活动取材的方向。

第二节　综合实践活动的历史

综合实践活动作为一个崭新的课程类型,究竟是怎么产生的? 在国内外教育发展长河中究竟经过了哪些发展历程? 这对于我们从历史的角度,分析、判断、准确把握这一课程的产生背景、意义和今后走势,具有重要意义。

一、综合实践活动的本土溯源

我国综合实践活动课程的产生是在 21 世纪初,但是与此课程相关的思想与教育实践在我国教育史上却源远流长。其历史发展脉络,大致可以划分为启蒙、探索、发展和产生 4 个阶段。

(一)启蒙阶段:活动教育思想

活动课程不仅是一种课程形态,也代表一种教育理论主张:教育以学生自主探究为主,关注学生生活世界、与实践相结合等。

这些思想古而有之，萌芽于先秦，延续到清末。孔子强调"启、发"，目的是引起学生"自主探究"，他说："不愤不启，不悱不发，举一隅不以三隅反，则不复也。"（《论语·述而》）他的《诗》教，是面向生活的。他说："《诗》，可以兴，可以观，可以群，可以怨；迩之事父，远之事君；多识于鸟兽草木之名。"（《论语·阳货》）《学记》则明确论及课外活动："大学之教也，时教必有正业，退息必有居学。……故君子之于学也，藏焉修焉，息焉游焉。"正课修身，居学游心，一张一弛，相得益彰。这两类课程恰似今天的学科课程与活动课程。

（二）探索阶段：课外活动

清末到 20 世纪 80 年代，课外活动出现。

近代中国，教学大纲等文件中，将课外活动称作"集体活动"、"团体活动"，尽管课外活动丰富多彩，但都处于学科课程的辅助地位。1912 年 9 月，中华民国教育部颁布《壬子学制》后，1913 年 8 月又陆续公布了《小学校令》、《中学校令》、《小学校教则及课程表》等法令规程，使《壬子学制》得到充实和具体化，形成一个全面完整的学制系统，称为《壬子癸丑学制》。颁布教育法令法规的同时，教育部还颁发了各级各类学校的课程标准和课程表。《小学校教则及课程表》规定：初等小学开设修身、国文、算术、手工、图画、唱歌、体操 7 门课程，女子加缝纫课。高等小学增加本国历史、地理、理科，共计 10 科，除女子开设缝纫课外，男子加农业课（根据地方情形，或缺或改为商业）。[①] 可见，当时小学教育就十分重视学生的实践活动及动手能力的培养。1922 年 11 月中华民国政府以大总统令再颁《学校系统改革案》（《壬戌学制》）。随着"新学制"颁行，1923 年 6 月刊布了《中小学课程标准纲要》。新的课程纲要规定：小学取消修身课本，增加公民、卫生课，将手工改为公用艺术，图画改为形象艺术。[②] 课程设置更加富有时代气息，但原来开设的手工、美术等活动类课程趋向学科化。

新中国成立后，受苏联影响，中小学课程基本上实行分科设置，课外活动一般指正式课程之外对学生实施的各种有意义的教育教学活动。1955 年 9 月，教育部颁布《关于小学课外活动的规定》，明确了课外活动的内容、时间和实施细则。20 世纪 80 年代前后，随着国际学术交流的增加，我国教育研究和改革也不断深入，人们对课外活动在理论界展开了讨论。有人提出把课外活动称作"第二课堂"，有人提出把课外活动称为"第二渠道"，还有人坚持使用课外活动这个概念。这场大讨论为教育行政部门把课外活动纳入课程计划奠定了理论基础。1981 年，教育部颁布《全日制小学教育计划（修订草案）》第一次将课外活动列入教学计划。1984 年，《全日制城市小学教学计划（草案）》则明确将课外活动改称活动。

（三）发展阶段：活动课程

20 世纪 90 年代至 20 世纪末，活动课程出现。1992 年 8 月 6 日，国家教委颁布《九年义务教育全日制小学、初级中学课程计划（试行）》（教基字[1992]）首次采用"活动课程"这一名称，明确提出学校"课程包括学科和活动两部分，活动在实施全面发展教育中同学科相辅相成，各地应有计划、有步骤地组织实施"。同年 11 月 16 日颁布的《关于组织实施"九年义务教育全日制小学、初级中学课程方案（试行）"的意见》（教基字[1992]30 号），活动课程进入学校的课时安排。1995 年 7 月、11 月两次，分别在长春、北京召开活动课程"研讨会"、"实验协作会"，并于11 月颁布《关于颁布"全国九年义务教育活动课程研讨会会议纪要"的通知》（教基字[1995]

---

① 孙培青.中国教育史［M］.3 版.上海：华东师范大学出版社,2009：366.

② 孙培青.中国教育史［M］.3 版.上海：华东师范大学出版社,2009：402.

44 号），要求各地参照执行。同时，拟定并颁布《九年义务教育活动课程指导纲要（征求意见稿）》，对活动课程界定如下。

活动课程是指学科课程之外，由学校有目的、有计划、有组织地通过多种活动项目和活动方式，综合地利用所学知识，开展以学生为主体，以实践性、自主性、创造性以及非学科性为主要特征的多种活动内容的课程。

1996 年新年伊始，国家教委基础教育司又颁布文件《关于组织开展"九年义务教育活动课程"实施工作的通知》，再次督促落实。活动课程指导纲要将活动课程规定为 4 项内容：社会实践活动、科学技术活动、文学艺术活动和体育卫生活动。通过多年实践，人们不断反思：这4 类活动，基本都有学科课程支撑，可以作为课外活动安排，无须占用活动课程时间。另外，4 类活动很难在短时间内"开足、开齐"；即使能够办到，4 类划分有着明显的课外活动痕迹，其综合性很容易被"四马分尸"，肢解为不同性质的学科活动。

（四）产生阶段：综合实践活动课程

21 世纪开始，教育界提出综合实践活动课程，并将其纳入基础教育课程体系。

活动课程设置近十年，人们逐渐认识到：既然要克服单纯学科教育的弊端，为学生获得直接经验和综合能力而另外设置新型课程，既然强调基于实践的学习，面对学生完整的生活领域，那就不妨放弃寓意不准的活动课程的提法，突出"综合"和"实践"的特点，旗帜鲜明地构建"综合实践活动"课程的内容和体系。这样，综合实践活动不属于任何学科，真正做到了跨学科的"综合"，即综合地利用各学科知识，通过解决各种实际问题的过程，全方位地培养学生的创造精神和实践能力。

二、综合实践活动的国外演变

与中国情况不同，国外综合实践活动思想与实践的出现晚得多。古希腊斯巴达开创的国家军事教育具有某些实践色彩，中世纪的骑士教育也倡导在实践中锻炼，但严格来说，它们都是一种职业教育，目标是培养战士与骑士，并非培养普通公民的基础素质和一般的实践能力。所以，国外真正的活动课程思想与实践出现在 19 世纪下半叶。

（一）活动课程理论酝酿阶段：帕克的思想

19 世纪末至 20 世纪初，美国进步主义教育逐步形成和发展起来。这场运动中，帕克、杜威、克伯屈等提出了活动课程，并积极地进行教育实验。但是，这一思想的源头，可以追溯到帕克 19 世纪 70 年代的研究与实验。

帕克（Francis W. Parker，1837—1902）作为进步主义教育运动的倡导者之一，综合了裴斯泰洛齐、福禄贝尔、赫尔巴特、齐勒等人的思想，阐释了以儿童为中心统合课程的主张。1872—1875 年间，帕克游历欧洲并在柏林研究教育学，受到裴斯泰洛齐、福禄贝尔、赫尔巴特等人的思想影响。回国后，他领导昆西市的学校改革，并取得了成功。1883 年改任芝加哥的库克县师范学校校长。此间，与杜威建立友谊并向杜威传授他的新教育的宗旨。

帕克的贡献有 4 个方面：①他坚持认为，学校制订计划时，必须以孩子为中心；②孩子的发展必须处于一种人们协力而经常不断的"建立民主"的温暖集体气氛中；③学校的课程应该尽量源自实践活动，如计划地理学的远足、对自然的观察等；④提倡通过艺术、文学和体育运动来进行表现。

帕克的课程组织思想,从着眼点、课程实施文化、实施形式等方面,诠释了课程的性质、特点与改革方向;为活动课程理论和实践诞生奠定了基础。

(二)活动课程形成阶段:杜威学校与夏山学校

活动课程作为实践的典范出现,我们不能不提到两所学校,即创建于 1896 年的美国的杜威学校和创建于 1921 年的英国的夏山学校。

1.杜威学校

杜威(John Dewey,1859—1952)是 20 世纪人类历史上少数几个最有影响的教育家之一,他立足现代社会讨论教育问题。1896 年,杜威创办芝加哥大学实验学校——作为检验其实用主义哲学和教育理论的实验室。自此,他的哲学、教育学、心理学、社会学思想就融合为一个整体。

芝加哥实验学校简称"杜威学校",最早名称是"大学初等学校",1902 年更名为"芝加哥大学实验学校"。学校性质,不是师范学校或教育系的实习学校,而是大学教育系的一个教育思想和科学的实验室。他主张,实验学校要给儿童提供一个在合乎他需要的环境里进行学习的机会,同时也给教职员提供一个实验新的教育观念的场所。学校从 1896 年到 1902 年,存在了8 年,经历了两个阶段:1896—1898 年为尝试错误阶段,1899—1903 年为发展阶段。学校规模从最初的 6 个学生发展到 1903 年的 140 个学生,从最初 3 位教师发展到 23 位教师。

学校教育教学工作分为 3 个阶段:第一阶段(4～8 岁),活动为凭兴趣和直接经验,而开展编织、烹饪、讲故事、表演等游戏,取材于从儿童的家庭生活、邻里、社区的生活,到典型职业和社会方式的演变,由近及远;第二阶段(8～12 岁),有目的的探究活动,如从制作目的出发,了解漂白、染色、肥皂制作、盘碟制造乃至油脂、冶金术等;从个人参与社会出发,了解历史如移民、清教徒等;第三阶段(13～15 岁),与中等教育交界的知识学习阶段。

总体看来,芝加哥大学实验学校的课程,基本上属于活动性、经验性的主动作业,即活动课程。杜威要求学生从做中学、从经验中学。他说:"我认为学校必须呈现现在的生活,即对于儿童说来是真实而生气勃勃的生活。像他在家庭里,在邻里间,在运动场上所经历的生活那样。"[①]这样的教育使得学生学会解决生活中出现的各种问题,并能够应付一些探究性学习中模拟过的突发事件。

【案例 1.7】

8 岁的"救火队员"

有一次,一个学习过消防课程的 8 岁男童和他 13 岁的姐姐及 4 岁的弟弟在家里玩耍。他姐姐在另一个学校读书。忽然,小弟弟的衣服着火了。但见姐姐一面跑一面尖声喊叫成人帮助。而这个 8 岁的男童迅速地用毯子裹好弟弟,把他放在地板上,很快地闷熄火焰,避免了严重的灼伤事故。当成人们匆忙赶来的时候,他已经在和弟弟玩耍了,每一个人都惊奇异常地赞扬他,只见他平静地说:"这有什么呀?去年我们就和老师一起用泥土、毯子、水等东西灭过火,并探讨过一旦衣服着火了该怎么办。"[②]

【案例点评】

从做中学、从经验中学,是高水平的学习。就像杜威所说的:"学校中为了训练而设的感

---

① [美]约翰·杜威.学校与社会·明日之学校[M].赵祥麟,任钟印,吴志宏译.北京:人民教育出版社,2005:6.

② 选入本书时做了删节,题目为编者所加。参见张华,安桂清等.综合实践活动课程开发与案例研究[M].北京:高等教育出版社,2008.

小学综合实践活动设计与实施

官训练的学科,总不能跟从每天亲切有味的普通的职业活动中得来的那种生动的、丰富的感官生活相比拟。"然而,"我们必须把木工、金工、纺织、缝纫、烹调看做是生活和学习的方法,而不是各种特殊的科目。"①也就是说,这些主动作业,并非为了将来的职业而做准备,而是为了学生当下创新精神和实践能力的发展。

2. 夏山学校

夏山学校(Summer Hill School)是一所国际私立寄宿制学校,1921年创办于位于英格兰东萨佛郡的里斯顿村(Leiston,Suffolk)。誉满全球的夏山学校的创始人——亚历山大·萨索兰·尼尔(Alexander Sutherland Neill,1883—1973),是20世纪最伟大的教育家之一。他从爱丁堡大学毕业后,他曾出任过实习教师、助理教师、刊物编辑、主编等工作。1921年他创办了夏山学校,并成为该学校的首任校长,他被西方教育界看做是"自由主义教育"的代表。1973年,尼尔去世,其夫人和女儿坚守其教育信念,相继担任校长。

夏山学校的宗旨是:学校适应儿童,而非儿童适应学校。学校解除一切由成人建立起来的管制、约束、指导的方法,创建真正适应儿童自由发展的教育方法。由于学校的教育信念与世不符,又没有经济后台,仅靠学费和极少的赞助生存,因此步履维艰。它的学生来自世界各地,最初招收到的大都是"问题"儿童,家长把学校看成治疗所,一旦症状减轻就把孩子带走。随着其教育理念逐渐被人接受,尤其是这里的学生成为家长时,开始有人主动将孩子送到夏山。

夏山学校的在校生一般为40~70人,分3个班,小班5~7岁,中班8~10岁,大班11~16岁。师生比1:8。学生在学校可以上课,也可以不上,可以自由地选择课程。夏山学校的时间安排如下。

8:15~9:00,吃饭及整理内务。

9:30~12:30(小班)或1:00(大班),上课(考试科目都有)。

12:30或1:00,午饭。

下午,自由活动。

4:00,下午茶。

5:00后,小班可能在听故事,中班可能在美术室,大班可能在做陶器。

晚上,星期一、四看电影,星期二听校长讲心理学,星期三是舞蹈之夜,星期五机动,如排练话剧或进行其他活动,星期六是"学校大会"(学生自治与民主管理)。

劳技课没有时间表。

总之,在夏山学校,活动课程是主要的课程类型,即使有学科课程,也一定是基于学生兴趣的、自觉自愿的问题探究。

【案例1.8】

学生的天堂

夏山学校是现代教育史上最著名的学校之一,是因材施教的典范,充满了无穷的活力,被誉为"最富人性化的快乐学校"。夏山学校的创始人、20世纪最伟大的教育家之一尼尔认为:学校应该适应学生,而不是让学生适应学校。

---

① [美]约翰·杜威.学校与社会·明日之学校[M].赵祥麟,任钟印,吴志宏译.北京:人民教育出版社,2005:28-29.

他说：你不能用一只锁住的狗去研究狗的心理，也不能在人性受到长期的限制和生命在枷锁束缚的情形下，去研究人类心理学。因此，夏山学校给予学生充分的自由，当然是安全基础上的自由（如可以爬树，不可以爬房顶，在有救生员时方可游泳）。我们应该学会等待和观察一个没有进步或进步很小的孩子，相信他总有成功的一天。汤姆5岁到夏山，17岁离开，没上过一节课，他把所有的时间都消磨在劳技间里，他自己学会了看书和算术，后来在照相馆找到了一份工作，老板认为他的工作是最出色的。

在夏山学校，师生不仅在自治会里享有同样的"参政"权利，而且在日常生活中也保持着平等的伙伴关系，谁也不会欺负谁，谁也不必害怕谁，互相友爱，彼此尊重。一次，一位叫赫尼（Hetneyd）的小男孩拿尼尔的名字说顺口溜："Neill, Neill, Orange Peel."（尼尔，尼尔，橘子皮儿。）尼尔并不生气，反而说："看你又说错了，应该说 Neill, Neill, Banana Peel."（尼尔，尼尔，香蕉皮儿。）后来尼尔自传的书名就用"Neill, Neill, Orange Peel"。尼尔知道伙伴之间开这样的玩笑很正常。但有一次，一位男孩踢他的办公室门，是容忍还是训斥？尼尔选择后者，因为对这样粗鲁无礼的行为，一个伙伴当然有权而且也会毫不犹豫地予以训斥。在尼尔那里，师生关系就是如此简单、自然。①

【案例点评】

学生的学习、生活完全是自治的、自由的，当然，也是轻松和谐、真诚自然的。夏山的做法在一般人看来，简直不可思议！但是，它却真实地存在着，这简直是教育的一种奇迹。在这里的孩子，彻底丢弃了学校的压力，完全是一种自由的主动成长，他们按照自己的意愿，自在地生活着，自主地探究着。无可否认，这里是儿童真正的家——儿童生活的天堂。

三、综合实践活动课程发展的国际现状

目前，综合实践活动课程在各国开设，已经成为一种潮流。英国综合实践活动类的国家课程，主要集中在社会研究和设计学习等方面。社会研究围绕公民养成及突出的政治、精神、道德、社会或文化问题来设计实践和探究主题。设计学习则主要包括综合艺术设计、信息与交流技术等。两类课程强调开展活动时以综合性专题为活动主题，以探究的方式为主要学习方式。美国各州虽然没有"综合实践活动"的课程名称，但都设计了不同类型的综合实践活动类的课程，主要有自然与社会研究、设计学习、社会参与性学习。日本将此类课程称作"综合学习时间"，后文将予以具体介绍。法国在课程标准中，也设计了"综合学习"的课程，要求教师引导学生开展活动时要打破学科间的界限，采用多种活动方式，培养学生综合运用多学科的知识和技能来解决实际问题的能力。

（一）西方社会综合实践类课程发展现状

综观当今世界，西方国家特别是教育发达国家，与我国综合实践活动课程取向及课程类型相近或相似的课程，主要可以概括为两类，即"设计本位学习"、"服务学习"，下面将分别加以介绍。

1. 设计本位学习

设计本位学习（project-based learning，PBL）作为一种课程与教学取向，起源于16世纪罗

---

① 案例题目为编者所加。参见王炳照. 中外教育管理史[M]. 长沙：湖南师范大学出版社，2000：322-323. 吴明海. 英国夏山学校教育人类学考察[J]. 民族教育研究，2001(2)：42-50.

小学综合实践活动设计与实施

马和巴黎的建筑学校或艺术学院,18 世纪中叶后作为一种教学方式被确认,19 世纪中叶至 20 世纪初成为手工训练学校普遍采用的教学方法。20 世纪初至 20 世纪 60 年代,在美国进步主义教育运动影响下,"设计理念"(project idea)和"设计教学法"(project method)被重新界定,它开始作为培养学生自由个性、民主素养的理念与方法。20 世纪 70 年代以来,"设计"理念与方法在欧美和东亚,特别是北欧、中欧、美国、日本被广泛倡导。

设计本位学习,即基于"设计"理念和方法理解并组织学习的课程取向。"设计"(project,也译为"课题"或"项目"),是对源自现实世界的、值得儿童关注并付出努力的课题进行深度研究。通常以整班共同完成,或班内再分成小组,分别承担不同子课题。设计本位学习包含四方面的基本内涵:①"设计"即研究,学生学习是儿童的真实研究;②"设计"即生活,研究对象来源现实世界或真实生活;③"设计"即儿童,儿童"做设计"就是儿童研究的过程;④"设计"即课程,"设计本位学习"成为学校核心课程和核心教学策略。

"解放而不放纵,有指导亦有自由"是教师指导"设计本位学习"的基本原则。查德据此提出了 3 个阶段和 5 个策略。3 个阶段分别是:课题计划与启动、课题实施、课题反思与结论。5 个策略是:①讨论,即协作商谈并发展思想的过程;②现场工作,到问题情境中观察、访谈、实验、操作、记录等工作;③研究,根据现场取得的一手资料、所查阅的二手资料,分析问题、论证假设、生成思想的过程;④表现,用多种方式,如戏剧表演、绘画、建造、文字、图表、音像手段,进行先前知识、经验、问题、研究发现等内容的呈现与解释;⑤展示,课题探究结果的呈现,包括总结与反思的成分。

尽管"设计本位学习"已有近 400 年的历史,但是作为一种被公认的课程设计理念,不过百年时间,是美国进步教育思潮和欧洲新教育思潮的产物。其中,杜威学校的教育实验和克伯屈的"设计教学法"理论起到重要的推动作用。

2. 服务学习

服务学习(service-learning)是学生在教师指导下通过从事社区服务而学习知识和技能、发展多方面能力、养成公民责任感和健全个性的课程与教学取向。它的设计思路正像这个术语本身所表明的,将"社区服务"和"学术学习"整合起来,进而使学校增强培养学生社会责任感的育人机制。

服务学习的概念主要源于杜威、克伯屈(William Heard Kilpatrick)和汉纳(Paul Hanna)的思想。主要著作包括杜威的《学校与社会》(1899)、《民主主义与教育》(1938)、《经验与教育》(1938),克伯屈的《设计教学法》(1918),汉纳的《青年服务社区》(1936)。服务学习的要素和基本特征包括 4 个方面:①明确而真实的学习目标,学生学习改善与人格发展;②适应真实的社区需要,将其作为寻找学习意义的过程;③儿童决定,从发现需要,到服务与研究计划,再到执行计划和最后反思、评价,一系列环节都由学生自主决定;④分析性反思,反思是服务学习的关键要素,是将经验产生的过程与背景、经验本身,在分析的基础上加以反思与综合。

服务学习种类繁多,可以是学校服务学习,如辅导同伴、帮助幼年儿童学习与生活、清扫校园并进行垃圾分类、美化校园与教室等;也可以是社区服务学习,如为福利院或养老院的孤寡老人提供帮助、为特殊学校的残疾儿童提供帮助、为医院或博物馆等公共场所提供帮助、各种环境保护活动、交通安全与秩序维护活动等。

服务学习在美国教育发展史上大致分 3 个阶段。第一阶段是 19 世纪末至 20 世纪四五十年代,在进步主义与改造主义教育思潮推动下,服务学习与设计本位学习或动手学习融合在一起,学习目的指向民主社会所需要的服务精神和探究精神。第二阶段是 20 世纪 60 年代末至

20世纪70年代,随着人本主义教育思潮的兴起,服务学习旨在引导学生理智与情感的均衡发展,培养丰满人性,关注社会不利阶层。第三阶段是20世纪80年代至今,属于服务学习制度化时期。服务学习迅猛发展,1985年只有9％的高中开展服务学习,到1999年增长到接近50％,2000—2001年,超过1300万名学生投入到服务活动和服务学习。在当今美国,没有任何教育改革能像服务学习那样,在教育实践中被如此广泛采用。服务学习已经遍及美国每一个州,许多州确立了服务学习目标,将之作为必修课。

(二)日本的综合学习时间

1. 综合学习的概述

"综合学习"是法国、日本等国开设的一类课程。该课程重视学生的兴趣和爱好,致力于培养学生主动开展问题解决式学习和探究学习的态度,教师要引导学生掌握科学的学习方法和思考方法,要引导学生采取"综合体验性学习"和"课题研究性学习"等不同方式,要引导学生通过理解、体验、感悟和探究自然、社会,形成综合社会实践能力和社会责任感。下面着重介绍日本的综合学习。

2. 日本"综合学习时间"的设置背景

日本教育自明治维新以来强调培养"模仿型"人才,服从国家主义的要求。第二次世界大战后虽然清算了军国主义和国家主义教育思想,但仍预留了培养"模仿型"人才的教育目标,到20世纪60年代发展为"划一型"和"模仿型"以及学历主义和学分主义,最终引发了20世纪70年代的"第三次教育改革"。1975年日本中央教育审议会发表"课程改革报告",提出了课程改革的基准:①培养身心协调发展、具有丰富情感的人;②安排充实而又愉快的学校生活;既要重视作为国民所必备的基本知识与技能,又要适应学生个性和能力,实行因人而异的教育。这次改革虽然取得一些成效,但是完善人格、尊重个性、教育自由等理念并未得到重视,整齐划一、僵硬封闭的学校教育制度以及过激的考试竞争,妨碍了学生才能与个性的发展,甚至导致校内暴力、逃学现象时有发生。因此,20世纪80年代后日本教育开始围绕两个问题进行改革:一是解决教育中的现实问题;二是应答时代和社会对教育提出的新要求。[①]"综合学习时间"就是基于上述两个目标的重要课程改革对策。

3. "综合学习时间"的课时、目标、领域与活动方式

1998年6月,日本文部大臣的咨询机关——教育课程审议会,在公布新的《中小学课程审议案草案》中提出"综合学习时间"。该方案于2002年实施。1999年3月颁布的《中小学课程标准(草案)》,明确规定:小学三年级以上每个年级平均每周开设两课时的"综合学习时间"。所占课时数为每周3课时,课时占总课时的10％。1998年的课程改革设置"综合学习时间"之初,日本文部省并没有像其他课程那样对综合学习时间制定课程标准(日语称其为学习指导要领)。经历了十年的探索后,在2008年的课程改革中,文部省总结了十年的经验和教训,对"综合学习时间"总体课时比例做了调整,确立了指导体系,制定了课程标准,进一步肯定了"综合学习时间"在整体课程中的地位以及在培养学生能力方面不可替代的作用。

实施综合性学习是日本教育培养学生"生存力"的一项重要措施,要达成以下几个目标:①培养丰富的人性和社会性,使其自觉地成为能在国际社会生存的日本人;②培养自学和自我思考的能力;③在宽松的教育活动中,谋求基础学力的牢固掌握,充分体现个性教育;

---

① 黄伟.综合实践活动课程:我国新世纪的课程创新和历险——与日本"综合学习时间"之比较及反思[J].河北师范大学学报(教科版),2005(2):19-24.

小学综合实践活动设计与实施

④推进各校创造性地开展有特色的教育,以期形成特色学校。①

"综合学习时间"在课程中只规定主要的领域和课时,不规定具体的内容和教材。学习领域主要包括:国际理解教育、信息教育、环境教育和福利、健康教育等四方面的课题。活动形式:一是自然体验和义务服务的社会体验;二是观察、实验、参观、调查、发表与讨论、制作与生产活动等的体验性学习、问题解决学习等形式。力求在养成学生"生存力"的同时,要使学校运作模式从传授知识向培养智慧转变。

4."综合学习时间"的课程指导

(1)学习活动指导。《学习指导纲要》总则中,提供了学习活动的一些示例。

① 国际理解、信息、环境、福利、健康等跨学科的、综合性课题。

② 基于儿童的兴趣、需要的课题。

③ 适合地区、学校特色的课题。

(2)学习方式指导。关于学习方式,"综合学习时间"重视解决问题的学习,目的在于培养学生自己发现问题、解决问题的能力和素质,以及搜集信息、归纳总结的方法,掌握汇报、发表、讨论等学习方法,因此主张以下方式。

① 积极开展自然体验、志愿者活动等社会体验,观察、实验、实习、调查与研究、制作与生活活动等体验性学习和解决问题式学习。

② 采用小组学习和个人意见等多样学习形式。即使在寻找课题的阶段,也有各种形式。如有按教师所指示的总题目,学生选择子课题的形式;有对各位教师所提供的题目感兴趣的学生,各自集中起来进行学习的形式;有学生自己寻找题目进行学习的形式等。

③ 获得社区人员协助与教师一起形成一体化指导体制。建议从班主任个人实践向教师团队实践转变。教师相互启发,共同出主意、想办法,集体进行指导,是很有必要的。

(3)课时指导。规定了教学时数,小学三、四年级每学年 105 学时,五、六年级每学年 110 学时。关于课时安排,建议根据活动开展情况,弹性地运用教学时数。

(4)学校与社区关系指导。学校与社区的互动、交流机制,需要学校向社区开放,谋求学校与社区之间的信赖关系。

(5)评价指导。日本教育界对美国教师首创的卷宗评价法(portfolio assessment)比较推崇,开展了广泛实验。舒尔对卷宗评价法作了如下定义:"卷宗就是有关学生学习情况的、有目的地汇集起来的东西,它表现了学生在较长期时间内在课程的一个或多个领域中所做出的全部努力、进步、学业成就。"②卷宗评价根据学生在活动、学习过程中的意见发表或讨论、所撰写的报告书或作品等可见的学习状况和成果等,以学生的优点、对学习的欲望和态度、进步情况为依据所做出适当的评价。这种评价重视学习过程评价和学生自己评价。

第三节　综合实践活动课程

作为基础教育课程体系中的一个新领域,综合实践活动何以产生? 它的地位怎样? 它与学科课程的关系如何? 它又有哪些教育价值? 等等,这些是接下来将要讨论的问题。

①② 黄伟.综合实践活动课程:我国新世纪的课程创新和历险——与日本"综合学习时间"之比较及反思[J].河北师范大学学报(教科版),2005(2):19-24.

一、综合实践活动课程的产生背景

《综合实践活动指导纲要》指出："每一个学生的个性发展都具有独特性、具体性，每一个学生都有自己的需要、兴趣和特长，都有自己的认知方式和学习方式，综合实践活动为每一个学生个性的充分发展创造了空间。"这是当前我国教育改革的新方向。它不仅指出了我国教育的基本出路，而且反喻了目前我国教育的弊端：学生的个性发展乃至整体生存状况存在着严重的问题。

（一）学生的生存危机

调查结果显示，中小学生肥胖检出率已经从 2005 年的 14.1％上升到 2010 年的 20.3％，上升了 6.2％。各学段学生视力不良率居高不下，小学生三成，初中生六成，高中生接近八成。与 2005 年相比，我国学生爆发力、力量等素质持续下降，除反应速度素质的 50 米跑成绩略有提高外，其余各方面素质自 2000 年以来呈下降趋势。[①]

北京市西城区 2002—2006 年中小学生视力检查结果显示：中小学生视力不良率女生（61.70％）高于男生（52.27％）；5 年间中小学生视力不良率上升明显，小学、初中、高中分别由 2002 年的 24.01％、62.93％和 79.30％上升至 2006 年的 31.88％、76.45％和 85.41％；视力不良率与年级成正比，随着年级的增高，视力不良率由小学一年级的 19.1％增至高三年级的 81.6％，中小学生视力不良率呈上升趋势。[②]

上海电台新闻频道与华东师范大学心理学系联合调查显示，上海 6～12 岁儿童中，78％感到"不开心"；63％不愿求助于父母；79％认为父母苛刻。[③]

上述调查和新闻报道说明，我国中小学生在应试教育及其文化的双重压迫下痛苦挣扎、哀号呻吟，到了岌岌可危的境地！

在应试教育背景下，教科书与教师是绝对的权威，学生只能接受、理解、记忆、应用知识，绝不可以质疑书本和知识，更无可能去创造知识。"在课堂上，教师和教科书越具有权威，学生就越'无知'。并非学生本来'无知'。而是'权威知识'和'客观知识'逼迫学生'无知'。"[④]学生的思想、情感、个性、感受被无视，学生的自觉性、自主性、能动性和创造性被禁锢。总之，学生不被视为人，而被异化为教师灌输知识的容器、任意雕刻与塑造的坯模！

要想从应试教育及其文化中给学生松绑，需要重新认识教育的使命，重新建立素质教育的知识观、课程与教学理论，重新建立新的师生关系、学生与知识的关系。于是，我国提出实施素质教育的目标与决策。综合实践活动的产生既继承了我国基础教育的优秀传统，又体现了当前素质教育的内在要求。

（二）综合实践活动是素质教育的突破口

关于教育的使命，国际 21 世纪委员会向联合国教科文组织提交的报告《教育——财富蕴藏其中》提示我们：教育"发展的目的是使人作为人而不是作为生产手段得到充分发展"，"尽

---

① 李长征.中小学生的身体健康调查报告[J]. 心事・教育策划与管理，2012(9)：14-15.
② 王俊丽.北京市西城区 2002—2006 年中小学生视力不良状况分析[J].中国学校卫生，2008,29(3)：244-245.
③ 李雪林，施嘉奇.小小孩童"郁闷"多[N].文汇报，2004-5-31(6).
④ 张华.超越传递，走向研究[A].[美]爱莉斯・达克沃斯.精彩观念的诞生——达克沃斯教学论文集[M].张华等译.北京：高等教育出版社，2005.

早为每个人提供'生活通行证',使其能够更好地了解自己,理解他人,从而参与集体事业和社会生活",最终"应使每个人都能掌握自己的命运,以便为自己生命在其中的社会进步作出贡献。"①也就是说,教育的最终目标,是培养具有生活能力的人——在回归生活的教育中主动的知识建构者,而不是培养所谓的"人才"——在"传递知识"过程中被动的知识接纳者。这就预示着如此学生观:每一个学生都是独特的个体生命,他(她)们有能力成为自己学习决策者和行动者、未来社会的参与者和推动者。

这是一种新的知识观——建构主义的知识观。正像达克沃斯所指出的:"书本里的知识被看做是其他人的创造,是他人在创造自己的知识时所进行的创造,而非源自另一法则。"②也就是说,在教育过程中,知识并非人们先前所认识的那样,是神圣不可更动的、只能接受的,相反,学生完全可以建构甚至创造自己独特的知识,教学本身就是一个师生合作建构、创造知识的过程。当然,知识的建构、创造需要特殊的环境——应试教育及其文化背景下,知识在教学过程中的创造,被宣布为"僭越"——只有在真实的问题情境下,综合应用各种知识试图去解决问题,才可能创造知识,这正是综合实践活动课程的实质。

当今社会发展迅猛,产生了一系列新的问题,如环境问题、道德问题、国际理解问题、信息科技问题等,这些问题都具有跨学科的性质,综合实践活动为学生参与、探究、理解这些新的社会问题提供了机会。综合实践活动的自主性特点,需要把学生真正当作问题研究者——"由学生自己决定想要理解的事物,不仅解释来自于他们,就连问题也来源自他们。……他们是裁判,自己来判断所认知和相信的事物"③。当然,这样的过程一定是开放性的、生成性的、实践性的,同时也是整体性的,也就是说,课程开发和教学所要解决的基本问题是:克服把学科乃至整个世界"过度简单化"的倾向,保持学科和世界的复杂性。

这需要我们鼓励并引导学生去自主探究:"我们不能为了把一堆观念变成一个'逻辑序列'而规划课程与教学,……我们必须想方设法建构学科主题,以使学习者能够对学科产生他们自己的思想。然后,我们必须认真对待这些思想,并由此出发帮助学生越来越广、越来越深入探寻这些思想。"④这样,学生发展一定是自主的、生动的、全面的、个性化的。可见,此次课程改革设立的综合实践活动是对活动课程的继承、发展、规范和超越。

二、综合实践活动课程的性质和地位

综合实践活动课程的设置已经成为新课程的一个亮点,同时也是一个难点。怎样搞好综合实践活动? 该课程在新课程体系中地位和作用怎样?

(一)综合实践活动课程结构

《基础教育课程改革纲要(试行)》指出:"从小学至高中设置综合实践活动并作为必修课程,其内容主要包括:信息技术教育、研究性学习、社区服务与社会实践以及劳动与技术教育。强调学生通过实践,增强探究和创新意识,学习科学研究方法,发展综合运用知识的能力。增进学校与社会的密切联系,培养学生的社会责任感。在课程实施的过程中,加强信息技术教育,培养学生利用信息技术的意识和能力。了解必要的通用技术和职业分工,形成初步技术能

---

① 教育——财富蕴藏其中:国际21世纪教育委员会报告[M].联合国教科文组织总部中文科译.北京:教育科学出版社,1996:68.

②③④ [美]爱莉诺·达克沃斯.精彩观念的诞生——达克沃斯教学论文集[M].张华等译.北京:高等教育出版社,2005.

力。"从以上阐述,可以得知综合实践活动的课程结构分为 4 个指定领域。

关于研究性学习,既是一个领域又作为一种学习方式,需要借助"实践"活动,达到"增强探究和创新意识,学习科学研究方法,发展综合运用知识的能力"的目的,需要重新建构一种积极参与、自主探究、互助合作的学习方式,这正是新课程的学习方式的变革方向。

社区服务和社会实践的引入,在于改变封闭办学,学校教育脱离社会的倾向,以便"培养学生的社会责任感",形成学生关心社会、服务社会的意识和能力。

"劳动与技术教育"的提法,强化了技术教育的分量,明确提出"了解必要的通用技术和职业分工,形成初步技术能力"。

信息技术教育和"劳动与技术教育"分列,意味着对信息技术教育的特别重视,其内涵不仅仅是计算机教育,含义更加宽泛;并且意味着信息技术教育的实施需要通过综合实践活动的途径和平台。

综合实践活动课程是我国基础教育课程体系中新的课程类型,它的总目标是密切学生与生活的联系,推进学生对自然、社会和自我之内在联系的整体认识与体验,发展学生的创新能力、实践能力以及良好的个性品质。在上述 4 个领域中,后 3 个领域实践活动的开展,学习方式需要以"研究性学习"为主。因此,4 个领域构成一个有机整体。

图 1-1 所示为 4 个领域之间的关系。

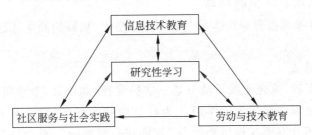

图 1-1 综合实践活动指定领域间的关系

实际上,除了上述 4 个指定领域之外,综合实践活动还有非指定领域,诸如中小学的班团队活动、学校传统活动、兴趣活动小组等。

此类课程的设置,意在弥补以学科课程为主体的单一课程结构所带来的学生与课程割裂、课堂与生活脱节的问题,意在通过实践活动,增强学生的探究和创新意识,学习科学研究的方法,发展综合运用知识去解决实际问题的能力。

(二)综合实践活动在新课程体系中的地位

在基础教育新的课程体系中,综合实践活动课程与学科课程一起,形成了学科与活动并存的、完善的基础教育课程新框架。

综合实践活动课程是《义务教育课程计划(实验稿)》和《全日制普通高中课程计划(实验稿)》所规定的必修课程,自三年级开始设置,每周平均 3 课时。该课程作为"小学至高中"阶段的"必修课程"在基础教育课程体系中出现,标志着我国基础教育课程发生了结构性突破:从学科课程占据统治地位的单一结构框架走向学科课程与综合实践活动课程并举的复合结构框架,如图 1-2 所示。

小学综合实践活动设计与实施

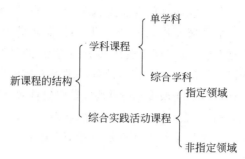

图 1-2　新课程的一种解释框架①

新课程体系由学科课程与综合实践活动课程两类不同性质的课程构成。学科课程由单学科(如语文、数学、外语、物理、化学、生物、历史、地理、音乐、美术、体育等)与综合学科(如科学、品德与社会、历史与社会、综合艺术等)构成。综合实践活动课程由指定领域(如研究性学习、社区服务与社会实践、劳动与技术教育、信息技术教育)与非指定领域(如班团队活动、校传统活动、学生的心理健康活动等)构成。两类课程互补、相生,共同构成一个促进学生基础素质与独特个性可持续发展的完备的课程整体。

(三)综合实践活动课程的特点

综合实践活动在基础教育课程体系中是一种新型的、独特的独立课程。课程性质表现出如下一些特点。

1. 活动课程的特点

从课程实施角度看,综合实践活动与某一学科课程(如语文、数学等)不同,它是一种活动课程。学科课程是以间接知识的学习作为教学的基本任务,教学被看做是一种"特殊认识"过程,课程实施的基本模式理所当然是"教师讲—学生听",教学即"传授—接受",教学的本质被归纳为"传承人类经验"的过程。综合实践活动课程将直接经验获取作为其课程主要目标,因此,学生活动就成了课程实施的基本方式,教学即"在活动和体验中"认知,教学本质被归纳为师生"共同创造知识"的过程。可见,综合实践活动课程属于活动课程的一种类型。

2. 综合课程的特点

从课程内容角度看,综合实践活动是与某一学科课程相对的一种综合课程。在课程实施过程中,为了解决现实生活与实践中的问题,学生与教师对于相关知识的选用,可以彻底打破某个单一学科的界限,从所有学科中随机选用任何知识,作为该类课程的具体内容。所以,综合实践活动课程具备综合课程的基本形态。

3. 实践课程的特点

从课程设计的角度看,相对于其他的综合课程偏重理论探讨的特点,例如自然(包括物理、化学、生物等),综合实践活动又是一种实践课程。前者强调对已有经验或知识的理解、把握和运用,知识获得是课程组织与实施的主要目标;后者强调运用已有知识或经验解决现实问题,问题解决才是课程组织与实施的主要任务。因此,综合实践活动课程具有鲜明的实践性特征。

① 张华.综合实践活动课程研究[M].上海:上海科技教育出版社,2009.

三、综合实践活动课程与学科课程的关系

（一）综合实践活动课程与学科课程的区别

学科课程与综合实践活动课程，两者的教育基点、逻辑及对人的发展的意义各有侧重。学科课程基于学科体系编制课程，旨在发挥学科知识对人的发展价值，侧重解决人的心理经验与学科逻辑（科学世界）的关系。综合实践活动课程基于实践问题开发课程，旨在发挥生活世界对人的发展价值，着重解决人的心理经验与实践逻辑（生活世界）的关系。由于课程性质不同，两类课程在目标、内容、形式、方法、过程、师生关系、评价等方面都存在着巨大的差异，具体见表 1-1。

表 1-1 学科课程与综合实践活动课程的比较

内　容	学　科　课　程	综合实践活动课程
课程目标	"知识—能力—态度"。强调系统知识学习和培养专业能力	"态度—能力—知识"。着眼于"一般的"态度的形成、创新意识和实践能力的提高
课程内容	学科性"双基"或"三基"，以系统、经典学科知识为主，关注昔时信息和间接经验	联系社会和生活实际，探究真实问题，综合运用知识，强调即时信息，关注亲身经历与体验
形式方法	课堂教学为基本形式，教师讲述为主，学生以接受式学习为主	超越课堂时空，活动方式多样，强调自主、探究、合作，学生以发现式学习为主
教学过程	以灌输为主，重演绎，教学过程以集中思维为主	以自主探究为主，重实践，活动过程以发散思维为主
师生关系	教师是主体，传道、授业、解惑；学生处于从属地位	学生是主体，自主选题、探究、结题、汇报；教师是顾问
考核评估	横向考核，外在评估，重结果，轻过程，偏重短时记忆，强调选拔甄别	纵向考核，自主评估，方式多样，意在促进，关注结果，更注重过程和态度

通过比较，人们会发现两类课程各有长短。学科课程在系统、高效地传承知识方面具有极大的优越性，但却不利于因材施教，容易压抑学生的个性和创造性；综合实践活动课程则在因材施教、发挥学生主动性、培养学生创新精神和实践能力方面具有明显的优势，但却不利于高效系统地传承知识。

（二）综合实践活动课程与学科课程的联系

在新课程中，综合实践活动课程与学科课程之间既有区别又互相联系。首先，两者都崇尚探究，强调学习方式的转变。学科的本质就是探究，通过探究也只有在探究中，学科课程才能促进人的发展。如果只把学科知识传递作为课程的唯一目标，人的心灵（包括教师与学生）由于被异化为"知识传承的工具"而日渐"荒漠化"——失去激情、完美人性追求和创造性。同样，探究也是揭示生活意义的途径，它能够帮助人们抵制生活中的愚昧、迷信和专制，进而创造理智的、民主的、和谐的日常生活。其次，两者可以建立内在的联系。综合实践活动是面向生活世界、帮助学生更好生活而设计的课程，生活是综合实践活动课程的出发点，也是这门课程的归宿。学科同样源于生活并指向提升生活的意义；反过来，生活诞生学科并为学科所改变。两类课程有着共同的生活根基，因此可以通过以下方式实现沟通、互动和相互促进。

（1）从学科课程中自然引出"单学科探究活动"，这些活动的性质，一部分是对学科逻辑本身的探究；另一部分是对学科知识的应用探究。

小学综合实践活动设计与实施

（2）不同学科关联与合作引出"跨学科探究活动"。哪些学科关联、探究何种活动，因教育情境不同而变化无穷。这类活动的目标，或者是不同学科逻辑间的关联；或者是借助不同学科视野，联合探究基于学生兴趣的生活。

（3）应用学科知识探究生活的综合实践活动课程，即"研究性课程"。该类课程在生活中，由于生活并为了生活，但却无法与学科知识分割，因为那是学生经验的有机组成部分。

这样，由学科课程开始，通过"单学科探究活动"、"跨学科探究活动"到综合实践活动课程结束，形成了一个"课程连续体"。①

四、综合实践活动课程的教育价值

（一）关注学生的生存方式，使教育回归到"成人"的本质

哲学家尼采说过，大自然仅仅完成了人的一半就让其上路了，将人类另一半的完成留给了人类自己。因此，康德说："人只有经过教育，才能成为人。"②所以，教育是"成人"——使人成为人——工作的第二阶段，旨在实现人本性的拓展和升华、本质力量的扩充与生成。这既是教育的本质，也是教育的职责。

由于课程类型不同，综合实践活动与学科课程相比，在成人过程中所起的作用存在很大差异。从课程设计与组织线索看，学科课程以科学知识所属领域为界限来组织课程内容，知识间的逻辑是课程组织的最高原则；知识的准确、有效获得是课程实施的价值追求，学科知识是课程组织的核心；教学过程崇尚学科体系的严密性与学术性。与学科课程相比，综合实践活动课程的价值追求并非学术性，相反，该类课程以学生创造性的自我探索、体验和表现作为价值志趣。综合实践活动组织的核心，不是学科知识，而是人。学生被当作"万物之灵"的生命来看待。课程目标不在于培养专业人才，而是学生作为"整体的人"的发展。这正是课程组织的核心。

两者的根本区别是，学科课程着眼于知识或学科发展，教育目标与任务在培养"成才"，其不过是社会或科学发展的"工具"；综合实践活动着眼于人的发展，教育目标与任务在于使学生"成人"，即全方位提高学生作为"人"的素质，这需要首先以"解放人"为价值前提。因此，学生的一切，包括七情六欲，生理、心理乃至精神领域的需求、志趣、规范和追求，必须在课程实施中得到尊重。毫不夸张地说，在综合实践活动中，教育回归了其本质：育人。而"育人"则必须借助"创造性自我探索、体验和表现"的学生自主的实践活动。课程逻辑方面的差异，导致两类课程在课程形态方面的分化大相径庭。学科课程形态主要表现为"传授—接受"模式下的知识学习；综合实践活动课程形态则主要体现为"问题—解决"模式下的实践探究。

基于实践的逻辑，综合实践活动课程实施必须遵循生活原则。一要求真：在真实情境、真实问题、真实感受中进行真实探究与真实创造。二要向善：在求真的实践中学会倾听、学会理解、学会合作、学会帮助、学会欣赏。而后者的实施则遵循科学原则：遵从逻辑、实证、精确、高效、客观、理性等去人情化的原则范畴。这样，综合实践活动就具有了很强的"延展性"和发展空间。一方面，它与学科课程从两个维度共同构成互补共生、更加完善的基础教育课程体系；另一方面，它又借助实践活动将课程要素中的科学、社会与人等诸方面整合在一起，实现了文

---

① 张华等.综合实践活动课程研究[M].上海：上海科技教育出版社，2009.
② ［德］康德.判断力评判[M].宗白华，韦卓民译.北京：商务印书馆，1976.

化传承与培养教育两大教育功能的统一。

（二）以生活世界为主要资源，开创了新型课程的独特价值

让学生回归生活世界！这是综合实践活动课程的立足点。只有让学生融入生活，"成人"的教育才有坚实的基础和真实的背景。在原汁原味的现实生活中，学生可以学会生存、感悟生活、实现人生理想、追思生命意义。也就是说，综合实践活动课程与学科课程所青睐的课程资源存在着明显的差异。学科课程立足于科学世界，要实现"成才"的教育任务、要达成"知识授受"的课程目标，课程资源必须来自"科学世界"。而综合实践活动则要完成"成人"教育任务、要实现"整体的人"的发展的课程目标，课程资源自然是"生活世界"。

生活世界是胡塞尔在晚年提出的一个重要概念。在胡塞尔看来，科学的观念被实证地简化为纯粹事实的科学，这使科学自身出现了危机，即科学丧失了生活意义。自然科学特有的观察、实验、分析、归纳等探究方式，将对象进行各种度量，抽象成几何图形，再化约为数目字，进而建立各种相应的数学模型。这样，"自然本身在新的数学的指导下被理念化了"，原有的生活世界被改造为"公式"的表达，于是，一个真实的、活生生的自然消失了。按照胡塞尔的观点，解决危机的方法是"不管'真实世界'是否存在，是否可知，而只关心我们今世所生活于其中的生活世界"。因为"生活世界是一切科学世界的前提，是一个奠基性的世界"。生活世界是人类一切活动甚至是哲学研究的基础，自然也是教育活动的基础。[1] 所以，美国著名教育家杜威多次强调：学校必须呈现现在的生活——对于儿童说来是真实而生气勃勃的生活。儿童在真实的生活中活动，在持续的活动中生长。回归儿童生活，不仅是教育何以可能的关键，同时是儿童真正"进入"学科课程的"门径"，而且还是综合实践活动课程设置的逻辑原点。因此，回归生活世界是一切教育活动得以成功的基础。

综合实践活动课程正是基于儿童生长所必要的"土壤"——儿童生活——来设计的。只有回归生活世界，儿童才能将自己的经验与教学内容联系起来，这是他们了解世界——尤其是科学世界的先决条件。因此，教育部颁布的《综合实践活动指导纲要》指出："综合实践活动的开发与实施要克服当前基础教育课程脱离学生自身生活和社会生活的倾向，面向学生完整的生活领域。"只有牢牢抓住生活世界，才能设计和开发出真正的综合实践活动课程。

（三）转变学生的学习方式，培养学生的创新精神和实践能力

《综合实践活动指导纲要》指出："以活动为主要开展形式，强调学生的亲身经历，要求学生积极参与到各项活动中去，在'做'、'考察'、'实验'、'探究'、'设计'、'创作'、'想象'、'反思'、'体验'等一系列活动中发现和解决问题、体验和感受生活，发展实践能力和创新能力。"这样，实践则成了教育活动的基石。然而，以往教育排斥实践的做法，不仅消磨了学生的兴趣，也取消了学生创新的必要性和可能性。正如杜威所说明的："一个拿不动他想要拿动的石头的孩子，可能既不会继续无效地努力去达成不可能的事，也不会放弃他的目的，可能使他思考某种搬动石头的其他方法：他可能用杠子去撬动它。'需要是发明之母'。"[2]不错，任何创新都是基于实践中问题的解决的。离开了实践，创新就失去了价值与意义。

把创新作为一种能力去培养，教育需要回归到实践。实践活动是创新思想萌生、创新能力展现的基本情境。在实践中，身体与头脑的协同作用更有助于创造性行为的产生。因此，要真

---

① 赵书超.综合实践活动课程：理念与价值[J].全球教育展望，2011，40(9)：19-24.

② [美]约翰·杜威.学校与社会·明日之学校[M].赵祥麟，任钟印，吴志宏译.北京：人民教育出版社，2005：188.

小学综合实践活动设计与实施

诚反省与还原教育的本质,要救赎教育的创新精神,必须使教育回归生活现场。而基于生活世界的综合实践活动课程,则清晰说明了它与学科课程在教学文化方面的根本性的区别。首先,作为实践活动,必须是围绕现实中的真实问题而展开的;其次,作为实践活动,学生是问题解决的主体,教师只是学生的顾问和助手;最后,作为实践活动,成功和失败都是正常的,学生的经验和教训都可以成为教师倾听与欣赏的内容。

综合实践活动课程之所以立足于新课程,就是在时代精神感召与催生下出现的典型的作为时代精神代言的课程类型。宽松的气氛、自由的心灵,作为一种教学文化,并不局限于综合实践活动的一类课程,它是当代所有课程类型(包括学科课程)的文化追求。坚持这样的文化,我们的教育才能孕育出创新思想、创新能力和创新精神。

(四)面向学生"完整的人",提升学生的生命价值和道德人性

综合实践活动不仅重视实践,而且关注实践中的人及其感受和体验。"乐于探究"这一对课程参与者的心理状态的描述,既表达了一种对课程设计与开发者的基本要求,又真实地阐发了课程价值与理想追求,也就说,幸福与快乐是综合实践活动的基本构成(要素)和应有之意(内涵)。

毋庸置疑,"我国学校教育习惯于传统的'三中心'(以教师为中心、以课堂为中心、以教科书为中心)及其被动型、依赖型、重复型的教育教学"[1],而综合实践活动几乎将教师已经熟悉且习惯的一切颠覆:探究的问题需来自学生、来自学生的生活,而非教科书;探究的场所主要是自然、社会或生活的真实现场,而非教室;连教师也变成了学生的助手、顾问,而不再是教学的中心——课堂里的权威。就像著名教育理论家卢梭所说的"完全不要给他(学生)命令,绝对不要。也不要让他想到,你企图对他行使什么权威。"[2]在这里,教师的作用"不在于教他各种学问,而在于培养他有爱好学问的兴趣,而且在这种兴趣充分增长起来的时候,教他研究学问的方法"。[3] 教师作用的转变意味着其角色的转型:教师的职能将由知识传授者变成导引者和点拨者。[4] 在这种转换中,要求教师关注学生"完整的人"生命意义的现实存在,以学生个体幸福为课程的价值追求。

"人的本质不依赖于外部的环境,而只依赖于人给予它自身的价值。财富、地位、社会差别,甚至健康和智慧的天资——所有这些都成了无关紧要的。唯一要紧的就是灵魂的意向、灵魂的内在态度;这种内在本性是不容扰乱的。"[5]是啊,人之区别于万物,是因为人有一个玄幽神秘的灵魂! 高尚或是卑贱,不取决于人的外表和他的占有物,而取决于他对生命意义的感悟与坚守。

尤其是人们日趋陷入科学技术的繁荣并被其迷惑的今天,"我们看重坚持己见,甚于归纳各方面意见;看重分析,甚于综合;看重理性知识,甚于直观的智慧;看重科学,甚于宗教;看重竞争,甚于合作;看重扩张,甚于保守;诸如此类。这种单方面的发展,已经到了产生社会、经

---

① 陈永明."义务服师役"——析我国教师教育改革之壮举[A].教师教育改革与教师专业发展:国际视野与本土实践[C].上海:华东师范大学出版社,2007:63.

② 刘万海.德性教学论[M].上海:华东师范大学出版社,2009:200.

③ [日]左腾正夫.教学原理[M].钟启泉译.北京:教育科学出版社,2001:11.

④ 陈永明."义务服师役"——析我国教师教育改革之壮举[A].教师教育改革与教师专业发展:国际视野与本土实践[C].上海:华东师范大学出版社,2007:63.

⑤ [德]恩斯特·卡西尔.人论[M].甘阳译.上海:上海译文出版社,2004:11.

济、道德和精神方面的危机,令人极为担忧的阶段。"[①]在此背景下,教育教学活动能够渗入生命意义的追问,显得愈加弥足珍贵。教育作为启迪后人的事业,在生命意义追寻的进程中必须要有所作为!

五、小学综合实践活动课程在教育体系中的作用

小学阶段综合实践活动课程的开设,在我国整个教育体系改革过程中处于怎样的地位,又具有哪些特殊性呢?

(一)为综合实践活动课程在中学开设奠定基础

综合实践活动课程站位于生活世界,通过实践活动,借助于学生探究,试图构建德性教学,畅游于自然、社会、自我之间,必然汇聚起有力而敏锐的眼光,凝练出整体而融通的思想,因此必将透过迷雾,洞见真谛![②] 这是培养"完整的人"的一种新方式、新途径、新的课程类型。因此,我国21世纪的教育以综合实践活动课程的开设为突破口,进行大胆改革。《基础教育课程改革纲要(试行)》明确提出"从小学至高中设置综合实践活动并作为必修课程",显示出综合实践活动在本次课程改革中的力度和关键性作用。

具体到小学阶段,从三年级开始开设综合实践活动课程。这一阶段属于小学中高年级学段,学生已经具备了初步的基础知识,并正在养成学习习惯。这是一个小学学习由浅入深、由易到难的过渡时期。从新课程结构的分析,已经知道:新课程体系由学科课程与综合实践活动课程两类不同性质的课程构成。这两类课程互补、相生,共同构成一个促进学生的基础素质与独特个性的可持续发展的完备的课程整体。所以,从这以学龄段开设综合实践活动课程,可以为学生学校学习与生活的完整性打下坚实的基础。

我们知道,单纯的学科课程知识教学,往往会演变成由外而内的"灌输"。对学生来说,这样的课程既是陌生的,又是无趣的,很难真正引发学生的真正学习。综合实践活动课程的加入,丰富了学生的学习生活,开阔了学生的眼界,锻炼了学生的各种能力及创新精神。总之,经过小学阶段三年级至六年级中高年级的综合实践活动课程的开设,让学生了解并适应了一种新的课程实践,逐步学会一些新的学习方式和学习理念,为他们后续综合实践活动课程的学习打下坚实的基础。

(二)为小学课程综合化发展开创新路并提供示范

新课程结构的设计思路是:小学阶段以综合课程为主;初中阶段课程分科与综合相结合;高中阶段课程以分科为主。这种设计思路不仅符合学生的年龄特点和认知发展规律,而且便于课程内容的由浅入深的编排。作为小学阶段的学生,其心理水平初步发展,更加关注自身和周围生活,知识量少且缺乏系统性,但对所接触到一切生活事件发生兴趣。上述特点意味着小学课程设计需要满足综合化的需求。但是,课程综合化的设计与实施,在我国还缺乏足够的经验。而综合实践活动作为一种综合课程,在小学教育过程中以必修课的发生加以实施,有利于积累课程综合化的实践经验,为其他综合课程的改革提供范例。

《综合实践活动指导纲要》指出:"推进学生对自然、社会和自我之内在联系的整体认识与

---

① [美]F.卡普拉.再版前言[A].物理学之道——近代物理学与东方神秘主义[M].朱润生译.北京:北京出版社,1999.

② 赵书超.综合实践活动课程:理念与价值[J].全球教育展望,2011,40(9):19-24.

小学综合实践活动设计与实施

体验,发展学生的创新能力、实践能力以及良好的个性品质。"在回归生活理念指导下,使学生学会自主、探究、合作的学习方式,习惯一种宽松的学习气氛,并潜移默化地养成一个自由的心灵。这既是创新的文化基础,也是时代的价值追求,更是教育的本真形态。

综合实践活动课程的实施,不仅可以给综合课程提供借鉴,还有助于人们思考教育的本质和合理文化。例如,该类课程便引发了一种德性教学的学术追求。什么是德性教学? 德性教学作为道德性的教学的存在形态,既是一种长期愿景,更是当下教学变革的目标。因此,德性教学不是旨在重建一种新的教学样式,而是对已然的教学存在向着本来的崇善之路发出的召唤。① 德性教学主张,唤醒教学情境下人的道德良知,从科学认知走向"体知",在以心换心的人际状态中,按照新儒学"以善致善"的原则重建教学的美好生活。

道德性教学作为一种精神自由的场域,不仅可以启迪人的精彩观念,也将激发教师与学生对人生价值及生命意义的感悟。这不仅是综合实践活动课程目标的应有之义,也是综合课程的发展方向。

(三)为高等教育学术研究和学术创新进行最初启蒙

在现代社会,高等教育正日渐成为社会发展和民族精神缔造的重要领域。对于高等教育的基本单元——大学,德国哲学家雅斯贝尔斯(Karl Jaspers)认为,它必须具有 3 个组成要素,一是学术性之教学,二是科学与学术性的研究,三是创造性之文化生活。三者不可分,分则必归于衰退。② 他特别强调了大学的学术性研究、教学和文化创造。这是高等教育区别于初等教育和中等教育的基本特征,3 个方面水平的高低决定了高等教育的质量和水平。

然而,长期以来人们不断对高等教育提出质疑,以"钱学森之问"最为典型。"为什么我们的学校总是培养不出杰出人才?"③这不是钱学森个人之问,而是所有国人及时代对中国教育的叩问。学术素养、研究能力与创新精神,不是一朝一夕养成的,得益于从初等教育、中等教育到高等教育的整个教育系统不同环节的协同合作。也就是说,"培养不出创造性人才"的问题根源,与其说是来自大学,毋宁说来自整个中国教育体制——包括教育理念、课程的规划、设置与实践。要彻底改变这一现状,需从整个教育入手进行系统设计,才能获得根本性解决。

关于创造性心智的培养,罗伯特·斯腾伯格与托德·卢巴特(Sternberg & Lubart)认为需要考虑 6 种资源:智力、知识、理智风格、人格、动机和环境。其中,与创造性心智相关的智力活动中,问题的界定和重新界定以及洞察力至关重要;而知识的特点则强调其灵活性;理智风格表现为喜欢提出问题、创造规则体系并用新方法看待事物;人格特征主要包括宽容、勇于战胜困难及不屈不挠、锐意进取、乐于冒险、勇于坚持和实行自己的信念等方面;动机需要来自内部(即内部动机)并表现为追求卓越;环境方面应当能够激发创造性观念、鼓励继续探究和奖励创造性。④

上述要求与综合实践活动课程的追求相一致。因此,在小学阶段开设综合实践活动课程,关系到创造性人才培养的教育体系的系统设计与安排。通识教育的倡导者、芝加哥大学的前校长赫钦斯(Robert M. Hutchins)指出:一所大学要实现时代理智的领导作用,"就一定得像

---

① 刘万海.以善致善:教学道德性论题的儒学启示[J].全球教育展望,2011,40(3):17-22.
② 金耀基.大学之理念、性格及其问题[A].大学的精神[C].北京:中国友谊出版公司,2004:98.
③ 钱学森之问[EB/OL].[2011-5-4].http://baike.baidu.com/view/2978502.htm.
④ [美]阿伦·C.奥恩斯坦,琳达·S.贝阿尔·霍伦斯坦,爱德华·F.帕荣克.当代课程问题[M].余强译.杭州:浙江教育出版社,2004:228-242.

一所大学似的思考,既要进行思辨的思考,又要进行实践的思考。"①这也正是小学综合实践活动的课程目标。小学综合实践活动在课程理念上与大学的时代精神是相通的,小学综合实践活动课程扎扎实实地开展,有助于及早让学生学会思考、学会实践、学会选择、学会创新,这是一个"利在当代,功在千秋"的伟大教育创举!

本章概要

综合实践活动作为 3～12 年级全新的必修课程,立足于学生的直接经验,回归学生的生活世界,关注学生的自主探究。它具有整体性、实践性、开放性、自主性、生成性的特点。它包括指定与非指定两个领域。指定领域包括研究性学习、社区服务与社会实践、劳动与技术教育、信息技术教育 4 个方面的内容。活动组织围绕学生与自然、学生与社会、学生与自我 3 条线索,活动开发要求基于学生日常生活经验,尊重学生兴趣和特长,适合学校与所在社区特色。

从历史的角度看,综合实践活动在国内与国外都有悠久的过去。我国综合实践活动课程的产生在 21 世纪初,但与此相关的思想与教育实践在历史上却源远流长,大致划分为启蒙、探索、发展和产生 4 个阶段。从国际上看,综合实践活动发展则经历了 3 个阶段:萌芽(帕克的思想)阶段、形成(包括杜威学校与夏山学校)阶段和新发展(如设计本位学习、服务学习和综合学习)阶段。

综合实践活动课程,在性质上具有综合课程、活动课程和实践课程的特点。它在基础教育体系中,与学科课程互补、相生,共同构成一个促进学生的基础素质与独特个性的可持续发展的完备的课程整体。综合实践活动课程的教育价值:①关注学生的生存方式,使教育回归"成人"的本质;②以生活世界为主要资源,开创了新型课程的独特价值;③转变学生的学习方式,培养学生的创新精神和实践能力;④面向学生完整的人,提升学生的整体生命和道德人性。小学综合实践活动课程,在教育体系中的独特作用表现为:一为基础教育综合实践活动课程后续开设奠基;二为小学课程综合化发展开创新路并提供示范;三为高等教育学术研究和学术创新进行最初启蒙。

资源链接

[1] 熊梅.综合实践活动教学法[M].长春:东北师范大学出版社,2006.

[2] 张华.综合实践活动课程研究[M].上海:上海科技教育出版社,2009.

[3] 顾建军.小学综合实践活动设计[M].北京:高等教育出版社,2005.

[4] 陈树杰,黄建平.基础教育新课程师资培训指导小学综合实践活动[M].北京:首都师范大学出版社,2003.

[5] 熊梅.综合实践活动开发与设计[M].北京:高等教育出版社,2006.

[6] 张华,安桂清等.综合实践活动课程开发与案例研究[M].北京:高等教育出版社,2008.

[7] [德]恩斯特·卡西尔.人论[M].甘阳译.上海:上海译文出版社,2004.

[8] [美]约翰·杜威.学校与社会·明日之学校[M].赵祥麟等译.北京:人民教育出版社,2005.

[9] [美]爱莉诺·达克沃斯.精彩观念的诞生——达克沃斯举行论文集[M].张华等译.北京:高等教育出版社,2005.

---

① [美]赫钦斯.教育上的冲突[M].陆有铨译.台北:桂圆图书股份有限公司,1994:89.

小学综合实践活动设计与实施

[10] [美]阿伦·C.奥恩斯坦,琳达·S.贝阿尔·霍伦斯坦,爱德华·F.帕荣克.当代课程问题[M].余强主译.杭州:浙江教育出版社,2004.

[11] [美]赫钦斯.教育上的冲突[M].陆有铨译.台北:桂圆图书股份有限公司,1994.

[12] [日]左腾正夫.教学原理[M].钟启泉译.北京:教育科学出版社,2001.

[13] 黄伟.综合实践活动课程:我国新世纪的课程创新和历险——与日本"综合学习时间"之比较及反思[J].河北师范大学学报(教科版),2005,7(2):19-24.

思考与实践

一、理论思考

1. 什么是综合实践活动？其价值取向是什么？

2. 综合实践活动的特点有哪些？为什么？

3. 综合实践活动的具体内容有哪些？

4. 综合实践活动的组织线索有哪些？各自具有怎样的作用？

5. 综合实践活动的开发原则有哪些？

6. 综合实践活动在我国的发展经过了怎样的历程？

7. 综合实践活动在国外的发展经过了怎样的历程？

8. 综合实践活动在基础教育课程体系处于怎样的地位？

9. 试分析综合实践活动课程的性质。

10. 试分析杜威学校或夏山学校在综合实践活动形成与发展中的作用。

11. 试预测综合实践活动在我国及世界今后发展的状况。

二、实践探索

1. 述评综合实践活动课程列入基础教育课程体系的重要意义。

2. 比较我国综合实践活动与日本的综合学习时间,并对两国课程进行评价。

3. 选择一所小学,对该校综合实践活动课程的实施情况进行调查研究。

4. 根据上题所获得的调查数据,试对照《综合实践活动指导纲要》对其进行评价。

第二章 综合实践活动理念与目标

学习目标

- 了解综合实践活动的理论基础;
- 把握综合实践活动的主要理论;
- 领会综合实践活动的基本理念;
- 准确理解综合实践活动的目标。

问题情境

如何确定活动内容?

洛克在《教育漫话》中论述过少年绅士的手工劳动是刺绣、镀金、漆工等在室内进行的手工劳动。卢梭对这些是一概摒弃的。他所推崇的手工是使用旋床、铁锤、刨子、斧、锯、锉刀等各种工具的手艺,或是木匠的工作。卢梭期望借助这些劳动使身躯强壮、手脚灵活。同时,在从事运用这些工具的劳作过程中,也可以磨炼感官,发展智慧。所以,他摒弃了那种不费任何功夫且近乎机械式的重复工作:这些工作,例如织布、磨石头等,仅仅劳累了身体,却不要求任何思考。他认为,这是一种聪慧的人不应从事的职业。[①]

上述案例表明,关于活动内容的选择,卢梭与洛克的观点不尽相同。实际上,在综合实践活动实施过程中,许多一线教师对于"选择什么样的活动更合理"存在许多分歧甚至疑惑。那么,究竟综合实践活动的内容应当如何确定?这个问题看似是课程开发过程中具体的操作问题,实则关涉活动设计的目标确定,乃至综合实践活动的基本理念和理论基础。因此,本章内容就围绕综合实践活动的理论基础、基本理念和目标确定等 3 个问题加以讨论。

---

① 题目为编者所加。摘自[日]佐藤正夫.教学原理[M].北京:教育科学出版社,2001:146.

小学综合实践活动设计与实施

第一节 综合实践活动的理论基础

综合实践活动列入我国基础教育课程体系并作为正式课程,并非偶然、随意的,其背后有着深刻的时代背景、现实的社会需求,而且具有广泛而深厚的理论依据。下面首先从哲学、心理学两个角度讨论其理论基础,以寻求综合实践活动作为新的教育实践而诞生的理论背景和价值取向。

一、综合实践活动课程的哲学基础

哲学无所不在地决定着人们的行动。在教育领域里,尤其如此。"因为学校及其职员所倡导或反映的哲学观影响其课程目标、内容和组织形式。"[①]"没有哲学,教育工作者在确定和实施我们所力求达到的目标时就会无所适从,既不知道'什么'是适当的,也不知道'怎么做'是适当的。"[②]综合实践活动课程21世纪在我国出现,蕴含着深厚的时代精神与深刻的哲学根源。或者说,综合实践活动课程的精神内涵,与20世纪后涌现的许多哲学理论,尤其是复杂理论、过程哲学、存在现象学等,是一脉相通的。

(一)复杂理论

复杂理论也称复杂性科学或混沌学。美国气象学家洛仑兹(Edward N. Lorenz)在用计算机模拟气象变化时发现一个有趣的现象:某一地区细微的空气变化可能导致其他地区气象的巨大变化,这就是"蝴蝶效应"。诺贝尔奖得主普利高津(Llya Prigogine)则提出"耗散结构"理论。他认为,耗散结构(即"非平衡系统")产生自组织现象——自我调整以适应环境变化。法国哲学家埃加德·莫兰(Edgar Morin)则直接提出"复杂范式"理论,与经典科学理性主义的"简单范式"相对。

复杂理论的内涵,主要包括以下3个方面。

1. 所有事物无不处于有序性或无序性状态

有序性是指世界的稳定性、规则性、必然性、确定性,以及事物之间的相关性与统一性等;无序性是指世界的变动性、不规则性、偶然性、不确定性,以及事物之间的独立性和离散性等。[③] 纯粹的有序性世界,万物一成不变,不会产生新的事物;纯粹的无序性世界,万物流变不止,一切事物将化为乌有。因此,世界的基本属性是有序性与无序性同在,并相互转化的。

2. 复杂事物是一个动态开放、自组织的系统

20世纪80年代初,科学家认识到,"非线性动力学"(nonlinear dynamics)可以解释混乱而

---

① [美]艾伦·C.奥恩斯坦,费朗西斯·P.汉金斯.课程:基础、原理和问题[M].柯森主译.南京:江苏教育出版社,2002:35.

② [美]阿伦·C.奥恩斯坦,琳达·S.贝阿尔·霍伦斯坦,爱德华·F.帕荣克.当代课程问题[M].余强主译.杭州:浙江教育出版社,2004:3.

③ 王升.如何形成教学艺术[M].北京:教育科学出版社,2008:71.

复杂的系统。约翰·荷兰德(John H. Holland)将这样的系统称为"复杂的适应性系统"。他认为,该系统由许多平行发生作用的"作用者"组成一个网络;该网络是一个多层次的组织,每一层的作用者皆为高一层作用者的"建设砖块";系统形成许多"小生境"(某一范围内的生态小环境);"小生境"之间互动沟通,即根据其他作用者的行为来改变和完善自己;借助于开放性,系统可以预期未来,并实现其自主适应环境的功能。[①]

3. 复杂系统是一个多样性与统一性并存的整体

这样的系统,使科学家不得不面对一个事实:整体可以大于部分之和,甚至"它还可以完全不同于部分之和"[②]。由于复杂系统的构成遵循整体性原则,即"一个系统不仅是从多样性出发构成的统一性,而且是从统一性出发构成的(内在)多样性"[③]。所以,复杂系统作为一个整体,其形态不仅具有多样性与差异性,同时又具有统一性。

复杂理论启示人们:世界是复杂的,一律用"化简"方法理解世界,未必都是恰当的。正如洛仑兹的比喻:得克萨斯州一只蝴蝶翅膀的扇动,一个星期后会影响到海地的一场暴风雨的走向。考察复杂事物(系统)演变时,需要借助复杂理论。实际上,教育改革(包括综合实践活动课程实施)就属于复杂事物,应当摒除科学化简方法,借助复杂系统有序性与无序性、动态开放及自组织等理论,解决教育重建(打破教育旧体制并建立教育新体制)过程中复杂系统的变革问题。特别是,面对"人的成长"与"教育改革"两个复杂系统,我们需要思考两者关系,以及教育这只"蝴蝶"如何"扇动翅膀",才能顺应"人的成长"之无序性、自组织、开放等复杂系统的要求。

这也提示我们:综合实践活动的课程实施是一个复杂系统,教师是复杂系统中的一个重要因子。具体说,教师与学生、课程、学习环境等一道构成了一个学习活动的复杂系统,他无法置身事(学习活动)外;而且综合实践活动作为一种复杂的学习活动,教师的行为无法遵循学科课程——按照事先设计好的教学规划去展开,有教师教给学生知识——的教学模式;在综合实践活动中,教师必须置身事(问题解决)中,与学生一道参与问题的澄清、辨析、探究,并需要与学生一起合作、成长,以完成共同的课程目标与任务。处于这样的课程世界与课程实践中,教师工作的可预见性大大降低,需要更深厚的教育素养和更突出的临场智慧。

(二) 过程哲学

过程哲学(philosophy of process)也称机体哲学(philosophy of organism),这一理论由英国数学家、逻辑学家阿尔弗莱德·诺斯·怀特海(Alfred North Whitehead,1861—1947)创立。他说:"众现实事物的共同体(community)[④]就是一个机体,但它却不是一个静止的机体。它在生产过程方面尚是一个未完成体。"因此,"每一个现实实有(actual entity)本身只能被描述为一个有机过程。"[⑤]显而易见,怀特海也拒绝用静止、化简的方法来理解世界。

过程哲学对于教育改革具有启示作用的观点,主要有 3 个方面。

---

① [美]米歇尔·沃尔德罗普.复杂:诞生于秩序与混沌边缘的科学.陈玲译.北京:生活·读书·新知三联书店,1997.

② P. W. Anderson(1972). More Is Different: Broken symmetry and the nature of the hierachical structure of science. Science,1972,177:393-396.

③ [法]埃加德·莫兰.复杂思想:自觉的科学[M].陈一壮译.北京:北京大学出版社,2001:209.

④ 原文将 community 译作"地区"。编者认为,译作"共同体"更合怀特海本意。

⑤ [英]A. N. 怀特海.过程与实在[M].周邦宪译.贵阳:贵州人民出版社,2006.

小学综合实践活动设计与实施

1. "现实实有"是现实世界的终极存在

"现实实有"这个概念反对将世界简单地二元划分，诸如主体与客体、物质与精神、概念与实体等；相反，它试图将以上看似对立的两个方面内涵在人的经验中统一起来。这样一来，"现实实有"本身即回归了世界本然的有机性。同时，"现实实有"之间，通过相互"摄入"（prehension）而发生联系（nexus）①，进而形成更广范围的有机性。因此，世界是一个由现实实有构成的机体。

2. "摄入"是人类领悟世界的根本方式

怀特海认为，知觉有两种纯粹的模式：因果效应模式（mode of causal efficacy）与表象直接性模式（mode of presentational）。前者更为原初或根本，后者更为复杂和思辨。这种知觉学说强调"非感性的领悟"——"摄入"，含义为"关联性的具体事实"②。摄入包括3个要素：摄入的主体、被摄入的资料与摄入的主观形式。摄入的主观形式有很多，"诸如情绪、评价、目的、反感、厌恶、意识等"③借助摄入，人类得以领悟世界的本质及自身存在的意义。

3. "过程"是世界展现创造性的形式

每种事物都以"过程"的形态而存在。"任何一个现实实有的过程（或合生④）都要将其他的现实实有包括在自己的组成成分之中。"⑤ 每一个现实事态即是一个新颖的实有，而这种新颖性则源于创造。这样，"终极的形而上学原理便是从分离向联合进展，创造出一个有别于分离状态的诸实有的新实有。"⑥ 所以，在怀特海看来，"过程"即是构成机体各因子间内在联系的、持续的创造性活动。

过程哲学启示人们：世界是一个由"现实实有"——世界或事物的本然因子⑦——构成的有机体；这个有机体的"生命活动"，通过"摄入"方式展现；在"摄入"时，表现出强烈的主观情绪和价值取向；并且，世界作为有机体的生命形态，时时处于"过程"之中。这是一个独特的看待世界的视角，即将人们所谓"客观世界"赋予了生命，重新作出"生命化"解读。

更为难能可贵的是，怀特海将其过程哲学应用于教育领域，提出了全新的教育目标：培养"智慧人"，即个体在"生命与意义"、"社会与实践"、"灵魂与境界"方面实现了完美的统一。他特别指出，偏离了这种统一，教育"就不会成为其本身"⑧。这些思想与主张，与综合实践活动课程的旨趣不谋而合，且对综合实践活动课程的理论建设与实践行动，均具有重要启迪和"拨云见日"般的启发和指导作用。

（三）存在现象学

德国著名哲学家胡塞尔（Edmund Husersl，1859—1938）创立了现象学。这种理论主张，搁置人们的成见，让世界自己"显现"出来。也就是说，世界不是"我"（主体）的对象（客体），它是"主客"分化之前完整的、鲜活的存在；世界的意义与"我们"如何对待"世界"相呼应。从这个意义上说，卡西尔（Ernst Cassirer）的现象学是文化的，胡塞尔的现象学是知识性的，海德格尔（Martin Heidegger）的现象学是存在性的。⑨ 因此，海德格尔的现象学，实际上是一种存在现

---

①②③⑤⑥ ［英］A. N. 怀特海. 过程与实在［M］. 周邦宪译. 贵阳：贵州人民出版社，2006.

④ "合生，用洛克的语言来说就是'一个特殊存在物的实在内在组织'……是特殊存在物的组织中固有的流变，它被我称为'合生'。"参见［英］A. N. 怀特海. 过程与实在［M］. 周邦宪译. 贵阳：贵州人民出版社，2006.

⑦ "世界或事物的本然因子"是编者对怀特海"生涩"的哲学概念的通俗化理解。在这里，怀特海强调的是对"构成世界因素"不加分解与逻辑"修剪"的、原原本本的描述，类似现象学看待事物的方法。

⑧ A. N. Whitehead. Science and Modern World［M］. New York：The Free Prees，1953：123.

⑨ 叶秀山. 思·史·诗［M］. 北京：人民出版社，1988.

象学，它是现象学与存在论的结合。这种结合是对欧洲传统科学（"逻辑形式"与"感性内容"相结合）思想方式的一个突破，促使人们在理解世界时，从观念上发生一些重大变化。

存在现象学的观点，主要表现在 3 个方面。

1．人就是人，很难分割为"感性"与"理性"

海德格尔说："此在实际上可以、应该而且必须凭借知识与意志成为情绪的主人，……不过不可由此就误入歧途，从而在存在论上否定是此在的原始存在方式。"①人们通常言说的心理与物理、主体与客体，仍然没有摆脱笛卡儿心物二元论的思维模式。海德格尔要做的，不是为了探索人的"主体性"原则，而是追寻一种超越"主客"二者之上的"存在"。

2．存在"意义"源于人的时间性或历史性

"'世界'只对'人'才'有''意义'，如果没有'人'则'世界'就'没有'（无）那种对人才显示的'意义'。"②西方哲学忽视"无"，致使"有"的意义被歪曲。形而上学作为科学思维方式（以世界为客观对象）无法完成"意义"之"思"的任务，因此海德格尔对它进行宣判："在探求本源的道路上，哲学——形而上学已经终结，开始了'思想'时期"③。为了启发"人"的"意义"之"思"，他阐述道："在他人死去之际可以经验到一种引人注目的存在现象，……此在这种存在者的终结就是现成事物这种存在者的端始。"④借助"存在"的"历史性"——人是有"死"的，海德格尔明确提出了存在论的根本问题——存在的"意义"问题，并以此唤起人对"意义"的追思（忧思）。

3．诗可以作为"意义"追寻之"路"

科学"不断发现新事实、积累新知识以控制自然，是'要'做'神'的事。"⑤人之为人，应致力于对"存在""意义"的追寻。有些诗人可当此重任。"《归家》一诗'思'那诗人在其诗境中所唤起者——'神圣'，'思'那能使诗人说出他必须说出之物的方式。……才使我们注意荷尔德林的最后一首哀诗。"⑥荷尔德林的诗之所以能够完成存在"意义"之追寻，是因为"他自己的纯真而不衰减的'欢乐'"⑦，引导他不断去拥抱"人"之"意义"之思。

存在现象学启示人们：人作为一种存在，是一个本然的整体；在有限的人生历程中，追思人生意义至关重要；科学之路，只会将人引向歧途；诗人虔敬地祈圣，才会使人踏上生命意义追寻的正途。具体到教育领域，存在现象学主张将人当作一个生命整体，反对科学对人的"肢解"；并且，教育的根本任务不仅是传授科学知识，更重要的是引导学生追思生命的意义。

探究人的生命意义，综合实践活动课程比学科课程更加看重与追求。在综合实践活动中，"通过探究而学习的学生中每个人的'感受和体验'都至关重要，它们既是课程展开的生成物又是课程的目标追求。""综合实践活动课程站位于生活世界、通过实践活动、借助于学生探究、构建着德性教学，畅游于自然、社会、自我之间，必然汇聚起有力而敏锐的眼光，凝练出整体而融通的思想，因此必将透过迷雾，洞见真谛！……在今后教育的演进中，一定能够而且应当担负起这样的重任——追寻生命的意义。"⑧

---

① ［德］马丁·海德格尔.存在与时间[M].3 版.陈嘉映，王庆节译.熊伟校.陈嘉映修订.北京：生活·读书·新知三联书店，2006：159.

②③④⑤　叶秀山.思·史·诗[M].北京：人民出版社，1988.

⑥⑦　［德］海德格尔.存在与在[M].黎鸣译校.北京：民族出版社，2004.

⑧　赵书超.综合实践活动课程：理念与价值[J].全球教育展望，2011，40(9)：19-24.

小学综合实践活动设计与实施

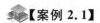【案例 2.1】

课堂剧的中断[①]

请注意下面与这相似的一个例子,它发生在施耐尔的班上,这是一所市区中学。

这是一个非常活跃的课堂,各种不同的朱丽叶依次站在讲台边,而罗密欧们则站在下面做着各种精心设计的、但常常很可笑的姿势……我和一群九年级的学生正沉浸在《罗密欧与朱丽叶》的一幕演出中。他们选择高声朗读楼台相会那一幕并把它演出来,按角色依次上场。他们轻松地运用着高难度的语言及其外国风格,有时忠实于原著,有时则改动或是省略某些字词。很显然他们有时明白所读台词的意义,有时对所念的东西则完全摸不着头脑。但我们并没有过多地停下来讨论。学生们很喜欢这种共同的参与,而且我也不想打断他们朗读时的那种气势。

但那天的最后一位罗密欧最后确实打断了这种气势。我们又重新演了一幕戏以给更多的听众一次上场的机会,他开始费劲地讲起第一段台词。说到一半处,他突然中断,不耐烦地摇着头,转向我:"我爱她。那就是他要说的。为什么要讲些杂七杂八的话塞在里面?为什么不直接说出来?我爱你!(转向当时的朱丽叶)那不就行了!"然后他以一种难忘的语调,一种糅合着幽默、挫折与实实在在的困惑的语调说:"他为什么不直接说出自己的意思呢?"

为什么莎士比亚不直接说出他的意思呢?当然就他的所为而言,"他的意思"是很复杂的。他所选择的字词是他能用来表述自己意思的最佳选择。诗歌、小说、绘画、舞蹈和音乐并不仅仅是凭空想象出来的形式,他们所要表达的东西不能以一言蔽之的。"我爱你"并不能准确地表达出莎士比亚所要表达的所有意思,就像"四十二"无法概括我们生命的意义一样。诗人与教师之间在这里有着一种共通之处:宇宙是复杂的,科学是复杂的,诗人的思想与感受是复杂的。"四十二"无法做得到,"浮力"也不能,在这个例子中,"我爱你"也不能。

【案例点评】

达克沃斯从教师的角度,申明了《罗密欧与朱丽叶》剧中人物的复杂情感及其作者思想与内心感受的丰富多彩,指出了"诗人的思想与感受是复杂的",这不能不说明她对事物理解的深邃。然而,从课程论来看,课程实施何尝不是复杂的!"课堂剧的中断"本身,正说明了这一点。这种"中断"正是学生与课程资源"对话"的表现,每个人就此而呈现的反思、行动,既是复杂理论所说的"开放交流"与"自组织"现象,又是过程哲学所说的"合生"、"过程"与"新颖性"。从存在现象学的角度看,它也正是真正教育所期望的。

二、综合实践活动课程的心理学基础

综合实践活动课程的产生和理论形成,还有着深厚的心理学根基。特别是,与人本主义心理学、灵商理论及超个人心理学等理论,有着众多的相同志趣和价值取向。

(一)人本主义心理学

人本主义心理学(humanistic psychology)是 20 世纪 50 年代兴起于美国的一种心理学思潮和流派,近年也称为现象学心理学(phenomenological psychology)。人本主义心理学既反对行为主义把人当作机器,又反对精神分析把人的行为归结为动物本能,主张研究人的本性、

---

① 题目为编者所加。引自[美]爱莉诺·达克沃斯.精彩概念的诞生——达克沃斯教学论文集[M].张华等译.北京:高等教育出版社,2005:140-141.

潜能、经验、价值、创造力和自我实现,因此被视为心理学中的第三势力。

人本主义心理学的重要代表罗杰斯(Carl Ransom Rorgers,1902—1987)在《学习的自由》(1969)中系统阐述了人本主义教育改革思想。

1. 教育目标是培养能够适应变化和会学习的人

这样的人具有独立自主性、建设性和信任感并富有创造性。罗杰斯说:"只有学会如何学习和学会适应变化的人……才是可靠的人、有教养的人。现代世界中,变化是唯一可以作为确立教育目标的依据。"[①]

2. 提出人本主义学习理论

主要内容有:①学习是有意义的心理过程,而非机械识记;②学习是学生内在潜能的发挥,而非被塑造;③学习可以获得有价值的经验,而被强行灌输;④最有用的学习是学会学习。

3. 构建以学生为中心的教学模式

学生居于教学中心,需要关注学习过程,基本要点是:①课程无结构,围绕学生自由表达而设置;②学习活动由师生共同决策,共同承担后果;③教师作为学习顾问和激励者;④教师对待学生的情感和兴趣要真诚、理解和关怀;⑤学习集体看重学习过程超过学习内容;⑥自律是学习的必备条件;⑦评估由学生自己来做;⑧宽松、积极的学习氛围使得学习更加深入。

人本主义心理学及其教育主张,对我国当代教育改革具有重要启示:重视人类自由、个人选择和自我实现,有助于批判传统中的专制文化,恢复和弘扬个性和创造性。

尤其是,注重价值引导、发现和创造过程的教育旨趣,强调体验学习、情感陶冶,以及课程内容适切性安排、组织的弹性化等方面,为我国基础教育改革,尤其是综合实践活动课程实施提供了具体的方法与策略指导。

(二) 超个人心理学

超个人心理学(transpersonal psychology)是 20 世纪 60 年代末 70 年代初在美国兴起的一个心理学派,是对人本主义心理学的超越和发展,号称是心理学中的第四势力。超个人心理学的特点与主要内涵如下。

1. 注重精神修炼

超个人心理学是从东方神秘文化中汲取营养,内容包括中国的儒家、道家、禅宗,印度哲学和佛教,伊斯兰的宗教与哲学思想,以及日本的神道和禅宗。它结合东西方文化的优点,试图从精神领域认识人,注重灵性的修持和个人意识的超越。

2. 主张自我超越

超个人心理学是一种超越"人本"的心理学。主张沉思生命意义,深刻反省自我。多数人盲目或错误地认同自己所扮演的角色、自己的人格、自我观念,或平日中所模糊觉察到的所谓"我",这些实际并非我之所以为我,即非"真我"。[②] 这样,以"反省自我"为途径,达到追求人生价值的升华。

3. 以宇宙为中心

人本主义的自我实现的"我"是渺小、狭隘、孤立、封闭的个人小我,而每个人都不是绝对孤

---

① 车文博.西方心理学史[M].杭州:浙江教育出版社,2002:563.

② 钟启泉,安桂清.课程灵性与人格建构[J].全球教育展望,2006,35(1):25-30.

小学综合实践活动设计与实施

立的个体,而是属于"大我",并根植于"大我",这里的"大我"在不同文化里被赋予不同名称,如上帝、天、道等。小我只有融入"大我"之中,才能无私和圆满。[①]

超个人心理学启示人们:揭示人的自我迷失,帮助他们找回本真的灵性和精神,同样是教育的任务。这为教育重拾"育人"目的而奠基,为破除个人固见、私心,为提升人、培养大写的"人"开辟道路。上述理念,正是综合实践活动课程理念所追求的。

综合实践活动在破除"书本知识"神圣性的同时,强调学生亲力亲为的探究学习、自主学习、合作学习,进而生成学生自我建构的知识;并力图在学生与自然、社会、自我的相互关系中,重建"人"的地位。这种"人"一定是反对"人类中心主义"的,是与自然、他人乃至自我和谐、融洽、融通的。这种人的生长需要一个过程,超越自我——"小我",回归"大我"——的过程。

【案例 2.2】

人是什么?

从前有一次,女神 Cura(操心)在渡河之际看见一片胶土,她若有所思,从中取出一块胶泥,动手把它塑造。在她思量她所造的玩意儿之际,朱庇特神走了过来。女神 Cura 便请求朱庇特把精灵赋予这块成形的胶泥。朱庇特欣然从命。但当她要用自己的名字来命名她所造的形象时,朱庇特拦住了她,说应得用他的名字来称呼这个形象。两位天神正为命名之事争执不下,土地神(台鲁斯)又冒了出来,争说该给这个形象以她的名字,因为实在是她从自己身上贡献出了泥坯。他们争论不休,请得农神来做裁判。农神的评判看来十分公正:你,朱庇特,既然你提供了精灵,你该在它死时得到它的精灵;既然你,土地,给了它身躯,你就理该得到它的身体。而 Cura 最先造出了这个玩意儿,那么,只要它活着,Cura 就可以占有它。至于大家所争的它的名称,就叫"homo(人)"吧,因为它是由 humus(泥土)造的。[②]

【案例点评】

这则寓言的确耐人寻味!"人"来到世间,获得人之为人的各种因素,是承蒙诸神的恩赐:土地神奉献"肉体",朱庇特奉献"灵魂",女神 Cura 奉献"形象"。这样,"精神"被植入特殊"形象"(肉体)中,既有了与诸神沟通的可能,又被有形象的肉体所束缚。因此,人的精神世界——灵性——的成长,需要教育(或宗教)的启迪!

(三)灵商理论

当今,心理学发展越来越关注人的心灵世界。在此方面,最为重要的心理学理论,莫过于灵商理论和超个人心理学。超个人心理学前面已经作了介绍,下面仅对灵商理论加以阐述。

灵商(spiritual intelligence quotient,SQ)即心灵智力或灵魂智力,是一种能够完善和提升人整体的一种智力。英国学者达纳·左哈、伊恩·马歇尔夫妇在《灵商:人的终极智力》这本书中首先提出了这个概念。对于人来说,灵商的意义非凡。"电脑具有高智商:它们知道什么是规则,并且能够遵循规则不犯错误。动物往往具有高情商:它们具有它们所在环境的情境感觉,并且知道如何作出适当的反应……灵商允许人类去进行创造,去改动规则和变更情境。"[③]智商(IQ)、情商(EQ)与灵商(SQ)都是人类的智慧成分。灵商因能激发人的创造性、引

---

① 盛波.从超个人心理学、东方文化看心理学的整合[J].科教文汇,2007(2):202,206.

② 这是一则关于"人之诞生"的寓言,题目为编者所加。参见[德]马丁·海德格尔.实在与时间[M].修订译本.陈嘉映,王庆节合译.北京:生活·读书·新知三联书店,2006:228.

③ 钟启泉,安桂清.课程灵性与人格建构[J].全球教育展望,2006,35(1):25-30.

导人发现新价值,而被奉为人的最高智力。

灵商发达的人,具有如下特征:①灵活变通的能力(积极的和自发的适应性);②高度的自我意识;③面对和利用苦难的能力;④面对和战胜痛苦的能力;⑤具有被想象和价值所激励的生命本质;⑥不愿引起不必要的伤害;⑦倾向于发现不同事物之间的联系(形成"整体");⑧喜欢询问"为什么"或"如果……将会……"等问题并寻找"根本性"答案;⑨"场独立性"人格倾向并具有反习俗的能力。[①]

智商奠定人的计算能力,造就了其生存方式;情商开启人的幸福能力,决定了其生活状态;灵商则赋予人创造能力,丰满了其生命价值。如果智商、情商受制于情境,做的是一种"基于规则"的"有限的游戏"的话,灵商则允许人们"改动规则",尽兴于一种"无限的游戏"。"它使我们成为智力、情感和灵性的生物,成为我们所是。"[②]灵商理论强调了人类心理的完整性和人之为人的高位价值,对教育提出了更高要求。这正是综合实践活动的基本追求。

第二节　综合实践活动课程理念

第一节阐述了综合实践活动在当前产生的哲学和心理学背景。本节则从教育实践的角度,探寻综合实践活动课程的理论依据及其基本理念。也就是说,阐发课程改革的实践需求,梳理与综合实践活动志趣协同的教育思想,并归纳综合实践活动的基本理念。

一、综合实践活动课程的教育实践背景

综合实践活动课程的诞生,离不开世界范围内的学术转型,尤其是教育新思潮的促动,更与国内教育变革的具体背景密切相关。

(一)基础教育课程改革的新方向

为了全面推进素质教育的深入实施,在 21 世纪初,我国推出了基础教育课程改革。这次改革以调整基础教育的课程体系、结构、内容为主要措施,试图建构符合素质教育要求的新的基础教育课程体系。

基础教育课程改革的具体目标如下。

改变课程过于注重知识传授的倾向,强调形成积极主动的学习态度,使获得基础知识与基本技能的过程同时成为学会学习和形成正确价值观的过程。

改变课程结构过于强调学科本位、科目过多和缺乏整合的现状,整体设置九年一贯的课程门类和课时比例,并设置综合课程,以适应不同地区和学生发展的需求,体现课程结构的均衡性、综合性和选择性。

改变课程内容"难、繁、偏、旧"和过于注重书本知识的现状,加强课程内容与学生生活以及现代社会和科技发展的联系,关注学生的学习兴趣和经验,精选终身学习必备的基础知识和技能。

① ［英］达纳·左哈,伊恩·马歇尔.灵商:人的终极智力[M].王毅,兆平译.上海:上海人民出版社,2001:15.
② 钟启泉,安桂清.课程灵性与人格建构[J].全球教育展望,2006,35(1):25-30.

小学综合实践活动设计与实施

改变课程实施过于强调接受学习、死记硬背、机械训练的现状，倡导学生主动参与、乐于探究、勤于动手，培养学生搜集和处理信息的能力、获取新知识的能力、分析和解决问题的能力以及交流与合作的能力。

改变课程评价过分强调甄别与选拔的功能，发挥评价促进学生发展、教师提高和改进教学实践的功能。

改变课程管理过于集中的状况，实行国家、地方、学校三级课程管理，增强课程对地方、学校及学生的适应性。

由上述可知，此次改革尽管名为课程改革，实则涉及教育全方位的变革。从教育目标到课程结构、从课程内容到教学过程、从评价功能到管理体制，每一个领域都发生了根本性的转向。

(1) 教育目标从偏重"知识传授"走向注重"主动学习"和"全人"发展。

(2) 课程结构从"学科本位"与"科目过多"的僵化走向"均衡、综合、选择"的灵活。

(3) 课程内容从拘泥于"书本知识"走向与"生活、社会和科技发展"的联系。

(4) 教学过程从"接受、训练"的被动的"知识学习"走向"动手、参与、探究"的主动的"全面发展"。

(5) 评价功能从单纯的"甄别与选拔"走向"发展与改进"。

(6) 管理体制从集权走向逐步分权。

(二) 基础教育课程改革的价值观

随着课程改革在我国基础教育领域全面推进的背景下，教育领域开始从教育哲学的层面反思改革的价值取向。普遍的看法是，基础教育课程改革的价值观是全新的，主要表现在以下几个方面。

1. 关注"整体人"的学生发展

20 世纪以来，人文科学的发展大抵是以反思启蒙运动以求日益膨胀的技术理性为其特征的。而教育学作为实践性很强的人文科学，也不断抨击科学主义对人性的宰制，力图在教育活动中关注"完整的人"及其"生活世界"。正像美国教育家帕尔默所说"记住我们是谁，就是把我们的全部身心放回本位，恢复我们的自身认同和自身完整，重获我们生活的完整"。[①] 在世界范围内，关注整体人的学生发展，已经形成一个潮流。

21 世纪初以来的中国基础教育改革顺应了这一潮流。钟启泉教授指出，要祛除教育的功利化、消解"见物不见人"的现象，课程与教学必须实现 3 个转型：从"教的课程"转型为"学的课程"，从"定型化的教学"转型为"情境化的教学"，从"作为训练的学习"转型为"作为修炼的学习"。他说："学习不是单纯的程序化、技术化的知识掌握和能力训练过程，也是生活实践和自我修炼（人格修养）的过程。一味地强化训练，无助于儿童智慧的知人任事和具备高尚的德行，'作为修炼的学习'蕴含着对儿童的整体性的尊重和对学习的内在价值的寻求，因而能够成为生命趣味盎然的源泉。"[②]我国基础教育课程体系中，新增"综合实践活动"课程为国家正式课程。这一举措的目的，正是以此课程为基点，落实并推广培养"整体的人"的教育的一个策略。

2. 强调"多样化"的学习方式

有关学习风格的研究表明，4～5 岁的儿童已经开始表现出学习风格的喜好与个人倾向性

---

① ［美］帕克·帕尔默. 教学勇气[M]. 吴国珍等译. 上海：华东师范大学出版社，2005：21.

② 钟启泉. 追寻课程与教学的本真意义[A]. 安桂清. 整体课程论[M]. 上海：华东师范大学出版社，2007.

了。有的儿童喜欢一个人读书,有的儿童喜欢群体项目,还有的儿童喜欢参与动手操作的项目,等等,不一而足。由于认知方式或风格的个人化,需要多样化、个人化的学习方式。日本教育家佐藤正夫认为,在个别学习中,"每一个学生可以试验各自的力量,实际评价自身的能力,了解自身的特点,也可以掌握学术性和操作性作业的许多技术,掌握自主学习能力。"①

新课程强调转变学生的学习方式,提倡自主学习、探究学习、合作学习以及体验性学习与实践性学习,让学生从多角度、用多方式,感知、理解、领悟并作用于世界,从而获得全方位的情感、经验、知识、能力和德行,为学生个性化学习探索出具体的方法和途径。只有这样的学习,才能适合每个儿童的特点,才能使儿童个个成才成人,也才能使课堂焕发出生命活力。

3. 倡导"对话式"的教学关系

传统教学主张"教教科书",教科书是教学目标,是课堂里的"圣经";学生的理解必须无条件地以教科书为准,不允许有自己的理解或创造;在课堂里,教师是教科书的解释者,是学生学习中的评判者和知识权威;因此,教学只能是一种对学生的灌输和控制。为此,新课程提出了"用教科书教"的口号,教科书从"圣经"回落为"课程资源";学生发展才是课程教学的根本目标;教师是学生学习教科书或利用课程资源的指导者、顾问和学习共同体中的首席;课堂教学演变成学生借助教科书或课程资源与教师展开对话的过程。

巴西教育家弗莱雷(P. Freire)指出,对话是人与人之间的接触,对话关系是教学作为自由实践的精髓。他说:"对话中隐含的控制是对话双方对世界的控制,对话是为了人类的解放而征服世界。"②从这个意义上说,只有把教学看作师生对话,学生和教师作为主体的价值才能得以彰显。需要指出的是,这里的对话,不仅是人与人之间的对话,而且包括人与文本的对话,也就是说,学习者借助文本与文本作者而展开对话。在对话关系中,学生也不再是被灌输的"容器"了,而是在课堂生活中与教师地位平等的对话者,他/她借助于与他人对话,而进行知识与意义的自我建构和自主发展。

4. 提供"生活化"的课程内容

传统课程内容"按照成人社会规划儿童生活"、"依据学术逻辑安排学习材料"、"采用知识灌输取代学生发展",严重窄化了课程内容。课堂教学也远离了儿童的现实生活,教室成为儿童生活的"炼狱",学生避之唯恐不及,严重扼杀了学生学习的积极性和课堂生活的生命力,阻碍了学生全面、自由、自主、快乐的发展。正如日本教育学家佐藤正夫所说:"教师只是单纯地依靠语言教育儿童,仅为儿童将来的生活做准备,无视儿童今日的要求与兴趣。"卢梭说:"这是错误的。儿童应当过儿童的生活。让儿童从事儿童生活中具有重要意义的活动,儿童也就在为将来的生活做准备。"③

因此,新课程要求教学回归学生的生活世界。在课堂上,提倡引导学生在熟悉的真实生活情境中,发现自我;在感受社会现实的实践过程中,建构自己的意义世界。基于此,课程内容的选择,应与学生经验相结合,与学生需要相结合。这样,既能激发学生的学习兴趣,又促进了其全面并富有个性的发展。

5. 鼓励"差异性"的教育评价

我国课程改革"注重培养学生的独立性和自主性,引导学生质疑、调查、探究,在实践中学

①　[日]佐藤正夫.教学原理[M].钟启泉译.北京:教育科学出版社,2001:398.

②　[巴西]弗莱雷.被压迫者教育学[M].顾建荣译.上海:华东师范大学出版社,2001:37.

③　[日]佐藤正夫.教学原理[M].钟启泉译.北京:教育科学出版社,2001:10.

小学综合实践活动设计与实施

习,促进学生在教师指导下主动地、富有个性地发展",要求"教师尊重学生的人格,关注个体差异"。基于《基础教育课程改革纲要》的目标要求,课程评价必须进行全方位的改造。不仅评价主体多元参与、评价方法多样拓展,评价标准与内容也应因人而异。如此,才能体现教育评价尊重个性并弘扬个性的精神。

在评价过程中,评价者应当特别重视形成性评价、表现性评价,从每个学生纵向发展的独特历程、个性特点和现实水平诸方面综合考虑,本着有助于学生个性发展的宗旨进行具体操作,以使教育评价最大限度地促进而非阻碍学生发展,并力图为每位学生形成其独特个性而创造条件。

(三)课程改革对综合实践活动的呼唤

从上述内容可以看出,课程改革的理念对传统教育来说是超越性的。为了保障其理念的落实到位,推出了综合实践活动课程。《基础教育课程改革纲要(试行)》(以下简称《纲要》)明确规定以下内容。

从小学至高中设置综合实践活动并作为必修课程,其内容主要包括:信息技术教育、研究性学习、社区服务与社会实践以及劳动与技术教育。强调学生通过实践,增强探究和创新意识,学习科学研究的方法,发展综合运用知识的能力。增进学校与社会的密切联系,培养学生的社会责任感。在课程的实施过程中,加强信息技术教育,培养学生利用信息技术的意识和能力。了解必要的通用技术和职业分工,形成初步技术能力。

《纲要》中的上述内容,不仅规定了其课程性质为必修课程、划定其四大领域,而且明确了其课程目标是通过"实践、探究",而学会学习、创新、处理信息、应用技术,形成社会责任感等。总之,综合实践活动课程就是要借助于实践性学习,来培养全面发展、能够创新的新人。

可以看出,综合实践活动是本次基础教育课程改革的关键所在,是课程改革全新理念得以落实的重要载体。可以说,综合实践活动的理念完全与课程改革的主旨相一致,也最能体现课程改革的全新价值观。

二、综合实践活动课程的教育理论

好的教育实践,自有好的理论做指导。或者说,任何教育行动,都需合理的理论来解释。"提出理论,就是要它们对这些从业者有作用,有意义,能够解释和运用于课堂和学校的真实世界。"[①]综合实践活动作为新课程中的新的课程类型也不例外,自有其奉为"圭臬"的教育理论。

(一)经验自然主义教育理论

自然主义(naturalism)指以自然原因或原理解释一切现象的价值观体系。自然主义教育哲学可以上溯到17世纪的夸美纽斯(J. A. Comenius)、洛克(J. Locke)。18世纪的卢梭(J. J. Rousseau),18至19世纪的裴斯泰洛齐(J. Pestalozzi)、福禄贝尔(F. Froebel),一般被称作浪漫自然主义流派。这个流派的思想将自然主义与浪漫主义(romanticism)结合起来。19至20世纪的杜威(J. Dewey)的教育哲学,则被称作经验自然主义的典型代表。

---

① [美]艾伦·C.奥恩斯坦,费朗西斯·P.汉金斯.课程:基础、原理和问题[M].柯森主译.南京:江苏教育出版社,2002:24.

1. 杜威的哲学观

在杜威看来,经验的意义有二:一是经验的事物(作为名词);二是经验的过程(作为动词)。作为过程,经验包含内外两类活动:反思(心理活动)与实验(身体行为)。[①] 杜威主张,以科学与技术的方法处理经验,"一种彻底的、按照科学和技术的观点形成的关于经验的哲学获得了它的意义"[②]。杜威提出了认识的"连续性"(continuum)原则,他的哲学希望"把更多的统一性和组织性引进来"[③],诸如:主观与客观的连续性、有机体与环境的统一性、目的与手段的内在统一、方法与教材的必要统一、个性与联合的必要的统一,等等。[④]这是一种对二元论进行修正的实用主义认识论,试图将相互对立的两方面联系起来,衔接起来,整合起来。

2. 杜威的教育观

教育的实质,杜威认为"是经验的继续改造"[⑤]。在他看来,在教育中,个体与社会是不能割裂的,相反,"心理的和社会的两个方面是有机地联系着的"[⑥]。因此,教育必须将个体内在世界与外在环境整合在一起并实现交互作用,而联结两者的中介就是"经验"。经验的连续性,不仅表现在儿童生活与成人生活之间的连续性上,而且表现在学校生活、家庭生活、社会生活、自然生活之间的完整性和统一性上。所以杜威说:"我认为学校科目相互联系的真正中心不是科学,不是文学,不是历史,不是地理,而是儿童本身的社会活动。"[⑦]

只有在生活中,人的个性才可能真实展现,也才谈得上"经验的不断改造",所以,"教育即生活"。生活的本质是生长,既有社会的生长——社会民主化进程的不断推进,也有个体的生长——人的身心不断成熟与完善。所以,教育是一个自然的过程,"教育即生长"[⑧]。

3. 杜威的课程观

杜威是主张课程与教学相统一的先驱。他说:"其实,科学之所以有价值正因为它给我们一种能力去解释和控制已有的经验。我们不应当把它作为新的教材介绍给儿童。"[⑨]也就是说,方法一定是某一教材的方法,教材的价值不在于提供更多知识,而是借助其处理知识的方法,来改组或重建儿童的经验(知识)。这样,教材与方法、课程与教学,就不再是相互对立的,相反,是完美统一的。关于课程开发,杜威坚持3个课程因素——儿童、学科知识、社会——之间的相互作用、动态统一。

关于课程,杜威还将其概括为两个维度:"儿童立场的课程"与"教师立场的课程"。[⑩]前者强调的是"儿童生活的连续性",将儿童时期看作人生有其独特、独立价值的时期,其意义不可忽视和践踏;后者提供的是"社会生活的连续性",强调社会发展的需求。如果它与前者相脱节,或我们"将知识的记录……看作就是知识。人们的心灵成为它先前战胜环境的战利品的俘虏"[⑪]。将两者有机整合起来的策略,就是杜威所倡导的"主动作业"。

4. 杜威的教学观

"主动作业",从教学论角度看,是一种探究式学习。它通过"儿童乐于从事"的活动,来实现儿童对所关心事物或问题的探索和反思,以形成"反省的经验"。杜威说:"思维乃是一个探究的过程,一个观察事物的过程和一个调查研究的过程。在这个过程中,获得结果总是次要

① ④ ⑧ ⑩　张华. 经验课程论[M]. 上海:上海教育出版社,2001:62-81.
② ③　[美]杜威. 杜威文选[M]. 涂纪亮编译. 北京:社会科学文献出版社,2006
⑤ ⑥ ⑦ ⑨　[美]杜威. 我的教育信条[A]. 学校与社会·明日之学校[M]. 赵祥麟等译. 北京:人民教育出版社,2005.
⑪　[美]杜威. 民主主义与教育[M]. 王承绪译. 北京:人民教育出版社,2001.

小学综合实践活动设计与实施

的,它是探究行动的手段。"①每个人真正的探究都是独创性的——即使他或她所寻求的结果已被别人所知——这对一个人的心智和人格成熟至关重要。在杜威看来,探究式学习"对教育具有巨大的意义"②。

杜威学校把学生的日常活动,统称为"作业"。无论何种作业,因其基于学生经验,所以是"主动"的;因其源于生活,所以是"社会的"。主动作业一般分为 3 类。

(1)"手工作业":包括车间、烹饪、缝纫等。

(2)"理智作业":包括历史、地理、科学、会话等。

(3)"艺术表达作业":包括造型、绘画、音乐等。

他们强调,3 类作业在时间上平衡。③ 这样,通过主动作业而引发儿童身心的全面的、自觉的成长;而且,从课程论角度看,这样的课程,不仅是社会"公共的知识"和学校"预设的计划",而且是儿童"学习经验的历程"。

【案例 2.3】

杜威学校的研究性教学

六岁儿童的研究性学习活动被总称为"为家庭服务的社会性作业"。本阶段依然以家庭生活为核心组织探究活动,但儿童的社会兴趣显然比四岁至五岁的儿童大为扩展。探究的内容由食物到各种动、植物,以及动植物生长的环境和气候,由烹饪到种植、养殖,再到建筑在测量中学习数学,在编周刊和游戏中学习阅读。

……

有一次,六岁的儿童们在教室里建造了一个示范农场后,竟然又在校园里种了些冬小麦,经历了从播下种子到做成面包的整个进程,当然是他们自己烘面包。

还有一次,儿童们研究农民生活,开始研究农场的动物。儿童们观察到,当母牛吃草时,吃得很快,并不咀嚼。然后他们观察躺在牛棚里正在咀嚼的几头母牛,嚼得很慢。"究竟为什么呀?"孩子们开始研究、讨论。后来,老师和儿童们发现故事是这样的:很久很久以前,食肉动物常常潜伏在草地周围等待食草动物走近,因此,当食草动物走进广阔的草地时,经常有被捕的危险,不得不很快吃草。这样就慢慢养成一种习惯,把吃到的草滚成球,咽到第一个胃,等回到比较安全的树林休息时,喉头肌肉把草球又带回嘴里充分咀嚼,然后咽到第二个胃里。④

【案例点评】

在杜威及杜威学校的老师看来,学生的经验在教育中才是第一位的。"经验是一条滚滚向前的溪流,通过注入有用的知识,这溪流不断地从各个方面得到扩大。"知识的注入,最为切实的方法只有一个,那就是:让学生自主地、自由地探究。

(二)建构主义学习理论

建构主义学习理论是学习领域在行为主义发展到认知主义之后的进一步发展。建构主义者认为,"实在(reality)无非是人们的心中之物,是学习者自己构造了实在或至少是按照他的经验解释实在。"⑤这一理论迅速发展且备受关注是近来的事,但它的哲学根源可以追溯到古

---

①② [美]杜威.民主主义与教育[M].王承绪译.北京:人民教育出版社,2001:162.

③ 张华.研究性教学论[M].上海:华东师范大学出版社,2010:236.

④ 案例题目为编者所加.参见张华.杜威研究性学习的思想与实践(中)[J].当代教育科学,2005,(23):9-14.

⑤ 祝智庭.现代教育技术——走向信息化教育[M].北京:教育科学出版社,2002:23.

代的苏格拉底、柏拉图与康德。它晚近的先驱,有杜威、皮亚杰、布鲁纳和维果斯基等。

建构主义学习理论的主要观点如下。

1. 知识是学习者自行建构的

知识的获得不是通过教师传授,而是学习者在学习情境中与具体情境交互作用中自行建构的。在此过程中,人对知识的理解,依赖于个人经验。每个人的经验不同,对知识的建构结果也不同。在建构主义者看来,知识只是人们对世界认识的成果,这种成果的形成具有个人化的主观主义色彩。这样,知识就被剥去"真理"的外衣,回归于解决问题的材料的性质和地位。而个体经验则是目前学习的平台,在学习过程中至关重要,它是知识生成的前提与基础。

2. 学习是在问题情境中自主展开的

建构主义从动态角度理解学习,认为学习不是把知识装入学生头脑,而是学习者与问题情境互动交流的过程,其本质是学习者的自我建构。学习者与问题情境的互动交流,为学习者的自我建构提供了必要的背景。具体说就是,学习需要学习者置身于现实问题情境,完成思考、分析、解决问题的具体行动。由于每个人的经验是独特的,对问题的理解及提出的解决策略也不同。因此每位学习者的学习,只能是在其独特的内在精神世界中,独自展开、自主完成;学习,对于学习者来说,是一个独特的、个性化的建构过程。学生在具体情境中个性化的问题探究活动,可以保证其实践能力与独特而健全人格的养成。

3. 教学是学习者学习的有效平台

在建构主义者看来,情境、协作、会话和意义建构是学习系统中的四大要素。他们主张,在教学过程中,教师应当向学习者提供需要解决的"问题的原形",强调具体情境、个人独特经验对于自我建构的作用。这样,学习观有3个转变:关注视点从外部灌输到内部生成,学习形式从抽象化学习到情境化学习,学习者样式从个体作业到社群协作。教师是学习的帮助者,教学是学习者学会学习的"脚手架"。建构主义学者倡导的教学模式有随机通达式教学、情境化教学、支架式教学等。

曾有一位教师这样解释过"学生"与"课本"两个概念:学生,学生,以学为生(言下之意,学习作为学生的职业,苦也好,乐也好,必须忍受着);课本,课本,课之根本(言下之意,课本是学生的"圣经",只能记诵,不能发挥,更不可质疑)。建构主义学习理论几乎颠覆了人们长期以来所遵循的知识观、学习观、教学观,给人们以深刻的警醒与启迪:知识是学习者建构的,带有主观色彩和个体性,而非客观"真理";因此学习过程(以解决问题为基本模式)远比学习结果(以获得知识为主要目标)更重要;课堂教学不过是帮助学生学习(最终学会学习)的手段,而非学生的职场(或苦役)。因此,建构主义学习理论成为综合实践活动课程的基本理念和理论指导。

【案例2.4】

"鱼 牛"

德国的一则关于鱼和青蛙的童话可以帮助我们更好地理解这个问题。故事说的是在一个池塘里住着鱼和青蛙,它们俩是好朋友。它们听说外面的世界好精彩,都想出去看看。鱼由于自己不能离开水而生活,只好让青蛙自己走了。这天,青蛙回来了,鱼迫不及待地向它询问外面的情况。青蛙告诉鱼,外面有很多新奇有趣的东西。"比如说牛吧,"青蛙说,"这真是一种奇怪的动物,它的身体很大,头上长着两个弯弯的犄角,吃青草为生,身上有着黑白相间的斑块,长着四只粗壮的腿,还有一个红色的大乳房。"鱼惊叫道:"哇,好怪呀!"同时脑海里即刻勾画

小学综合实践活动设计与实施

出它心目中的"牛"的形象：一个大大的鱼身子，头上长着两个犄角，嘴里吃着草……①

【案例点评】

鱼脑中的"牛的形象"（被称作"鱼牛"）在客观上是错误的，但是这则寓言却形象地说明了建构主义学习原理：理解依赖于个人经验，知识是个体与外部环境交互作用的结果。因此，对知识对错的判断只能是相对的，任何知识都是个体建构的，学习本身就是一个知识建构的过程。

（三）研究性教学理论

研究性教学将教学视为解放学生的心灵、帮助其诞生"精彩的观念"的师生合作创造知识的过程。② 研究性教学理论萌生于19世纪末20世纪初杜威的研究性学习思想，到20世纪下半叶之后，受到中外许多重要教育学家的追捧。重要的代表人物有美国教育学家埃莉诺·达克沃斯（Eleanor Ruth Duckworth）、美国"田野教育家"帕特丽夏·卡利尼（Patricia Carini），以及加拿大现象学教育流派的开创者马克斯·范梅南（Max ven Manen）等。这一理论正作为我国课程改革的教学理论基础之一。其基本观点主要表现在以下几个方面。

1. 关于知识、儿童与教育

研究性教学倡导"解放理性"，一反"传递性教学"控制和塑造学生的价值取向，受到我国学者和教育实践家的广泛重视。首先表现在知识观、儿童观和教育观等方面。

（1）知识与课程。知识不是传授对象，而是特定情境中问题解决的结果和新问题解决的工具。"这里的知识是指一个人自己的思想、行动、联结、预测和情感的储备，其中一些可能源自阅读或听说的东西，但个体早已为了自己的需要而对之进行了整合，它们也提供了将之整合的新途径。"③按照达克沃斯的说法，"人们必须建构自己的知识，并对他们自己有意义的方式来吸收经验。"④因此，课程开发的依据是儿童，便于他们产生精彩的观念、形成美好的道德体验。"开发教科书的全部目的在于教师和儿童开始产生并遵循他们自己的观念，如果可能的话，超越依赖任何其他人的建议。……这是一种相当激进的课程开发观。"⑤

（2）儿童观。儿童是一个具有独特个性与内在丰富精神世界的人。"在儿童这里，成长和学习与其说是自身转变还不如说是形成自我的过程。儿童是正在成长中的人。自我的成长与儿童的生活世界的特殊性是紧密相连的。儿童当然不是一个空空的容器。"⑥儿童的学习必然伴随学习者新思想、新体验的诞生。由于感受到父母的爱——如"深切的庇护、安全和信任感"——"这种指向内心的亲密的情感气氛促成了孩子的外在兴趣、好奇心、探险性和独立意识。特别是因为体验到了亲密和关心的好处，他便能由此寻找他自己的成长个性。"⑦

（3）对教育的理解。教育的影响"永远也不能完全预测和控制"⑧，因此教育既不是科学也不是技术，而是一种体验。"体验可以开启我们的理解力，恢复一种具体化的认知感（a sense of embodied knowing）。"⑨教师需要借助于探究与反思，形成教育智慧。无论面对学科还是生活，学习的本质都是探究与创造。在课堂上，让学生在探究学科和生活的过程中，不

---

① 题目为编者所加。参见祝智庭.现代教育技术——走向信息化教育[M].北京：教育科学出版社,2002：23-24.

② 张华.研究性教学论[M].上海：华东师范大学出版社,2010：60.

③④⑤ ［美］埃莉诺·达克沃斯.精彩概念的诞生——达克沃斯教学论文集[M].张华等译.北京：高等教育出版社,2005.

⑥⑦⑧⑨ ［加］马克斯·范梅南.教学机智——教育智慧的意蕴[M].北京：教育科学出版社,2001.

断生成精彩的观念和美好体验,最终指向创造个性的发展,是教学的根本目的。[1]

2.教学的本质与形态

研究性教学论基于"解放理性",从"探究"的视角重新解读教学,探讨了教学的一些新本质,并重新阐释了教学的基本形态。

(1)教学即研究。既然知识是由每个人自己建构的,那么教学如何进行? 采用研究的方式进行。达克沃斯一般采取3个步骤:①"与一两个儿童或青少年进行的演示";②"让学生自己在课外某个时候与一两个人尝试一项类似的探究活动";③"作为一个群体来学习某个特定主题"。这样做的目的,"一是让学生置身于与所研究的领域相关的现象,即真实的事物而非书本或是讲授,以帮助他们关注有趣的东西,使他们参与其中,如此方能使之继续思考并惊叹所要认知的事物;二是让学生阐释他们自己创造的意义,教师要力图去理解他们的意义而不是直接向学生阐释事物。"[2]

(2)教学即倾听。为了保证"研究"的教学性质,乃至推动与指导学生研究,教师必须"低下身子"倾听学生,并且引导学生相互倾听。"我就会请他们努力引出和理解其他人的阐释——和我一起通过倾听而非讲解来实践教学。我还指出,如果你确信某事,那么你宣布这件事并没有什么用处,但提出一个推测性的想法却很有用——因为这样,其他人就会帮助你对这个问题进行全面彻底的思考。"[3]倾听可以形成"非判断性理解",进而达成共同研究的学习状态与氛围。因为"非判断性的理解与一种接受性的、开放性的、同情性的、真诚的、帮助性的聆听有关"。[4]

(3)教学即描述。用描述性评论取代判断性评论来实现教育的人性化,是美国教育家卡利尼对教育发展的重要贡献。卡利尼有时将"描述性评论"称作"描述现象学探究"。她说:"描述教会我:'我所关注的主题总能够超出我们所能看到的。'"这种现象学描述关注个体之间的差异性、多样性和关系性,通过现象学描述让"现象"不断"说出"自己,力图显现世界本然的丰富性和复杂性原貌。运用"描述性评论""旨在使孩子主动参与与世界、与他人交往、主动创造事物、主动学习的行为清晰可见。""描述"即揭示,"评论"即反思。描述性评论,不仅为了儿童的创造,而且为了教师的"自我"揭蔽——恢复教师的创造个性。[5]

3.教学的策略与方法

站在研究性教学的立场,教学策略与方法必须重新构建,主要表现在以下几个方面。

(1)聆听和观察。研究性教学的展开,需要教师时刻意识到学生的感受,这就需要聆听和观察,以便"寻找那些能使儿童与真实的教师一起参与到真实的课堂中去的活动、功课、切入点。……发现吸引儿童兴趣的方法,考虑不同儿童兴趣和能力的差异……课程研究的要点是课堂实验。"[6]聆听和观察是开展课堂实验的前提。借助于聆听与观察,以达成丰富的、不同形式的理解。诸如非判断性理解、发展性理解、分析性理解、教育性理解、形成性理解。[7]

(2)对话。研究性教学与对话教学是新课程倡导的两种教学理论。前者关注的是,对课程与教材的态度;后者涉及的是,课堂里的人际关系。如果将研究与对话结合起来,会最大限度地完善教学。具体来说,把对话融入研究性教学,即可充分发挥学习共同体的力量,进而丰

① 张华.研究性教学论[M].上海:华东师范大学出版社,2010:35.

②③⑥ [美]埃莉诺·达克沃斯.精彩概念的诞生——达克沃斯教学论文集[M].张华等译.北京:高等教育出版社,2005:164-172.

④⑦ [加]马克斯·范梅南.教学机智——教育智慧的意蕴[M].北京:教育科学出版社,2001:115-116.

⑤ 张华.研究性教学论[M].上海:华东师范大学出版社,2010:268-269.

小学综合实践活动设计与实施

富研究与教学的视角与方法,起到集思广益的作用。反过来,对话教学以研究为前提,则会增强对话的学术水准和话题深度。从这个角度看,对话教学论与研究性教学论是相辅相成的。对话教学的具体策略主要有:主题探究、问答、会话、辩论、对话性讲授、交往性沉默等。①

（3）行动反思。当今社会,浮躁的社会风气制造了个体反思的文化障碍,多层化教育体制衍生了教育者反思的制度障碍。"教育的科层制（官僚体制）越来越试图加强对教学过程的行政和集权式控制。在这种情况下,教师的任务也变得'理性化'了……由于老师越来越被要求技术化地对待他们的教学工作,他们越来越丧失了对学校和课程应该为之服务的学生的教育经历的这个问题的意义、目的和重要性的反思能力。"②但是,在研究性教学中,常常会出现探究困惑、行动失败、意见冲突等,这时不仅对话、沟通是必要的,反思也是必需的。因此,范梅南提出了对教育行动的反思,他将反思划分为:行动前反思、行动中反思、智慧性行动（又称"全身心的关注"（mindfulness））、对行动的反思。③

（4）保持事物的复杂性。在研究性教学中,需要寻找合适的材料、问题与活动,这时,我们需要保持事物的本然状态,即事物的复杂性。"不管是诗歌、数学问题、历史文献、液体还是音乐,我们必须给出切入点,从不同角度呈现学科内容,从不同的学习者那里引发不同的反应,为探究开启条条大路,触发矛盾冲突,引起惊奇;我们必须鼓励学习者超越自己,帮助他们意识到尚有其他观点有待发现——也就是说,他们还没有穷尽对某个特定事物的各种思考。"总之,教师应当鼓励学生"在看似简单甚至很基本的材料中发现意料之外的复杂性"④。

（5）智慧性行动。研究性教学需要教师行动,以推动学生的思考、合作、对话,从而维持研究过程得以持续或走向深入。这需要智慧性行动。智慧性行动的基础是智慧性意识。"这种意识容易挥发,瞬间即逝。""智慧性行动（thoughtful action）与反思性行动（reflective action）的区别在于前者以智慧的方式对它的行为关注,而不是从情境中撤出来反思各种办法和行动后果。"⑤也就是说,智慧性行动尽管蕴含着对行动的反思,但这种反思是融于行动中的,因此它又是一种"全身心投入"的行动。

【案例2.5】

教学设计的临时改变⑥

周末,我读了莱克（Rilke）的诗《豹》的一种引人深思的译文。今天是星期一的早晨。我走进十二年级的教室,一心想着准备好的这首诗的教案。如果我是一位没有经验的教师或天真的教师的话,我就会以为我可以走进教室来"教莱克的诗"……

但是,当我走进教室时,我直觉地观察到这些学生刚从哪里回来。我知道有些学生在周末做兼职打工,还有一些孩子周六和周日玩得很愉快或很不开心,有些孩子晚上睡得很晚,不一定期望下一个星期的学习生活。尽管如此,这些孩子都还是乘巴士或以其他方式来到了学校,并在早晨8点在座位上坐好了。此刻,他们并不关心莱克或什么诗。因此,当我走进教室,我对这群孩子的活力和气氛有些敏感（尽管我当时没有真正发觉自己的这种意识）,我碰巧注意到了达里尔。他的叫叫嚷嚷和笑声好像有点适合全班的情绪。他看到了我的眼光,我朝他微

① 张华.研究性教学论[M].上海:华东师范大学出版社,2010:109-117.

②③⑤ [加]马克斯·范梅南.教学机智——教育智慧的意蕴[M].北京:教育科学出版社,2001:132-133.

④ [美]埃莉诺·达克沃斯.精彩概念的诞生——达克沃斯教学论文集[M].张华等译.北京:高等教育出版社,2005:148.

⑥ 题目为编者所加。[加]马克斯·范梅南.教学机智——教育智慧的意蕴[M].北京:教育科学出版社,2001:146-147.

笑了一下。他把这理解成让他对失去了半决赛的那个冰球队作个点评。冰球我实在是不感兴趣,但我还是同情地点了点头,还说了个冰球的笑话。一些孩子也即兴发表看法。其他的孩子也参与进来了。全班同学都凑了过来。这是一个极为表面的闲聊。但是,在我们正式做事之前,我们需要以某种方式把大家连接起来。

……我本来计划一开始先在黑板上写出一个问题,让同学们反思回答,然后再开始对莱克的诗的主题智慧进行小组谈论。可是,我发现现在还不适合。于是,我用唤起注意的方式开始,"我想给大家读一首由雷纳·玛丽娅·莱克(Rainer Maria Rilke)写的诗,题目叫《豹》。"(我在说话时,已经感觉到学生们的情绪还不适合这类东西。于是,我不由自主地说了句听起来像道歉似的话)"我知道今天早晨诗歌可能不是你们最想听的……"(有几个孩子不以为然地看着我,玛莎眼珠向上翻,好像在说,"你可以再说一遍!"……这时,我感到我应该相信自己。我不想显得像道歉似的,于是我带着更多的热情说)"有时候,很难做我们想要做的事。《豹》这首诗讲述了一个故事,就说明了这一点。"

……

我在向学生讲述这个故事的时候,我不断地注意到谁在听我讲,谁在躁动不安,或心不在焉。这是一种与单个的学生和一群学生接触的教师的知觉。但是,随着故事的深入,全班同学似乎都在仔细听了。……

【案例点评】

这是研究性教学在学科教学中的应用。案例作者的研究主要表现为对学生心理、情感、态度的研究,对整体课堂气氛的研究,以及变革教学计划的不断探索和尝试。这已经是难能可贵了!但是,他的核心目标还是要把学生引导到"莱克的诗"上。综合实践活动连教学主题的确定,也要顾及学生的需要,也需要让学生"做主",并且学习方式自然会演变为"学生自主探究"了,就像开场时达里尔自觉对冰球比赛所做的"点评"。

三、综合实践活动课程的基本理念

综合实践活动作为全新的课程列入基础教育课程体系,这是我国教育发展过程中的一次重大转向。综合实践活动课程的理念如下。

(一)面向儿童生活世界和社会实践,让学生体验生活、学以致用

生活世界相对于科学世界,是指一般人的日常生活的现实世界。儿童的生活世界与成年人的生活世界有别,它是一个浸染着儿童的天真、浪漫、强烈的好奇与无限的想象等特色的奇妙世界,是关于人在儿童时期的相对独立的特殊世界。杜威曾经指出:"儿童的世界是一个具有他们个人兴趣的人的世界,而不是一个事实和规律的世界。儿童世界的主要特征,不是什么与外界事物相符合这个意义上的真理,而是感情和同情。"[①]然而,它却为人生后续的"整体人"发展奠定了一个坚实的稳固的基础,因此是人生发展不可或缺的、独具特色的梦幻世界。

综合实践活动课程的主题与内容选择,坚持面向儿童的生活世界和社会实践,意味着将儿童看作"儿童"而非"成人的预备",这是教育活动的基点。同时,在着眼于儿童的生活世界的前提下辅以儿童的社会实践,学会理解生活、社会和自然并不断发展各种能力和素养,自然就搭

---

① [美]杜威.儿童与课程[A].学校与社会·明日之学校[M].第2版.赵祥麟等译.北京:人民教育出版社,2005:112.

小学综合实践活动设计与实施

建了儿童从当下走向未来(成人)的桥梁。面向儿童的生活世界和社会实践的定位,意味着这一课程为学生作为"人"(而非"人才")的发展,开辟了一个前所未有的空间,并使教育回归"育人"的本旨。生活世界作为一个复杂整体,意味着个体与自然、个体与他人和社会、个体与自我不断发生关系,并且各种关系纠葛关联进而构成一个完整自我。在接近日常生活的情境中,学生经营亲近与探索自然、体验与融入社会、认识与完善自我,致力于提升人的内在生活品质,充实个体的生存意义。

实际上,生活世界并不拒斥科学世界,甚至还是科学世界的基础、目的和价值的源泉,只不过生活世界比科学世界的视野更开阔、事件更复杂、事物更鲜活。小学综合实践活动超越学习书本知识的局限,即是从单纯的科学世界走向儿童的生活世界,意味着这一课程要求学生从生活、社会现实中提出问题,围绕人与自然、人与他人或社会、人与自我、人与文化等内容,自主提出活动主题,并深入自然情境、社会背景或社会活动领域,开展探究、社会参与性的体验、实践等学习活动,进而形成对自然、社会和自我的整体认识,发展良好的情感、态度和价值观。

(二)开展实践性学习,培养学生动手与生活能力和社会责任感

从本质上看,综合实践活动是一种基于实践的学习。它着眼于学生的经验和实践,而非传统教育强调的"人类认识成果",因此将这样一种学习称作实践性学习,并把经验自然主义教育思想作为综合实践活动课程的理论依据。

实施综合实践活动,就必须进行"学习方式的变革,变结论性学习为过程性学习","这种过程性的学习是一种以积极的情感体验和深层次的认知参与为核心的学习方式。实现过程学习的最适当的方法就是自主、探究与合作。"[①]传统教育"以课堂为中心,以课本为中心,以教师为中心"的教学模式,尽管在传承知识方面具有一定的优势,但却是"物化人"的(将学生当作灌输知识的容器),尤其是无法避免对学生创新思维的扼杀与压抑,更不可能促进学生的全面发展。因此,以"三中心"为特征的接受式学习必须改变,取而代之的应当是实践性学习。这种学习强调自主、探究于合作,这与综合实践活动课程要求相适应、相协调、相一致。

综合实践活动的开发与实施,强调学生乐于探究、勤于动手和勇于实践。采用自主探究的学习方式,意在改变单一知识"授受"学习方式和简单技艺训练的活动方式,让学生借助调查、访问、考察、测量、实验、劳动、查阅资料等多样化的活动方式开展学习,必然能增进学生的动手操作能力、完善学生的生活适应性、增强学生的社会责任感。

基于实践的学习,需要注重学生的兴趣和需要;需要鼓励学生自主选择,积极参与,大胆实践;需要引导学生合作交流,相互启发,取长补短;还需要倡导不唯上、不唯书,学会用自己的眼睛去观察世界,用自己的头脑去判断事物,用自己的方式来表达成果。突出实践性学习的特点,使学生亲历并感受实践过程、亲为并体验实践活动,从而获得丰富的一手资料和经验,并借此来促进学生的全面发展。

(三)基于问题解决而活动,让学生学会学习及克服困难

综合实践活动的课程开发与组织,以"问题解决"取代"知识传授"为核心、为线索,在学生与生活、社会和科学技术之间,搭建起一座四通八达的"立交桥"。解决问题的过程,大大缩短了学生自我与现实生活、社会需要及科学技术成果之间的距离,为学生认识世界、感受生活创

---

① 陈述杰,黄建平.基础教育新课程师资培训指导小学综合实践活动[M].北京:首都师范大学出版社,2003:8-9.

造了良好的条件。

在"问题解决"过程中,学生必将应用已经学过的知识思考问题,必将运用已经掌握的技能和方法来摸索、探究问题的症结,甚至学习借助科学研究的方法来尝试解决问题的思路。这种基于"问题解决"的实践性学习活动,不仅需要收集信息并进行理解、领会,而且在真实的问题情境下试图运用这些知识去解决问题。这样的学习是一种超越"传授知识"的学习,是一种研究性学习。通过研究性学习,逐步掌握解决问题的基本方法和程序,学会发现问题、学会探究问题,进而不断提高运用科学的方法分析和解决问题的能力。因此,基于问题解决的综合实践活动,不仅可以让学生学会解决问题,而且可以让学生学会探究、学会研究性学习,并且在这一过程中增进面对困难的勇气、增长战胜困难的信心。

毋庸置疑,基于问题解决的活动之"问题"的选择和确定至关重要。不仅要求学生能够解决问题,而且倡导学生能够发现问题、提出问题。这就需要教师巧妙组织活动、积极创设问题情境、循循善诱地引导思考,让学生自主发现自己感兴趣的问题,进而"亲历实践,深度探究"。综合实践活动重结果,但更重过程,重参与,重体验。只有整个过程的体验,才能给学生耳濡目染地带来深刻的体验,才能渗透于心地丰富学生的内心世界。

(四)坚持学生自主、合作、探究,养成学生创新精神和公民人格

综合实践活动课程坚持学生的自主选择、自觉参与、互动合作、体验探究的实施原则。鼓励学生自主选题、主动开展活动,其要求将学生的需要、兴趣、情感、直觉、体验等在活动中赋予合法的身份。这样的活动会充满生命的激情和心灵的感悟,并收获着他们真实生活的直接经验,为学生创新精神的萌生、实践能力的发展,搭建了一个平台。

这种活动最后沉淀下来的不仅仅是知识,还包括丰富的情感、行动等具体形象认识,经验本身是丰满而自足的,在人的总体经验中占据核心地位,必然深刻影响着学生当下及将来的生活。并且,鼓励学生自主选择还可以养成学生自我观察、自我分析、自我判断、自我决策的能力与习惯,同时学会处理好自主选择与群体共同生活的关系,有助于养成公民社会成员的基本素养。

当然,综合实践活动强调直接经验,并不意味着间接经验的退避,也不把直接经验与间接经验相对立,而是以直接经验为主线,努力寻求间接经验的个体意义,使之共同建构个体生命的完整性。

第三节 综合实践活动课程目标

人类实践活动总是有目的、有意向的。教育活动尤其如此。开展综合实践活动,首先需要确定其课程目标。

一、课程目标的确定

一般来说,课程目标是课程通过设计、开发、组织及实施所要达到的基本要求。课程目标是与教育目的、培养目标等相互关联的。

小学综合实践活动设计与实施

（一）课程目标及其相关概念

教育目的是根据社会发展要求与受教育者身心发展状况而确定的教育所培养人的总要求。它是教育工作的出发点和最终目标，也是各级各类学校制定培养目标的依据。从国家和社会角度看，教育目的只能是总体性的、高度概括的，为各地区各级各类学校根据实际情况加以落实留下了弹性空间和条件。也就是说，教育目的的最终实现，需要将教育目的逐步具体化。在实践中，不同地区和学校为了实现教育目的，会根据各自地区和学校的特点和实际情况将教育目的具体化，形成地区教育目标和学校的培养目标。

培养目标是各级各类学校根据教育目的制定的、符合一定社会需求的具体教育要求，它是具体化了的教育目的。因为每所学校的特点不同、教育对象不同，所以它们的培养目标也往往有很大的差异性。不同学校所确定的培养目标在总体上共同构成了国家或社会的教育目的。所以，培养目标与教育目的的关系，是部分与总体的关系。学校培养目标的实现则需要借助学校所设置的课程而达成。当然，每一课程都有其目标，课程目标的实现则需要再具体化为教学目标，通过一次次的教学达成其目标。

课程目标具有整体性、连续性、层次性和积累性的特点。整体性指各个目标之间并非完全孤立和彼此割裂的，而是有机联系的，它们共同构成一个具有内在统一性的目标整体。连续性指课程目标在时间上的衔接与延续，即高年级目标是建立在低年级目标实现的基础上的，是低年级目标的进一步深化和拓展。层次性指课程目标是由不同维度、多个层次构成的，如情感与技能目标是在知识目标层次之上的一个层次。积累性指低年级目标的落实与达成是高年级目标实现的基础。

（二）课程目标的来源

课程目标的确定是一个复杂而有创造性的工程，不是将教育目的或培养目标简单推演而转化成课程目标。课程编制者首先应当澄清一些有关课程目标的基本哲学假设，然后根据实际情况经过集体审议而得出一致的价值判断。一般来说，确定课程目标的依据，主要有以下3个方面。

1. 儿童成长的需要

儿童不同于成人，是发展中的人，是一个生命个体的特殊阶段。儿童作为一个生命整体，其成长内容不仅包括生理发育、心理生长，还包括精神养成。过去我们更多地关注儿童的生理、心理需要，比较忽视儿童的精神需要。"随着教育研究中儿童生命、儿童精神、儿童文化、儿童生活等关键词出现的频率不断增加，儿童精神的整体特性开始受到关注……逐步认识到儿童的生命、儿童内在的精神生活作为教育的精神条件以及教育对于儿童生命的精神引导价值，开始将儿童生命、儿童精神成长视为教育的价值本体。"[①]因此，我们必须清醒地认识到，人是一个复杂的生命系统，儿童的成长更是一个复杂的系统工程，涉及不同层面的条件和各种需求。

综合实践活动的立足点是儿童成长。满足儿童成长的需要，意味着满足儿童的现实生活需要和终身发展需要，意味着满足儿童生理、心理与精神不同层面的需求，这是制定综合实践活动课程目标的根本依据。因此，研制综合实践活动的总体目标和分阶段目标，不仅要考虑中

---

① 苗雪红.儿童精神成长研究：意义、取向与多学科视野[J].华东师范大学学报（教育科学版），2012，30（1）：29-36.

小学生的兴趣、爱好、动机、需要以及他们的年龄特征，了解他们的生活经验和社会背景，而且从儿童的现实生活、儿童文化、儿童生命的角度，了解儿童的精神世界及其需求，并在综合实践活动中加以考虑。总之，从儿童整体成长的层面，从儿童终身学习与发展的愿望与能力培养的角度出发，制定各类目标。

2. 社会发展的需要

社会发展与儿童成长是相互依赖、相互促进的。因此综合实践活动要实现促进儿童成长的目标，必须考虑社会发展的特点和要求。也就是说，社会发展对学生的基本要求，是制定综合实践活动各类目标的重要依据。需要注意的是，课程目标的确立，不能完全依赖于现存社会的要求。人们知道，社会的价值取向本身也在不断变化。我们今天的课程目标的选择，其结果将在二十年后真正兑现。因此，我们在确定课程目标时，既要考虑社会发展的现实需求，也需要对将来社会发展做出合理的预期。

众所周知，当代社会发展对儿童成长，同时也对教育提出了许多新的要求。我们处在一个变化剧烈的伟大时代，以可持续发展、全球化、信息社会、知识经济等为特征的时代，要求学生具有终身学习与发展的愿望与能力、交流与合作的能力、收集与处理信息的能力、自主获取新知识的能力，以及创新精神和探究能力；具有环保意识、民主意识、合作意识等良好的现代公民素养。我们在确定综合实践活动课程目标时，必须要考虑以上这些内容。

3. 科学技术进步的需要

当今社会，科学技术既是人认识自然、改造社会、完善自我的手段，同时又是人得以在眼下生存所必须掌握的学识与技能。生活在信息社会的人必须掌握信息技术，必须学会在无限丰富的信息里收集、处理对自己的学习、生活和工作有用的信息；在全球化背景下，我们必须对远在千里之外的社会动态加以关注，因为这些事态可能直接与自己的生活密切相关。总之，这样一个时代是以科学技术为支撑的时代，其中的人不能不掌握并跟进科学技术的发展，甚至推动科学技术的进步。因此，综合实践活动课程目标的确定，必须考虑科学技术进步的需要。

现代科学和技术发展的基本趋势是分化与综合并存。一方面，新学科、新知识不断产生，学科门类越分越细；另一方面，学科之间的联系也越来越多，综合性越来越强，交叉学科和边缘学科不断产生，科学研究日益依赖于多学科的联合攻关。中小学生要适应科学和技术发展的这种趋势和需要，逐步养成在实践中综合运用所学知识解决现实问题的意识和能力，具有善于沟通、有效合作、自主探究、勇于创新等各方面的意识与能力。

（三）课程目标的取向

在这里，课程目标取向是指陈述目标所采用的形式，而非目标的实质内容。综合实践活动特征的实践性、生成性和开放性，决定了其目标取向为生成性目标和表现性目标。同时，它强调知识的综合运用，并不排斥学生在活动中运用和获取知识，自然其目标取向也可以是行为目标。因此，综合实践活动课程目标取向主要为生成性目标、表现性目标和行为目标。

1. 行为目标取向

行为目标（behavioral objectives）是以具体、可操作的行为来陈述课程目标的，它指明课程实施后学生身上所发生的行为变化。此类目标表述具有精确性、具体性和可操作性的特点，适用于基础知识和技能的掌握及一些相对简单的课程目标。

综合实践活动强调在活动中发展学生的动手能力，这个方面可以提出一系列能观察的到的行为目标。综合实践活动重视过程与方法、情感、态度与价值观的培养，但并不排斥知识与

小学综合实践活动设计与实施

技能,这里的知识并非系统化、体系化的书本知识,而是在实践中获得对自然、社会、自我以及文化的认识和经验,这些内容同样可以运用外显的行为目标加以陈述。尽管价值观和态度主要靠隐性课程培养,但这并不排斥某些态度和价值观能够结合显性课程来培养,故这些价值观和态度在某种程度上也可以用行为目标来表述。

2. 生成性目标取向

生成性目标(evolving purposes)是伴随课程实施的过程展开而自然生成的课程目标。它往往在因学生和教师的经验与价值观生长而被引发产生,是教育情境的产物和问题解决的结果,其价值在于可以激发他们自觉面对课程生活挑战,并进行自主探究而成为课程实施的主人。生成性目标的特点是动态生成和过程性。

综合实践活动强调学生在亲历亲为的实践过程中不断体验,其价值在于从中形成良好的行为意识、情感、态度和价值观,建构自我的精神世界,发展实践能力。学生参与活动的过程就是学生自我生成的过程,因而综合实践活动课程目标取向尤其重视生成性。关注学生活动中的变化过程,处理好过程与结果、目的与手段之间的关系,促进学生实践能力、创新精神、良好情感、态度和价值观的不断生成。

3. 表现性目标取向

表现性目标(expressive objectives)是学生个体与具体教育情境际遇所产生的个性化表现。它不是一种规定的目标,而是一种唤起性的和开放性的目标。强调学生个性的发展和创造性的表现以及学生的主体性,强调尊重学生的个别差异。表现性目标适用于复杂的智力性活动和伦理道德情境。

综合实践活动面向儿童的个性发展,倡导培养学生的实践能力、解决问题的能力、自主探究的能力和创新精神,关注学生丰富多彩的学习活动体验和个性化表现,决定了课程实施过程的开放性。因此,表现性目标是其课程目标的应有之义。综合实践活动旨在发展终身学习的愿望、创新精神,增强探究、合作和创新意识。这些都属于复杂的智力性活动或伦理道德情境,均适合用表现性目标来陈述。

(四)确定课程目标的步骤

一般来说,课程目标的确定需要经过 4 个环节。

第一步,确定教育目的。教育目的为课程目标的确定规定大方向,提供特定的教育价值观。回答教育的基本问题:培养什么样的人? 教育与人发展的关系怎样? 教育与社会进步是什么关系? 等等。

第二步,确定课程目标的来源。课程目标的基本来源从不同维度将特定教育价值观具体化。分别对儿童成长、社会发展与科学技术进步进行权衡,确定它们之间的关系;确定课程目标的立足点。

第三步,确定课程目标的取向。在普遍性目标、行为目标、生成性目标和表现性目标等趋向之间,进行选择;处理各种取向的关系;确定陈述目标的主要形式和方法。

第四步,确定课程目标。在完成上述三步后,开始具体表述课程目标。

二、国外综合实践活动的课程目标

我国综合实践活动课程目标的确定,要想站在世界课程改革的前沿,需要参照国际上教育先进国家的做法。下面首先介绍英美和日本等国的相关情况。

（一）英美中小学综合实践活动目标

英美中小学综合实践活动课程目标，主要体现在 4 个方面[①]。

1. 个人需要的满足方面

自然探究、社会研究和设计学习、社会参与学习等，必须为个人准备去利用科学改进他们自己的生活，并跟上日益发展的社会。例如，使儿童成为成功的消费者，或保持健康的身体所需要的事实和能力。

2. 社会问题方面

培养有见识的公民，使他们能够负责任研究自然、科学和社会问题。关注他们的社会行为、态度和价值观，并为他们养成社会责任感奠定基础。

3. 学术准备方面

必须容许儿童在学术上有所准备，形成研究、探讨的习惯，掌握科学研究的一般技术和能力。

4. 职业意识方面

针对有各种能力倾向与兴趣的儿童，必须给予开放的、多种多样的职业意识。

（二）日本中小学综合学习时间目标

日本"综合学习时间"的目标，是根据布鲁姆的教育目标分类法"认知领域，情感领域和技能领域"来设定的，具体内容如下。

（1）培养学生自主发现问题、自主学习、自主思考、自主判断、解决问题的能力。

（2）掌握学习方法和思考问题的方法。

（3）培养学生的主动性、创造性解决问题的态度。

（4）在探索问题的过程中培养学生与他人合作的能力，使他们具有自律意识、关心同情他人，并具有能够思考自身生存方法的能力。

日本综合学习时间目标注重培养学生的自主性。各学校在设定目标时，要求将要培养的素质、能力以及情感和态度作具体的分析和呈示，以便教学计划能够落实。[②]

【案例 2.6】

日本综合学习时间的见闻

作为留学生，笔者曾多次走进日本中小学综合学习时间活动中，与日本的中小学生进行题为"我与中国"的交流活动。学生积极的态度和有条不紊的课堂组织给我留下很深的印象。他们的指导老师只作为旁观者，笔者则作为被采访的对象，从教室的布景到主持都由学生担当。从学生准备好的道具、图片、问题，可以看出事先作过周密的调查。交流活动从提问开始，在游戏中结束。通过这次交流活动，让学生学会各种调查方法，了解中日两国文化的共性与差异，激起了日本学生对中国文化的兴趣，在愉快生动的气氛中完成了国际理解教育这堂课。[③]

【案例点评】

日本的综合学习时间类似于我国的综合实践活动。"学生积极的态度"和教师的"旁观者"

① 李孔文.小学综合实践活动课程论[M].合肥：中国科学技术大学出版社，2009：47.
② 参见滕雪丽，殷世东.日本中小学综合学习时间改革的动向与启示[J].外国中小学教育，2010，(10)：16-20.李孔文.小学综合实践活动课程论[M].合肥：中国科学技术大学出版社，2009：51.
③ 滕雪丽，殷世东.日本中小学综合学习时间改革的动向与启示[J].外国中小学教育，2010，(10)：16-20.

小学综合实践活动设计与实施

角色以及学生有条不紊的活动安排、组织、流程及其表现等，都说明了一个问题，那就是：综合学习时间是学生的时间。只有这样的"时间"，才能实现综合学习时间的目标：培养学生的自主性！

三、我国综合实践活动的课程目标

在世界学术潮流推动下，我国基础教育课程改革借鉴国际先进国家综合实践活动课程的经验，确立本国综合实践活动的总体目标和小学阶段目标。

（一）综合实践活动课程的总体目标

《综合实践活动指导纲要》指出："综合实践活动的总目标是密切学生与生活的联系，推进学生对自然、社会和自我之内在联系的整体认识与体验，发展学生的创新能力、实践能力以及良好的个性品质。"具体包括 5 个方面。

（1）获得亲身参与实践的积极体验和丰富经验。

（2）形成对自然、社会、自我之内在联系的整体认识，发展对自然的关爱和对社会、对自我的责任感。

（3）形成从自己的生活中主动地发现问题并独立解决问题的态度和能力。

（4）发展实践能力，发展对知识的综合运用和创新能力。

（5）养成合作、分享、积极进取等良好的个性品质。

（二）综合实践活动课程的小学阶段目标

针对小学生这一特殊群体，综合实践活动目标具体化。从人与自然、人与社会、人与自我3 个维度，进行分解细化。[①]

1. 人与自然

亲近周围的自然环境，热爱自然，初步形成自觉保护周围自然环境的意识和能力。具体表现如下。

（1）接触自然，丰富对自然的认识。

（2）欣赏自然世界，发展对自然的热爱情怀。

（3）通过丰富多彩的活动，理解人与自然不可分割的内在联系。

（4）知道如何保护和改善自然环境，并身体力行。

2. 人与社会

考察周围的社会环境，自觉遵守社会行为规范，增长社会沟通能力，养成初步的服务社会的意识和对社会负责的态度。具体表现如下。

（1）认识社会资源并能有效运用。

（2）走入社会，熟悉并遵守社会行为规范。

（3）发展人际交往，养成合作品质，融入集体。

（4）力所能及地参与社区服务活动，体会参与社区服务的意义。

3. 人与自我

逐步掌握基本的生活技能，形成生活自理的习惯，初步具有认识自我的能力，养成勤奋、积

---

① 参见《综合实践活动指导纲要》（3～6 年级）。

极的生活态度。具体表现如下。

（1）注重生活卫生，料理自己的日常起居。

（2）认识各种灾害及危险情境，学会自我保护。

（3）端正劳动态度，形成良好的劳动习惯。

（4）认识和了解自己，树立人生理想，积极进取。

四、小学综合实践活动目标的确定

在国家综合实践活动课程的总体目标与小学阶段目标指导下，小学综合实践活动的具体实施还应根据本地区、学校、年级及学生特点，确定具体活动的目标。这个过程需要考虑以下问题。

（一）综合实践活动目标的全面性

1. 能力维度的全面性

综合实践活动着眼于后天显在的广义的能力概念，强调培养学生提出问题和解决问题的综合全面能力，具体包括独立思考和操作能力、研究能力和创造能力、终身学习能力、人际交往和组织能力。

2. 情意维度的全面性

综合实践活动课程以"全人"培养为基本出发点，重视丰富和发展学生的精神世界，十分重视学生的情感体验和情感目标，具体包括求知欲、责任感和合作意识。

3. 知识维度的全面性

综合实践活动并不排斥知识，只是知识观和所重知识的类型有所不同。作为实质性规范的知识，是任何形态课程的本原。综合实践活动课程目标在知识方面，更注重经验性知识、综合性知识和方法性知识。综合实践活动课程目标把能力、情意维度放在前面。这与学科课程目标把知识维度放在前面恰恰相反，进一步说明了它们各有侧重，相辅相成，都为素质教育的总目标服务。

（二）活动目标的具体化

综合实践活动课程目标的具体化，一般分两步：第一步，利用活动形式将抽象的目标转化为具体目标；第二步，利用行为动词将抽象目标转化为具体目标。下面分别按照目标取向，介绍第二步的具体方法。

1. 行为目标的表述

（1）行为目标的行为主体必须是学生而不是教师或教育工作者。

（2）对于具体目标来说，行为动作必须是具体的而不是抽象的。这里所谓的具体就是说这一动词所对应的行为或动作是可观察的。

（3）对于抽象化的行为目标，还可以把它转化为工作目标的形式来表述其对应的目标。作业目标通常包括3个部分，即刺激、反应和条件。刺激部分说明给定的情境和条件；反应部分说明预期学生做出的行为和反应；标准部分提供评判依据。

（4）行为条件：行为条件表示学习者完成规定行为时所需的情境。

（5）行为标准：行为标准是指作为学生结果的行为可接受的最低衡量依据。

2. 生成性目标的表述

生成性目标的表述可以用"经历"、"体验"、"运用"、"了解"、"接触"、"参与"等行为动词来

小学综合实践活动设计与实施

表述；使用"形成……态度、情感、意识"等词语来表述具体的情感、态度和价值观方面的具体目标。

3. 表现性目标的表述

表现性目标主要是为学生提供一个活动的领域，表述主要是学生将会经历和体验的表现形式。表现性目标关注学生在活动中表现出来的某种程度上首创性的反映形式，因而它的表述一般用：为学生提供活动的领域；而究竟结果如何则是开放的，表述应是：学生将经历与体验的形式。在表述上应给学生的个性充分表现和创造性表现留有广阔的天地。

（三）目标确定时需要注意的问题

1. 目标要有层次性

每个学生基础和能力不同，兴趣不同，活动中的发展也不相同。应当设计多样化、不同层次的目标，用于引导、调控和评价。

2. 突出重点目标

活动不同，目标侧重点也不同。要注意目标的权重分配。

3. 关注生成目标

总体目标是在众多具体活动中实现的，但每个活动其目标是在总体目标指导下生成的。这些目标随着学生活动主题的不断生成而调整。

4. 注意目标间的相容性

"注重学生在活动中的体验"与"学生在活动过程中必须得出研究结果"，两个目标不相容。

5. 学生是目标表述的主体

"培养学生的创造能力"表述的行为主体是教师，说明活动中学生是被动的，有悖综合实践活动"自主探究"的精神。学生言行不仅是复述教材或模仿他人，能用独创性方法解决实际问题。

6. 目标表述应当具体确定

不用模棱两可的词语，如"学生应该掌握收集和获取信息的能力"，学生逐渐掌握收集和获取信息的方法和技巧。

【案例 2.7】

稻米：全球性的作物

2004 年 5 月 12 日我在南澳林登公园学校（Linden Park School）听了一节七年级的社会与环境课后，对小学课程的综合化发展有了新的认识和更深入的思考。

那节课刚开始的时候，我还没有搞清楚到底上的是什么课程。老师只是在黑板上写了"稻米：全球性的作物"，就让学生讨论为什么稻米是一种世界性作物和每天有 24 亿人要吃米。然后让学生在一张世界地图上找出主要的产米地区，说出米能在这些地方生产的原因。接着进行一场简短的辩论，问题是：米应该在澳大利亚生产吗？列出同意和反对的理由。再让学生对澳洲的产米技术和传统的亚洲的产米技术进行比较。[①]

【案例点评】

借助问题设计课程活动是这节课的特色。这里，课程目标关注的不是客观性的知识，而是

---

① 题目为编者所加。参见许新海.澳洲课程故事：一位中国著名校长的域外教育体验[M].福州：福建教育出版社，2006.

学生如何运用这些知识来解决问题。活动安排包括问题探究、现实分析与结论生成和学生表现等环节,全程贯穿的是学生活动,学生在教师引导下成为课堂里的"主角"!

本章概要

综合实践活动在课程改革中作为一类新课程得以诞生,有着深厚的学术背景。与其相关的哲学主要有 3 个:复杂理论、过程哲学和存在现象学,分别从复杂系统、有机动态过程、存在意义的视角,重新阐释和解读了世界、事物与人。与其相关的心理学有人本主义心理学、灵商和超个人心理学。它们分别从自我、灵性和超越自我 3 个角度阐释了"人是什么"。

综合实践活动作为一类课程诞生,既有强烈的社会需求和教育改革实践基础,又有深刻的时代背景和教育理论根基。主要理论依据包括:经验自然主义教育理论、建构主义学习理论和研究性教学理论。其基本理念有 4 个:面向儿童的生活世界和社会实践,帮助学生体验生活并学以致用;开展实践性学习,培养学生动手能力、生活适应性和社会责任感;基于问题解决而活动,让学生学会学习、解决问题及面对困难;坚持学生自主选择和主动探究,养成学生创新精神和公民人格。

综合实践活动目标是课程通过设计、开发、组织及实施综合实践活动所要达到的基本要求。它具有整体性、连续性、层次性和积累性的特点。其来源主要有 3 个方面:儿童成长的需要、社会发展的需要和科学技术进步的需要。陈述时的取向主要为生成性目标、表现性目标和行为目标。借鉴英、美、日等国的综合实践活动的目标,我国确定了本国的综合实践活动目标,在小学阶段又具体细化为 3 个维度:人与自然、人与社会、人与自我。在上述目标指导下,具体活动目标的确定需要考虑全面性、具体化等问题。

资源链接

[1] 车文博.西方心理学史[M].杭州:浙江教育出版社,2002.

[2] 陈述杰,黄建平.基础教育新课程师资培训指导小学综合实践活动[M].北京:首都师范大学出版社,2003.

[3] 李孔文.小学综合实践活动课程论[M].合肥:中国科学技术大学出版社,2009.

[4] 许新海.澳洲课程故事:一位中国著名校长的域外教育体验[M].福州:福建教育出版社,2006.

[5] 叶秀山.思·史·诗[M].北京:人民出版社.1988.

[6] 王升.如何形成教学艺术[M].北京:教育科学出版社,2008.

[7] 张华.经验课程论[M].上海:上海教育出版社,2001.

[8] 张华.研究性教学论[M].上海:华东师范大学出版社,2010.

[9] 祝智庭.现代教育技术——走向信息化教育[M].北京:教育科学出版社,2002.

[10] 苗雪红.儿童精神成长研究:意义、取向与多学科视野[J].华东师范大学学报(教育科学版),2012,30(1):29-36.

[11] 盛波.从超个人心理学、东方文化看心理学的整合[J].科教文汇,2007(2):202-203,206.

[12] 滕雪丽,殷世东.日本中小学综合学习时间改革的动向与启示[J].外国中小学教育,2010(10):16-20.

[13] 张华.杜威研究性学习的思想与实践(中)[J].当代教育科学,2005(23):9-14.

[14] 赵书超.综合实践活动课程:理念与价值[J].全球教育展望,2011,40(9):19-24.

[15] 钟启泉,安桂清.课程灵性与人格建构[J].全球教育展望,2006,35(1):25-30.

[16] [巴西]弗莱雷.被压迫者教育学[M].顾建荣译.上海：华东师范大学出版社,2001.

[17] [德]马丁·海德格尔.存在与时间[M].3 版.陈嘉映,王庆节合译.熊伟校,陈嘉映修订.北京：生活·读书·新知三联书店,2006.

[18] [德]海德格尔.存在与在[M].黎鸣译校.北京：民族出版社,2004.

[19] [法]埃加德·莫兰.复杂思想：自觉的科学[M].陈一壮译.北京：北京大学出版社,2001.

[20] [加]马克斯·范梅南.教学机智——教育智慧的意蕴[M].北京：教育科学出版社,2001.

[21] [美]艾伦·C.奥恩斯坦,费朗西斯·P.汉金斯.课程：基础、原理和问题[M].柯森主译.南京：江苏教育出版社,2002.

[22] [美]阿伦·C.奥恩斯坦,琳达·S.贝阿尔—霍伦斯坦,爱德华·F.帕荣克.当代课程问题[M].余强主译.杭州：浙江教育出版社,2004.

[23] [美]米歇尔·沃尔德罗普.复杂：诞生于秩序与混沌边缘的科学.陈玲译.北京：生活·读书·新知三联书店,1997.

[24] [美]爱莉诺·达克沃斯.精彩概念的诞生——达克沃斯教学论文集[M].张华等译.北京：高等教育出版社,2005.

[25] [美]帕克·帕尔默.教学勇气[M].吴国珍等译.上海：华东师范大学出版社,2005.

[26] [美]杜威.杜威文选[M].涂纪亮编译.北京：社会科学文献出版社,2006.

[27] [美]杜威.学校与社会·明日之学校[M].赵祥麟等译.北京：人民教育出版社,2005.

[28] [日]佐藤正夫.教学原理[M].北京：教育科学出版社,2001.

[29] [英]A.N.怀特海.过程与实在[M].周邦宪译.贵阳：贵州人民出版社,2006.

[30] [英]达纳·左哈,伊恩·马歇尔.灵商：人的终极智力[M].王毅,兆平译.上海：上海人民出版社,2001.

[31] P. W. Anderson. More Is Different：Broken symmetry and the nature of the hierachical structure of science[J]. Science,1972,177：393-396.

[32] A. N. Whitehead. Science and Modern World[M]. New York：The Free Prees,1953.

思考与实践

一、理论思考

1. 复杂理论、过程哲学和存在现象学这些哲学理论对综合实践活动究竟意味着什么？它们的价值取向是什么？

2. 人本主义心理学、灵商和超个人心理学,分别对综合实践活动课程开设的具体作用是什么？为什么？

3. 综合实践活动课程在新课程改革中的地位和意义分别是什么？

4. 综合实践活动课程的主要理论依据有哪些？

5. 经验自然主义教育理论对综合实践活动的指导表现在哪些方面？

6. 建构主义学习理论对综合实践活动的指导表现在哪些方面？

7. 研究性教学理论对综合实践活动的指导表现在哪些方面？

8. 综合实践活动的基本理念是什么？为什么确定这些理念？

9. 综合实践活动课程目标的来源与其他课程有何不同？

10. 综合实践活动课程目标细化为 3 个维度的意义是什么？

二、实践探索

1. 梳理我国综合实践活动的理念,并试从国际国内教育改革动态的视角加以分析、判断这是为什么？它又预示着什么？

2. 试比较英美、日本与我国综合实践活动课程目标的异同,并对世界课程改革与发展趋势进行判断与评价。

3. 为某山区(自己确定具体地区)小学某年级(可以在三年级至六年级里任选一个年级)的学生设计一个综合实践活动,试陈述其目标。

4. 为某城市(自己确定具体城市)小学某年级(可以在三年级至六年级里任选一个年级)的学生设计一个综合实践活动,试陈述其目标。

第三章　综合实践活动内容

学习目标

- 掌握培养学生观察事物、发现与解决问题的方法；
- 培养学生热爱家乡、热爱生活的情感以及服务意识；
- 培养学生爱劳动的意识以及动脑、动手能力；
- 初步掌握用现代技术获取信息、分辨信息的能力；
- 学会综合实践活动内容开发的基本方法。

问题情境

寻找快乐之旅①

　　寻找快乐之旅并非一帆风顺，单凭一腔热情是无济于事的。俗话说，看着容易做着难，当综合实践活动课真正接到手时便犯了难，光有指导纲要没课本怎么教啊？具体活动自己该如何实施？好在教研员想得比较周到，及时组织教研活动，解读指导纲要，参观小学中搞得优秀的活动，与其他老师交流心得体会，对综合实践活动课程的整体把握有了理性认识。回校后找案例，上网查资料，想多点感性认识。可几乎都是重点城市中学的案例，又傻眼了：瞧，人家都研究了些什么，都怎么做的呀，连专家、学者都请来了！可我们呢，农村中学"一穷二白"怎么搞啊？

　　硬着头皮上吧，选了个人家搞得很好的农村中学也能搞的案例，备课、做活动计划，按部就班的，可一上课，晕了！看着我在讲台上侃侃而谈，而学生却漫不经心，睡觉的、做小动作的……第一次上课以失败告终。怎么办？不能就此放弃啊！一番总结后终于发现问题所在：先前选的课题不是学生喜欢的，而且生活背景距离学生太遥远。那我们该搞哪方面的活动呢？猛然间想起教研员强调的一句话"因地制宜开发课程资源"，于是将目光转向学校周边环境，思路一下子就开阔了。

　　上述案例记录了一位中学教师，在选择与组织综合实践活动内容时，按照科学课程的模式照本宣科——"选了个人家搞得很好的农村中学也能搞的案例"——开展工作，结果碰壁。经

---

① 节选自《寻找快乐之旅》。参见田慧生. 综合实践活动课程实施中的问题与策略[M]. 北京：教育科学出版社，2007：176-177.

过反思,才逐渐意识到"因地制宜"的重要性。

上述内容反映了一位中学教师从初次接触综合实践活动课程时的"迷茫"、"彷徨"、"碰壁"到"思索"、"探究"以至于"柳暗花明"的过程。该教师一开始将综合实践课程误解为学科课程,之后逐渐认识到综合实践活动课程与学科课程的不同,进而实现了观念的转变。那么综合实践活动课程有哪些内容,其实施方法与学科课程有哪些不同?本章将对此进行专门阐述。

理论述要

目前,我国综合实践活动课程的内容,包括研究性学习、社区服务与社会实践、信息技术教育、劳动与技术教育四大指定领域。除此之外,还有班级团队活动、校园文化活动、学生同辈群体间的交往活动以及学生个人或群体的心理健康活动等非指定领域。人们一般所说的综合实践活动,主要指的是上述四大指定领域。因此,本章先分别介绍四大指定领域,再讨论综合实践活动内容结构与开发的问题。

第一节　研究性学习

一、研究性学习的概念

目前,我国对研究性学习尚无定论。华中师范大学的郭元祥教授认为,综合实践活动课程中的研究性学习是一种课程领域,强调学生从生活中发现问题,运用所学知识加以探究,从中获得体验,以培养创新精神和实践能力,并培养良好的情感态度和价值观。有学者认为它"或指一种学习方式,或指一种教学策略,或指一门专设课程"[①]。还有学者指出研究性学习就是"学生基于自身兴趣,在教师指导下,从自然、社会和学生自身生活中选择和确定研究主题,主动地获取知识,运用知识、解决问题的学习活动"[②]。

我们认为,研究性学习在小学阶段不宜专设为一门单独课程,它更应是一种基于新的学习观念之上的学习方式。这种学习方式强调了学生的主动探究和自主学习,它在知识建构上不是以"接受"、"获得"实现的,而是通过"发现"、"探索"以及"问题的解决"来实现的,它适应了现代社会的发展,可广泛运用于校内外各种教育和各门学科教学活动中。同时,它又是一种学习活动,和信息技术教育、社区服务与社会实践以及劳动技术教育共同组成"综合实践活动课程",成为我国基础教育课程体系的有机组成部分。

二、研究性学习的特点

研究性学习的侧重点是"学习"而不是"研究",它注重的是带有研究性质的学习过程而不是研究结果。在综合实践活动中,研究性学习的内容主要源于学生的实际生活而不是书本知识,它可以把学生所接触到的生活中各个方面都作为对象,范围极为广泛。因此,研究性学习具有以下特点。

---

① 王升.研究性学习的理论与实践[M].北京:教育科学出版社,2002:10.
② 朱慕菊等.走进新课程[M].北京:北京师范大学出版社,2004:30.

（一）问题性

研究性学习是以问题为核心的,首在培养学生的问题意识。尽管学生周围实际生活中的各个方面都可以成为学生学习的内容,但是未被学生意识到便不具备问题性,同样如果学生对学习对象没有疑问也不会具有问题性。因此,构成问题性的首要条件便是能够进入学生的意识领域而成为其学习的对象,第二个条件是学生对学习对象产生疑问。问题既可以是教师提供的,也可以是学生在实践活动中发现的;既可以是课堂上知识的延伸和拓展,也可以是对大自然和社会现象的探究;既可以是纯思辨性的,也可以是实践操作性的;既可以是已被证明了的结论,也可以是未知的知识领域。总而言之,问题是研究性学习的开端,研究性学习活动是围绕着发现问题、思考问题、寻求解决问题的途径和方法所进行的。

（二）探究性

综合实践活动的重要目的在于改变学生单一的知识接受性学习方式和简单的技能训练性的活动方式。在研究性学习中,学生不是被动地记忆、理解教师传授的知识,而是以类似科学研究的方式通过调查、访问、考察、观测、查资料、做实验等多样化的探究活动展开学习。当然,这种探究并不是严格意义上的那种规范的、严谨的科学研究,大多只是科学研究的思维方式、研究方法和过程在基础教育中的具体运用。

（三）开放性

研究性学习的内容几乎无所不包,既可以是书本知识,也可以是学生所感兴趣的自然、社会现象或者是在学习生活中所遇到的各种问题等;研究性学习的开展组织形式多种多样,既可以是学生根据自己不同的兴趣爱好自主选择,进行独立研究,也可以是组成小组进行分工合作;此外,研究性学习的开放性还表现在其不受时间、空间的限制上,既可以在课内进行,也可以在课余时间进行;既可以在校内进行,也可以根据情况在校外进行。研究性学习是课内到课外的延伸、校内到校外的拓展,使课内外和校内外得到有机结合和密切联系。

（四）过程性

研究性学习是要让学生像科学家那样进行探索研究,在探究中品尝到过程的艰辛、失败的苦涩和成功的喜悦,培养学生不怕苦、勤动脑和手、勇于开拓、敢于失败、追求真理的科学精神。与科学研究相比而言,研究性学习的价值更多地体现于过程。但注重过程并不意味着忽视结果,只是不要过分强调结果而已,最好是过程与结果兼顾。

（五）实践性

作为综合实践活动课程的有机组成部分,研究性学习更多的是让学生关注学习生活与社会实际问题,主要通过问题参与、调查走访、实验、社会实践等活动进行感受和体验,更多的了解大自然和社会以及人与大自然、社会之间的关系,增强社会责任感。它是一种活动体验,强调的是通过亲身实践、发现探索获得直接经验。

三、研究性学习的策略

我国长期以来形成了学科课程一统天下的局面,学科课程基本坚持以"课堂"、"书本"和

"教师"为中心,教师课堂成为学生接受教育的唯一场所,教科书和参考资料被视为知识和信息的唯一来源,教师被看做是唯一的知识拥有者,学生处于被动地位,无论是课堂提问,还是作业、实验,学生都是在教师设计好的活动中按部就班地展开。这种在空间和时间上都"封闭"的教育模式严重阻碍了学生的全面发展,造成了学习上的依赖心理。而综合实践活动课程是以学生通过自身的活动来获取直接的感性知识,是以"开放"的教育模式进行的。因此,综合实践活动中的研究性学习强调学生的主体参与,在主体参与的活动中去发现问题,探索解决办法,最后获得属于自我的知识。

【案例 3.1】

保护水资源①

每年的 3 月 22 日为"世界水日",这是一个有特殊意义的节日,为了加强孩子们对水资源的认识,增强保护水资源的责任感、使命感,我们五(3)班的全体同学开展了长达一个学期的"保护水资源"的综合实践活动。孩子们在参观、访问、调查、讨论的过程中不但知道了水的污染、浪费是多么严重,水资源是多么匮乏,而且,也明白了珍惜身边的每一滴水的重要性。

一、"一个小小的故事,给我们提供了一个活动主题"

那天,在口语交际练习中,学习委员任思动情地跟同学们讲述了这样一个真实的故事:一个西北山区的小女孩随着阿姨来到县城,住进了宾馆。当小女孩站在水龙头下洗澡时,望着哗哗的流水,她哭了,哭得好伤心。阿姨问她"为什么哭"时,她说:"我们家乡连水都没得喝,这里的水却这样地流,太可惜了……"多么令人忧伤的一个故事啊!孩子们惊呆了,他们的心灵受到了强烈的震撼!孩子们坐不住了。大家你一言,我一语,七嘴八舌就议论开了。班长激动地说:"一个小小的故事,给我们提供了一个活动的主题。"于是一个"保护水资源"的活动就这样诞生了。全班同学人人参战,写倡议书,开展调查宣传活动;制作一个小小发明,出一个节水的"金点子",总之要为节水出一份力量。

二、"先订个计划,办事才有头绪"

主题确定了,孩子们也犯难了,这么多的事情等着我们去做,该从哪儿下手呢?总不能像只无头的苍蝇乱撞吧?这时的班长简直就是个小老师,他说:"我们应该先订个计划,活动才有头绪。"我瞅准时机,指导学生分组进行计划书的撰写,由队员们集体讨论,评出最切实可行的一份计划书,开始他们的实践活动。

附：活动方案

"保护水资源"活动方案

活动总目标:

通过开展"保护水资源"的社会实践活动,培养大家强烈的社会责任感和环保意识。初步学会查找、搜集、整理资料、信息,教育大家从我做起,从现在做起,养成节约用水的好习惯。

活动过程及方法:

(一)动员、准备阶段

(1)请老师讲活动目的,简单介绍我国水资源的分布情况和水的污染情况。

(2)写一份倡议书,号召全校同学都行动起来,积极投入到这项活动中来。

(3)收集报纸、杂志或互联网上有关水资源匮乏和污染的相关资料。

---

① 节选自《保护水资源》选入本书时内容稍有改动。参见姜平.综合实践活动教学设计与特色案例评析[M].北京:首都师范大学出版社,2010:38-41.

（4）召开一个有关水资源的信息发布会，将自己收集的资料告诉同学们，以获得更多的有关信息。

（5）这一阶段的活动我们必须让老师起引导作用。

（二）实施、交流阶段

1. 参观

参观附近的污水处理厂，请水厂的技术人员讲解污水的来源，污水处理的办法及流程。参观附近的自来水厂，了解我们开福区每天总用量，使学生了解我们的生活用水情况。

2. 调查

（1）调查自己家中的社区居民、学校、公共场所浪费水的现象，了解浪费的原因并对浪费情况和原因进行调查分析。

（2）调查附近水域。

（3）填写表格。

3. 访问专家

（1）本地区是否存在严重的水资源污染，污染状况如何，污染源是什么。

（2）近几年，本地区治理水污染的举措。

（3）近几年，本地区的水污染程度是否呈上升趋势，这与什么有关系。

（4）拍摄、剪辑有关照片、录像带，记录观察的结果，写一篇参观访问记。

4. 宣传

（1）将我们自己收集的资料或写成的文章投到广播站作一次专题栏目。

（2）分小队深入街道、单位、居民家中、公共场所宣传节约用水，发放宣传资料，让人们懂得保护水资源的重要性，了解节水的方法和措施。

（3）向有关单位写建议书，提出制止水浪费、治理水污染的合理化建议。

（4）设计一个公益广告，呼吁人们节约用水，拒绝水污染，保护水资源。

（三）成果展示、总结阶段

（1）向全校老师上一节"保护水源"的综合实践活动汇报课。

（2）围绕主题，每月出一次墙报，举行手抄报比赛，摄影作品比赛，进行图片资料展览等，以各种形式展示我们的调查研究成果。

（3）由中队长写好这次社会实践活动的总结。

【案例点评】

上述案例表明问题来自于口语交际练习的一个小故事，这个故事不但对孩子们的心灵造成强烈震撼，而是还引起他们极大的兴趣，因此他们将"保护水资源"确立为这次研究性学习活动的主题。在确立主题之后，那就是该如何操作了。

问题意识既是研究性学习关键的第一步，也是其核心观念。研究性学习活动的第二步便是制订切实可行的计划，设计具体实施方案。

在制订计划和设计方案时，既要注意分工明确，各负其责，同时又要注意团结协作，使每一个人都能发挥积极作用。在这里需要指出的是，在整个研究性学习活动过程中，教师只是活动的"导演"、"后勤"、秩序维护者、活动协调者，也可以是参与者，而不应越俎代庖，事事都大包大揽。因此，教师首先要转变教学观念，始终要把学生作为研究性学习的主体。

四、研究性学习的内容

前面已经提到研究性学习的内容极为广泛，既可以是书本知识，也可以是学生所感兴趣的自然、社会现象或者是在学习生活中所遇到的各种问题等。研究性学习的内容大致可分为3类。

（一）人与自然环境的关系

自然界不但是人们赖以生存的重要环境，而且还为人们的生存和发展提供有力的资源和保障，在人类社会文明与进步的进程中，人与自然环境的关系越来越密切。尤其是近些年来人们对自然肆无忌惮地掠夺与过分开发造成周围的环境极度恶化，比如：水资源的匮乏及污染、空气的污染与雾霾天气、土地的沙化及流失等问题已严重威胁到人们的生存与发展，因此，人与自然环境的关系是研究性学习活动必不可少的重要内容之一。通过调查访问、观察等途径与方法，从微观层面了解各种环境问题及其危害，增强了学生环保的感性认识。开展人与自然环境关系方面的研究性学习活动可以提高学生的环境保护意识，能够让学生从自己身边的实际生活中深刻体会到环境保护的重要意义。

（二）人与社会的关系

在人身上不仅具有自然性，而且具有社会性，二者之间，社会性是人的本质属性。马克思、恩格斯指出："人的本质并不是单个人所固有的抽象物。在其现实性上，它是一切社会关系的总和。"如果说家庭是社会的"细胞"，那么个人则可以说是构成社会的最小单位——"原子"，人与人之间通过各种关系组成社会。"物竞天择"的自然法则是否可以原原本本地引入社会，在"天择"之上是否尚有"人择"，人与人之间如何处理好"竞争"与"合作"的关系，人们如何和谐相处等问题揭示了人与社会的关系是人生的基本关系，这也是研究性学习的重要内容。学生在研究性学习的活动中，通过对这类问题的探究并得以亲身体验，正确认识自我与他人、个人与集体、个人与国家、自我价值与社会价值等各种社会关系，增强社会意识和社会责任感，养成关爱他人、关注社会、爱国爱家的品质，做一个遵纪守法并具有社会服务意识的好公民。

（三）自我认知

能够正确认识自我是每个人进步与发展的前提，因此，自我认知也可以作为研究性学习的内容之一。学生通过对个人成长经历、性格特点、兴趣爱好、生活习惯等方面的研究，更加深入了解自己的个性，熟悉自己的优缺点，加强自我意识，以便更好地把握自己，并不断提升自我，从而树立正确的人生观、价值观和世界观，有意识地提高自身素养，促进自身身心全面和谐发展。

五、研究性学习的要求

（一）尊重学生的兴趣，培养问题意识

对于学习者来说，能够成为研究性学习内容的领域对象必须首先是其所熟知的，因此研究性学习的内容来源基本上是与学生密切相关的生活实际，而生活实际未必都能成为研究性学习的内容，能成为研究性学习内容的必然是进入学习者的意识之中，并对其产生浓厚兴趣的东西。兴趣是研究性学习的良好开端，它能激起学习者的求索欲望，引导他们探究事物本源。作

为教师,在指导过程中不要过多干涉与限制学生兴趣选择的自由权,更不可打压、扼杀学生的好奇心,而应当尊重学生的兴趣,充分给予学生自主选择权,为学生更好地开展研究性学习活动多创造机会和提供帮助,引导他们发现问题,积极探索。研究性学习的核心就是培养学生的问题意识,因此,学校和教师要有意识地引导学生学会从身边的事情入手,学会发现问题、研究问题和解决问题。

(二)转变学习方式,注重过程与体验

综合实践活动中的研究性学习与课堂上传统的学习方式不同,它是通过学习者的参与和实践从而发现知识,获取直接经验,而不是通过"教师教,学生学"的方式来接受知识。研究性学习与科学研究不同,其根本目的和价值也不在于学生是否从中获得了多少高深的知识或成果,而是让学生在类似研究的学习过程中进行尝试性体验,从小养成动脑、动手的习惯。

(三)追求公平合理,倡导人人参与

研究性学习不是高难度的科学研究,而是一种以学生为核心的自主性、探究性的学习方式,因此,研究性学习面对的是全体学生,人人都可参与,机会均等。然而部分学校和教师对研究性学习存有偏见和误解,认为研究性学习只适合于那些成绩优秀的学生,成绩不佳的学生没有能力也没有必要开展研究性学习活动。因此,搞好研究性学习活动,教师首先必须要转变观念,重新认识,从公平合理的新的教育理念的指引下,鼓励每一个学生都积极参与,促进他们全面健康发展。

第二节 社区服务与社会实践

一、社区服务与社会实践的内涵

(一)社区

"社区"一词源于拉丁语,意为共同的东西和亲密的伙伴关系。20 世纪 30 年代初,我国著名社会学家费孝通先生在翻译德国社会学家滕尼斯的一本著作 *Community and Society* 时,从英文单词"community"翻译过来的,后来被许多学者开始引用,并逐渐流传下来。

近些年,我国的很多社会学家开始对"社区"进行深入细致的研究,而且对"社区"的理解和认识有诸多不相同。有些学者从文化发展的角度,根据文化传统方式的不同、生活价值观的不同、民族风情的不同及种族的不同等作为社区的定性成分;有些学者把社区界定为小到一个家庭成员、社会组织团体,大到一个完整的社会系统范围内;有些学者把文化因素和生物学观点联系在一起,从生态学的角度来对社区进行研究。例如范国睿认为:"社区是生活在一定地域内的个人或家庭,出于对政治、社会、文化、教育等目的而形成的特定范围,不同社区间的文化、生活方式也因此区别开来。"[①]田雨会认为:"社区是生活在特定的地域内的社会组织,并且社会组织地域之间有着明确的界限,通常被人们称为'地域团体'。"[②]还有些学者从社会学的角

① 范国睿.教育生态学[M].北京:人民教育出版社,2000:161.
② 田会雨.关于社区科普的理论思考.http://hps.pku.edu.cn/2003/10/1105,2013-3-5.

度来研究"社区",如：中国台湾三民出版社出版的大字典把社区定义为："自由组合在特定的区域或界限内的个人或家庭,提供基本的公共服务,其中包括学校、市场、医院、交通等公共基础设施,这个特定的居民生活区域被称为'社区'。"在《社会科学大词典》中,社区被定义为"聚集在某一特定的地域内的社会组织或群体,彼此之间相互关联的社会群体"。《中国大百科全书》中社区被定义为："以特定地域为基础,地域内的居民之间具有共同的社会利益和意识,并且存在密切交往的社会群体。"

社区的界定可谓仁者见仁,智者见智。但是,总括来说,"社区"作为社会的缩影一般具有以下特征：①由一定的生产关系或社会关系组织起来的,具有一定数量、共同生产或生活的人群；②有一定的地域界限,人们在其中从事一定的社会活动；③有相对完备的生活设施；④有一定的组织结构和管理制度；⑤与社区经济、文化相联系的生活方式,以及人们在感情上和心理上的认同感。[①]

（二）社区服务

一般来讲,社区服务是指政府、社区居委会以及其他各方面力量直接为社区成员提供的公共服务和其他物质、文化、生活等方面的服务。它主要包括面向群众的便民利民服务,面向特殊群体的社会救助、社会福利和优抚保障服务,面向下岗失业人员的再就业服务和社会保障服务。因此,从社会学意义上说,社区服务就是一个社区为满足其成员物质生活与精神生活需要而进行的社会性福利服务活动。它具有如下特征。

（1）社区服务不只是一些社会自发性和志愿性的服务活动,而是有指导、有组织、有系统的服务体系。

（2）社区服务不是一般的社会服务产业,它与经营性的社会服务业是有区别的；

（3）社区服务不是仅由少数人参与的为其他人提供服务的社会活动,它是以社区全体居民的参与为基础,以自助与互助相结合的社会公益活动。

社区服务对社区物质文明与精神文明建设有着很大的推动作用。首先,它可以使社区成员拥有更多的公共服务、社会福利和闲暇时间,让人们从沉重的家务劳动中解放出来,提高人们的生活质量；其次,可以使人们更集中精力从事生产劳动和其他社会活动,创造出更多社会财富；再次,能够通过广泛群众的参与,培养出一种高尚的社会道德与社会风气；最后,有利于早期人们的主体意识、协作意识、法纪意识和文化意识,有利于提高人的素质。

（三）社会实践

综合实践活动课程中的社会实践是指,学生在教师指导下走出教室和校门,以社会成员的身份进入实际的社会情境,直接参与并亲历各种社会生活和社会活动,开展各种力所能及的社会服务性、公益性、体验性的学习,以获取直接经验,发展实践能力、增强社会责任感为主旨的教育活动。

社会实践具有教育性和实践性两个基本特点。"所谓教育性,是指综合实践活动课程中的社会实践有别于一般的社会实践活动,它是一种教育性的活动,即学生通过参与社会生活,不断加深对社会的了解,同时,巩固和深化课堂所学,增强自身解决实际问题的能力；所谓实践性,学生在参与社会实践的过程中,离不开对社会生活的亲身参与和体验。"[②]二者之间的关系

---

①② 洪明,张俊峰.综合实践活动课程导论[M].福州：福建教育出版社,2007：94-96.

小学综合实践活动设计与实施

是教育性寓于实践性之中,实践性通过教育性得以升华。

二、社区服务与社会实践内容

社区服务与社会实践的内容,包括走进社会、服务社区、社会实践[①],以及社区自然与人文环境的探究。

(一)走进社会

社会是一个比较宽泛的概念。在这里,一般是指通过一些共同的物质条件而相互联系起来的人群[②]。在综合实践活动中,社会是课程开发的一个重要维度,学生在活动中要尽可能地去深入社会、了解社会、认识社会、适应社会,乃至改造社会。所以,走进社会是社区服务与社会实践的第一步。

通过进入社会情境,接触社会现实,参与各种社会活动等途径,通过社会参观、社会考察、社会调查等活动,使学生理解社会的基本运作方式、人类生活的基本活动,积累社会生活经验;理解社会规范的意义,并能自觉遵守、维护社会规范与公德;在社会实践活动中形成并增进法制观念、民主意识;在实践中发展社会参与能力,形成参与意识集合较强的公民意识。懂得科学技术与日常生活、社会发展的关系,形成正确的科学观。通过接触不同国家、不同民族的文化,理解、尊重和欣赏世界多元文化。

(二)服务社区

社区是人们生活、学习、工作、交往的重要场所,也是学生学习、生活的小环境,是学生深入社会、了解社会、改造社会的切入点。因此,服务社区是社区服务与社会实践的重要内容。

社区服务主要包括家政服务、社区管理服务和各种公益性的义务劳动等。在这些活动中,通过与他人的接触、交流,学会理解他人的生活习惯、个性特点、职业情况,懂得尊重人、体谅人。通过体验个人与群体的互动关系,懂得他们与社会群体在个人生存和发展方面的重要性,体验被关怀的温暖,对他人的帮助心怀感激。通过与人交往、合作,形成团结、合作精神。

经常留意身边需要帮助的人,自觉而乐意地为他们服务,掌握志愿服务的有关知识和技能,对他人富有爱心,使学生与那些由于他们的帮助而从中获益的人的接触中,获得深远意义的体验、感受和满足。

(三)社会实践

实践是"人们改造自然和改造社会的有意识的活动"[③]。社会实践即人们改造社会的有意识活动。让小学生参与社会实践,是综合实践活动的重要内容。

小学生进行社会实践的意义重大。通过参与各种公益活动、参与社区政治活动、经济活动、文化活动,使学生不断增强参与社会实践的积极态度和情感体验,发展解决实际问题的社会实践能力。在社会实践中养成尊重自然、关怀生命、关爱他人、关心社会、完善自我的意识和能力。

(四)探究社区自然与人文环境

社区自然与人文环境是社区的重要环境资源,理所当然是综合实践活动课程开发的重要

---

① 郭元祥.综合实践活动课程——设计与实施[M].北京:首都师范大学出版社,2001:197-200.

②③ 中国社会科学院语言研究所词典编辑室.现代汉语词典(第5版)[Z].北京:商务印书馆,2005:1204,1237.

内容。因此,可以将研究性学习、社区服务与社会实践两个领域整合起来,进行课程资源开发。

通过探究社区自然与人文环境,可以引导学生熟悉在地理环境、人文景观、物产特点、民间风俗等方面的特点,懂得爱惜、保护它们。在这一过程中,教师应当引导学生经常留意社区中人们关注、讨论的问题,并能学会综合而灵活地运用学过的知识加以解决,从而掌握基本的探究能力,形成建立良好生活环境的情感和态度;使学生在服务的过程中学会交往、合作,懂得理解和尊重,形成团结意识和归属感,增强服务意识和责任感。

三、社区服务与社会实践活动主题

尽管社区差异突出,但中小学生的社区服务和社会实践依然有相似的活动主题。这些基本的活动主题如下。

(一)了解社区或社会的活动

1. 社会参观活动

学生深入实际的社区情境、社会机构或部门,对有关的社会运作进行参观,促进对社会的认识。

2. 社会考察活动

社会考察的内容一般涉及本地区的历史和文化遗产、现实的社会生活和生产方式,如考察某一社区的历史、文化传统、生活方式、经济发展状况、地理、建筑和人文景观、商业设施,以及文化古迹和文化遗产、国家或地方政府机构、政府官员、特殊人群、特殊阶层等。

3. 社会调查活动

就学生自主提出的社会问题,在现实的社区情境中进行调查研究。社会调查活动应与研究性学习相结合。

(二)社区服务活动

1. 为他人进行的生活服务、家政服务

为社区特殊人群的生活服务活动一般以小组活动的形式展开,按学年确定服务对象,定期进行,如导盲服务活动、其他残疾人的家政服务活动等。

2. 学校或社区管理服务

中小学参与学校和社区的管理活动,成为学校管理者或社区管理者,直接参与学校管理或社区管理。社区管理涉及的部门比较复杂,各学区的社区管理服务涉及的机构包括社区图书馆、社区健身场所、公园、养老院、绿化机构等。

(三)社会实践活动

1. 公益活动

有计划地组织学生,集体参加社区或地方的各种公益活动。

2. 经济活动

学生直接参加商业活动,如学生卖报小组、学生银行、学生用品商店,丰富学生的生活积累和经验,增强实践能力。

3. 政治活动

组织学生开展国家政策宣传、政策调研等活动,如通过创办社区墙报或宣传栏、组建宣传队等方式来进行宣传活动;学生组织的建立与自我管理。

小学综合实践活动设计与实施

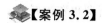【案例 3.2】

走 进 社 区^①

实践学校：新竹小学

所在年级：四年级

指导教师：陈萌

一、活动主题的提出

社区服务与社会实践作为综合实践活动课程的有机组成部分,是学生进行社会实践性学习、接触社会、认识和了解社会、增强社会实践能力和社会责任感的重要学习活动。《走入社区》这个活动主题的提出基于以下三点考虑。

1. 现在的社会已逐渐实现社区化管理,我们如何利用好这一时机和资源,让孩子们尽快来了解自己的生活空间,增强责任感,学做社区人。我们感到开展这个主题活动有现实意义,有探究价值。

2. 一位学生家长正好是负责管理社区试点工作的,对社区工作有一定的了解,利用学生家长资源为教学服务,增进学校、家庭、社区三者的密切关系,可谓一举两得。

3. 我们看到社区活动潜在的社会意义和教育功效,可以促进社区文化教育建设。

二、活动的具体目标

1. 在活动中学会关注自己的生活,关注身边的人、关注身边的事,做一个社会人。

2. 通过调查、采访,知道社区的有关知识,引发学生积极的思考。

3. 进一步学会社会调查的方法,提高发现问题、分析问题、解决问题的能力,并能撰写社区调查报告。

4. 学会交往与合作,培养动手、创新等多方面的能力,促进每一个学生个性健康发展。

三、活动的实施

整个主题活动分三阶段实施。

1. 活动准备。

2. 走入社区,实地调查。

3. 再次深入社区调查,了解社区现状发现存在的难题,撰写社区调查报告,并呈交有关部门。

第一阶段：活动准备

活动目的：

1. 明确什么是社区。

2. 自由组合成调查小组,设计调查表。

活动过程：

1. 了解什么是社区。

请社区负责人到校为同学们和老师讲解有关社区的知识。

开学初的一个星期五下午,我们请了社区负责人给四年级的同学和老师讲解有关社区的知识。

在讲座中我们了解了社区的概念和社区的一些情况,这给我们实践活动的顺利开展奠定

① 姜平.综合实践活动教学设计与特色案例评析[M].北京:首都师范大学出版社,2010:94-100.

了基础。

同时,讲座也激发了学生的兴趣,他们争着发言,这个说:"我知道,我们开福区一共有 45 个社区",那个说:"社区居委会主任原来是我们社区居民自己选出来的"……讲座结束了,孩子们却意犹未尽,提了很多问题。

2. 自由分组,确定调查的地点和内容,设计调查表(见表 3-1)。

表 3-1 调查表

调查范围:

小组成员:　　　　　　　　　　　　　　　　　　组长:

调 查 项 目		调 查 内 容
公共设施	公共厕所	( )个
	IC 电话亭	( )个
	停车场(棚)	( )个
	垃圾桶(箱)	( )个
	⋮	( )个
服务设施	学校	幼儿园( )所、小学( )所、中学( )
	医院	( )个
	商店	( )个,类型( )
	银行	( )个,类型( )
	⋮	
绿化环境	草坪	( )处,面积( )平方米
	树木	主要树种( )
	⋮	

建议:

从请社区负责人到校讲解有关社区的知识,学生热烈的反应到分组涉及调查方案,学生们都积极踊跃,纷纷献计献策,我们感到学生喜欢这个活动,这个活动能做好、做实。

第二阶段:走入社区,实地调查

活动目的:

了解社区,并对平时随处可见,但并未引起注意、关心及思考的一些地方,进行调查、采访,激发学生关心社区,热爱生活的情感,培养学生动手操作能力、观察能力、思维能力及团队精神。

活动过程:

活动一:走入社区,分组分范围进行实地调查,初步了解社区。(活动时间:1 小时)组长带领好本组同学进行实地调查,调查中做好记录,填写好调查表(可补充调查项目)。

我们组织好学生带到社区居委会前,强调调查时间为 1 小时,组织好本组同学进行调查,注意安全,调查完后直接回家。之后,充分发挥组长的作用,放手让学生分小组进行调查活动(其中一组访问社区居委会主任,其他组分范围进行实地调查)。

活动二:各组交流调查情况,指导学生梳理资料,对各组的统计数据进行归总,指导填写"我的调查报告"(见表 3-2)。

小学综合实践活动设计与实施

表 3-2　我的调查报告

姓名：	学校：		班级：	调查时间：
调查对象（范围）：				
调查方式：				
调查内容：				
调查结果：				

活动三：上网查找新型社区资料，通过比较现实社区发现问题并进行研究。

（1）指导学生上网查资料，收集发达国家或地区的社区发展情况。学生以调查小组为单位在机房里上网浏览发达国家或地区的社区发展情况。当一组学生看到南京市玄武区社区服务网的介绍后，说："社区服务网真是太好了，我想了解我们社区是不是也有社区服务网？"一组学生看到温州世纪景秀园的图片介绍后，不禁赞叹道："哇，这里建得真漂亮，住在这里多好！"还有的小组看到左岸春天今后五年的社区建设发展规划，对新型社区发生了兴趣：今后的社区应该是集"生态化、数字化、服务化、学习化、康乐化、社区管理民主化"为一体的新型文明社区。……羡慕的眼光，由衷的赞叹，学生深深被先进社区所吸引。我们也看到了小组内团结协作，互帮互助的良好氛围。一节课的时间很快过去了，学生还舍不得从网上下来，于是他们建议周末在家里继续上网查询。家里没有电脑或上不了网的同学，要到本组能上网的同学家一同上网浏览，就要征求对方家长的同意，这就锻炼了与人交往的能力。

（2）比较现实社区与规范社区，发现"问题"，就这些问题展开研究。有比较才能发现问题。各小组讨论、协商，根据自己小组最想研究的方面定好研究内容，制订调查方案（调查内容包括：环境、设施、人口、文明建设及治安情况等）。

第三阶段：再次深入社区调查，了解社区存在的难题，撰写社区调查报告，并上交有关部门

活动过程：

活动一：再次深入社区进行调查。

再次深入社区进行调查，仍旧是组织带领。我们及时与各小组沟通交流，在他们需要帮助时给他们方法上的适当引导。

这一阶段的调查需要不断地去补充调查，收集资料，令我们惊喜的是孩子们相当自觉，他们的调查不需要我们的督促而自觉主动地完成。

看到学生们那关注社区的强烈愿望和融入社区的高涨热情，我们深切地感觉到这个活动学生真正从心里愿意去做，并愿意把它做好，他们已经全身心地投入到了活动中去。

活动二：交流展示调查内容,全面了解我们的社区,发现社区存在的问题,规划心中的社区。

活动目的：

1. 通过交流,全面了解社区现状,发现社区存在的问题,提出建议,规划心中的社区。

2. 通过活动,养成学生善于交流,乐于合作,尊重他人,主动探索的良好个性品质。

活动过程：

1. 回放录像,进入情境,帮助学生回忆前段时间的调查、访问情境。

2. 交流调查内容汇报方式。

(1) 各组汇报展示调查内容,全面了解社区现状,学生间相互评价、提问。听汇报的同时注意做记录：①记下汇报小组的名称；②把你感兴趣的、想了解的问题记录下来。

走出教室一步,就意味着对学科的超越。从各小组的汇报中可以看出学生收集了大量的资料,汇报形式多样。到实地去了解各种公共设施的数量,会"数步量绿",采访社区居委会主任,访问社区居民等。调查中学生注意收集数据、收集实例,获得了环境、人口、设施及文明安全等方面的第一手资料。并且汇报的形式多样,有的绘制成图表,有的拍摄了相片,有的采访录了音,有的取了水样做现场测试,还有的小组把汇报内容做成了演示文稿……活动调动了学生所有的能量,自然地将语文、数学、美术、自然、信息技术等各个学科知识整合起来,发展了学生的实践能力与创新精神,体现了综合实践活动的综合性、自主性和实践性。

设计交流汇报这一环节的目的是：①在交流中全面地了解我们的社区；②在交流中学会积极地思考。

因此,我让学生在听汇报的同时做好问题记录(每一小组汇报时,至少记一个问题)。而学生所记下的这些问题又有助于提炼出生成性的问题,进而为确定下一阶段活动内容打下基础。在这节课中我们可以看到学生在听汇报时学会了倾听,学会了关注,在交流中学会了评价,并且在交流中看到了学生的主人翁意识。

(2) 用一两句话概括对整个社区的印象。梳理、归整问题,将相关照片用幻灯播放：人口多而杂,环境美,交通便利,治安好,绿地少,设施不全,文化娱乐场所少。在此,可以看出学生在活动中学会了客观看待问题。

(3) 师生共同确立后续活动。引导学生"提了这么多好建议,我们可以怎么做? 同学们想一想,小组议一议",让问题在活动中生成。师生共同确立后续活动：写倡议书、画规划图、撰写社区调查报告等。

活动三：撰写并提交调查报告。

(1) 写倡议书、建议书、画宣传画、规划图、制作社区立体模型等。

(2) 撰写递交学校、社区、区政府的社区调查报告。

(3) 把社区调查报告呈交有关部门。

四、活动的结果与评价

(一) 活动的结果

1. 关注视点发生变化：由过去的关注动画节目到关注柳州电视台的百姓新闻栏目《新播报》,时刻关注百姓、社区的生活、建设。

2. 注重资料的搜集和整理：由过去收集资料时一张纸的简单记录到现在综合实践资料本里的表格、柱形图、扇形图、访问记录、调查报告等,学生在活动中收集、处理、分析、运用信息的能力有了很大提高。

小学综合实践活动设计与实施

（二）活动的评价（见表3-3）

表3-3　活动评价表

评价内容		差异评价(A、B、C)			
		自评	小组评	家长评	师评(综评)
活动参与情况	活动参与热情				
	与人交流合作				
	实地调查访问				
活动过程	资料收集整理				
	动手制作表格				
	研究汇报形式				
活动效果	观察视点				
	学习习惯				
	探究能力				

五、学生的收获

1. 调查组的学生在调查过程中拍摄的相片。

2. 学生的调查报告。

3. 文明安全调查组制作的演示文稿。

六、指导教师的认识和体会

我们欣喜地看到：在这个主题活动中，学生更自主、更投入，也更有创造力。学生不仅有较强的收集资料的能力，发现问题、解决问题的能力，社会参与能力，更有关注社区、融入社区的强烈愿望和高涨热情。因为我没有过多的限制学生，学生的收集都是小组自主完成的，我只是及时与各小组沟通交流，在他们需要帮助时给他们方法上的适当引导。例如，环境组在调查了社区环境后，说："其他小区比较干净，就是油铺街的道路最脏！"我问："你们从哪儿看出脏了？""地上很多塑料袋和废纸。""有多少？""……我们没数，待会儿就去数。"我引导他们："再想想那儿为什么有那么多垃圾？"这个小组在不断地收集过程中不仅统计了垃圾的数量，还留意了路两旁的垃圾桶，观察了过往行人，并且还访问了附近居民（清洁工每天打扫3次，早上比较干净，下午买菜的时候路面最脏，其中，地面的垃圾中塑料袋、塑料杯共有23个，废纸17张，果皮11个，竹签、筷条35根，烟头51个，垃圾5堆。每一个门面门口都有一个垃圾桶，而居民区里只有一个大垃圾桶，垃圾桶数量太少。他们还观察到地面垃圾多集中在路旁做饮食的地方，吃完东西的人中随手乱扔的占1/3，两旁卖小吃的路面很油很滑，那是由于卖小食品的人图方便乱扔乱倒的结果。而居民区多晒私房，常有人从楼上扔垃圾。一些人的环境意识差，不注意环保，自己方便了，而我们社区却脏了。在访问的社区居民中，几乎每人都对新村的卫生环境不满意，也提出了一些改进建议），虽然去了一次又一次，对调查结果一次次补充，但他们不断有新收获，他们的内心是愉悦的、满足的。我想所有的这一切都离不开一种开放、自主的探究学习方式，在活动中学生体验实践，通过自己亲身的体验、操作，积累直接经验，体会学习方法，体会做人的道理，体会科学的精神，从而培养自己的创新精神和实践能力！

这使我想起第一次带领学生去做的调查活动。那是在刚接触综合实践活动这门课的时候，也许是学生第一次外出调查，我不自觉地为学生考虑得太多，从取得联系到交代调查的注意事项,面面俱到。可是,学生的调查结果,反而不理想,学生没有太大的收获。现在想来,原因是学生没有经历和体验在实践中学习,在实践中成长的过程。

这个主题活动进行到现阶段,我感觉是成功的,我将和学生共同把这个活动继续开展下去,把我们的社区调查报告呈交有关部门,让我们的社区变得更美好。把这件事做成了,做好了,将是我与孩子们共同的心愿!

【案例点评】

上述案例以"了解社区"为线索,让学生开展了一系列的调查活动。这次活动不仅有事先的设计,还有有效资源的开发,特别是,每个环节都有精心的准备和活动反思。这使活动本身具有课程的特征和教育研究与探索的多重价值。

第三节　劳动与技术教育

一、劳动与技术教育的内涵

劳动与技术教育是把劳动教育与工农业生产、社会服务性劳动的技术教育结合起来,培养学生的劳动观点,形成劳动习惯,并使学生初步掌握一定劳动技术知识和技能的教育。

(一)我国学校劳动技术教育的基本任务

(1)使学生树立正确的劳动观点,养成良好的劳动习惯,培养热爱劳动和热爱劳动人民的思想感情,具有遵守劳动纪律、爱护劳动工具和劳动成果的优良品德。

(2)使学生学到一定的基本生产技术知识和某种职业技术的基础知识。

(3)使学生参加一定的生产劳动实践,学会使用一些生产劳动工具的技能。

(4)促进学生身心的健康发展。

(二)劳动与技术教育形式

劳动技术教育一般采取的形式有:安排学生参加校内工厂、农场或校外挂钩单位的生产劳动,在农村的学校,可组织安排学生参加当地的农、工、林、牧、渔等的生产劳动;适当安排学生参加校内外服务性劳动和公益劳动;结合生产的实际,进行生产劳动技术知识的教学;组织学生参观工农业现场的生产劳动;指导学生课外科技学习小组活动等。

(三)劳动技术教育实施原则

(1)思想教育与技术教育相结合。

(2)理论与实践相结合,劳动技术教育以劳动实践为主,同时也要传授有关的生产劳动技术的基本原理,并尽可能与其他一些学科的教学联系起来。

(3)适合学生的年龄特征和个别差异、性别差异,小学、初中、高中应有区别,要照顾个人爱好和个别女生特点。

(4)生产项目从实际出发,因地制宜、因校制宜,由于城乡差别和学校的劳动条件不同,宜工则工,宜农则农。

(5)实施勤工俭学,同时安排一定的社会公益劳动。

二、劳动与技术教育的内容

劳动与技术教育主要包括劳动实践与技术实践两部分内容。[①]

（一）劳动实践

围绕学生感兴趣的工农业生产领域，组织学生参与有关的具体劳动实践，从中体验劳动的过程、劳动的意义和价值，或基本的劳动技能，并养成良好的劳动态度。劳动实践可以与研究性学习、社区服务与社会实践相结合，开展一些力所能及的生产劳动、公益劳动。

劳动实践要求学校组织学生到实际的劳动场景，如农村、工厂、劳动基地进行劳动。劳动实践不应完全局限在教室里、学校中进行，而应走出教室，走出学校，走进实际的劳动场所。

（二）技术实践

劳动技术教育在内容上要具有一定的技术含量，不能停留在简单的体力劳动上，要克服以往劳动技术教育的形式主义倾向。要引导学生选择一些具有一定技术要求的劳动，进行技术实践。

运用一定的技术工具或其他手段进行劳动技术实践，提高中小学生劳动实践的技术要求，适应现代科技发展对人的劳动技术素质的要求。

三、劳动与技术教育的内容选择

劳动与技术教育的内容分为基础性内容和拓展性内容。基础性内容是对学生进行劳动与技术教育的基础，是必修内容。拓展性内容在广度和深度上均有一定的发展，同时，对实施条件也有较高要求，是为部分地区、学校和学生在实现基本目标的基础上达到较高要求而提供的选择性的内容。

由于我国各地在自然条件、经济发展以及教育水平上的差异性，因此在内容的选择上应遵循以下基本原则。

（1）来源于现实生活，体现一定的地方性特色和区域性特征。

（2）能激发学生的学习兴趣，它是可感知的、易于操作的，同时又是富有挑战性的，与学生的年龄特征和已有的知识与经验水平相适应。

（3）有利于观察、设计、操作、评价、交流等学习过程的展开，有利于学生的主动学习。

（4）蕴含着广泛的各科学科知识的联系，有利于劳动与技术教育多方面教育内容的整合，有利于学生多方面的能力迁移和综合实践能力的提高。

（5）所涉及的材料具有简洁、轻便、易于采集、成本低廉、便于重复使用、安全可靠，又有利于教师的集体指导等特点。

【案例 3.3】

我是种植小能手[②]

实施学校：东风小学

所在年级：五年级

---

① 郭元祥.综合实践活动课程——设计与实施[M].北京：首都师范大学出版社,2001：214-215.

② 姜平.综合实践活动教学设计与特色案例评析[M].北京：首都师范大学出版社,2010：79-85.

指导教师：易余清

我校所在地在九年前还是郊区的一片菜地，近几年，一幢幢新房拔地而起，但还有少许土地仍然种着菜。我们学校正好也有一小片荒地。我们班上有几位学生的爷爷奶奶对种菜养花很在行。对于种菜种花，城里的小孩一定会感到陌生而又新鲜。根据这一课程资源、针对学生的好奇心和探究的欲望，我确定了"我是种植小能手"这一活动主题。我与学生一道讨论、调查、查阅、种地、观察、收菜。通过这一活动，孩子初步掌握了一些种菜种花的方法，获得许多有益的知识和丰富的情感体验，培养了他们各个方面的能力，特别是创新精神。

一、群策群力确定课题与制订计划

综合实践活动对于老师和学生来讲是一个较新的领域，围绕着怎样选题，我与学生经历了"提议—讨论—组合—确定"的决策过程。在课题选定的过程中，给了我们许多有益的启示：课题选择的开放性有利于学生参与，学生的主体地位能得到承认，从而更容易发挥学生主体性。

我们的课题是在 2002 年春天开始的。学校初定我校的大主题是"劳动技术教育"。以什么作为我们班综合实践活动的小课题呢？我提议学生围绕大主题报自己感兴趣的小课题。然后让大家来讨论、组合，再确定自己的课题。学生分别选了种植、养殖、小厨师、手工、装饰、维修等小课题。这里，我就讲讲《我是种植小能手》这一课题。

"我是种植小能手"这一课题定了，同学们就迫不及待地想开展活动了。可是，究竟该怎样来开展呢？我们都傻了眼，于是，大家都七嘴八舌地发表自己的建议，有的竟回家问父母亲。最后大家决定先写一份计划书。在我的指导下，由种植组的组长起草了一份计划，并在各组讨论，获得了通过。就这样开始了我们的活动。

下面是种植小组的活动方案。

活动总目标：

认知：

1. 了解一些蔬菜、花草生长的情况。

2. 掌握种植蔬菜、花草的一般方法。

情感：

1. 通过合作小组的集体实践活动，对自己的实践成果有喜悦感、成就感，感受到与他人合作、交流的乐趣。

2. 激发学生热爱劳动，热爱科学的情感。

3. 培养学生勤俭节约的品质。

能力：

1. 初步学会查找、搜集、整理资料。

2. 学会制订活动计划。

3. 培养学生种植方面的劳动技能。

4. 学会合作，学会观察，发现问题、研究问题、解决问题。

5. 培养学生美化环境的能力。

态度：

1. 培养学生科学、认真、细心的态度。

2. 培养学生持之以恒的品质。

活动过程：

小学综合实践活动设计与实施

第一阶段　搜集资料

活动目标：通过参观访问，查询资料等途径，了解有关蔬菜、花草的知识和种植方法。

活动流程：

1. 参观农场，激发种植兴趣，写观后感。

2. 搜集有关蔬菜、花草方面的资料，在班上汇报，出一期"种植专刊"，并准备一本资料集。

3. 访问有经验的学生家长、菜农、花农，了解种植、管理、收菜等方面的知识，了解目前适宜种的品种及种植方法，并在组内交流。

第二阶段　种植、管理阶段

活动目标：

1. 资料的运用。

2. 实践中，培养劳动技能，激发学生对劳动、科学的热爱。

3. 学会合作。

4. 培养学生观察、研究、创新的能力和持之以恒的品质。

活动流程：

1. 学习种植菜、花的方法。

2. 开垦菜地，分小组播种，写好日记，安排"值班表"。

3. 观察种子发芽，花的生长情况，记观察日记，向全班交流收获，并发现问题。

4. 请菜农现场作指导，如何进行"田间"管理：拔草、施肥甚至除虫等。学生亲自进行"田间"管理，记观察记录了解生长的过程，发现问题、解决问题。

5. 组内汇报，全班交流，实地观看，并举行一次种植墙报展。

第三阶段　分享劳动的果实

活动目标：

1. 对自己所实践的结果有成就感、喜悦感，能感受到与他人争辩、讨论的乐趣，与人分享劳动成果，关爱他人。

2. 学会总结。

活动流程：

1. 各小组收菜、展示花，进行种植能手的评比。

2. 送菜给同学、特困户或卖菜。

3. 集体讨论活动的发现、收获。

4. 写好总结。

5. 办一个摄影作品展。

二、课题实践中我与学生的体验

（一）获取信息的过程我们明白了……

学生以小组为单位，自发地利用课余时间调查采访，到图书馆、书店查阅有关资料。在获取信息的过程中，不仅掌握了获取信息的一般方法，养成了求真务实的科学态度，更主要的是接触社会，增强了自身素质。

1. "三百六十行，行行出状元"。

在采访中，学生学会了如何观察人、了解人、与人沟通。在克服自身心理障碍的同时，更懂得应尊重别人，了解了社会。

以前，在我们眼里，以为乡下人没有文化，不讲卫生，穷，没有能力，瞧不起他们。然而这次我们采访了几个菜农。从采访中我们感受到了他们的热情好客,勤劳朴实和他们的能干,更没想到的是他们因为种菜都挺有钱呢! 从这次采访中,我感到"三百六十行,行行出状元"的真谛,更体会到人与人之间应平等相待。

2. "尽信书不如无书"。

一个人的知识、能力都是有限的,特别是在这种信息技术迅猛发展的社会,查询、处理、运用信息的能力尤为重要。通过查找资料和学生的实践,掌握了一定的方法,并学会如何鉴别信息,灵活运用信息。

经过一个月的查询和实践,我学会如何查询资料,而且明白了"尽信书不如无书"的道理。我们组通过查图书馆、上书店、问别人以及网上查找等途径,掌握了不少种菜、养花的知识,并"出"了一本资料集。经交流,我们发现同是养杜鹃花,书中讲用吃剩的茶叶水、变质的牛奶浇花,花长得更好,然而我们院子里爱养花的钟老师却告诉我最好用冷开水浇。我与小组同学按两种方法去做,结果发现用冷开水浇花确实好一些。从中使我感受到"实践是检验真理的唯一标准,尽信书不如无书"的道理。

(二)种植中我们"丰收"啦!

学生经半个月的采访、参观、查找资料,掌握了一些种花、种菜的知识。一切准备就绪,学生就兴致勃勃地开始挖地、种菜、种花、浇水、拔草、施肥,精心照料,认真记录、总结。经过学生的辛勤劳动,同学们都获得了"丰收"。

1. 与他合作,我真快乐!

在小组合作中,学生充分认识到团结合作的重要性,并逐步学会了合作。

我是一个自视"天赋"很高的人,认为自己什么事都能独自干好,更何况是种菜这种小事。挖地那天,我来到教学楼后面便按书中所说干起来,但一看挖的那个地呀真笑死人,才挖出来一会儿,便又被我踩平了。没想到我的搭档朱小威挺在行,他手把手地教我,一会儿便把地整好了。开始播种了,我看其他同学直接播种,而他却先挖好一条小沟,再要我随后就撒萝卜种。就这样一条条地挖,撒完种后,他再埋上一层薄薄的土。过了几天,没想到别人的都发芽了,唯独我们的没有。可再过几天,我发现我们的长得最好。不巧的是,后几天我生病了,不能照料萝卜,我便嘱咐朱小威一人照料。病好后,我们的菜竟有几厘米高了,我感到与朱小威合作真快乐!

2. 学生初步掌握了一些科学研究的方法,培养了学生的科学素养,在活动中学会了调查、访问、查阅等收集信息的方法,并据此进行实践。在实践中不盲从、不迷信、坚持到底、勤于观察,发现问题、解决问题、勇于创新。

(1)"我的杂交蔬菜"。今天,我们在老师的带领下来到教学楼后面,挖好地之后,便开始播种。我想一般菜地都只种一种菜,如果多种几种,颜色不一形态各异,岂不更好看,说不定还能培植出新品种呢! 想干就干,播完种后我盼望着我的"杂交蔬菜"能苗壮成长。

(2)"人工"施肥。为了让我的菜长得更好,我想弄点肥料。可一时间弄不到,便采取真正的"人工"施肥。我对着我的萝卜幼苗撒了一泡尿。然而才一会儿,我发现那小小的嫩苗竟枯黄了一点。回到家中我问奶奶,奶奶说是我的尿把它给"烧"死了。"为什么会烧死,尿又不是火?"我疑惑地问。奶奶说:"因为才撒的尿是热的,且尿素含量较浓,菜受不了,因而枯黄了。"真没想到,事物之间的联系竟这么有趣、复杂。

(3)意外发现:蚂蚁窝。今天我又在菜地旁边开垦出一小片地。在我挖地时,发现靠墙角的地方有一个蚂蚁窝,窝还挺规范,竟有许多个小室。一个室内放了粮食;另一个室里有许多蚂蚁卵。我十分好奇,回家后查阅《十万个为什么》,从中进一步了解了蚂蚁的相关知识。

小学综合实践活动设计与实施

（4）观察记录（见表 3-4）。

表 3-4　种植记录

时　间	发　　现
3 月 15 日	开垦荒地，种下菜籽
3 月 18 日	苋菜、白菜、油菜发了芽，长出两片叶芽，可我的萝卜还没长出来
3 月 20 日	我的萝卜发芽了，长出两片稍大略厚的叶芽，但只长出了几颗
3 月 24 日	我的萝卜长得很整齐，比其他同学的要茂盛！我怕别人踩，便在旁边竖了一块牌子
3 月 28 日	我的萝卜又长出了嫩芽，边上有绒毛，菜地长出杂草，我小心地拔了
4 月 4 日	我的萝卜已有 4 厘米高了，菜地又长了杂草，这几天我得天天来拔了
4 月 10 日	萝卜有 5～6 厘米高了。哎哟！不好了，有一棵萝卜竟然长了黑色的小虫。菜农说是生了黑壳子虫。菜农告诉我买"必杀死"。但我担心打了农药的菜，吃了对身体不好。我就用手去捉。要是我能研制出一种无污染的农药该多好哇！

（5）"后悔"。我与谢振文一组，我俩都贪玩，再加上面临期中考试，连续几天竟忘了去照看，结果跑下去一看，我俩种的菜地杂草丛生，分不清哪是菜哪是草。看到别人茂盛的菜，我们好后悔，并从中懂得了"业精于勤，荒于嬉"的道理。

3. 劳动最有滋味！

我种的菜丰收了，虽然才几把菜。我留了一把给自己，各送了一把给同学和社区特困户。看到同学们惊讶的眼神，我心里真是乐开了花。我把我收获的菜送给班主任一把，班主任要我送一把给校长，我开始不敢，但最后鼓足勇气送去了，没想到竟得到校长的表扬。

三、我的反思

本次活动结束后，我反思学生的学习过程和学习结果。他们不仅了解了有关种植的一些知识，增强了劳动观念，懂得了科学的重要性，这种学习活动使学生的主体性得到充分发挥，内在潜能得到了发掘和展现，各方面素质得到全面发展。

（一）学生：在活动中展示自我，树立了自信心

我班苏丹、沈亚雄、朱小威等同学平时成绩不好，在同学心目中没有什么地位，较自卑。特别是沈亚雄，无心学习，只想着玩电游或者和同学打闹。但自从参加这一活动后，他几乎每天放学后都要去看看。为了菜长得好，他还特地买来草木灰，因而他的菜种得挺好。他们 3 人买种子、买肥料、卖菜都非常积极热情，同学们也感受到他们的进步了。因此，他们获得了成功，树立了自信心。

朱婕薇、万琼擅长文学、画画。在这次办种植刊、出种植书时，她俩全力策划，办得新颖、漂亮，使她们的才华得到展示，更加自信。

（二）兴趣是最好的老师

在选主题时，采取选自己的所好，一开始学生便兴致勃勃地开展活动，花尽心思，尽其所能且花样百出，学生虽辛苦但快乐，愿意去做。

（三）体验式的学习过程能使学生的素质得到全面提高，特别是社会实践能力和创新能力的培养

活动中，为了获取信息，要与人交往，要知道查询资料的途径，要懂得资料的处理。在种植过程中要掌握一定的知识、方法，并马上在实践中运用，以前所学过的知识，往往很少运用到实际生活中，但综合实践则提供了场所、机会。在种植过程中，学生亲眼目睹了植物的生长，亲身感受了劳动的快乐，亲自发现了问题、亲手解决了问题。这一切都是他们真实的感受，切身的

体验。这些难道不比书本上那空洞的间接知识更能培养人的能力？

（四）本次活动存在的问题

1. 要搞好某次活动，教师事先要了解这方面的知识，这样更有利于指导学生。

2. 学校要加大开放性：使学生能及时从学校的图书室、网络中获取信息。建立校内校外活动基地，保障学生的活动空间，有利于活动的开展。

3. 活动要力争去的家长和社区的支持，以保障活动时间、安全。

4. 在培养学生的兴趣持久性上需下工夫，想对策。

【案例点评】

案例以城市学生"种植"实践为主题，通过尝试、体验而进行劳动与技术——种植活动——的学习，学习过程严谨、认真，采用研究性学习的理念。正像案例所说"我与学生一道讨论，调查、查阅、种地、观察、收菜。通过这一活动，孩子初步掌握了一些种菜种花的方法，获得许多有益的知识和丰富的情感体验，培养了他们各个方面的能力，特别是创新精神。"这样，学校课程拓展了，接近学生生活了，融入社会实践了，学生获得了全新的体验与技能。

第四节 信息技术教育

一、信息技术

人们对信息技术的定义，因其使用的目的、范围、层次不同而有不同的表述。如果从广义、中义、狭义 3 个层面来理解，信息技术有如下 3 种定义。

（1）广义而言，信息技术是指能充分利用与扩展人类信息器官功能的各种方法、工具与技能的总和。

（2）中义而言，信息技术是指对信息进行采集、传输、存储、加工、表达的各种技术的总称。该定义强调的是人们对信息技术功能与过程的一般理解。

（3）狭义而言，信息技术是指利用计算机、网络、广播电视等各种硬件设备及软件工具与科学方法，对文图声像各种信息进行获取、加工、存储、传输与使用的技术的总称。

综合实践活动中的信息技术并非"为技术而技术"，而是通过技术获取信息，技术只是获取信息的途径和手段。从这个意义上来讲，第二种定义较为贴切些。

二、信息技术教育

（一）信息技术教育的概念

信息技术教育是一种以培养学生信息能力，提高学生的信息素养为目标的教育。综合实践活动课程中的信息技术教育，与作为学科课程的信息技术教育，既有相同点又有很大区别。

（二）信息技术教育的辨析

二者的相同点在于：学生都必须掌握一定的信息技术水平，包括操作使用计算机、了解并利用互联网等。但二者也有很大区别，具体表现在：作为学科课程加以学习的信息技术，强调的是学生掌握信息技术的基本知识，包括计算机原理，各种操作及编程等，追求的是系统的学

小学综合实践活动设计与实施

科知识。而作为综合实践活动课程四大领域之一的信息技术教育,更多的是作为学生开展探究的对象之一。因此,不能将二者加以混淆。

(三)信息技术教育的内容

它包括三方面的内容:①对信息科学的理解;②对信息的运用能力;③对信息、信息社会的认识、态度与参与。[①]

三、信息技术在综合实践活动中的定位

在综合实践活动课程实施中,信息技术往往作为一种资源、一种手段、一种工具的形态出现,而不是关于信息技术的知识形态而呈现的。在综合实践活动中,计算机和计算机网络作为支持实践活动的工具,它的作用主要如下[②]。

(一)作为活动资源

计算机可以组合多媒体活动材料,集声音、色彩、图形、图像、动画为一体,信息量大,节省活动时间,提高活动效益。

(二)作为技术手段

信息技术作为技术手段,可以作为学生自主学习的重要工具。例如,获取与输出信息、进行资源交流与共享、营造教育情境、进行"人机对话",乃至进行活动反馈等。

【案例 3.4】

戏曲源流看两岸[③]

本主题实践是根据活动目标和学生实际,采用情境创设,引出活动任务,针对学生已有搜索信息的感性经验,在活动前,教师采用电波引导方法,介绍信息来源的多样性,重点对网络搜索信息的关键、技巧进行讲解提示,以学生通过网络查阅、整理、交流福建五大戏曲信息为活动内容,让学生在体验中获得知识与技能,形成信息获取的理性认识,提高学生信息处理应用的能力。活动中存在学生之间的差异,营造交流学习的氛围,学生以小组为单位合作完成活动任务,设计小组汇报环节,共享活动成果,对活动进行交流评价。通过活动,学生了解福建五大戏曲,感受传统戏曲文化,懂得闽台戏曲文化脉息相通,养成合理应用信息技术获取信息的行为习惯。

一、以信息技术为工具,进行综合实践活动信息的获取与筛选

根据活动主题,确定活动信息的需求,选择信息来源渠道,引导学生准确快速获取信息,精确地筛选有价值的信息。"戏曲源流看两岸"这一活动学生需要了解的信息有:福建五大戏曲(芗剧、闽剧、梨园戏、高甲戏、莆仙戏)的流行地域、起源时间、艺术特色、知名艺人、代表作等,通过网络在线观看五大戏曲相关视频片段,感受不同戏曲的舞台艺术体现。在活动前,教给学生获取信息的工具及技术手段,如通过书籍报刊、互联网、实物现场等途径,利用数码相机、扫描仪、录音设备、键盘输入、网络搜索引擎等方法采集信息。

---

① 洪明,张俊峰.综合实践活动课程导论[M].福州:福建教育出版社,2007:105-106.

② 陈树杰,黄建平.基础教育新课程师资培训指导 小学综合实践活动[M].北京:首都师范大学出版社,2003:165-166.

③ 案例题目为引者所加,内容有删减。参见陈峻英.综合实践活动中有效利用信息技术的教学实践[J].福建基础教育研究,2011,(9):114-115.

在网络搜索信息过程中,介绍常用搜索引擎,学生了解不同搜索引擎的特点,引导学生根据自己的需要来选择搜索引擎,查找信息时不局限于某一个搜索引擎网站,当搜索不到理想的结果时,试着用另外一个搜索引擎网站。由于网络信息的丰富性、随意性,关键词的合理设置,可以帮助学生在最短的时间内搜索到与主题相关最准确的信息,在本活动中,指导学生设置关键词时需注意:一是关键词不要太乏,如福建戏曲,检索结果多不够准确;二是关键词不要太长,如福建五大戏曲的流行地域、起源时间、艺术特色等,检索不到结果。讲解"空格"、"双引号"、"书名"、"十号"、"一号"在搜索中所起的作用,学生在理解操作要领的同时进行实践,从而掌握搜索技能。怎样让学生在包罗万象的网络信息中筛选出最有价值的信息尤其重要,因为信息不仅仅是采集,更需要辨别与选择,这就要求学生具有一定的批判性思维能力,从信息与活动主题符合性、信息的时间性和信息的完整性进行筛选下载,教会学生保存信息,如文字信息可以用文本文件保存,图片信息、视频信息等可以建立文件夹分类保存等。

二、以信息技术为工具,进行综合实践活动信息的加工与处理

在采集保存信息的基础上,合理选择信息的表达形式,通过对信息的重新加工整理,使得信息呈现更直观,让学生在活动实践中掌握应用信息技能。文本信息的呈现形式一般有分类结构图、流程图、表格等,通过 Word、PowerPoint 等应用软件完成信息的处理;对图片信息的加工一般有裁剪、放大缩小、局部修改等形式,可以利用图像图形处理软件来完成,如看图软件ACDsee、图像处理软件 Photoshop 等。

"戏曲源流看两岸"实践活动中,主要是文本信息的加工整理,为了进行 5 种不同戏曲间的横向、竖向文本信息的对比了解,引导学生采用表格形式呈现信息(见表 3-5)。

表 3-5 5 种戏曲的对比

内容　　　　戏曲	芗剧	闽剧	梨园戏	高甲戏	莆仙戏
流行地域					
起源时间					
艺术特色					
知名艺人					
代表作					

学生通过表格文本信息的整理过程,树立信息归类意识,并能从表格的每一行或每一列信息中清晰了解 5 种戏曲的相关知识,以及不同戏曲间的区别与联系。除了对文本信息进行处理,活动中还引导学生对戏曲图片进行加工,如利用画图软件或 Photoshop,对图片进行局部的擦除修改,将图片插入 PowerPoint 幻灯片中,给图片加边框突出显示,利用文本框工具、自选图形工具给图片添加标注,用不同形式排列图片,对 5 种戏曲进行图片的展示设计。

学生在活动中以小组为单位,有共同的活动任务,分工合作,相互配合,互相帮助,树立探究、合作意识,提高学生新新技术应用能力。

三、以信息技术为工具,进行综合实践活动信息的表达与交流

学生在体验主体信息的获取、处理活动后,设计活动成果汇报环节,让学生在有效利用信息资源的同时,为学生搭建展示自我的平台,通过交流展示评价,培养学生信息的表达能力,达到活动信息的共享目的。

通过网络、书籍,学生查找到很多有关福建五大剧种的信息,他们都愿意把自己组的活动

小学综合实践活动设计与实施

成果拿出来与同学、老师共同分享。展示交流前，指导学生怎样将活动过程性信息整合成PPT展示作品，要求学生对信息进行分类存放。提出汇报要求和提示，如交流时先简单说一说自己的小组是用什么方法搜索到信息的、通过哪一个搜索引擎、关键字是什么、怎样处理所搜索的信息等。对所搜索到的信息要先按主题实践活动顺序汇报，再展示相关图片，其他小组的成员在一个小组汇报完可以提出自己的看法和疑问。注意对所搜索的信息进行归纳汇报，条理要清楚，内容要准确，必要时可加入自己的语言进行表达等。展示过程要做到生生互动、师生互动，培养学生组内团结合作，充分发挥每个人的特长，这一环节教师可以从学生搜索的方法、对搜索到的信息进行整理加工情况、搜索结果是否有价值、展示交流时对信息的表达是否准确、流畅等进行评价。在活动成果分享的同时，利用信息技术，进行活动主题的延伸，如让学生把活动中搜索到的福建五大戏曲信息制作成一份图文并茂的电子小报，并将学生作品上传到学校校园网上，共享给每一个对戏曲感兴趣的同学。

　　信息技术环境下的综合实践活动，为学生提供丰富的活动信息资源，给学生更适用的信息技能，让学生在活动中自主探索、合作交流，体验不同主题实践所带来的收获与快乐，提高学生的信息素养和生活能力。

【案例点评】

　　上述案例中，学生以"戏曲"研究为主题，以信息技术为手段，其中，在研究过程中，感受、体验信息的获取、处理，并运用它进行活动成果汇报、交流展示评价，从而培养学生收集、处理、分享信息的能力。

四、在综合实践活动中运用信息技术的策略

　　在实际操作中，一些学校和教师将综合实践活动课程中的信息技术教育与作为学科课程的信息技术教育等同起来并单独设课，这种做法是违背课程理念的。因此，在综合实践活动实施过程中，运用信息技术时需要注意以下两个问题。

（一）充分利用互联网资源

　　互联网如今已经延伸到学校、家庭、社会，并且渗透到人们生活的方方面面。其内容丰富、领域宽广、信息量大，表现形式多样，传播速度快、交互性强，深得人们的喜爱。在学生自主学习过程中，互联网为他们提供了广阔的活动空间，成为综合实践活动课程重要的教育资源。

（二）信息技术为活动主题服务

　　一是运用信息技术要考虑实际效益，如果其他方法简便易行，不一定非得采用信息技术的手段；二是不要盲目追求计算机网络化方法。把所有的活动都安排在互联网教室，并不一定是最好的选择。例如，有些活动还需要学生到现场进行考察、体验、实践和服务等。

第五节　综合实践活动内容与开发

　　本章前四节对综合实践活动四大指定领域分别进行了介绍。本节试就综合实践活动的整体结构进行简要分析。

一、综合实践活动领域

我国将综合实践活动划分为指定领域与非指定领域两大类型。这两大类型互为补充，共同构成内容丰富、形式多样的综合实践活动。

（一）指定领域

如前所述，综合实践活动包括：研究性学习、社区服务与生活实践、劳动与技术教育、信息技术教育四大指定领域。这 4 个领域的综合实践活动是综合课程与经验课程有机结合的产物，它们分别体现了不同性质、特点和培养目标[①]。

1. 各指定领域的性质、特点和培养目标

（1）研究性学习。基于学生自身兴趣，在教师指导下，从自然、社会和学生自身生活中，选择和确定研究主题，主动创生知识、解决问题、收获经验、养成人格。

（2）社区服务与社会实践。通过社区服务与社会实践，使学生获得直接经验，增强社会责任感，发展社会实践能力。

（3）劳动与技术教育。以学生获得积极劳动体验、形成良好技术素养为目标，体现操作性学习方式。

（4）信息技术教育。以信息技术为手段，为综合实践活动的某个项目的顺利、有效完成提供帮助，同时，在此过程中使学生形成信息判断能力、掌握和运用信息技术。

2. 指定领域的结构关系

（1）对象与手段的关系。研究性学习作为四大指定领域的核心、基础，与其他 3 个领域之间，体现了一种手段与对象的关系。研究性学习既是其他 3 个领域学习的方式，又可以渗透于其他 3 个领域的全部内容中。也就是说，研究性学习除了以学生感兴趣的问题为探究对象外，还可以社区服务与社会实践、劳动与技术教育、信息技术教育为重要的活动内容或探究对象。

（2）渗透与融合的关系。在这四大指定领域中，研究性学习是其核心与基础，是一条贯穿于综合实践活动全过程的主线，它既是学习方式，又是渗透于其他 3 个领域的学习观念，社区服务与社会实践、信息技术教育、劳动与技术教育既是研究性学习所探究的领域或内容，也是开展研究性学习所借助的方式和手段。此外，在社区服务与社会实践的过程中，又包含了社会调查、访问、体验、观察、考察等研究性学习的方式，以及劳动与技术教育和信息技术教育的问题。而在信息技术教育学习和运用中，不可避免会涉及大量当代社会的综合实践问题。总之，它们之间表现为相互渗透、相互融合的关系。

（二）非指定领域

非指定领域包括：班团队活动、学校传统活动、学生兴趣小组活动、学生社团活动等。一方面，每种非指定领域活动都有各自的价值与特点，具体形态也各异。另一方面，各部分内容之间也相互关联。例如，班级活动解决班级中出现的各种问题，同时是集体性实践活动的主要形式。它与年级活动、学校活动、社团活动等相互促进。学校传统活动，如科技节、艺术节、体育节等，为班级活动、社团活动等提供了机会与展示的平台。非指定领域活动的特点如下。

（1）以自治性为中心，小组活动、班级活动、社团活动、学校活动等，其内容的集体性逐步

---

① 熊梅等.综合实践活动开发与设计[M].北京：高等教育出版社，2006：42.

小学综合实践活动设计与实施

扩大。

（2）以文化性为中心，小组活动、班级活动、社团活动、学校活动等，其内容形成了各具特色的文化个性与风格，依次是小组文化、班级文化、社团文化和学习文化等。

（三）指定领域与非指定领域

1. 两者的区别

（1）思想来源不同。指定领域主要受活动课程（或经验课程）和综合课程思想的影响，即内容综合以利于学生自主探究过程中的问题解决。而非指定领域主要受我国传统的课外活动（也成"第二课堂"）的影响。

（2）价值取向不同。指定领域主要指向学生个体，注重学生个性发展，强调学生个体的自主、参与、体验、探究、交流、合作等。而非指定领域主要指向学生集体，强调培养集体中的个人，以增强集体意识和责任感。

（3）课程形态不同。指定领域属于国家课程，明确规定了课程时数，课程实施以研究性学习为主的问题解决式学习和体验性学习。而非指定领域实施以学校为主体，没有形式和内容方面的限制。

2. 两者的关联

指定领域与非指定领域，在性质、特点和价值取向各不相同，两者具有相对独立性和不可替代性。但是，二者之间并非相互割裂、相互排斥的，而是相互联系、相互补充的关系。

（1）活动目标关联。在非指定领域的集体活动中所培养起来的自主性，可以在指定领域的活动进一步深化和发展，从而夯实学生综合实践活动的内在积极性和应有能力。相反，在指定领域活动中，通过自主性、探究性、创造性的实践活动，又能巩固非指定领域所培养起来的自主能力和态度。

（2）活动内容关联。非指定领域的班团队活动、学校大型活动等，可以指定领域的研究性学习、社区服务和社会实践、劳动与技术教育的内容为对象。如环境保护的研究性学习，可以班团队的集体活动形式开展，甚至扩展到学校范围。

（3）活动方式关联。两个领域在活动方式上具有共性或相似性，如体验性、实践性；两者都采用观察、实验、参观、调查、发表和讨论、生活活动等方式，都开展体验性的实践活动。

（4）活动场所和活动形式关联。校内外的自然、社会、人际、文化、信息等环境，都可以作为两个领域的活动场所和资源。如非指定领域的夏令营所在地的自然资源，可以作为研究性学习这一指定领域的活动资源。

（5）教师指导关联。两个领域的指导教师可以共享、互助、合作。在指导形式上，往往需要教师合作。人员配置上，指定领域的指导一般采用班主任为主、其他教师为辅的合作形式（当然，配置了专职的综合实践活动教师的学校，专职教师为主、班主任为辅）；非指定领域的班团队活动、年级活动、学校大型活动（如科技节、体育节），也需班主任为主，其他任课教师为辅。

二、综合实践活动内容整合

综合实践活动内容有不同的领域、范围，在具体的内容开发过程中，需要根据主题、具体情境和条件进行整合[①]。

---

① 郭元祥.综合实践活动课程的实施[M].北京：高等教育出版社，2003：82-111.

（一）四大指定领域之间的内容整合

研究性学习、社区服务与社会实践、劳动与技术教育、信息技术教育是综合实践活动四大指定领域。尽管它们在思想来源、价值取向和课程形态方面彼此不同，但是，又有内在的联系和共同的价值追求。因此，在具体实施中，可以将4个领域整合起来。具体方法如下。

（1）核心主题拖带法：以某一领域的问题为核心主题，拖带其他3个领域的要素来达成融合。这种方式，无论以研究性学习为核心，还是以劳动技术教育或其他领域为核心，都要兼顾其他领域的要求。

（2）组织线索切入式：围绕人与自然、人与社会、人与自我3条线索，不管是哪个方面的主题，都从这3个方面进行整体关注，即组织线索切入式。

（3）学科渗透式：即对每个活动主题都向学科延伸，从中挖掘出小主题。

（4）活动方式切入式：在主题活动实施过程中，要求每个活动尽可能采取各种考察调查活动、观察活动、设计活动、实验活动等，通过多样化的活动方式，达到各要素之间的整合。

（5）信息技术手段与活动过程的整合。具体策略有：运用信息技术手段引导学生提出问题；运用信息技术手段参与综合实践活动过程；利用现代信息技术手段进行自我评价、相互评价。

（二）指定领域与非指定领域的内容整合

指定领域与非指定领域，在综合实践活动实施中是互为补充，相辅相成的，很多时候是融合在一起的。两方面内容整合的具体策略如下。

（1）指定领域的活动开展，充分利用非指定领域的已有资源。

（2）总结典型的指定领域的活动，拓展、延伸为本校的非指定领域的活动。

（3）借鉴指定领域活动开展方式，开展非指定领域的活动。

（4）综合实践活动指定领域的各个部分与非指定领域相结合。

（三）综合实践活动与学科课程的整合

在新课程体系中，综合实践活动与各学科共同构成一个有机整体，二者既相对独立，又紧密关联。因此，在综合实践活动实施过程中，努力将两者有效地整合起来，以便相互促进、相互融合。具体整合策略如下。

（1）在综合实践活动中运用各种学科知识。

（2）在学科教学中运用知识解决综合实践活动的问题。

（3）综合实践活动与学科教学中的活动整合。

三、综合实践活动内容开发策略

"问题—解决"是综合实践活动的组织线索。其活动内容也是围绕"问题—解决"这一线索展开的。也就是说，问题是综合实践活动内容开发的前提。而"问题"的提出，一定是基于学生生活的。按照生活性质，综合实践活动内容的开发可以分为两类[①]。

（一）以"现实生活"为切入点，开发综合实践活动内容

现实生活是学生实实在在接触到的生活。综合实践活动首先应当是基于学生现实生活

---

① 李孔文.小学综合实践活动课程论[M].合肥：中国科学技术大学出版社，2009：84-86.

小学综合实践活动设计与实施

的,因此课程开发也一定是以学生现实活动为切入点。现实生活主要包括:自然生活、社会生活、学校生活、家庭生活、个人生活等。

1. 自然生活

自然是人类生活的大背景,也是人类的共同家园。因此,每个人都有责任关注自然、关心自己的生存环境,学生也不例外。在综合实践活动理念下,学生自然生活主要包括 3 个方面:一是了解和认识自然;二是保护环境;三是与自然和谐相处。

2. 社会生活

社会是个体聚集的群落,也是个体生产与发展的平台,因此个人成长无法脱离社会生活。在综合实践活动理念下,学生社会生活的主要内容有:了解社会环境,遵守社会规范,增长社会沟通能力,养成服务社会的意识和社会责任感。

3. 学校生活

学校是学生生活的主要空间,也是学生成长的重要环境。学生学校生活是其从家庭生活到社会生活的中转站和加油站。因此,学校生活水平和质量直接影响其社会适应能力发展。在综合实践活动理念下,学生学校生活的主要内容有:学习兴趣与热情,合理有效的学习方法,融洽的人际关系,学校主人翁意识与责任感,积极的探究精神和创新能力等。

4. 家庭生活

家庭是孩子的"第一所学校"。家庭生活对于儿童,最为熟悉,也最为依赖。它是学生身体成长和心理成熟的切身环境,直接关乎学生的教育和发展。在综合实践活动理念下,学生家庭生活的主要内容有:自觉的主人翁角色与责任感,家庭生活的基本礼仪和行为习惯,初步的家务劳动兴趣与技能,彼此关心与帮助的思想与情感等。

5. 个人生活

个人是综合实践活动关注的重要对象。没有个人,就不可能形成群体,更无法构成社会。个人素质及生活质量,直接影响家庭、学校、社会甚至自然等诸方面的生活现状和发展前景。在综合实践活动理念下,学生个人生活的主要内容是:积极的生活态度和基本的生活技能,清晰的自我认知和充实的精神生活,美好的人生理想与有效的修养方法,无限的探究激情和不竭的创新能力。

(二)以"可能生活"为着眼点,开发综合实践活动内容

可能的生活尽管看不见、摸不着,却往往深藏于学生的头脑中,它们是学生生活的理想与希望。因此,对于可能生活,学生有着天然的探究欲望。

所以,可能生活的探寻,也可以作为综合实践活动的主题。因为教育的任务是最大限度地挖掘人的发展潜能,尽可能促进人实现各种可能性。所以,教育不仅需要立足于学生的现实生活和水平,而且应当帮助学生自觉地去建构他们自己"可能的生活",积极主动地探求个人生活的意义。

本章概要

教育部颁布的《基础教育课程改革指导纲要》中,将义务教育阶段的信息技术与劳动技术、研究性学习、社会实践、社区服务列为综合实践活动课程的四大指定领域。这四大领域之间是"你中有我,我中有你"、互相包容而又各有所侧重的关系。正是这样,才可谓名副其实的"综合

实践活动"。

综合实践活动在较低层面上,就是以各种实践活动,通过深入生活和社会,让学生获取直接经验和感性认识,转变学习方法,掌握某些技能技巧,让学生在实践中得到切实锻炼;在较高层面上,就是通过综合实践活动,让学生初步具有科学探索精神和人文关怀精神,促进学生在德、智、体、美、劳等方面得到身心全面、健康、和谐发展。

资源链接

[1] 洪明,张俊峰.综合实践活动课程导论[M].福州:福建教育出版社,2007.
[2] 田慧生.综合实践活动课程实施中的问题与策略[M].北京:教育科学出版社,2007.
[3] 田慧生.综合实践活动课程的理论探索与实践反思[M].北京:教育科学出版社,2007.
[4] 姜平.综合实践活动教学设计与特色案例评析[M].北京:首都师范大学出版社,2006.
[5] 郭元祥.综合实践活动课程——设计与实施[M].北京:首都师范大学出版社,2001.
[6] 陈树杰,黄建平.基础教育新课程师资培训指导 小学综合实践活动[M].北京:首都师范大学出版社,2003.
[7] 熊梅等.综合实践活动开发与设计[M].北京:高等教育出版社,2006.
[8] 郭元祥.综合实践活动课程的实施[M].北京:高等教育出版社,2003.
[9] 李孔文.小学综合实践活动课程论[M].合肥:中国科学技术大学出版社,2009.
[10] 综合实践劳动技术教育网站,http://ldjy.qikan.com/.
[11] 劳动技术教育,http://lj.eicbs.com/.
[12] 中小学信息技术教育网,http://www.nrcce.com/.
[13] 中小学信息技术教育论坛,http://www.nrcce.com/nrcce_bbs/.

思考与实践

一、理论思考

1. 综合实践活动包含哪些领域?各领域的特点与联系分别是什么?

2. 什么是研究性学习?研究性学习有哪些特点?

3. 社区服务与社会实践一般有哪些主题活动?

4. 综合实践活动中的信息技术教育与学科课程的信息技术教育存在哪些区别?

5. 综合实践活动的各领域之间的关系是怎样的?

6. 如何进行综合实践活动内容整合?

7. 如何进行综合实践活动内容开发?

二、实践探索

就某一主题活动制订出活动方案。内容包括:主题题目、实践学校、年级对象、指导教师、主题来源、实施步骤与方法等。

实践篇

　　实践篇主要内容包括：活动设计、活动实施、活动资源开发 3 个主题。本部分内容旨在阐明综合实践活动中最基本也是最重要的 3 个问题的基本理论、活动程序与具体方法。作为全书的核心部分，本篇目的是帮助学习者获得小学综合实践活动设计与实施的基本思路和具体方法，不断完善与改进学习者自身的工作能力与技巧。此篇可以为小学教师承担综合实践活动课程的指导任务，提供方法论和具体策略的指导。

第四章　综合实践活动设计

学习目标

- 理解综合实践活动设计原理；
- 了解综合实践活动的设计过程；
- 掌握综合实践活动设计的策略与方法。

问题情境

如何确定探究主题

"同学们，今天我和大家一起上一节综合实践活动课，这是解决我们心中疑问的课程，那么同学们都对哪些问题感兴趣呢？"一时间学生沸腾了，他们恨不得把"十万个为什么"都搬出来。啊！学生们小脑袋里的问题竟然有这么多？这样下去怎么能定出研究课题呀？我有点手忙脚乱，唉！一节课下来，研究主题没有确定下来，学生也乱哄哄的，我耷拉着脑袋回到办公室。

看来，要想上好这门课还真要动动脑筋！如果过于放纵学生的思维，在一个班里实施综合实践活动课程显然行不通。可是，又不能由老师牵着学生走，课题应该来源于学生呀，可是学生的问题太多，选择哪个呢？一连串的矛盾在我脑子里不停地旋转。学生刚接触这门课程很兴奋，老师不能跟着兴奋，而是要保持冷静，帮助学生选择课题……①

上述案例中教师在选题过程中所遇到的困惑，是每一位综合实践活动教师都必然会遇到：如何帮助学生选择课题？课题选定后又该怎样去开展活动？活动过程怎样安排？等等。这些问题，一直伴随教师活动指导的全过程。要想顺利解决这些问题，除了案例中教师悟到的教学智慧之外，还须针对不同问题做充分的准备，并且懂得解决此类问题的一些基本方法，就关涉到综合实践活动的设计问题。这就是本章所要讨论的问题。

---

① 选入本书时有删节，题目为编者所加。参见吕芸辉. 在综合实践活动中亲历成长路程[A]. 田慧生. 综合实践活动课程实施中的问题与策略[C]. 北京：教育科学出版社，2007：154-155.

小学综合实践活动设计与实施

第一节　综合实践活动设计概述

综合实践活动 4 个指定领域为综合实践活动的实施确定了基本范畴,可以作为具体活动的可开发的课程资源,选择活动内容的依据,客观上为综合实践活动指明了方向。但是并没有为综合实践活动的开展提供具体的办法。

一、活动设计的含义与意义

针对综合实践活动课程进行具体活动设计,是综合实践活动教师必备的一项专业技能,这个过程最能展现一位指导教师的教育理论素养和能力水准。

(一)活动设计的含义

所谓活动设计是指针对某一活动所作的计划与安排。具体说,就是将活动目标、活动内容及活动形式与方法,按照一定的原则组织成一个合理结构,以使活动成为一个有效运作的程式。综合实践活动设计即是这样一种对综合实践活动的计划和特意的安排。

综合实践活动的设计,首先需要对影响活动的因素进行分析、对活动的类型进行细化和研究,思考活动设计的理念、原则,熟悉活动设计的内容、程序、基本策略和方法等;然后,在与学生共同选定活动主题或项目的过程中,根据具体情况进行具体化、情境化和可操作化。

(二)活动设计的意义

《礼记·中庸》中说:"凡事预则立,不预则废。"意思是说,无论做什么事,事先有准备和计划,就能得到成功,不然就会失败。可见,事先明确而周详计划的重要性。要上好综合实践活动课也一样,教师必须就将要开展的活动进行设计。活动方案的设计,对于综合实践活动实施具有举足轻重的作用。

没有设计、设计错误,或者设计存在偏差,其影响巨大。一是妨碍活动的顺利开展;二是产生巨大的教育偏差;三是引发负面社会影响或安全问题。因此,综合实践活动的实施,一定要进行活动设计。

二、影响活动设计的因素

综合实践活动的设计受许多因素的影响,主要有课程目标、学生因素、教师因素、学校与社区资源等。

(一)课程目标

综合实践活动的课程目标是学生通过课程实施而达到的发展状态。它是选择、创造和组织学习经验的指南,是开发评价工具的规范,自然也是影响活动设计的重要因素。任何活动的设计,都必须以课程目标为依据。

综合实践活动课程秉持一种教育信念,即每个学生都有其独特的特性和才能。"这些特性和才能是他自我人格中的一个重要部分,当其被学校生活忽视、边缘化甚或排斥的时候,他们的自我就得不到完整的展现和张扬。综合实践活动以创造性自我表现为核心教育价值诉求,它的目的就是要通过创造一个课程载体,让每位学生都有参与创造性活动的机会,通过活动来更好地发现自我、展现自我和升华自我。"①

(二)学生因素

学生是综合实践活动的参与主体,同时也是活动设计重要参与者。活动的方案实际上是在教师指导下,由全班学生或学生小组协商决定的。学生积极主动地投入,是活动设计得以顺利进行的第一保证。所以,学生因素是影响活动设计的一个重要因素。影响活动设计的学生因素主要包括学生的身心特点、学生的已有经验和学生兴趣爱好等内容。

学生的身心特点是活动设计的基础,不同年龄阶段学生的身心特点是不同的,是不断发展变化的。它包括身体特点和心理特点两个方面。身体特点包括学生的身高、体重、各种身体器官、系统及其机能的特点,这些特点决定了在学生所能承担活动的强度和胜任的可能性。心理特点主要指学生的感知、想象、思维、创造力及情感、意志、个性特点等内容,这些特点会影响到他们所能承担的活动的难度和复杂程度。一般来说,年龄越小,活动应当越小、越简单。

学生的已有经验是活动设计的资源,包括直接经验和间接经验。前者是人通过直接感知外部事物而获得的认识,主要涉及学生生活、社会环境与自然事物等方面的现象。后者是人通过他人的归纳与表达而获得有关事物的认识,主要涉及经过判断、推理、抽象和概括后获得系统化、结构化的理论内容。综合实践活动注重直接经验,尤其强调学生通过亲力亲为的体验来获得经验。这种体验性经验包含感知事物时原创性的充盈丰富的各种信息,超越了单纯认知层面的机械接受,更能触及学生内心,因此获得感受更深刻,留存时间也更久远。

学生的兴趣爱好是活动设计的动力。学生"对任何事物感兴趣就是积极地与那个事物发生关系"。② 杜威认为,儿童有 4 类兴趣(本能、冲动):第一类是"社会本能",指儿童在谈话、交际和交往中所表现出来的兴趣,语言本能是表现儿童社会本能的最简单形式;第二类是"制作本能",指儿童在游戏、运动、制作材料等方面表现出来的兴趣,又称"建造性冲动";第三类是"探究本能",指儿童探究或发现事物的兴趣;第四类是"艺术性本能",亦可称为"表现性冲动"。后两类均产生于交往本能和建造性本能,是交往本能和建造性本能的精致化与完满表现。在杜威看来,这 4 类兴趣是儿童的自然资源,其后天经验是在这 4 类兴趣基础上发展起来的,儿童心智生长依赖于这 4 类兴趣的运用。③ 所以,活动设计必须优先考虑学生的兴趣与爱好。

(三)教师因素

教师是综合实践活动设计的具体指导者与宏观规划者。因此在人的因素中,教师因素是影响活动设计除学生因素之外的最主要因素。教师因素主要包括教师的教育理念、知识结构、

---

① 张华,仲建维.综合实践活动课程设计框架研究[J].全球教育展望,2008(2):35-41.

② [美]约翰·杜威.学校与社会·明日之学校[M].赵祥麟,任钟印,吴志宏译.北京:人民教育出版社,2005:172.

③ 张华.经验课程论[M].上海:上海教育出版社,2000:83.

小学综合实践活动设计与实施

研究与设计能力。

　　教师教育理念是教师一切教育活动的价值取向。在不同教育理念指导下,教育活动各不相同。综合实践活动作为新课程理念的集中体现,要求教师吃透新课程的理论基础,并以其基本理念作为自己的教育理想和行动追求。贯穿新课程改革的核心理念是:为了每位学生的发展。围绕这一核心理念,新课程的基本理念可以表述为:走出知识传授的目标取向,确立培养"整体的人"的课程目标;破除书本知识的桎梏,构筑具有生活意义的课程内容;摆脱被知识奴役的处境,恢复个体在知识生成中的合法身份;改变学校个性缺失的现实,创建富有个性的学校文化。[①] 教师要真正按照新课程的要求进行活动设计,需要本着上述内涵建构自己的教育理念,并将这些理念转化成自觉的教育行动。

　　教师知识结构指教师拥有知识的分类组合所形成的结构形态。综合实践活动以学生的心理逻辑与活动线索展开,涉及的内容是无边界的、跨学科的。与学科教师知识"由学科知识、教育理论知识和学科教学法知识三部分构成"不同,综合实践活动教师知识应为通识知识、教育理论知识和活动指导知识。通识教育是一种旨在使学生拓宽知识、开阔视野、学会做人和做事、提升精神境界和人生质量的教育。[②] 教师须自觉拓展自身知识领域,把握社会科学、自然科学两大领域发展脉络和知识框架,努力发展自身活动指导的知识与能力。这样,才能适应探究活动知识无边界化特点,提高探究活动指导的有效性。

　　教师研究与设计能力指教师了解研究流程,熟悉活动设计程序,能对课题研究进行设计的能力。这对小学教师来说是一个挑战,不得不应对的挑战。只有教师具备研究能力并根据研究规范设计课题研究活动时,才能在指导学生设计时高瞻远瞩且脚踏实地。

(四) 学校与社区资源

　　学校与社区是综合实践活动的重要课程资源,也是小学生进行课题探究的主要现场。活动设计必须考虑所在学校和所在社区的资源。

　　学校资源包括学校特有的物质条件与文化资源。活动设计需要结合本校特色,紧紧依托学校物质条件和校园文化建设。如种植活动设计,需要与校园的绿化、美化结合起来;社会调查和研究,可以利用校际间交往关系而互通信息;等等。学校通过开发课程管理软件,既可以实现无纸化校园办公,又便于学生从网络上查阅资料,以及活动设计过程中相关人员的交流与沟通、共享资源、成果展示,等等。总之,学校资源是活动设计的必须予以考虑的重要因素。

　　社区资源包括学校所处社区的自然资源、文化资源、物质条件与人力资源。社区的自然资源是指学校所在社区的自然存在物,包括空气、温度、湿度、光线、颜色、声音、气味以及地理环境及其中的花草树木等自然景观,如社区的地理位置、面积大小、地形地貌、气候特征、山川河流、风景名胜、矿产资源等。社区文化资源指社区居民物质生活、社会生活和精神生活方式的样式,如饮食、起居、文物古迹、聚居民族、人口数量、社会组织、伦理习俗、宗教及文艺活动等。社区物质条件与人力资源指社区经济体、机构、设施等及其相关专业人员,如工厂、企业、教育机构、图书馆、科技馆、文化馆、新闻机构、社会团体等及其从业人员和学生家长。总之,社区资源是活动设计需要考虑的重要因素。

---

① 钟启泉,崔允漷.新课程的理念与创新——师范生读本[M].北京:高等教育出版社,2003:2-3.

② 赵书超,陈新巧.美国大学通识教育检评及启示[J].石家庄学院学报,2008,10(4):120-124.

三、综合实践活动观念与设计特点

（一）综合实践活动的基本观念

1. 动态、生成的课程观

在综合实践活动中，课程的含义不再是静态的教学计划或静止的"跑道"，而是成为个体生活经验的改造与建构或"在跑道上跑"的历程。正如美国课程学家派纳所说的："课程不再是一个事物，也不仅仅是一个过程。它是一个动词，一种行动，一种社会实践，一种私人的意义，一种公共的希望。课程不只是我们劳作的场所，也是我们劳作的成果，在转变我们的同时也转变自身。"[①]这样，课程不再仅仅是特定知识的载体，还是师生共同探索新知的过程。

综合实践活动所谓的课程，其形态不再是独立于教育情境之外的、固定的、物化的知识文本，而是一种师生共同创生的教育"事件"，是参与其中的一个个鲜活个体灵活的、开放的、生成的生命体验。因此，人再次成为课程的目标与中心，课程也不再是控制教学行为和学习活动的工具和手段，相反它开始成为师生追求意义、获得解放与自由的平台与途径。

2. 对话、探究的教学观

当课程成为师生共创的教育事件，成为参与者个体的生命体验，教学就不再简化为知识传授和单一的认识活动，它本身就具有生活的意义，进而衍生成以对话为特征的精神交流和情感沟通。知识归位于问题探究和意义创生的材料，教师也不再是"真理"和"权威"的化身，而是成为学生探究活动的对话者与探究伙伴。

综合实践活动本身就意味着生活。它源于生活，在生活中，为了生活。个人的思想、价值与意义在这里受到了充分的尊重，于是，教学中不乏生命的灵动和生活的诗意，实现了心与心的交流，教学摆脱了知识、纯粹的理性对人的控制和异化，提升人在教学中的地位。

3. 自主、合作的学习观

综合实践活动变革了学习方式。将学习看作学生不断质疑、探索、表达个人见解的过程，打破了知识的"霸权性"。将原先单纯的认知学习，转变为实践—感知—思考、手—心—脑、身体—心理—灵魂等共同参与的"整体学习"（holistic learning）[②]。在综合数据活动中，学生个体的理解、想象和创造得到确认。

此外，活动基于现实问题的解决、探究，需要合作学习方式给以支撑，鼓励交流、沟通与合作，倡导进入生活的体验、对话、创造与责任。突破个体学习的封闭方式，迈向互动与交流，增强学习的开放性。

（二）综合实践活动的实施框架

综合实践活动必须以学生活动为中心，充分挖掘、利用校内外课程资源，加强学校、家庭与社区之间的联系。在这一过程中，教师与家长是支持学生活动的重要两翼。图 4-1 显示了学校与家庭共同推进课程建设的一种模式。

---

① W. F. Pinar，W. M. Heynold，P. Slattery，P. M. Taubmen. Understanding Curriculum：An Introduction to the Study of Historical and Contemporary Curriculum Discourses[M]. New York：Peter Lang Publishing，Inc. ，1995：848.

② 钟启泉，崔允漷. 新课程的理念与创新——师范生读本[M].北京：高等教育出版社，2003：229.

小学综合实践活动设计与实施

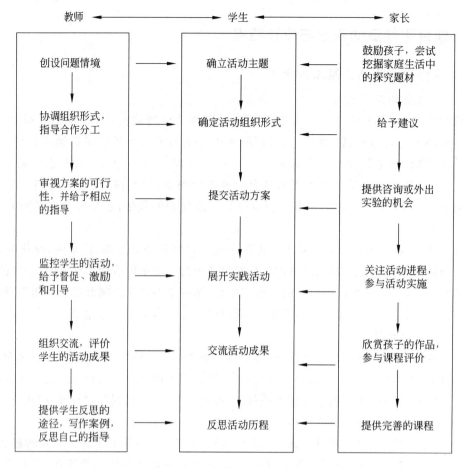

图 4-1　综合实践活动的参考模式①

由上图可以看出,综合实践活动实施主要有 6 个基本环节,即确定活动主题、确定活动形式、制订活动方案、开展实践活动、交流活动成果、反思活动历程,在每一活动环节上,教师和家长都应当给予积极的支持和切实的指导。

(三)综合实践活动的设计特点

与学科教学设计相比,综合实践活动设计具有如下几个特点。

1. 有限预设性

有限预设性是指关于综合实践活动的设计,教师不能也无法提前进行准确地预设、规划综合实践活动的设计特点。综合实践活动从始至终都是学生自主的活动,包括问题的提出、项目的选定、方式的选择以及展示的方法等,都是学生决定的,在这一过程中,指导教师的工作就是为其可行性给予指导。再加上,综合实践活动过程本身是生成性的、无法预料的。这就决定了综合实践活动教师在每一次具体活动项目开展之前,不可能像学科教学那样进行细化的设计。

所以,与学科教师上课前已写好教案不同,综合实践活动指导教师在第一次进入课堂之前,往往没有详细、完整的教案。正因为如此,就更需要每一位教师把综合实践活动设计原理、

---

①　钟启泉,崔允漷.新课程的理念与创新——师范生读本[M].北京:高等教育出版社,2003:231.

策略和具体方法,提前精研细琢,做到烂熟于胸。这样,他(她)在面临具体指导学生选题、活动时,才能心中有数并做到有条不紊。

2. 动态生成性

动态生成性是指关于综合实践活动的设计,是伴随活动的展开、演进,教师与学生逐渐涌现设计思路和生成活动方案的设计特点。综合实践活动课程的性质与特点决定了活动设计总是与活动演进相伴随的,这是活动课程、经验课程的特点。综合实践活动指导教师的设计看似很轻松,课前不一定写出厚厚的详细教案,但真正走到学生面前时,却往往惴惴不安,这是由于教师适应了学科课程的按部就班,现在课前缺少了课程预案而无所依托所造成的。要改变这一现状,一方面,加强教育理论学习,提高自身素养;另一方面,在实践中锻炼出自己的课程智慧与教育智慧。

3. 临场智慧性

临场智慧性是指关于综合实践活动的设计,是一个不断生成于学生参与过程中,其合理、有效性与教师现场智慧表现密切相关的设计特点。这一特点是由综合实践活动课程的性质所决定的,教师是作为活动的参与者角色而介入的,事先并不比学生更有远见;但同时教师又是活动的指导者,要完成现场合理有效的指导,他(她)只能依靠其教育智慧的临场涌动、迸发来实现。这正是综合实践活动课程对指导教师的最大挑战,也是许多一线教师不敢碰触这一领域的原因所在。

无章可循或无所适从说明教师对这一课程了解不深、把握不透,缺少实践经验和临场智慧。"当我们与学生或孩子一起活动时,我们对我们正在做的或说的能从智慧上意识到。……有时我们意识里捕捉到我们说了我们本不应该说的话,……这些都是'自我'意识的行为,一种融入身体的智能或机智。"[①]教师临场智慧的提升,一方面需要敢于实践;另一方面需要不断提升自身教育理论素养,把准、吃透课程理念和基本原则与策略。

由于综合实践活动设计的上述特点,使得活动设计工作变得更加艰难。要在实践中赢得这个挑战,就更加需要我们在实践前在理论上下足工夫,深刻理解和把握综合实践活动设计的原理。

四、综合实践活动设计原则

综合实践活动的设计就是按照一定的方法将构成活动的各个要素有机地整合起来,事先系统规划和安排好某个活动。活动设计所遵循的原则不同,设计的结果会大相径庭。

原则是指人们说话做事的规则和标准。所以,在设计综合实践活动之前,探讨综合实践活动的设计原则就显得十分重要了。一般来说,综合实践活动的设计,需要遵循以下几个原则。

(一)课题源于学生生活的原则

课题需要学生自主选择,必须源于学生生活。教师指导的作用在于帮助学生把他们的想法清晰化、现实化、规范化,变成可操作的活动计划。

选题是活动设计的第一步。它既是活动的起点,也是活动的基点。选题不同决定了活动不同。学生探究的主题,开展的活动,必须是他们自己感兴趣的问题,希望开展的活动。主题

---

① [加]马克斯·范梅南. 教学机智——教育智慧的意蕴[M]. 李树英译. 北京:教育科学出版社,2001:145.

小学综合实践活动设计与实施

的形成是在教师的帮助下,学生自己关注问题的由内而外的自然引发,而非教师或其他所谓课程专家由外而内(灌输性)指定。

受学科课程设计的影响,以往选题过多关注学生年龄特点、知识结构、当地资源和生活环境,关注所选主题本身价值;忽视选题对学生的意义。这种视角已经偏离了综合实践活动的主旨和课程设计初衷。如果选题来自于教师,是教师事先规划好的活动,其既在形式上剥夺了学生选题的权利,在实质上也不可能是真正的自主实践活动,其课程性质与学科课程并无根本性区别。

(二)预设与生成相映原则

整体规划和周密设计是开展活动的基础,对活动过程中各种因素有所预见,进行预设性管理是活动顺利实施的有力保证。一般而言,预设先于生成,引导生成。生成落实预设,修正预设。而综合实践活动的主体是学生,他们是活动的自主者、决策者和推动者,活动设计也不例外。也就是说,综合实践活动的过程中又包括过程,透过学生对过程的体验,事物之间的关系和联系得以生成,实施过程又是动态生成的。因此教师除了事先的指导设计外,还要对活动过程中生成的资源进行重组建构,调整指导策略,做到预设与生成相映,使活动更深入地开展下去。离开学生活动的设计,不是真正意义上的设计。教师作为活动指导者,不可避免对活动有所预设且预设主要需教师独自完成的,但是这种预设只有被学生认可,才能成为活动设计。

与学科课程的教学设计不同,综合实践活动的设计与实施是同步的,且设计过程的教师预设与现场生成(即学生决策)是相融合的。在这个过程中,教师可以有事先的预案甚至多个预案,但它只能供学生参考,而非活动设计的完成,活动设计本身也需经过学生自主选择和自觉探究,这是学生的权利。也就是说,综合实践活动设计是教师帮助学生实现的,其决定权在学生手里。

所以,在活动设计包括主题选择、目标确定、活动方式与方法、活动评价原则制定等,都应当坚持学生自主、教师辅助的原则,充分尊重学生兴趣和个性化需求,让儿童按照自己的思考、兴趣和自主探究模式在实践中感受与体验。

(三)自主与指导互动原则

综合实践活动课程强调的是过程,意味着学生是课程实施的绝对主体。因此,教师在设计活动具体实施过程指导方案时首先要遵循"自主与指导相和谐"的原则。要始终把学生的自主性放在第一位,让学生自主地、积极地参与;要充分相信学生,他们能够依靠智慧和经验从现实生活错综复杂的现象中思考问题。当学生碰到困难时,产生疑问时,遇到挫折时,教师及时给予学生适当的援助,积极地鼓励,整体推进,使学生活动的方向性更明确,研究活动更有效。

作为教师工作的指导,需要把握两个方面。一是根据情境引导。活动设计不异想天开,不好高骛远,坚持因时、因地、因情境制宜。也就是说,活动设计充分利用学校、社区和相关社会资源,在现有条件下积极挖掘可利用资源,合理设计与筹备综合实践活动,制订出切实可行的活动计划。二是循序引导。活动的选题目标、活动形式与探究方法等方面,要根据学生年龄的增长和活动经验的不断丰富,而具有阶梯性和递进性,使综合实践活动的探究不断走向深入,使得综合实践活动循序渐进地向深度和高水平发展。

第二节 综合实践活动设计过程

综合实践活动开展的过程较长,一般可以分为准备、实践和总结3个阶段。准备阶段是活动开展前的筹备阶段。主要内容是征询和搜集相关问题或主题;做好活动或主题探究的物质准备和心理准备。实践阶段是活动开展与具体实施阶段。具体工作内容包括:确定研究课题或活动主题;制订活动计划或做出假设;实施活动方案或收集资料,进行实验检验假设。总结阶段是对实践活动的反思、评价和总结的阶段。主要工作内容包括:进行活动总结或处理资料与数据;提出观点或得出结论;撰写活动报告;汇报研究过程与结果;研讨、评议活动。

下面针对探究活动的主要环节,就主题探究活动的设计问题加以讨论。

一、活动准备设计

活动准备设计是开展综合实践活动之前准备工作所做的设计。这是活动设计的第一步,始自活动设计之前的准备,主要包括了解学生、收集课程资源和教师自身的准备。准备得充分与否,直接影响着活动设计的质量与效果。

(一)了解学生

学生是综合实践活动的主体,其生活经验、兴趣爱好、知识基础、学习风格、思维特征、个性特点、能力水平等因素,都会影响活动设计过程,都是活动设计前必须了解的主要内容。小学生的生活经验、知识基础、能力水平决定了活动的水平和深度;小学生的兴趣爱好、学习风格、思维特征、个性特点则影响着活动的类型与活动形式及其方法。所以,指导教师在活动之前,应该首先了解上述内容,这样,才能有的放矢地预测和准备相应的活动方案。

如果小学生已非第一次开展综合实践活动,还要了解他们以前活动的选题、开展情况、学生状态、探究方法以及经验教训等,作为本次活动设计在活动类型、程度及方法等方面,进行选择的参考与借鉴。

(二)收集课程资源

课程资源是指形成课程的要素来源及必要而直接的实施条件。教师在活动乃至活动方案形成之前,就要注意搜集相关课程资源。在活动设计阶段,可以预设一些课题,查阅相关实例、学生所需技能与方法,如利用工具书、视听媒体对资料做整理和分类等技能以及调查、观察、访问、测量等方法。编制活动的注意事项,如写好研究日记、及时记载研究情况、真实记录个人体验,为活动设计及以后进行总结和评价提供依据。

通过上述课程资源的收集,梳理活动设计的思路,整理活动的类型、方法及相关注意事项和具体步骤,为活动设计及后续活动的指导准备材料。

(三)教师自身的准备

综合实践活动课程要求指导教师具备一定的素质和能力,如活动的规划与设计、组织与协调、收集和处理信息、活动预测、应用信息、探究与解决问题以及进行评价的能力。教师在活动设计之前,必须做好这些方面的准备。

小学综合实践活动设计与实施

此外,还要做好有关资料的准备、有关条件的准备以及方案设计的前期预设或资讯准备等。同时,调整综合实践活动过程中教师的角色定位,筹划活动中教师的具体指导方法,变在学科教学中"权威角色"为综合实践活动中"欣赏者和顾问"角色,将活动决策权彻底交给学生,真正让学生成为活动探究的主人。这种从课程理念、教师角色到教学方法方面一系列的转型和准备,是教师必须做足的功课。

二、活动目标设计

在确定小学综合实践活动目标时,需坚持一些新的价值追求。这与以往教育活动存在着轻视人,甚至无视人的倾向有所不同。我们先从一个案例谈起。

【案例 4.1】

见 题 不 生

在传授知识的教学中,人们往往把知识的积累看做是智力发展的表现,误以为知识越多越聪明。所以,教师们习惯于、也津津乐道于"题海战术",以至于教师们将知识灌输当作教学的法宝。当有人询问某升学率很高的中学校长诀窍时,他得意但又"谦逊"地说:"也没什么,而且我们老师也很辛苦,那就是让学生做到:见题不生。"这就是长期以来我国应试教育的箴言。

【案例点评】

题海战术,辛苦的何止教师,学生更是苦不堪言! 这种方法造就一批又一批厌学的学生。真正的学习,是建立在好奇心基础之上的。长期以来,我国学生在一味的知识接纳中,在机械的题海训练中,哪里还有好奇心? 在这样的教育情形下,想培养出创造性人才,这不是缘木求鱼吗?!

(一)综合实践活动的目标维度

综合实践活动的总体目标是:通过实践学习、探究学习、体验学习等开放性学习方式,在生活和实践中获得积极体验和丰富经验,提高对自然、社会和自我之内在联系的整体认识、发展科学精神、创新意识与实践能力,形成强力的社会责任感与良好的个性品质。具体目标包括:亲近并探究自然,增进对自然的认识,逐步形成关爱自然、保护环境的意识和能力;积极参与社会和服务社会,增进对社会的认识与体验,发展社会实践能力和社会责任感;掌握基本的生活技能,发展认识自我的能力,养成积极而负责任的生活态度;学习问题解决的基本方法,发展主动获得知识和信息的能力,养成主动探究的态度和习惯。

综合实践活动将学生及其实践作为课程设计的逻辑原点,力图"走出知识传授的目标取向,确立培养'整体的人'的课程目标"[①],即从生命视阈看待学生发展,表现出一些新内涵,突出表现在以下 3 个方面。

1. 自主性维度——表现自我与自信

在长期的学科课程教学中,教师们认为,学习就是对具有标准答案的客观知识的掌握,学生一旦掌握了所学知识,学习就结束了。这种客观主义的学习观是以知识为核心的,导致学习过程中教师对学生的评价是结果导向的,是否有效掌握知识成了评价学生的唯一尺度,学生的个人化学习方式和整体能力是被忽视的、不被看中的,在这样的教学中,学生成了缺少自我个

---

① 钟启泉,崔允漷.新课程的理念与创新——师范生读本[M].北京:高等教育出版社,2003:3.

性的学习"工具",大多数学生经常接受"客观的"负面的评价而缺乏自信。综合实践活动则给学生创造了一种特别的学习样式：自主探究,通过创造性的学习来展现自我。这就构建了一个全新的自我表现的平台。

在这个平台上,由于每一个学生都是以独特的、完整的自我而全身心地投入到学习中的,因此,每一个学生的认识和收获都是丰硕、深刻且独特的。看到这样的情形,教师们的评价更多的是对每一位学生的褒奖与赞叹。在这样一种建构主义的学习范式中,学生不仅充分地表现了自我,而且收获了弥足珍贵的自信。

2. 创造性维度——产生精彩的观念

哈佛大学著名教学论专家达克沃斯(Eleanor Duckworth)指出,智力发展的本质也即学习的本质是"精彩观念的诞生"。她说："精彩观念的诞生是智力发展的本质。我认为,给凯文(一位学生,引者注)机会让他诞生精彩观念,并让他由于拥有这些精彩的观念而感到高兴,就是教学的本质。"①看来,我们对教学的认识,真的是误入歧途了。真正的教学是激发学生的好奇心,鼓励他们创造性地探究和发现。这就要求教师在教学中,学会"慢慢走,欣赏他",耐心倾听学生头脑中不断涌现的新想法、新见解,给学生机会去表达、去表现,让教师在倾听的过程中去见证学生精彩观念的诞生。

当然,学科课程的教学也可以做到这一点。但是,综合实践活动以生活世界为对象,给学生的创造性探究提供了更加宽阔的视野和空间,势必有更多便利和机会让学生去探究、去创造、去诞生精彩的观念,进而真正地发展学生的智力,并在此积极、正向的学习过程和氛围中完善学生的人格。

3. 社会性维度——团队合作与包容

以往的学习与探究更多的是在安静的状态下由学生个体独自完成的。综合实践活动的课题探究则不同,它是作为一种团体任务,通过小组合作的组织形式来完成。所以,在综合实践活动中的学习与探究,更像一种团队学习,一种动态发展的社会过程。因此,小组合作就成为一种基本学习与探究的方式。小组合作的团队,在综合实践活动中更强调异质构成。

尽管根据友谊结组无可厚非,并且同质小组的活动效率也许更高,但异质小组的活动会更丰富。尤其重要的是,异质小组可以更好培养学生的社会性品质,让学生学会与不同性格、习惯、文化背景的同伴进行交流、沟通,甚至合作。在此异质成员组成的团体与文化氛围中,可以激发出更多的灵感,体会更加丰富的人生经历,并且能够学会包容,学会独立,学会与各色人等愉快地合作。

(二)活动目标设计的基本要求

1. 活动目标具体化

学校在开展综合实践活动时,需要将综合实践活动总目标细化为若干基本指标,将这些指标分配到各个学段中去,并使得综合实践活动目标具有一定的层次性。

【案例 4.2】

活动目标的具体化

有所学校为了落实："主动积极地参与社会和服务社会",将学校某一学期的综合实践活动目标定为如下几个方面。

---

① [美]爱莉诺·达克沃斯.精彩观念的诞生——达克沃斯教学论文集[M].张华等译.北京：高等教育出版社,2005：4.

小学综合实践活动设计与实施

（1）让学生通过观察、走访、调查、分析，全面了解社区，增强学生对社区生活的适应能力，激发学生热爱社区的情感，产生建设社区的行动。

（2）培养学生自主参与社会实践活动意识，提高学生社会公共意识，社会道德意识，激发社会责任感、使命感和奉献精神。

（3）引导学生进一步学会社会实践调查的方法，强化学生参与社会活动的能力，提高发现问题、分析问题、解决问题的能力。

（4）培养学生合作精神和社会交际、组织、动手、创新等多方面的能力，促进每一个学生个性的全面发展。[1]

【案例点评】

案例中将观察、走访、调查、分析作为基本手段和方法，目标具体化为 4 个层次：①通过亲身感受，在情感与行动上发生初步变化；②通过社会实践，使学生获得意识、世界观和精神境界提升；③通过方法指导与训练，培养学生各种实践方法与能力；④通过社会交往，培养学生合作、交流、动手等社会性能力与品质，发展个性。目标由低到高、由浅至深，逐步升华。

2．活动目标综合化

综合实践活动立足于每一个学生的整体人格发展和整体生活，是该课程的独特价值。因此其活动目标设计也必须是为学生全面发展服务的，必须遵循综合化的设计原则。

【案例 4.3】

活动目标的综合化

某个学校综合实践活动课中，有个学生提出研究特殊学校学生的问题，并把主题定为"超越障碍的沟通"，因为这个学生觉得，我们对待特殊学校的学生抱有很深的恐惧和偏见，我们和他们彼此无沟通无交往。因此，她想通过这项研究来加深对残障学生的了解，并且跨越障碍与他们进行交流和联谊。在这项研究中，研究的内容可以是很深入很广泛的，例如研究者可以去了解特殊学校儿童的生活和学习，体验他们的感受，以及了解针对不同学生的治疗和服务方式，并且可以更进一步地反思特殊学校存在的合理性，思考把他们纳入正常学校来随班就读的必要性和可能性，并且对在正规学校为随班就读的特别学生建立各种治疗设施进行成本核算，并且在经济成本和纳入障碍学生到正规班级来的伦理诉求之间作选择和取舍等。[2]

【案例点评】

类似这样的主题，在任何一个学科里都难以展开。但是，它对学生成长来说是至关重要的，将对学生的价值教育和社会教育产生巨大的作用。因此，综合实践活动在学校教育不可替代！其目标的综合性将有助于学生整体人格的发展，将会增强学生对完整社会整体生活的适应性。

3．活动目标生成性

综合实践活动课程尽管活动目标从学校、班级、课程的角度，可以进行整体规划、周密设计；但是在真实活动过程中，又具有变动性和开放性，随着活动不断展开而生成新的目标。

---

[1]　姜平.综合实践活动课程实施策略［M］.北京：首都师范大学出版社，2010：39.

[2]　张华等.综合实践活动课程研究［M］.上海：上海科技教育出版社，2007：21.

【案例 4.4】

活动目标生成性

有位教师在指导学生"社区的交通"的活动中,能随时捕捉活动展开过程中所产生的"生成性目标"、"生成性主题"的价值。活动开始时,老师让学生收集有关社区交通情况方面的相关资料,学生采取各种方式收集了很多资料,但是教师在学生交流过程中发现有部分学生对汽车废气对空气的污染问题更感兴趣,于是,教师及时引导,学生又开展了"汽车尾气污染问题"的研究。[①]

【案例点评】

从活动主题"交通"到"污染"的转换,是由学生兴趣的转移而导致的。综合实践活动是以开放性、实践性、自主性和生成性为特征的,学生自主抉择是活动的特点,活动目标则必然具有生成性特点。

三、活动选题设计

活动选题设计是对确定研究主题所作的设计。恰当而有价值的选题是综合实践活动的第一步,也是活动设计的核心环节。选题的方式和组织形式会直接影响活动主题与学生的距离,即学生的兴趣、爱好、经验、生活、知识等。

(一)综合实践活动主题类型

综合实践活动主题有很多类型。按照组织线索划分,有围绕学生与自然关系的,如"保护水资源"、"维护我们的绿色家园"等;有围绕学生与他人和社会关系的,如"帮助社区孤寡老人"、"请遵守交通法规"等;有围绕学生与自我关系的,如"战胜内心的恐惧"等。按照活动性质划分,包括实践性课题探究活动、应用性设计制作活动、参与性社会实践活动、考察性社会体验活动和反思性自我探究活动等。下面按照规定领域,介绍综合实践活动类型。

1. 从研究性学习领域切入的主题

这一领域呈现出来的问题相当广泛,以"问题—解决"的模式展开活动,研究视角、目标定位、切入点选择、过程设计、方法运用和成果表达等,均具有相当大的灵活性。研究性学习是一个由师生共同探索新知的过程,同时也是师生共同完成课题选择、自主规划、合作完成的动态生成过程,旨在面向学生的社会生活实际、自然现象,引导学生过程与思考,进而发现问题、提出问题、生成研究课题,并运用科学研究的方法,经过自主探究课题以解决实际问题,从而培养学生解决问题能力,并借助实践促进学生全面发展。

2. 从社区服务和社会实践领域切入的主题

这一领域对应着社会体验学习中的访问、服务和参观、考察活动。社会体验学习方式要求学生有组织地进入社会情境,直接参与并亲身经历相关社区和社会实践活动,开展力所能及的服务性、公益性劳动,从而实现体验式学习、获取直接经验、发展实践能力、增强社会责任感。社会考察、参观和访问作为综合实践活动的方式,目的在于让学生接触社会、了解社会,从而丰富社会阅历,并从中认知、理解、体验和感悟实际生活中各种物质文化、制度文化和精神文化。

3. 从信息技术教育领域切入的主题

目前,信息技术已经渗透到人们社会生活的方方面面。在综合实践活动课程中,信息技术作为一个领域,一方面体现为必要技能的学习;另一方面体现为现代信息素养的养成。帮助学

---

① 姜平.综合实践活动课程实施策略[M].北京:首都师范大学出版社,2010:38-39.

小学综合实践活动设计与实施

生了解自然、社会,解决实践难题,成长为具有现代信息技术与素养的重要途径。

4. 从劳动与技术教育领域切入的主题

对应劳动与技术教育的活动是设计与制作的应用性学习方式。它要求学生在综合应用所学知识和技能的基础上,进行问题解决的实际操作,包括技术教育和劳动教育。技术教育一般为学生设计某一产品、物品、工具等,并加以制作。劳动教育则包括公益劳动、家政服务、学校手工劳动等内容。

(二)活动选题设计的基本要求

按照学生对选题决定权的大小划分,选题方式可分为:开放性自主选题、协商性合作选题、规定性指定选题。按照选题主体数量的多少,选题类型可分为:个人选题、小组选题、全班选题、全级选题、全校选题等类型。学生决定权越小,所选课题越远离学生兴趣、爱好、经验、生活和知识。选题主体越多,每个学生的决策权也在逐次消减,所选主题也越远离每个学生的经验。因此,一般而言,教师在指导学生选题或在选题设计时,应当遵循以下原则。

1. 选题来源于学生

综合实践活动的价值追求在于让儿童自由探究生活,而探究是从选题开始的。选题过程即探究过程。只有保障学生在选题过程中的自主性与决定权,才能从他们自己的生活世界里选出感兴趣的问题。只有基于学生需要的问题,才能对儿童产生意义。因此,选题必须来源于学生。

【案例 4.5】

从书里选题

Z 老师无精打采地坐在教室后排,她的小组成员有 10 个左右,此时四散而坐,有的在写作业,一个女生在收作业,还有几个男孩子无所事事。第二次路过 Z 老师的教室,她仍坐在原来的位置上,还是忧心忡忡。两个老师围在她旁边,他们在讨论选题的事情。一位男老师大声建议说:"在那本书里面选就行,那本书蛮好的,自己想一个太难了。"[①]

【案例点评】

老师习惯了"教"课的操作流程及备课的"设计者"角色,把选题当作了"备课"内容,一个人在那里苦思冥想。殊不知,选题过程是综合实践活动的一个重要组成部分,如果被老师"代劳",综合实践活动的意义将大打折扣。因此,Z 老师与其在那里"忧心忡忡",不如将学生组织起来,听听他们的想法。所选课题只有学生感兴趣,才能使他们保持持久的研究热情。

2. 选题来源于生活

生活是综合实践活动选题的宝库。所选课题只有源于学生的生活,才能激发学生的探究热情,也才便于探究。这里的生活指学生自己身边或周围发生的事情,包括家庭生活、学校社会和周边社会生活,这些都是课题选择的重要资源和线索。

【案例 4.6】

"吃"出来的课题

四年级的一个学生特别喜欢吃肯德基,他每次到肯德基总发现肯德基的生意特别好。后来他又发现上海本地的传统小吃尽管价格便宜、品种丰富,但受欢迎的程度就是不如洋快餐。

---

① 张华,安桂清等.综合实践活动课程开发与案例研究[M].北京:高等教育出版社,2008:60.

这是为什么？他就此开始了"洋快餐与传统小吃"的比较研究。①

【案例点评】

四年级的小学生能有这样的问题敏锐性，难能可贵！说明训练有素。这个选题是学生发现、提出的，反映了他的内心疑惑，对这位学生来说意义非凡！相信他的研究过程，必将深刻影响他的生活经验与生命成长。

3. 选题的可操作性

在选题时，还要考虑所选课题是否具有可操作性，操作性不强的选题需要放弃。尽可能选择具有操作性的课题。主题探究活动的有效开展，合理设计至关重要。在设计过程中，往往偏重学生活动的方案，如学生活动的主题目标设计、活动方法设计、必要的资料和工具准备等，忽略教师在活动实施中指导方案的设计。因此，教师往往不明确学生开展活动时，自己具体指导任务有哪些方面，感到"无从下手"，导致综合实践活动课程实施趋于形式化，使学生在活动中缺乏深度实践和实质性体验和感受。所以，"活动实施过程中的指导设计"在整个综合实践活动中显得尤为重要。② 这个问题，在活动过程设计时需要特别注意。

四、活动过程设计

活动过程设计是研究主题确定后对制订活动计划或提出假设、收集资料或设计实验验证假设，以及处理资料、得出结论等一系列活动所进行的设计。即根据活动目标将活动过程分解为几个基本的活动步骤。

（一）活动过程的基本阶段

一项完整的综合实践活动过程，一般包括：制订活动方案、落实活动方案、活动总结交流3个阶段。

1. 制订活动方案

活动方案是活动的蓝图与行动指南，一般包括：活动名称、活动实施者、活动指导者、活动时间、组织形式、活动目标、具体实施步骤、预期成果与表现形式、活动总结评价等内容。

2. 落实活动方案

按照先前制定的活动方案进行活动。活动中注意：采用多样化的学习方式，如调查、参观、实验、访问、制作、服务等；收集必要的资料；用多种手段，如日记、录音、绘画、摄影、录像等及时真实记录活动过程；随时发现生成性主题。

3. 活动总结交流

总结交流是对活动的小结，体现为对活动过程、成果的展示；同时，也是师生间、学生同伴间共同学习和交流的机会，是学生学会发现自我、欣赏别人的过程。通过交流既可以总结经验、相互学习；又可以生发新的探究，例如激发新的兴趣、产生新的构想、引出新的课题。

（二）活动过程的基本要求

1. 相信并尊重学生

活动方案制订、落实和总结均是综合实践活动开展的具体步骤，学生是活动的主体参与

---

① 张华,安桂清等.综合实践活动课程开发与案例研究[M].北京:高等教育出版社,2008:63.
② 陈勤.谈综合实践活动实施过程中教师有效指导的策略[J].小学教学参考(综合),2006(11):68-69.

者。指导教师应当相信学生有能力自主完成，并且尊重学生的意见、想法、决定、具体行动，甚至兴趣转移、课题更换。只要合情合理、有理有据，教师都应当给予支持。

2．放手让学生活动

自主、合作、探究是综合实践活动课程的学习方式，所以，在方案制订、活动实施和总结交流各个环节，学生都是活动主体，一定要以学生为主，通过讨论、协商、合作、交流的形式自主完成。如果没有道德性错误和危险性行动，教师应当尽可能让学生去尝试。

3．倡导协商，鼓励创新

时代要求人既是自主的个体，又是合作的公民。创新是自主性的高层次表现，合作是社会性发展的高级形式。因此综合实践活动在致力于发掘学生学习的自主性、探究性、创新性的同时，还立足发展学生的社会适应性、实践性、合作性。而协商是整合两个方面的桥梁。所以在综合实践活动，既倡导协商，又鼓励创新，两者不可偏废。

五、活动评价设计

综合实践活动评价包括课程评价、教师评价、学生评价3个方面。学生评价直接关系和影响实践活动的过程。因此，这里侧重讨论学生评价设计问题。

（一）学生评价的基本要素

1．为什么评

评价不是目标而是手段。评价的最终目的只是激励学生全面发展和健康成长。如果将评价本身当作目的，评价就会变成异化人、伤害学生健康成长的过程。因此，必须明确评价的意义：①评价是证明学生潜能的机会，是及时给予学生反馈的手段，通过评价让学生增强信心，了解和把握自己，为下一步发展奠定良好基础；②评价是为了促进学生发展，不是为学校扬名。学生表现出色会为学校赢得荣誉，但这只是评价的附加影响，并非评价的目的。评价第一位的目的是也只能是促进学生发展。

2．评价什么

新课程的三维目标中，综合实践活动更加强调"过程与方法"、"情感态度与价值观"两个维度，就评价而言，应当引导学生发展其合作、主动、创新等时代所呼唤的基本素质。评价内容注意两个方面：①要挖掘课题的深意，包括其所蕴涵的人文关怀和生命感悟；②关注学生的真实情感体验，触动学生的主观世界和内在素质。

3．谁来评价

①合理使用多主体评价。多主体评价的选择，在于避免教师评价的绝对性和片面性。多主体评价时，应当充分鼓励学生自我反思和自我评价。②学生自评和互评相结合。自我评价可以使学生有机会自主地把握和评价自己的学习，提高学习的积极性和主动性，促进学生学会反思，培养学生的独立性、自主性和自我发展和自我教育能力。他人评价可以使学生学会欣赏他人、更清楚地认识自己，淡化分数与等级，关注各自的优势和特长等个性素质，形成民主、宽松、和谐的教学文化与人际关系。

4．怎样评价

综合实践活动学生评价方法，倡导质性评价方法，着重对学生个性化的表现进行评价、鉴赏。评价方式多种多样，如汇报、成果或作品展示、研究报告答辩、演示、表演、竞赛、评比等。在具体操作中，"成长记录评定"与"协商研讨式评定"等方式被认为是非常有效的评价方法。

值得强调的是,评价方法的选择,应考虑可提供的真实可操作的情境,充分考虑学生表现性指标,有效激励学生完成实践活动。

(二)学生评价设计的基本要求

张华教授在《综合实践活动课程研究》一书中指出:评价一直是教育的关键所在,对新课程的推进的深化起着决定性作用。他认为,综合实践活动的学生评价应当是对学生在综合实践活动开展过程中的表现、进展和变化,进行观察、描述、分析、解释过程。[①] 因此,必须把握如下一些评价理念。

1. 兼顾过程评价与结果评价

华盛顿儿童博物馆的墙上写着这样的格言:"听到的,过眼烟云;看见的,铭刻在心;做过的,沦肌浃髓。"(I hear,I forget;I see,I remember;I do,I understand)[②]综合实践活动强调学生的亲历、亲为,独立思考、自主探究,即是让学生在活动中实现认知、技能、情感、道德的全面提升。因此综合实践活动评价,不仅注重结果,学会了什么;而且注重过程,学习过程怎样。即使探究失败也许仍有方法论意义,或让学生从中获得成长机会,这正是综合实践活动课程之目标。所以学生评价应当兼顾结果与过程。

【案例 4.7】

我还要回来!!

著名的主持人在采访一名小朋友。主持人问:"你长大了想干什么?"小朋友天真地回答:"我要当飞行员!"主持人接着问:"如果有一天,你的飞机飞到太平洋上空,所有引擎都熄火了,你会怎么办?"小朋友想了想,说:"我会先告诉坐在飞机上的人绑好安全带,然后我挂上我的降落伞跳出去。"现场的观众笑得东倒西歪。主持人继续注视着孩子,摄像机的镜头更是给了他一个特写。忽然,孩子两行热泪夺眶而出。主持人问:"为什么要这么做?"小孩说:"我要去拿燃料,我还要回来!我还要回来!!"[③]

【案例点评】

在上述案例中,主持人的疑惑与在场观众的嘲笑,显示出成人对孩子思想的误解和其天真的误判。说明人们习惯于对儿童回答的武断与粗暴,即重结果而轻过程的简单划一性评价。暴露出成人对儿童的"无知"。面对儿童的评价,我们不仅应看其"结论是什么",而且应在第一时间追问他"如何得出结论的"。这样,我们对儿童的评价才能不出现错误,不流于肤浅。

2. 明确质性评价与量化评价的定位

量化评价以测量数据为评价指标,强调客观、精确、简便、有效,常用于人才的甄别与选拔,聚焦显在的可测量的行为与品质,忽视难以测量而更有价值的个性素质。质性评价强调采用描述、观察、分析、解释的方式,擅长剖析每个个体学习过程中独特之处,关注他们心灵的展现和真挚感受,但欠缺精确。两种评价各有长短,根据评价内容与场景而选用,恰当处理。在综合实践活动中,为了激发学生创新精神和实践能力,要做到保护学生兴趣、自信心、探究欲望和发展潜力,这比把学生分成三六九等更重要,所以质性评价的描述、观察、分析和解释方式更适合。

---

①② 张华等. 综合实践活动课程研究[M].上海:上海科技教育出版社,2009:236-237.
③ 张华,安桂清等.综合实践活动课程开发与案例研究[M].北京:高等教育出版社,2008:194.

小学综合实践活动设计与实施

【案例 4.8】

老师，我喜欢这样的评语

孩子们陆陆续续地来到教室，贴在教室四周五颜六色的小卡片立刻吸引了孩子们的目光，引起了孩子们的好奇，这正是我需要的活动前奏。我快步走上讲台说："这些卡片是老师给同学们写的评语，你认为哪一张比较适合你，你就把它摘下来。同学们还可以针对自己的实际加上适当的评语，写完之后，再给小组的同学看一看，还可以让爸爸、妈妈看一看，征求一下他们的意见。"话音刚落，孩子们纷纷跑下座位。金剑桥拿了一张大声读了起来："'你是一个聪明的孩子，课堂上总能提出与众不同的问题，你回答问题响亮的声音是那么吸引同学们的注意，如果你还能注意聆听其他同学的发言，你一定会学到更多的知识，也会得到同学们更多的尊重'，这一张挺适合我。"他边说边回到自己的座位。毕思源手里拿了两张卡片，举棋不定，他跑到我身边说："老师，我觉得这两张都挺适合我的，我可以两张都要，再综合一下吗？""当然可以！"我说。"太好了！"毕思源马上回到座位开始"综合"自己的评语。吴笛那个小组讨论得最热烈……

看着津津乐道的孩子们，我由衷地笑了。突然感觉到一双小手紧紧地抱住了我，我回头一看，雷双双笑眯眯地看着我，我蹲下身来，她在我耳边轻轻地说："唐老师，我喜欢这样的评语。"一阵暖流涌上心头，我的眼睛不禁湿润了。①

【案例点评】

与冰冷的数字（量化评价）相比，质性评价更加具体、形象，直指学生的个性化特点，具有浓浓的人情味，易于被学生接受。特别是案例中，教师允许学生自己选择"评语"，并允许他们修改评语，极大限度地激发了学生的热情，这一行动彰显了教师评价的艺术，更蕴涵着教师对儿童的尊重。

3. 促进外在评价与内在评价的共生

一个人最初的自我意识与自我评价，在很大程度上依赖于成人对他的评价。随着年龄的增长与自我意识的发展，才逐渐形成较为独立的自我评价。中高年级小学生自我评价的原则性逐渐形成，但此时外部评价对学生的影响仍然很大。其中，学生的自我评价，可以增进自我教育、自我管理、自我约束的能力；同伴互评，可以让学生学会用一颗平常心看待自己与别人，借以了解自己，学会独立做出判断；贴切的成人评价，能帮助学生准确认识自己，适度调整自己。评价后的建议和指导，能让学生感受到真诚关注、态度认真和评价的中肯。因此，教师不可对学生妄下断语，或一棍子打死；也不能为了一味地鼓励，拒绝使用否定性字眼或提出批评性意见。

【案例 4.9】

汇报后的多主体评价

《如何在校园内节约水资源》小组在结题汇报后得到来自多方面的评价。校长说："孩子们抱着那些实验器材来到我的办公室，他们精心地为我算了一笔账，如果一只水箱每隔15 分钟冲一次水，那么一小时冲 4 次水，一天以 12 小时计算，一天就需冲水 48 次。如果每次节水 2 升，一天一只水箱就能节水 96 升，那么一只水箱一个月就能节水 2880 升。当看到这一切时，我为每一个孩子感到高兴。我们将在校园实施这一节水方案。"一位成员自评道："……当我们小组同学到其他班做演讲时，我无论如何也不敢进去，我真的害怕极了。于是每次演讲我都逃得远远的，无论同学们怎么鼓励我，我还是没能跨出这一步。下次课题我一定要改变这

---

① 案例选入本书时有删节，题目为编者所加。参见郭元祥.综合实践活动课程的管理与评价[M].北京：高等教育出版社，2003：95.

一点……"豪豪的家长评价说："豪豪是个很内向的孩子,平时连和他不大熟悉的人讲话也要脸红,在这次活动中他居然能鼓起勇气到其他班级做演讲,我们真为他感到高兴。"①

【案例点评】

校长的评价以事实为依据,既有褒奖又有鼓励。家长评价自己的孩子,前后对照判若两人,进步明显,充满喜悦的心情。上述评价是在一种宽松、愉悦的氛围中进行的,有理有据,意见中肯。学生的自我评价发自肺腑,入情入理,引人同情,且有反思和努力方向。尤其值得一提的是,他在这次评价中能够突破害怕,已经是一种进步!

4. 弥合认知评价与人格发展评价的断裂

分数作为学生评价的"不二法宝",考试作为课程驱动的根本策略,在当今中国的学校已经司空见惯。然而,从一定意义上说,人的发展不仅在于知识的多寡,更在于人格是否健全。因此,学生评价应当兼顾学生认知发展与人格发展两个方面。

【案例4.10】

学校里的"龟兔赛跑"

学校里,处处都是"龟兔赛跑"。不是乌龟不自量力到与兔子比跑步能力之高下的程度,而是规则要求它们只能比赛跑步。评价学生的标准只有一个考试的分数和名次,一个个分数段就把学生"打死",学校用一个标准在复制着学生。学校在将乌龟使劲地推向兔子。②

【案例点评】

学生评价,尤其是以学生生活世界为根基的综合实践活动中的学生评价,绝不能忽视每一个鲜活生命所独有的烦恼、期待与向往! 评价必须关注每个学生的心灵与人格健全成长。

第三节　综合实践活动设计策略

一、系列主题的综合实践活动类型

课程设计实质是对课程要素的合理组织和安排。课程要素即课程的基本组成部分,包括课程目标、课程内容、教师指导、课程管理与课程评价。综合实践活动课程设计就是合理组织和安排综合实践活动课程目标、课程内容、指导教师、课程管理与评价的过程。

小学综合实践活动的系列主题设计,是从更加广阔的时空视角设计小学综合实践活动的一种方法,力图使得学生活动具有不断深化与延续的可能性。作为一种整体设计,综合实践活动系列主题设计包括横向统整与纵向递进两种方式。

(一)横向统整——校本特色课程的校内普及与合作

横向统整的主题设计是指根据学校特色和社区资源将某一主题在学校范围内以班为单位开展横向合作、整合并形成校本课程进行推广的一种设计思路。依托学校所在社区的资源和学校拥有的条件,形成学校综合实践活动课程的主题特色与校本特色,围绕共同主题多视角开

① 张华等.综合实践活动课程研究[M].上海:上海科技教育出版社,2009:240-241.
② 刘云杉.学校生活社会学[M].南京:南京师大出版社,2000:90.

小学综合实践活动设计与实施

发课程。这种活动设计模式,可以使校内不同小组、班级或学段的活动探究加强合作,多领域、多层次研究共同的主题。

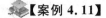【案例 4.11】

约 会 凉 茶

一、活动背景

2003 年 9～12 月,深圳市西丽小学四年级全体师生在学校领导的积极支持下,在家长及各方社会人士的鼎力支持下,开展了主题为"约会凉茶"的综合实践活动。

二、活动设计

他们将课题内容分为五大板块:凉茶溯源、凉茶与中草药、凉茶工艺、凉茶与健康、凉茶的未来。教师从学生兴趣出发,组建调查、园艺、标本、摄影、美工、文艺、服务 7 个小组分头开展活动。

三、活动组织

1. 以生为本,自主选题

围绕凉茶提出一系列问题,如凉茶这个名字是怎么来的,对我们有什么作用,用什么原料煲出来的,等等。这些问题激发了学生的探究兴趣。常喝凉茶的学生,家中经营凉茶生意的学生,信息满满,表示回家请教家长,一定给教师一个满意的答复。

教师趁机向学生和家长发出了项目研究的倡议书。并请他们填写表 4-1。

表 4-1　学生或家长参与综合实践活动研究团队的申报表①

参与项目	调查组	园艺组	标本组	摄影组	美工组	文艺组	服务组
学生							
家长							
您的建议							

2. 以组为本,制订方案

以兴趣为标准,组成研究小组。各组聘请的指导教师和家长分配到各组开会,献计献策。集思广益,最终形成各组的活动方案(见表 4-2)。

表 4-2　学生分组实践活动及内容

内容 \ 组别	凉茶溯源	凉茶与中草药	凉茶工艺	凉茶与健康	凉茶的未来
小记者团	1. 凉茶的起源,相关故事的传说	2. 凉茶的种类与品牌	3. 有关中草药的名称、种植方法、生长周期、药性等	4. 实地调查采访凉茶的工艺流程	5. 制作问卷,了解凉茶在生活中的作用,饮凉茶的方法,与其他饮料比较
小园艺团	1. 开辟专地,聘请专家指导种植相关草药	2. 做好生长日记	3. 仿制、试制凉茶,请专家鉴定	4. 在专家指导下,开发研制适合儿童饮用的凉茶	

---

① 表 4-1 的标题是编者所加。

续表

内容／组别	凉茶溯源	凉茶与中草药	凉茶工艺	凉茶与健康	凉茶的未来
小标本团	1. 搜集草药资源,测量植物的基本情况,制作标本		2. 制作标本的立体模型配以解说,形成完整的凉茶植物标本库		3. 交流制作标本的技巧,提高制作能力。
小摄影团	1. 借住现代技术手段认识中草药,提供翔实的图片资源		2. 忠实记录各小组实践活动,积累原始资料,试着摄制活动专题片	3. 交流摄影技巧,提高现代媒体技术使用能力	4. 创意设计:我为凉茶拍广告
小画家团	1. 草药写生。2. 用图画反映丰富多彩的小组活动	3. 以草药为内容的剪纸、拼图制作	4. 试编有关饮茶风俗的连环画	5. 创意设计凉茶广告	6. 协调文艺组办专刊,展示阶段成果
小文工团	1. 搜集整理故事传说,上网查资料,及时出刊为各组提供信息	2. 定期版报刊,通报研究动态	3. 自编、自演凉茶主题的小品、故事,展开实践活动中有意义的事,撰写科技小论文	4. 茶艺表演	5. 以语言为主的凉茶广告设计
小管家团	1. 为各小团队提供服务,学会合理安排资源,当家理财	2. 根据自己爱好与能力配合各组活动,感受各组的成败体验	3. 通过服务、观察、合作,催生新的探究兴趣,激励组员动态流动,自定研究方向,加盟感兴趣的团队		
备注	1. 所有团队以学生兴趣为本,进行组合	2. 每团队由一位教师和一位热心家长指导活动	3. 健全探究制导,定人、定岗、定时开展活动,做好记载		

3. 实践为本,灵活调控

随着实践活动的深入开展,同学们认识到凉茶与"非典"的联系,产生了采访钟南山院士的愿望,经过多方联系,最终如愿以偿,师生受益匪浅。[①]

【案例点评】

本案例属于横向统整模式的主题设计。四年级学生以深具地方独特的、典型的生活习惯与文化现象——喝凉茶——为研究主题。根据个人兴趣,划分成 7 个研究小组。基于不同视角开发出不同课程资源,拓展出 5 项课程内容,又进而生成 31 项具体活动。其中,学生打破了班级界限,实现了跨班级整合;指导教师则根据学生活动需要聘请——由学生根据本组需要选择(一反教师选择学生的模式,赋予了学生择师权);并且家长成为活动指导者参与活动,既优

---

① 案例作者为深圳市西丽小学教师杨洪。案例选入本书时有修改。参见刘道溶.中小学综合实践活动教学活动设计[M].北京:北京大学出版社,2005:46-49.

小学综合实践活动设计与实施

化了教师资源和社会资源,又赢得了家庭与社会的支持。上述几个方面,在课程设计上深得综合实践活动的精髓和旨趣!

(二)纵向递进——多学段递进深化研究主题的展开

纵向递进的主题设计是指以某一特定主题为线索分学段或年级递升,使研究目标、内容及方法等方面,逐渐拓展深化的一种设计思路。以纵向衔接的方式设计各年级、各学段综合实践活动课程要素,能较好地引导学校走出条块分割设计,促进综合实践活动课程的系统开发和宏观建构。这种设计模式,对综合实践活动常态化实施具有较大价值。

【案例 4.12】

纵向衔接活动主题

漳州市龙师附小将活动大主题确定为"我爱美丽的水仙花",并围绕大主题组织学生和教师提出各实验班的分主题。然后依据学生兴趣如何、能否突出本地资源特色、是否有益于学生的发展、表述是否规范等标准判断其可行性,分析其意义和活动内容。最后在各实验班构建了纵向衔接的活动主题及其内容体系(见表 4-3)。[①]

表 4-3　综合实践活动课程活动主题与活动内容

年　级	主　题	活　动　内　容
三年级	走近水仙花	观赏水仙花;了解其行业及产销;学习安全知识;了解信息搜集方法;多途径搜集信息
四年级	种植水仙花	种植水仙花;利用社区资源种植;练习危境求助;学习科学探究方法;记录交流探究成果
五年级	探究水仙花	探究水仙化生长规律;利用规律服务社区;危境会自救;学习实验法;用实验法验证假设
六年级	创造水仙花	创造水仙花艺术;通过作品为社区服务;危境能自救;学习创造方法;进行创造项目设计

【案例点评】

本案例的活动设计,涉及范围打破班级拓展到多个年级,并且以年级为单位,根据年级特点确立不同的活动内容,使得各年级活动之间在难度和培养目标方面具有层次性和递进性;同时又整合并充分利用了各种资源。这种设计具有整体谋划的特征。

二、单一主题的综合实践活动类型

除了系列主题设计外,最常见的是单一主题设计模式。这种主题设计强调主题的单一性、适切性、可行性和灵活性。

综合实践活动课程,强调让学生在"做中学"、"在活动中发展",强调让学生在人与自然、人与社会、人与自我的 3 个维度中,获得全面、和谐的发展。按照这 3 个维度划分,其活动类型包括:人与自然维度的科学探究活动、设计与制作活动、创造发明活动,人与社会维度的社会实践活动、社区服务活动、文化探索活动,以及人与自我维度的思维训练活动、反思性探究活动、心理健康活动等。下面介绍几种常见的小学综合实践活动单一主题设计类型。

---

① 黄清,童顺平.综合实践活动课程纵向衔接初探——以小学综合实践活动设计为例[J].当代教育论坛,2011(1):97-98.

（一）研究性课题探究活动

这是一种采用科学研究的方法对自然、社会中的真实问题和现象进行探讨、研究的活动。这是研究性学习领域经常采用的活动方式。活动核心是探索未知，引导学生接触自然、科技和社会实践，初步了解科学研究的过程，学习科学研究的方法，获得科学研究的亲身体验，享受研究活动所带来的快乐。

适用儿童和青少年的科学探究活动，主要有几种情况[①]：①观察调研型科学探究，主要通过观察、访问等形式获得资料，进行分析研究，如对自然现象的调查、对社会环境的考察等；②实验研究型科学探究，使用一定仪器、设备进行飞行，通过收集实验数据得出结论，如卫生纸质量检测、河流水质污染等级调查等；③综合研究型科学探究，一般以问题解决为核心，综合文献法、调查法、实验法等多种方法和手段，如社区设施损毁状况调查与维护措施研究。

【案例 4.13】

观 察 蚂 蚁

今天我们小组蹲在蚂蚁窝旁边观察。为了引它们出来，我们在蚂蚁窝附近放了一条小米虫。一只蚂蚁发现了，瞅准机会爬到米虫背上，但毕竟力量相差太悬殊了，一只蚂蚁要对付这个"庞然大物"，显然是"鸡蛋碰石头"，它狼狈地"逃"走了。大家以为"战争"就这样结束了，但过了一会儿，这只小蚂蚁带领着一群蚂蚁援军雄赳赳气昂昂地回来了。结果可想而知，它们齐心协力将敌人降伏，"哎哟，哎哟"地把米虫抬回洞去。看啊，这就是集体的力量，这就是团结的力量！……通过这次实验观察，我们看到了蚂蚁身上所蕴涵的顽强不屈的意志和高度合作的精神，我们人类又何尝不需要这些精神呢！[②]

【案例点评】

这是对自然界中小生命——蚂蚁的探究，属于观察调研型科学探究，采用的是观察方法。这种近乎于儿童游戏的探究活动，使学生进入一个多彩的微观生命世界，发现了一些不可思议的神奇的事情，从蚂蚁的协作精神与合作力量联想到人类的活动，从而获得了一些激动人心的感悟。不仅初步接触、体验了科学探究的方法，同时收获了重要而生动的人生启迪！

（二）应用性设计制作活动

这是以设计和制作事物作品为基本特征，侧重培养学生技术意识和动手操作能力的一类活动。对应于劳动与技术领域的教育要求，这类活动以活动项目为载体，以作品制作引导学生学习劳动技术，提高学生动手能力。活动强调动手与动脑相结合，立足学生所处环境与条件及年龄与兴趣特点，安排具体项目，力争实现活动中工具价值与发展价值的统一。

应用性设计制作活动按照目标与水平分为 3 类。①依图式制作。根据现成图纸和制作说明，使用简单工具进行操作的学习，成品可以是工艺品、科技作品等。适用于中低年级，重点在于培养学生动手能力和简单工具的操作方法。②改革式制作。虽有现成设计图纸或作品模型，但是学生在活动中可以对原有设计进行改革，也可以提出自己的新设想，最终成品允许甚至鼓励多样性，科学性要求不高。适用于中高年级，除动手能力外，还可发展学生的想象力和创造力。③创造式制作。要求学生在一定条件下自行设计并制作出一定实物或作品。例如，

---

① 陈述杰，黄建平.基础教育新课程师资培训小学综合实践活动[M].北京：首都师范大学出版社，2003：72.

② 张华等.综合实践活动课程研究[M].上海：上海科技教育出版社，2009：32.

小学综合实践活动设计与实施

用牙签造大厦,用筷子搭建一座桥等,科学性有一定的要求。可以全面提高学生科技意识、思维能力、动手能力和创新能力。

【案例 4.14】

手工课:精彩纷呈!

在二年级的课堂上,学生们兴奋地设计着、制作着。他们的作品是由形状各异的树叶拼成的图案,有的是一架飞机,有的是一座大桥,还有的是一棵向阳花,更有的同学将几片树叶拼成了一只花蝴蝶,或者是一个活灵活现的大蜻蜓……望着眼前精彩纷呈的手工课,自己仿佛置身于一个五彩斑斓、无奇不有的童话世界。

再望望一个个小学生,他们神气十足,神情自豪,身形忙碌着……,做好的同学在相互欣赏着、交流着,等待教师帮他们用透明胶带将作品固定在白纸上。这时,我心中暗想:这样一节课,也许会成为学生们心中一部难以泯灭的儿童电影、一张永不退色的老照片。[①]

【案例点评】

这个案例是介于改革式制作与创造式制作之间的一类活动。从作品设计与制作的开放性角度看属于创造性制作,没有图纸和设计说明;从设计与制作的内容和要求看,属于改革式制作,科学性要求不高。所以,它是在低年级进行高水平设计与制作活动的一次尝试!可见,综合实践活动中的设计与制作活动的价值取向是,教育价值第一,科技价值第二。

(三)参与性社会实践活动

这是小学生走出教室和学校,进入并参与社会生活的途径,包括社区服务活动和社会实践活动。要求学生以社会生活主人的角色,开展力所能及的公益性、义务性活动,以便了解社会、体验实践、提升社会责任感和自身公民素养。社区服务活动以了解社区、共建社区为目的开展的活动。活动可以学校统一组织,也可以学生自行联系,包括社区管理、义务劳动、帮助孤寡老人等。社会实践活动是为了特定的实践目标而组织的活动,包括参观、考察、调查和宣传等。

【案例 4.15】

美化我们的社区

沙河社区环境以"脏、乱、差"而著称,这里违章建筑多,交通拥挤,道路狭窄,脏水四溅,沙尘飞扬,安全隐患多,电线、管道乱铺乱设。学校位于社区内,师生对此反映十分强烈。于是,我们选择"做美化的形象大使"作为活动主题,引导学生参与社区文化建设,关心社区未来发展。

采访居委会了解到,这个社区是在渔村基础上发展起来的,居民有农民、渔民,外来人员不断入住,人员状况复杂。针对这一情况,我们开展了一系列调查,如社区设施情况、建筑情况、交通情况等。随后,写出书面报告,并组织美化社区形象小分队,参加绿化、维护环境卫生、进行环境宣传、与社区保安共建美化社区文明监督岗,开展了一系列活动。[②]

【案例点评】

从身边问题、身边事开始探究和实践、服务,务实而可行,收效也可观。既提升、美化了社

---

① 案例摘自编者在上海某实验学校的田野笔记,编入本书前未公开发表。

② 案例题目是编者重拟的。参见刘道溶.小学综合实践活动教学活动设计[M].北京:北京大学出版社,2005:151-154.

区环境,又培养了学生的责任心,通过各种活动使他们更加深刻地了解了社会,同时还锻炼了他们的各种能力,一举多得。

(四) 体验性社会考察活动

这是一类研究地方、民族或国家文化的特点、形成因素及其过程的活动,包括社会问题考察与社会文化探究。这类活动一般采用体验式学习方式。体验式学习内涵主要集中在两方面:直接经验与情感体验。它强调学生亲历活动,伴有情绪反应,并对原有经验发生影响。[①]学生在社会问题考察与文化探究活动中,可以提升儿童的文化水准,培养他们的人文精神。文化探究活动的内容丰富多彩。例如,某一地区或种族的风土人情、历史沿革、文物古迹、人口状况、居住环境、经济和社会发展等,都属于文化探究的内容。活动组织,可以地域为范围,也可以主题作线索;可作现场考察,也可进行文献检索;可口头报告成果,也可以书面文字、绘画、影视作品等方式展示成果。

【案例 4.16】

探究人民币

这是小学六年级的课堂,学生针对人民币提出了许多问题,他们正试图将这些问题分类归纳成小主题,再以小组为单位分主题研究。指导教师请学生分组合作、探讨、完成任务,然后进行课堂讨论。

师:最早的人民币是什么样子? 属于哪一类小主题?

生 A:文化。

生 B:历史。

师:理由?

生 B:历史——过去的。

师:再问一个:人民币为什么有国徽? 属于"价值、文化、特征、外表",还是"意义"?

生 C:特征。

生 D:外表。

生 E:图案。

生 F:也是图案。

生 G:意义。

生 H:因为国徽代表一个国家。

师:意义与价值一样吗? 比方说,钱多了,会怎么样?

(这时,一位男生小声而快速地说:怕丢!)……

生 I:国徽是一个国家的象征。

师:区别于另一个国家的标志。小主题还有哪些?

生 J:制作、故事、种类、功能。

最后,教师总结:大致先划分这些小主题。课程内容:①确定大主题;②确定小主题;③(下一步)真正研究。怎么研究? 上网查资料,调查。下面由刘老师介绍"怎样有效获取知识"。[②]

---

① 庞维国.论体验式学习[J].全球教育展望,2011,40(6):9-15.

② 案例来自编者实验学校的田野日记,编入本书前未公开发表。

小学综合实践活动设计与实施

【案例点评】

在问题归类探究中,尽管有教师引导,讨论方向却难于控制,这很常见。令人关注的,是教师也融入了探究情境。她将自己的疑惑求教于学生,实属难能可贵! 以往高高在上的教师,在真诚的问题探究中,实现了与学生的平等。在如此宽松的课堂氛围中,学生难免不失时机地幽默一把:当老师问及"钱多了,怎么样?"时,学生脱口而出说:"怕丢!"这是学生的心里话,又掺杂着儿童天性顽皮、嬉笑中的机智与诙谐。这是学生"灵性"的闪现与生活情调的涌动,不也正是我们所追寻的教学人性化的课堂氛围吗!

（五）反思性自我建构活动

这是一种在活动中遇到问题、困难、批评等情况下,及时对活动目标、内容、步骤、措施及自己行为方式进行分析、反省、思考,重新调整探究方式与行动的活动。此类活动目的在于理解、协调学生与自然、学生与他人和社会、学生与自我关系,从中查找自己思想、行为等方面的不足并加以纠正,获得自身素质提高。只有在关系中才能实现自我的确立和完善,但这种确立和完善不是有了关系中的活动和体验就可以自动生成,而必须经由反思性探究才能形成。

【案例 4.17】

禁 止 采 摘!

我们小组确定的题目是"走进生物世界",当初的设想是搞一系列和生物有关的实验和探究活动,其中活动之一就是进行"花之粘贴"。……但课题开展过程中也出现了一段小插曲:学生在校园里采摘鲜花时和门卫发生冲突,因为学校花坛的鲜花是禁止采摘的。这就需要指导老师与学生一起进行反思,考虑探究活动的价值取向所在。为帮助学生在探究中形成正确的价值观,我们可以与孩子一起种植一些植物,在观察其成长的过程中,孩子会真切地感受到植物鲜活的生命,也就不会再随便摘花,而懂得去欣赏。一次,植物小组的一个女生在观察铁树并作记录,旁边一个男生说:"干吗这么麻烦,到网上查查不就都有了吗?"对此,我们认为资料收集仅仅停留在别人说了什么,而观察与体验才会产生深刻的触动和反思,才会触及自己的心灵,才能体会到物我之间、人我之间的内在联系,从而确立起独一无二的关系。①

【案例点评】

在综合实践活动中不可避免会触发一些矛盾和冲突,这实际上对应着一些关系:人与自然、人与社会、人与自我。当学生认识到"人是自然界中的一分子"时,自然会放弃借口"科学探究"而随意毁坏自然生命的行为。这种反省与认知比所谓科学实验和发明,在教育上的意义更重大! 上述关系正是综合实践活动的基本线索,理应是学生探究的重大课题。

三、小学综合实践活动要素与设计策略

小学综合实践活动设计中最为关键的要素有 5 个,分别是活动选题、活动形式、活动展开、活动总结和学生评价。这些要素体现了其与学科课程截然不同的性质和价值取向,需要我们把握吻合其意蕴的设计策略。

（一）活动选题设计

活动主题产生的过程,一般包括 3 个基本环节:问题的构思与提出、选题的审议和课题的

---

① 张华,李树培.论综合实践活动课程开发的自我维度[J].教育发展研究,2008(24):60-66.

生成。教师作为指导者应当利用各种方法，适时引导学生提出问题，并将问题转变成为一个具有探究价值的活动主题。其基本原则是：①源于学生的生活，学生确立的课题应当来源于他们身边或周围发生的事情；②指向现实，活动主题对学生自身、家庭、学校以及所在地区具有实际意义；③具有可行性，教师适当提出疑问或在学生操作困难时，引导他们确立合适的主题。

选题的方法，一般有以下几种。

1. 民意调查，进行筛选

通过问卷或访谈等方式了解学生兴趣，然后帮助学生综合归纳，确立探究课题的方法。这种方法又以问卷调查为主，作为常见的基本操作方法。

2. 头脑风暴，群策群力

除了调查方法外，也可以通过现场的课堂讨论，采用师生互动及学生互动的方式，群策群力共同协商确定课题。具体做法一般有两步：第一步，教师布置任务，让学生思考自己想研究的内容、原因和具体方法；第二步，学生说出自己的想法，需要他人对学生的问题质疑或提供帮助。作为教师不可先入为主轻易或武断地否决，应耐心倾听和引导。

3. 教师创设情境

选题无法顺利进行时，教师可以创设一定的情境，把学生引导到有意义的问题上来。这种方法既尊重了学生的兴趣，又遵循了"课题源于学生生活"的原则，还利于教师指导。

【案例 4.18】

教师的眼镜

一个小组对"眼睛"感兴趣，但他们又不知道课题应如何入手，这时指导教师就创设了一个情境：她戴了一副眼镜来参加这一小组的活动（平时她都是戴隐形眼镜的），学生马上就感觉到了她的变化。"老师，您怎么戴眼镜了？"这位教师说："我平时不注意用眼卫生，得了近视眼，所以只能戴眼镜了。"学生们吩咐议论起来，有的说："我平时也不注意用眼卫生，看来我要好好保护眼睛了。"有的学生说："我发现我们学校有好几个同学也戴眼镜，他们肯定也是近视眼。"有的说："戴了眼镜做事很不方便。"教师马上抓住时机启发说："同学们，近视眼到底有什么危害呢？怎样才能保护眼睛呢？你们对眼睛感兴趣，能不能就这些问题去探究一下呢？"这样，"近视眼的发病及治疗"课题就形成了。[①]

【案例点评】

就关注"眼睛"的学生无法选定课题的困境，教师将隐形眼镜换成普通眼镜，启示学生眼睛保护可以成为一个研究主题。但是，教师并不急于"告知"，而是让学生自己发现，从而激发学生的探究兴趣。这是创设情境的真谛：相信学生，水到渠成时再给予启发。

4. 抓住突发事件进行引导

关注日常生活，善于借助突发事件，引发学生的问题，再将学生的问题转化成课题。从选题方式和组织类型看，在学生的生活实践需求基本满足的基础上，可以适当考虑教师指导的方便。另外，不管这些主题所包含的问题是操作性的、探索性的，还是批判性的、发现性的，进入活动设计中的主题，一定是学生和教师双方共同协商的结果。这是确立活动主题的基本要求和重要原则。

---

① 张华，安桂清等. 综合实践活动课程开发与案例研究[M]. 北京：高等教育出版社，2008：65-66.

（二）活动形式设计

在一定意义上，选题完成后就表明了活动内容。活动目标借助活动内容而具体化，活动形式则是活动内容的外在表现。因此，活动内容的落实还需要通过对相应活动形式的明确而加以确定，这个过程就是对综合实践活动要素的分析过程。一般而言，综合实践活动要素及具体方式，主要有以下几种。

1. 讨论与倾听

讨论最能体现团体性活动的含义，在综合实践活动课程中讨论具有天然的生命力，因为实践活动本身就是探索、创新与开拓活动，需要借助于同伴的力量而展开，讨论就成为彼此合作、依靠的桥梁。在讨论过程中，教师不应过多地控制讨论的空间和时间，喧宾夺主。否则，讨论将会流于形式，学生也将成为配角，讨论的意义也就消失了。

讨论即倾听与表达。在强调自主、自觉、张扬个性的综合实践活动中，表达时时被提醒和关注，而倾听往往处于被忽视状态，然而忽略倾听的表达将会毫无意义，讨论也演变成自说自话。所以在以自主、合作、探究为基本学习方式的综合实践活动中，倾听至关重要。除了要求学生相互倾听之外，教师必须学会倾听学生，由克制自己耐心倾听逐渐转化成带着欣赏、好奇的眼光欣喜、自然地倾听，将倾听学生变成教师的常态，变成教师指导的前提。

2. 现场活动

教室不是综合实践活动的唯一现场，真正的实践往往需要走出教室，走出校园，在户外的自然、社会生活中、活动中体验和探究。现场活动，一方面强调基于鲜活的生活产生问题、设计课题、亲身体验和探究；另一方面强调带着问题和课题进入现场，有针对性地去观察、访谈、动手操作、感受、体验和记录，并有效收集各种鲜活生动的资料，以便进行科学性的研究。

3. 表现与反思

表现自我是儿童的一种天性，也是其成长的基本前提。儿童天性中所蕴涵的能量——发展潜力，需要借助思想或活动形式释放出来，表达出来。综合实践活动课程，就要为儿童的表现和表达提供舞台。作为教师应当拥有足够的耐心，欣赏的态度，对学生的表现和表达给予关注和倾听，甚至及时鼓励或追问，对学生的思想、行动和收获加以探询和发掘。

在综合实践活动中，反思也无处不在。在讨论中、活动后，反思可以让学生重新审视自己的思想、计划、行为和活动效果，发现得失，及时更新自我，避免错误的重复。反思可以是独处性和独立性的自我梳理，也可以是合作性的、伙伴式的剖析和评价。

4. 观察与引导

观察与倾听一样，要求教师在场。观察可以看作另外一种倾听，通过眼睛透过行为"倾听"被观察者的心声。观察对于综合实践活动教师来说，还是一种研究品质，通过观察研究学生，研究学生的活动现状、特点和需求等，以便更好地给予指导。综合实践活动中教师的"指导"，是一门艺术，既要能够在学生遇到困难时提供帮助、给予启发，又要避免将自己的想法强加于人。所以，教师必须努力在"启发"与"愤悱"之间巧妙拿捏，把握一个度。

（三）活动展开设计

活动展开是将活动内容与表现形式进行整合并付诸于实践的过程。这个过程涉及活动组织、活动计划、活动实施 3 个方面，三者相互配合以达成主题活动的顺利展开。下面分别从3 个方面对活动展开的策略与措施加以阐述。

1. 活动组织

为培养学生的团队合作精神,综合实践活动提倡小组合作的组织形式。在组织形式确立的过程中,教师协调,应当遵循以下原则。

(1) 学生自愿。儿童活动意愿是综合实践活动开展的出发点,学生小组建立也应以此为前提。教师对组织形式的协调,需要与儿童协商,不能强制命令。

(2) 限制规模。适当控制小组成员人数,人数过多容易造成互相推诿。

(3) 鼓励打破班级界限。不同班、年级,甚至不同学校、不同地域之间的学生,可以合作开展活动,发挥各自资源优势,拓展活动实施空间。

2. 活动计划

在活动主题、活动形式与活动组织确定后,在教师指导下由小组成员共同讨论制订具体活动方案。在这个过程中,指导教师需要注意以下方面。

(1) 计划的可行性。教师需从人力、物力、财力、时间等方面审视方案的可行性,避免计划由于缺乏操作性而不能达成活动目标。

(2) 计划的具体化。活动方案设计力求具体,将时间、地点、内容、形式等一一细化、落实。但需要注意的是,计划具体化并不意味着实施时的生搬硬套,可以随着具体情境加以修正。

(3) 计划的有效性。活动方案设计要围绕所选主题、关键问题的解决和活动的顺利完成而展开。

需要注意的是,活动计划即活动过程及具体活动环节规划,也是学生实践活动自主完成的基本内容。教师的任务是提供咨询和指导,而不能包办代替。

3. 活动实施

活动实施是综合实践活动最核心的环节。这一环节必须坚持以学生自主选择和主动探究为前提。在此基础上,教师给予合理、适切的指导。

(1) 督促落实活动方案。注意营造良好气氛,激发学生的活动兴趣,引导学生进行交流。

(2) 引导学生深入探究。运用教育机制,激活学生已有的知识、经验;启动学生辩论、研讨,进而帮助学生寻找课题深入探究的突破口。

(3) 注意收集研究资料。鼓励学生随时记录、收集探究资料、行动、感想、发现和收获,并及时归纳、整理研究成果,为活动的最终总结和反思奠定基础。

(四) 活动总结设计

活动总结是将活动进程与活动成果加以分析、归纳并展示出来的过程。这个过程主要包括活动交流、活动反思两个方面。下面分别从这两个方面对活动总结的策略与措施加以阐述。

1. 活动交流

成果展示为师生之间、同学之间交流和学习的机会,是学生学会发现自我、欣赏别人的过程。教师组织成果展示与学习交流时,需要注意以下内容。

(1) 自然真实展示,防止过多干预。学生展示是一种真情实感的自然流露,切忌把成人的想法强加给学生。

(2) 展示形式力求多样。成果展示的形式,同样是学生创造力的体现,教师应注意拓展学生思维的空间,鼓励学生不拘一格地展示自己的活动主题。

(3) 展示是活动环节而非终结性评价。成果展示只是学生自主活动的一个重要环节,旨在为学生提供探究、实践、交流的机会。避免功利化倾向,即将展示视为评优、评奖活动,以致

小学综合实践活动设计与实施

为展示而展示。

（4）把握时机，及时展示，强调激励。学生研究成果一旦出现，随时提供展示机会。并不一定等到研究结束之后，才安排集中展示。

2. 活动反思

学生对自身活动的修正与改进，需要借助于他们对自身活动的反思。反思既发生于活动之后，也贯穿于活动之中。通过反思，学生内心与内在素质会不断成长、成熟。

教师可以通过让学生填写学习日志、反思问卷或者召开研讨会等方式，引导学生对自己的行为进行反思。

（五）学生评价设计

活动评价是基于活动目标对活动所做的价值分析与判断。综合实践活动评价中，最关键的评价是对学生的评价。

1. 学生评价的内容选择

学生评价，一般包括 3 个方面内容：①学生参与活动的态度，可以从外显的行为看出；②学生的创新精神和实践能力发展状况，跟学生自己比，有进步就应当给予鼓励和充分肯定；③评价学习方法与研究方法的掌握情况，包括查阅资料、实地观察记录、调查研究、运用工具、交往表达等水平。

根据新课程的基本理念，综合实践活动中的学生评价，一般不刻意强调知识维度；不主张采用量化评价；更多利用描述、观察等方式评价。教师、家长评价侧重闪光点；学生还可以邀请同伴进行评价。强调自我反思，学会欣赏、理解别人，拓展视野、开阔心胸，甚至可尝试让学生自己选择评价项目。

2. 学生评价的主体选择

在综合实践活动中，教师、学生、学生的合作伙伴和家长都拥有言说权。但是，综合实践活动强调学生通过自主学习、合作学习、探究学习而全面发展自己、完善自己，尤其是激发学生主动、自觉发展的积极性。对学生的评价的重要目的，在于引导学生正确认识自己、评价自己，而学生自己如何认识、评价自己，有赖于学生的自我评价和反思、综合和判断。这样，内部动机与外部刺激作用更持久。

因此学生评价应当注意两点：①要注意多主体评价的针对性和实效性。并非所有评价都需要多主体评价，而且不同主体评价内容和标准往往是不同的；②强调反思性评价，强调对作品的"描述"和体察，强调欣赏、关注优点与长处，强调自我反思。

3. 学生评价的方法选择

怎样评价问题，即学生评价的方法选择问题。一般而言，普遍主张运用发展性评价和多元化评价（自评、他评、集体评、家长评、教师评）的方法开展评价。并且，及时对学生在活动过程中的表现（包括知识、水平、能力、成果、情感、态度等）进行恰当的评价，并形成综合实践活动评价的电子档案。

关于使用档案袋评价，需要注意 3 个方面：一是档案袋的类型选择，即选择什么样的档案资料的问题；二是确定作品选择标准；三是关于标准应当达成共识。

【案例 4.19】

如何使用档案袋评价

使用档案袋评价，我们应该至少考虑以下问题。

（1）档案袋的内容是标准化的还是非标准化的？

（2）谁来选择作品？教师，学生，还是师生一起？选择时有什么根据？

（3）档案袋记录了学生一年级里的发展情况，还是仅限于一个课题的学习？

（4）进入档案袋的有草稿吗？还是仅仅最终的作品？

（5）档案袋仅仅包括了最好的作品吗？还是学生们把他们要修改的作品也包括进去了？

（6）学生是否受到鼓励把校外的生活内容也纳入档案袋，还是档案袋仅仅限于记录学校里的学习？

（7）档案袋怎样保管较为适宜，主要是给谁看的？[①]

【案例点评】

档案袋有多种形式，可用于多种目的，如诊断、记录或改进学习。无论目的或形式如何，都可以改变学习环境、师生关系和教学过程。这种魔力来源于创建和使用的过程：评价用行动的事实说话！

本章概要

综合实践活动设计是对综合实践活动的计划和特意的安排，即将活动目标、活动内容及活动形式与方法，按照一定的原则组织成一个合理结构，以使活动成为一个有效运作的程式。综合实践活动的设计受许多因素的影响，主要有课程目标、学生因素、教师因素、学校与社区等。综合实践活动的基本观念有：动态、生成的课程观；对话、探究的教学观；自主、合作的学习观。与学科教学设计相比，综合实践活动设计特点有：有限预设性、动态生成性、临场智慧性。综合实践活动设计原则有：课题源于学生生活的原则；预设与生成相映原则；自主与指导互动原则。

综合实践活动过程一般包括：制订活动方案、落实活动方案、活动总结交流 3 个阶段。按照探究活动的主要环节，综合实践活动设计过程包括：活动准备设计、活动目标设计、活动选题设计、活动过程设计、活动评价设计。每一环节的设计都有各自的内涵与具体准则。

综合实践活动的类型，按照主题的结构可划分为：系列主题与单一主题两类。系列主题活动设计可以分为：横向统整模式与纵向递进模式。单一主题活动包括：实践性课题探究活动、应用性设计制作活动、参与性社会实践活动、考察性社会体验活动、反思性自我探究活动。从综合实践活动结构看，其最关键的要素有：活动选题、活动形式、活动展开、活动总结和学生评价。它们体现了其与学科课程截然不同的性质和价值取向，需要我们把握吻合其意蕴的设计策略。

资源链接

[1] 陈述杰,黄建平.基础教育新课程师资培训小学综合实践活动[M].北京：首都师范大学出版社,2003.

[2] 郭元祥.综合实践活动课程的管理与评价[M].北京：高等教育出版社,2003.

[3] 姜平.综合实践活动课程实施策略[M].北京：首都师范大学出版社,2010.

[4] 刘道溶.中小学综合实践活动教学活动设计[M].北京：北京大学出版社,2005.

① 张华等.综合实践活动课程研究[M].上海：上海科技教育出版社,2009：248.

小学综合实践活动设计与实施

［5］ 田慧生.综合实践活动课程实施中的问题与策略［M］.北京：教育科学出版社,2007.

［6］ 张华等.综合实践活动课程研究［M］.上海：上海科技教育出版社,2009.

［7］ 张华,安桂清等.综合实践活动课程开发与案例研究［M］.北京：高等教育出版社,2008.

［8］ 张华.经验课程论［M］.上海：上海教育出版社,2000.

［9］ 钟启泉,崔允漷.新课程的理念与创新——师范生读本［M］.北京：高等教育出版社,2003.

［10］ 陈勤.谈综合实践活动实施过程中教师有效指导的策略［J］.小学教学参考(综合),2006(11)：68-69.

［11］ 黄清,童顺平.综合实践活动课程纵向衔接初探——以小学综合实践活动设计为例［J］.当代教育论坛,2011(1).

［12］ 庞维国.论体验式学习［J］.全球教育展望,2011(6).

［13］ 张华,李树培.论综合实践活动课程开发的自我维度［J］.教育发展研究,2008(24)：60-66.

［14］ 张华,仲建维.综合实践活动课程设计框架研究［J］.全球教育展望,2008(2)：35-41.

［15］ ［美］威廉·F.派纳等.理解课程——历史与当代课程话语研究导论［M］.张华等译.北京：教育科学出版社,2003.

［16］ ［美］约翰·杜威.学校与社会·明日之学校［M］.赵祥麟,任钟印,吴志宏译.北京：人民教育出版社,2005.

［17］ ［美］爱莉诺·达克沃斯.精彩观念的诞生——达克沃斯教学论文集［M］.张华等译.北京：高等教育出版社,2005.

［18］ ［加］马克斯·范梅南.教学机智——教育智慧的意蕴［M］.李树英译.北京：教育科学出版社,2001.

［19］ W. F. Pinar, W. M. Heynold, P. Slattery, P. M. Taubmen. Understanding Curriculum：An Introduction to the Study of Historical and Contemporary Curriculum Discourses ［M］. New York：Peter Lang Publishing,1995.

思考与实践

一、理论思考

1. 综合实践活动设计的含义与意义是什么？

2. 影响综合实践活动设计的因素有哪些？

3. 综合实践活动设计坚持的基本教育观有哪些？

4. 综合实践活动实施的程序是什么？

5. 综合实践活动设计的特点和原则是什么？

6. 活动准备设计需要考虑的因素有哪些？

7. 如何进行活动目标设计？

8. 选题的基本要求有哪些？

9. 活动过程设计的要求是什么？

10. 如何设计活动评价？

11. 单一主题的综合实践活动的具体类型有哪些？

12. 综合实践活动主题类型区分的标准是什么？

13. 试分析系列主题活动的价值取向及其局限性。

二、实践探索

1. 试述小学主题探究活动设计过程。

2. 试述评综合实践活动的各种类型。

3. 以小组为单位,设计一个综合实践活动方案(见表 4-4)。要求以文本形式呈现出来,参考以下格式。

表 4-4　综合实践活动方案

活动名称	
活动目标	
过程步骤	1. 2. 3. ⋮
评估	
备注	

第五章　综合实践活动实施

学习目标

- 理解综合实践活动实施的理论基础；
- 掌握综合实践活动实施的过程与特点；
- 把握综合实践活动实施的主体及其任务；
- 形成综合实践活动教师的指导策略与技能。

问题情境

我们不知道从哪里下手

有了一个主题，该如何开展呢？同学们又犯愁了，毕竟这可是"大姑娘上轿——头一回"呀！一个星期过去了，似乎又恢复了往日的平静，沉不住气的我开始盘问同学们的进展情况："活动开展得怎么样了？"同学们用好奇的眼光看着我：

"您说过要我们开展活动吗？"

"您没有安排，我们不知道从哪里下手。"

……

看着同学们那无辜的眼神，我突然觉得自己犯了一个多么大的错误！自从活动开始后，我似乎没有给学生过多的指导，更没有及时了解学生动态，而是一股脑儿地交给了学生，的确让他们无从下手啊！①

上述案例中，教师把综合实践活动的实施完全交给了学生，结果使学生感到无所适从，不知从何下手。那么，综合实践活动究竟如何实施？其过程怎样，又有哪些特点？究竟谁是活动的主体，活动主体的任务又是什么？活动过程中遇到具体问题又应当怎样解决？等等。这些问题正是本章所要讨论的范畴。

---

① 李孔文. 小学综合实践活动课程论[M].合肥：中国科学技术大学出版社，2009：133. 说明：案例选入本书做了节选，题目为编者重新拟定。

第一节　综合实践活动实施的理论基础

将综合实践活动课程计划付诸实践的过程即综合实践活动实施，它以实践性的活动课程为主要形态，昭示了我国教育改革的新方向。这一新方向也反映了国际教育发展的前沿理论与思潮。

一、当代世界课程理论的民主化趋势

现代课程理论 20 世纪 20 年代前后诞生于美国，并由美国扩散到世界各国。一般认为，现代课程理论的创建者是博比特（F. Bobbitt，1876—1956）。1910 年，他在芝加哥大学开设了一门名叫"课程"的课程，1918 年出版了《课程》（*The Curriculum*）一书。这本书是世界教育史上第一部课程理论专著，它的出版标志着课程作为专门研究领域而诞生。随后从 20 世纪 20 年代开始，一些大学纷纷成立课程与教学系（the department of curriculum），全美教育联合会所属的课程开发与督导协会（Association for Supervision and Curriculum Development，ASCD）开始成为美国课程研究学术的权威组织。[1] 课程理论在美国乃至世界范围快速发展，在 20 世纪 60 年代末 70 年代初经历了一个从"开发范式"向"理解范式"的转换，课程理论变革朝着民主化的方向推进。

（一）课程学术从理论本位走向实践本位

美国课程中实证主义和结构主义高潮出现在 20 世纪 60 年代，这时课程研究的共识是学科结构作为课程组织的框架，泰勒原理是其理论依据。"学科结构取得了胜利，引起了课程和教学计划的激增，这些都深受行为主义心理学的影响。"[2]然而，结构主义的胜利并未获得当时社会对教育现状的认可，相反，人们批评泰勒原理的技术主义缺陷和"政治上的天真"。并且，其直接后果是课程领域内"一般课程专家退却代之以学科专家（如科学教育家），以及此领域内部本身范式的不稳定性（也即对泰勒原理的不满），都将课程领域引入危机之中。"[3]在挽救课程危机的运动中，施瓦布（Joseph Schwab）打响了第一炮。

1. 课程危机：追求理论、脱离实践而走向末路

施瓦布是一名理论遗传学家，是一位最初任教生理学和遗传学的优秀教师。他在《实践：课程的语言》（*The Practical：A Language for Curriculum*，1970）一文中宣告了课程领域的垂死状态，并把其死亡归因为"脱离实践"。"由这些特殊性构建成的课程将不是运用于理想型的课堂，而是运用于一个具体的地点，这个地点在时空上有气味、阴影、座位以及超越围墙之外的特殊条件，而围墙外的条件与课堂内的收获有很大关系。"[4]因此，施瓦布呼吁课程学家远离理论、注重实践。

理论与实践的视角是不同的，"理论往往是普遍性的、规劝性的、调查性的，从一种情况到

---

① 汪霞. 课程研究：现代与后现代［M］. 上海：上海教育出版社，2003：18.

②③④ ［美］威廉·F.派纳等. 理解课程［M］. 张华等译. 北京：教育科学出版社，2003：179-180,189.

另一种情况一以贯之,不受环境变化的影响。而实践则是需要关注具体的和特定的方面,易于受到环境的影响,因此高度依赖于非预期的变化"。① 在施瓦布看来,课程研究由于它远远脱离了实践,其过分追求理论与课程开发进程而忽视学生真实生活、教育实践与现实,必然走向末路。

2. 实践性课程开发:挽救危机的对策

为了拯救课程危机,施瓦布从 1969 年至 1983 年撰写了 4 篇文章,分别是《实践:课程的语言》、《实践:折中的艺术》(*The Practical:Arts of Eclectic*)、《实践 3:转换成课程》(*The Practical 3:Translation into Curriculum*)、《实践 4:课程教授要做的事》(*The Practical 4:Something for Curriculum Professors to Do*)。由此建立起一个理论,即实践性课程开发理论。在这个理论中,课程由教师、学生、教材、环境 4 个要素构成,它们之间持续的相互作用构成一个有机的"生态系统",这是实践性课程的基本内涵。"对教师、学生、教材或环境的某一个方面关注过多或关注过少,都会打破班级或其他教育情境的'生态平衡'。"②

实践性课程开发的基本方法是"审议":对不同对象进行权衡以做出选择。课程审议是由课程集体(curriculum group)完成的,其成员由校长、社区代表、教师、学生、教材专家、课程专家、心理学家和社会学家等组成;其基本运作方式有 3 种:实践的方式、准实践的方式和折中的方式。在此,施瓦布特别注重"实践的艺术"和"折中的艺术"。"实践的艺术"包括"观察的艺术"和"问题形成的艺术"。"折中的艺术"是针对具体教育实践情境的特殊性,对不同理论进行选择、修改、超越,使之适合"实践性课程开发"之需要的艺术。③实践性课程开发理论强调实践的特殊性,需要针对具体教育情境进行审议,这与"泰勒原理"普遍性价值取向存在很大差异,开始追求一种"实践兴趣":基于与环境的相互作用而理解环境的人类的基本兴趣。

(二)课程价值从知识崇拜走向意义追求

20 世纪 70 年代兴起了概念重建学派。与施瓦布相同,他们主张课程本质上是"实践性"的。不同的是,课程重建者则试图"理解课程",即批判、描述教育实践活动。这样,知识与人的位置发生了调转:从原来的"目的—手段"变为"手段—目的"。也就是说,在"理解课程"范式下,对人生意义的探寻至关重要。"人的本质不依赖于外部的环境,而只依赖于人给予它自身的价值。财富、地位、社会差别甚至健康和智慧的天资——所有这些都成了无关紧要的。唯一要紧的是灵魂的意向、灵魂的内在态度:这种内在本性是不容扰乱的。"④课程活动的旨趣,从知识崇拜与占有转向生命意义的叩问与追寻。下面,重点探讨派纳(William F. Pinar)、格林(Maxine Greene)的课程思想。

1. 派纳:存在体验课程

美国当代杰出课程学家、概念重建学派首席代表人派纳认为,传统课程理论基于自然科学"假设—演绎"的逻辑,否定人的自由意志和行动自主性,将课程窄化为"原则"、"程序",课程实践窄化为"实行"、"操作";然而,人的知识却是在不同时空、依据不同兴趣的导引而建构的,是普适性的"原则"、"程序"所难以满足的。因此,派纳将课程理解为"存在体验课程"(currere)。currere 是 curriculum 的拉丁文词根,为动词。也就是说,"存在体验课程"强调在跑道上奔跑

---

① 汪霞.课程研究:现代与后现代[M].上海:上海教育出版社,2003:52.

②③ 张华.课程与教学论[M].上海:上海教育出版社,2000:20-23.

④ [德]恩斯特·卡西尔.人论[M].甘阳译.上海:上海译文出版社,2004:11.

的动态过程和经验的积累,用派纳的话,是"一种内心的旅行"①。所以,课程应植根于活生生的、具体的、完整的个体,从而由对外在化的关注转向对内在性的探讨。

派纳倡导的课程研究方法是自传法或自我履历法。该方法分为 4 个步骤:回归(regressive)、前瞻(progressive)、分析(analytical)和综合(synthetical)。回归即回到过去,看看过去的样子以及过去在现在的徘徊。通过这种方法可以聚焦教育经验。前瞻即看那些仍然不是事实的事,看那些仍然不是现在的事。具体程序是独自坐着,身心放松,思考未来、明天、下一周、眼前几个月、下一年、以后几年等。分析即描述履行的现在。描述现在就好像自己是一个相机,摄下你自己以及你对这个过程的反应。综合即将前面 3 个步骤放到一起以充实现在。这样,人们可以理解自己学校生活的性质,以及学校在自己生活中的作用。

2. 格林:"自我意识"与"生活世界"

美国著名课程学家、概念重建学派的女学者格林批评传统课程中学生处于非常被动的地位,"他们只是旁观者,而不是洞察者;只是旁听者,而不是领悟者",因此她提出,"课程应提供机会,帮助人们在今天这个日益开放的世界里获取意义"。格林将教育领域里这种糟糕的状况归因于人类科技工具理性的膨胀,她说:"人被嵌入组织化、合理化和秩序化的世界中,成为'照章行事'而无自主能力的人,这是对主体的扭曲和意义的遗忘。"因此,她提出运用现象学的方法,通过提升自我意识来解除这层认知上的蒙蔽。②

学生自我意识的提升,需借助对自己生活世界的体验与反省。"针对生活世界形成的意义,出发点不在于既定知识结构的传递,而在于师生在互动中理解其世界,创造知识。学习者不是知识的接受者,而是意义的创造者,课程与教学旨在使学生以活生生的知识来解释其世界。"③提升自我意识,有 3 个策略:①学习者从不同角度观察"实体",进入反省、批判的世界;②分析和理解所获取经验,发掘对自身的意义;③增强与他人的关联,并站在人类历史的视野加以领悟和反省。

(三)课程内容从思想控制走向文化多元

20 世纪 60 年代后,人类社会在享受科技发达、经济繁荣所带来的物质财富和文明成果的同时,也开始日渐遭遇日益尖锐的社会危机和文化冲突。来自新教育社会学领域及深受新马克思主义思想影响的课程学者,努力从社会各群体之间的文化冲突的角度,对这一问题做出回应。他们通过考察学校课程所依附的社会、政治及文化背景,来透视学校课程建构的人为性及其负面影响,进而倡导文化多元以及捍卫中下阶层的文化尊严和生而平等的教育权利。

1. 新教育社会学课程文化批判

英国著名学者、新教育社会学者麦克·扬(Michael Young)在其著作《知识与控制——教育社会学新探》(*Knowledge and Control-New Direction for the Sociology of Education*,1971)中认为,劳工子弟学业上的失败是中上阶层强加的。因为"学术课程可能并不是对'文化中最精华'部分的一种良好选择,而是精英出于保全自己地位的利益角度所做出的一种特殊的知识选择"。④ 也就是说,学校知识即教育内容安排与评价标准是按照中上阶层的文化来选择的,他们这样做是为了维护自己阶层的文化统治地位。他在其后续著作《未来的课程》(*The Curriculum of the Future*,1998)中写道,"如果将这样一项研究——筛选学生入学(和参加学

---

① Pinar W. F. Autobiography,Politics and Sexuality[M]. New York:Peter Lang Publishing,Inc.,1994:104.

②③ 汪霞. 课程研究:现代与后现代[M].上海:上海教育出版社,2003:72-73.

④ [英]麦克·扬. 未来的课程[M]. 谢维和等译. 上海:华东师范大学出版社,2003:48-51.

小学综合实践活动设计与实施

校中的能力小组)的方式与课程中筛选过程联系起来,加以深入,那么课程的社会学分析无疑早就会得以强化了"。① 说明他一直坚持教育社会学的文化研究方向,即知识并非客观中立的、具有群体性和不同文化背景,因此上层社会可以借助知识选择而控制社会人群及其社会地位。

法国社会学大师布迪厄(P. Bourdieu,1930—2002)为了使自己的理论更有说服力,他通过收集、分析大量的数据加以研究。② 在此基础上,提出了学校教育与文化再生产理论,他的观点比麦克·杨更激进、更深刻。在他看来,法国中上阶层的统治地位是由一系列的"符号暴力"来维持和延续的,而学校教育作为社会文化再生产的"机器"正是统治阶级"再生产"其统治地位的符号暴力之一。因此,如果学校教育特别是课程筛选机制不发生变革,这台机器的暴力性能就不会自然消除。

2. 新马克思主义课程政治批判

美国著名学者阿普尔(Michael Apple)在其最具影响力的著作《意识形态与课程》(*Ideology and Curriculum*,1990)一书中,运用意识形态与霸权的概念,揭示了教育活动中知识与权力之间的复杂关系。例如,科学化课程关注的主要是"效率"、"控制"、"目的—手段",本质上具有"社会控制"和"局部改良"的保守性。③ 说到底,课程知识的选择和课程编制不是技术上的问题,而是社会权势者根据其阶级、经济的权利和文化霸权之间相互作用的产物。之后,他在《教育与权利》、《教育中的文化与经济再生产》等书中进一步认为,学校也有自主的文化动力在起作用,学生与教师具有创造课程的能力,在国家和意识形态霸权面前具有能动作用。④ 上述研究标志着课程研究的范式转变,即由"什么知识最有价值"转变为"谁的知识最有价值",对以往将课程或知识作为客观、价值中立乃至真理的观点,提出了有力批判。

与阿普尔的工作类似,吉鲁(Henry A. Giroux)同样把课程理解为政治文本。他认为,在教育中的文化与经济再生产过程中,被压迫者不是简单被动的,应当发挥能动作用,其"解放"应以"抵制"为旨趣。因此主张学生通过"批判性思维"、"分析性对话"、"集体实践学习"等方式,重新确认和发展自己的文化和历史。吉鲁与阿普尔在课程政治学研究领域里一直处于支配地位,并且他们的研究视角一再发生变化,即先是再生产理论,然后是抵制理论,再到再生产理论,接下来把抵制/再生产作为一个辩证过程,20世纪80年代后则开始关注日常教育实践,特别是种族、阶级及性别的教育和政治问题。⑤

二、我国新课程改革对教学行为的人本化要求

在世界课程民主化变革的洪流中,我国新课程改革对师生教学行为提出了一些新的要求:"关注学生的学习兴趣和经验,精选终身学习必备的基础知识和技能","处理好传授知识与培养能力的关系,注重培养学生的独立性和自主性,引导学生质疑、调查、探究,在实践中学习"(《纲要》)。也就是说,课程核心从"知识"转变为"人",开始坚持以人为本的教学理念,关注并着力培养学生的能力与个性。要实现这一转变,必须打破教学中"知识崇拜"的潜意识,重建教学中"人"(尤其是学生)的地位,努力做到解放人、相信人、支持人、成就人,落实新课程之人本化诉求。下面,试从学习方式和教学设计两个方面加以阐述。

---

① [英]麦克·杨. 未来的课程[M]. 谢维和等译. 上海:华东师范大学出版社,2003:51.
②④ 全国十二所重点师范大学联合编写. 课程论[M]. 北京:教育科学出版社,2007:23,43.
③ 汪霞. 课程研究:现代与后现代[M]. 上海:上海教育出版社,2003:75.
⑤ 威廉·F. 派纳等. 理解课程[M]. 张华等译. 北京:教育科学出版社,2003:163.

（一）学生学习方式的多样化变革

学习方式（learning approach）是当代教育理论研究中的一个重要概念。一般认为，学习方式是指学生完成学习任务过程中基本的行为和认知取向，是学生学习时在自主性、探究性和合作性方面的基本特征。《基础教育课程改革纲要（试行）》明确提出：改变课程实施过于强调接受学习、死记硬背、机械训练的现状，倡导学生主动参与、乐于探究、勤于动手，培养学生搜集和处理信息的能力、获取新知识的能力、分析和解决问题的能力以及交流与合作的能力。要完成上述目标和学习方式的转变，首先必须了解这些学习方式，如自主建构学习、小组合作学习、问题探究学习等。

1. 自主建构学习

自主建构学习是指学生自觉、主动理解学习主题，运用已有相关知识思考问题，不断生成新思想、新知识的一种学习活动。同样的主题，每个学生都可以在自主学习中建构出独特的意义。这是一种建构主义学习观，将学习描述为主动的、参与的、鼓励好奇。他们自觉提出问题，进行探索、发现，建构新的理解，并将其整合到自己的知识体系中。在此过程中，学生被赋予了通过实践活动去寻求自我理解的责任，要求他们在实践中自主地进行分析、综合与评价。

在自主建构学习中，学生是主角，他们通过发现进行学习，所学知识是在自己原有知识基础上自主建构起来的；教师的角色是"催化剂"，鼓励学生独立思考，促进学生高水平思考技能的发展。

开展自主建构学习可以借助于课题探究的方式，基本程序是：①选择课题；②激发学生兴趣；③明确时间期限；④递交进展报告；⑤形成最终成果。

【案例 5.1】

同一个故事，不同的建构

语文课上，许老师带领学生阅读一篇关于登山者的故事，故事是说一群登山者克服潜在危险最终成功地登上了山顶。读后她问学生：你们是怎么理解这个故事的？有的学生认为这是一篇关于群体合作的故事；有的认为它是一篇关于共患难如何促进友谊的故事；也有的认为这篇故事说明了登山者面临的困难和需要的技巧。许老师认为他们说的都有道理，没有给出一个固定的答案。这样的教学，是基于其对学生学习过程的认识而设计的。她认为，学生对所学知识的理解总是在自己原有知识的基础上自主建构起来的，因此，对同一个故事，每一个学生都建构了一套独特的意义。[①]

【案例点评】

自主建构学习的核心思想是学生自觉、主动地分析问题并生成自己独特的思想、观点和看法。这种学习拒绝照搬教师或教材的说法，立足自身生活和知识背景以及独特视角，独立思考、独自领悟和发现创见！这种学习方法不仅顾及每个学生的个性特点和独特学习方式，而且鼓励创新，是培养造就创新人才的重要方式。

2. 小组合作学习

小组合作学习是指学生作为小组成员，为了完成小组的共同任务，在团队中进行有明确责任分工的互助性学习。学生在小组中学习与学生合作性学习是两码事。小组合作学习鼓励学

---

①　钟启泉，崔允漷. 新课程的理念与创新—师范生读本［M］. 北京：高等教育出版社，2003：120-121.

小学综合实践活动设计与实施

生为了团队利益与个人利益一起工作。

小组合作学习的特征是：①控制规模，成员数量一般 4～6 人；②团队构成，成员的性别、学业能力、性格特点等品质，最好各不相同；③任务类型，小组就某一项目共同工作；④行为规则，每个成员乐于承担个人与小组的义务和责任，相互支持、鼓励、帮助以及合作；⑤动机与奖励机制，个人成绩基于小组成功。

小组合作学习的类型如下。

（1）共同学习。学生在 4～5 人组成的异质小组（成员的成绩、性别、种族等不同）中学习，共同完成作业。每组作业完成后，会因为成员良好合作及作业表现受到表扬。

（2）小组调查。2～6 个学生组成一个小组，通过共同讨论设计计划与问卷、合作实施调查、分析结果、完成报告、全班交流等一系列环节的活动。作业评估以调查设计、实施方式和报告质量为主要依据。

（3）拼图法。通过任务分配，使每个成员充当一个特殊角色，以确保每位学生积极参与小组合作。犹如一个拼图游戏，小组工作完成依赖于成员的个体努力，缺一不可。

（4）团队游戏竞赛。4～5 人组成一个团队，共同工作、相互帮助，协同完成与其他团队的对抗游戏竞赛。首先掌握竞赛内容，做好竞赛准备；其次通过协作完成团队任务。通常把问题写在卡片上，每人抽卡回答问题。如能正确回答或成功挑战、纠正两个同学的答案，便能得分。每个学生得分相加决定每队分数。

小组合作学习的实施步骤有 4 个：第一步，布置个人任务，个人任务也许只是家庭作业；第二步，布置并实施小组任务，学生在小组一起工作，创作一份具体、复杂的由所有成员参与的活动或作品；第三步，回顾团队工作技巧，小组任务完成提交作品后，回顾团队工作技巧，回顾小组工作过程、查阅工作日记，分析做法得失，并通过讨论分享经验；第四步，回顾任务，促进对题材的理解，具体方法有组织报告会；张贴小组成果；实行组间交流；"抢答"总结语等。

【案例 5.2】

我的学生不会合作学习

在一间教室里，老师正在试验以小组合作学习的形式进行教学。但他看到的却是一团糟：一个小组的学生正在为由谁来记录而争吵；另一个小组中，一个组员静静地坐着，因太害羞而不加入小组活动；第三组两名组员在谈论足球，一名组员在做作业。这位老师的结论是：我的学生不会合作学习。[①]

【案例点评】

小组合作学习是一种新课程下的全新学习方式，旨在培养学生分工、合作的协作精神与工作能力，沟通、交流的社会交往和社会适应能力。这些能力在当今显得越来越重要。但是，合作学习不是简单地将学生分成小组，让他们一起学习。把学生安置在小组中学习与学生合作性学习并不是一码事！作为一种新的学习方式，小组合作学习本身也需学习。所以，学生需要借助教师指导，在学习中学会小组合作学习。

3. 问题探究学习

问题探究学习是指面对复杂而真实的问题，学生借助探讨、调查、实验、分析、研究等方式，来解决问题的一种学习。学生通过这种自主探究和发现知识过程，获得成功体验和自

---

① 钟启泉，崔允漷. 新课程的理念与创新—师范生读本[M]. 北京：高等教育出版社，2003：122.

我价值实现,改善自己生存状态和生活质量,不断超越自我,提升自己生命价值和生命意义。

探究精神是一种教育人文精神。启蒙运动(18世纪)以来,人们达成的共识是:意志自由是人的最高价值。人生而自由,自由的本质是人成为他或她自己。自由的实现过程就是一个探究、创造的过程。[①] 问题探究学习的过程,一般包括4个阶段。

第一阶段,面对问题。在问题探究的最初阶段,教师应当营造一个问题情境,帮助学生建立假设。之后,学生需要提出所研究的问题,并确定主题。

第二阶段,询问与调查。学生通过收集信息,以及教师或他人的指导,来增进对问题的理解。这个过程需要精细而巧妙的设计。一个设计巧妙的情境,可以有效搜集信息,形成合理的证据链条和论证结构。

第三阶段,形成解决方案。每个学生都有责任找出解决问题的方案,连同方案说明,以一种符合学生探究的形式展现出来。方案的落实和结果的呈现形式,需要与学生自主探究并解决问题的思路相一致。成果呈现方式可以采用戏剧表演、口头争论、小组展示、录像、告示或者文件等。

第四阶段,总结汇报。学生得出结论并提交上来后,教师需要指导他们汇报任务执行情况,以帮助他们拓展对概念和技能的深入理解。这一阶段需要教师进行深度指导,使学生学会反思、分析解决问题、自我评价和小组工作评价。

【案例5.3】

我们的音响实验室

在M小学,H老师教的四年级学生午饭后进入教室上课,看到房间里摆了一堆眼镜、瓶子、铃铛、大小不等的有孔木盒、音叉、木琴和笛子。学生们欢呼着扑过去玩耍。H老师则在一旁看着。

几分钟之后学生们开始坐下来。一个学生问道:"H老师,发生了什么事? 看起来好像这里变成了一个交响乐队。"

H老师笑着说:"也可以这么说。实际上,今后这里会成为我们的音响实验室。"他在教室里走动着,拿起一把琴拨动着琴弦,同时用一个勺子去敲打身旁的一个饮料瓶。"你们从这些声音里感觉到了什么吗?"他一边问一边重复了一遍动作。

一个女生回答说:"它们听起来很像,但是又不一样。"

另一个学生提议再做一遍。这一次,学生们很快注意到了这两种声音音高相同。

H老师布置说:"你们的任务是寻找声音变化的原因并把它描述下来。你们可以分成几个组,利用现有的物品进行实验,看看声音变化有什么规则。根据你们的发现制作一件乐器,然后介绍一下你们设计的乐器具有什么功能,你们是怎么做的。最后我会告诉你们我想让这件乐器干什么,我们一起动手实验,看看你们的想法行不行。现在我们开始分组,谁有什么建议吗?"

一个男生勇敢地开了个头:"我注意到这些东西有5种不同的材料。或许我们可以分成5个小组,每一组用这些东西实验一会儿,接下来交流一下体会,听听别的组的主意。然后再决定下一步做什么。"

---

① 张华. 研究性教学论[M]. 上海:华东师范大学出版社,2010:148.

小学综合实践活动设计与实施

其他同学提出了另外一些意见。接下来的半小时里学生们讨论出了一个实验研究的计划。[①]

【案例点评】

这是一个精心设计的问题探究学习开始前的情境设计案例。一方面,学生亲自动手、尝试操作了教师准备的实物材料,获得了一手的直接经验,为他们后续在设计实验方案过程中充分发挥想象力奠定了基础,也为学生实验过程发挥创造性、用心感知、体验和思考奠定了基础。另一方面,教师引导学生讨论实验方案的过程,在于训练学生分析问题、解决问题的基本方法和思路,在于让学生学会表达、倾听、交流、合作,这是小组合作探究学习的重要素养,也是学生今后工作生活中不可缺少的基本素养。

(二)教师教学设计与教学行为的多元化拓展

面对新课程提出的新目标——"为了每位学生的发展",面对学生学习方式的多元化变革,教师的教学设计与教学行为必须进行多元化的拓展。教学设计是教师基于一定的教育理论,分析具体教学问题、设计解决方案、进行评价与修改,直至获得解决问题最优化方案的过程。这个过程突出展示了一位教师的教育理想与创造性建构自己教学行为的才能。教学设计决定教师的教学行为方式,也反映教师的教育理想。在新课程背景下,下面一些教学设计与教学模式中的教学行为具有前瞻性和影响力。在综合实践活动实施中,它们也最具适应性和启发性。

1. 对话教学

所谓对话教学,是指师生面对某一课程主题,通过对话而开展平等的思想交流、相互切磋和探讨问题,进而促进学生学习乃至身心发展目标的教学活动。对话教学是一个与讲授教学相对的概念,它是师生基于关于价值和关系认知,整合反思与互动,在尊重差异的前提下合作创造知识和生活的话语实践。该实践旨在发展批判意识、自由思想、独立人格,关心伦理和民主社区。[②]

对话教学的基本要素,主要包括 5 个方面。

(1)主题探究。这是对话教学的基本方法论。因为问题或主题是对话的背景或前提,对话的目的就在于提出问题、生成有意义的主题,进而对主题开展探究,所以主题探究和对话教学是不可分割、融为一体的。

(2)多元会话实践,包括问答、会话、辩论等具体形式。问答是课堂教学中常见的对话形式,其本质在于问题与经验、知识、课程、教学融为一体。只有问题被提出,探究活动才能发生和持续,并形成和积累知识与经验。会话是比问答更开放的对话形式,目的主要不在于回答或解决具体问题而在于达成主体性的理解。因此,会话有两个特征:一是合作与容忍的精神;二是相互理解。辩论是直面对手展开论辩,旨在针对特定事件、选择恰如其分的观点和论据击败对手。

(3)对话性讲授,强调追求关系价值、关心和满足学生需求,主张讲授即倾听。一方面倾听自我,在讲话的同时倾听所讲内容(是否自己心声);另一方面倾听学生,教师所讲需要立足于对学生的倾听与理解基础之上,讲其所疑、所问、所思、所惑、所想,若此,所讲才能与学生发生共鸣。

---

① 钟启泉,崔允漷. 新课程的理念与创新—师范生读本[M]. 北京:高等教育出版社,2003:117.

② 张华. 研究性教学论[M]. 上海:华东师范大学出版社,2010:61.

（4）交往性沉默。法国著名哲学家福柯认为，沉默是体验同他人关系的特定手段。在对话教学中，一是"不可说的东西"只能沉默，二是个人知识属于"默会维度"，三是智慧教育需要机智地选择沉默的方式。

（5）个人方法。教师或每个学生的知识、经验、思想、情感、态度等总是体现出其个性独特的方面，并且这些方面在特殊教育情境中总表现出教学方法的性质与功能，这就是所谓的"个人方法"。[①]

2. 讨论教学

讨论教学是师生围绕特定问题开展讨论的教学方式。讨论教学作为一种教学方式始终贯穿着讨论的精神。这种精神基于民主、平等的师生关系，使课堂教学形成多元对话、思想碰撞、心意沟通的开放、互动的教学形态。讨论教学不仅关注学生知识的生成，而且关系学生全人发展，如学习兴趣、动机、情绪变化和性格养成。讨论教学体现了一种民主教学价值观，是一种尊重、激励并养成人（学生作为人，发展全方位素质）的教学方式。

讨论教学的基本环节与核心要素，主要包括4个步骤。

第一步，问题呈现与群体思考。这一阶段，教师要详细向学生说明所要讨论的问题及其价值，吸引学生积极参与讨论；同时，教师还需指导学生运用资料、处理信息、思维方法、讨论辩论的基本技巧，最后，还要阐明讨论的原则。

第二步，个体表达与他人倾听。学生要在教师指导下做好各项准备，不至于"仓促上阵"。发言应当言简意赅，清晰明确；倾听需要抓住要点，领会主旨。这样，才能确保理解准确、交流顺畅，讨论教学也才不会"走过场"。

第三步，意见反思与切磋回应。这一环节是讨论教学的核心环节。许多不同见解及思考问题的方法、思路会在这一环节展现出来。作为教师应当引导学生学会倾听，借助提问、解释来澄清思想与观点，关注、激励学生阐发不同见解。

第四步，观点总结与讨论评价。在论点梳理的过程中，注意使用发展性小结，给学生以积极鼓励。这样，有利于保持兴趣、增强信心，促使学生持续学习观念的形成。另外，在评价时注意运用延时评价。即时评价易给学生带来压力，不利于开放思维的形成，延时评价有利于讨论的深入和学生的发展。

3. 探究教学

探究教学与问题探究学习相对应，是指在教师精心设计的一个真实生活情境下，使学生产生问题意识和探究愿望，并通过学生亲自动手操作实物材料或体验问题解决过程，获得对事物感性认识及动手能力的教学活动。关于探究教学理论，目前较有影响的有杜威的"思维五步法"、施瓦布的"探究教学"（inquiry teaching）、萨奇曼（J. R. Suchman）的"情境探究教学"（situation inquiry instruction）和美国《国家科学教育标准》所制定的探究教学过程。

我国教育要摆脱专制文化、实现现代化和民主化的基本出路是将教育建基于探究精神之上。因为没有自由就没有探究和创造，只可能滋生压制和服从。而教育民主的核心，是让每一个儿童在学校过有意义的探究生活。[②]

归纳起来，探究教学过程由6个基本阶段构成[③]：第一步，在一定的情境中提出和明确所要解决的问题；第二步，创设有利于探讨的情境和环境；第三步，激励学习者利用可能的途径去

[①②] 张华. 研究性教学论[M]. 上海：华东师范大学出版社，2010：109-148.

[③] 全国十二所重点师范大学联合编写. 教学论[M]. 北京：教育科学出版社，2007：380.

小学综合实践活动设计与实施

收集适合问题解决的资料;第四步,制订探究的计划和探究性的假设;第五步,通过实证的和推理的方法去解决探究性的问题;第六步,进行探究结果和探究经验的交流。

4. 创意教学

创意教学是指教师依据一定的原理,通过有创意的设计,采取有效的方法和策略,以培养学生的创造力、思维能力为目标的课程实施过程。创意教学的特点是依据创造性思维原理来设计教学,以适合学生身心发展的策略,激发学生的学习兴趣、学习动机和学习品质。

教学过程本身是一个有创意的活动过程,一个学生实践过程,一个学生想象力得以发挥、创新思维得到锻炼的过程。创意教学的类型主要有以下几种:①融入式创意教学,即不改变课程与教学的内容框架,只在知识与原理学习上融合各种创意性方式,引进学生活动,启发学生思维的教学类型;②统整性创意教学,指与学科结合方式的教学,特色是打破学科界限,如将语文、数学等不同学科的相关概念作教学前统整,据此来设计教学活动;③辅助性创意教学,指教学结束后,依据教学评价了解教学现状,确定补救教学的内容,开展创意性教学;④形成性创意教学,指在教学过程中,教师根据实际需要以创意性活动引导学生理解课程内容,加深学习印象,提升教学效果。

创意教学的实施方法很多,常常根据具体方法来调整实施步骤。一般来讲,创意教学的实施至少应当包括 5 个步骤。

第一步,选择适当问题。根据学习内容,选定适当问题,收集相关资料。

第二步,组成头脑风暴小组。将学生分成若干小组,每组至少 6 人,以 10～12 人为理想;男女混合,选出有经验的成员为组长。

第三步,说明活动原则。实施头脑风暴教学,应阐明规则:不批评他人构想;自由发表意见,鼓励发表与众不同的构想。

第四步,进行头脑风暴。主持人需要将所解决的问题进行重述,或写在黑板上,使小组讨论有所依据,不至于偏离主题;随时记录成员提出的新构想,并加上编号以便于讨论和评估。

第五步,评估各类构想。头脑风暴结束后,教师或主持人归纳新构想,列成一张清单,小组成员共同评估、选出最有价值的构想。

5. 协同教学

协同教学(team teaching)是指不同学科的教师组成小组,通过合作对某个学习集体进行有目的、有计划的协调指导的教学形式。这种教师合作作为教学组织形式,往往不是教师个人的、自发的合作关系,而是一种有组织的、合作的教学指导体制。

协同教学源于 20 世纪 50 年代的美国。1956 年,全美中等学校校长协会根据探究委员会"关于教职员活动的实验"的实践成果,提出了在中小学开展教师合作指导体制的改革实验。1957 年,马塞诸塞州等地首先开展实验,随即推广到其他地区和国际。当前,综合课程的教学由于单个教师一般无法承担,因此,协同教学便成为课程实施的主要方式。

(1)教师小组的组织。协调教学教师小组的组织形式,主要有 5 类。

① 班级教师小组:在小学,一般采用班主任和学科教师相互配合的组织形式。

② 年级教师小组:往往以某一年级或某一学段为单位,教师间围绕某一主题而进行协同教学。

③ 学科教师小组:围绕某一主题将各学科相关内容整合,安排相关教师协同教学。教师小组包括学科教师小组和不同学科教师小组。

④ 全校教师小组：根据综合课程的目标、内容以及活动形式，在全校范围内的教师间进行合作，各自承担不同职责，协同完成相应的教学任务。

⑤ 校内外教师小组：校内外教师展开合作的教学组织形式，体现学校、家庭、社会间的教育合作，具有开放性的特点。

（2）协同教学的实施，主要有两种类型。

① 课题单元综合课程的教学。其基本模式如下。

$$课程开发(T_1, T_2, \cdots, T_5) \rightarrow 板块1(T_1) \rightarrow \cdots \rightarrow 板块5(T_5) \rightarrow 单元总结(T_1)$$

这是综合课程教学的基本模式。首先由教师 T_1 牵头组成课程开发小组，人员组成由构建课程的内容及性质来确定，共同确定课程目标、编写课程计划、设计课程方案。然后，根据课程实施程序与内容板块进行分工教学。最后，由教师 T_1 进行单元教学总结。T_1 是这一课程实施的组织者、领导者。

② 课题研究指导。其基本模式如下。

$$形成课题小组(T_1) \rightarrow \begin{cases} A课题(T_1) \\ B课题(T_2) \\ C课题(T_3) \\ D课题(T_4) \\ E课题(T_5) \end{cases} \rightarrow 交流总结(T_1)$$

研究性学习的课题指导，常常采用这种模式。教师 T_1 进行课题导入，学生根据各自兴趣、生活经验自主选定相应课题，制定各自研究方案，选择各自指导教师，根据计划进行个别性课题研究活动，选定教师$(T_1, T_2, \cdots, T_5)$随课题进行指导，最后教师 T_1 组织学生进行学习成果交流。

第二节　综合实践活动实施过程分析

一、综合实践活动实施的基本特点

综合实践活动课程的实施状况，反映了学校与教师的教育理念，折射出学校与教师全面落实新课程的状况，同时，也折射出社会及家庭对新课程改革的关心、重视及支持程度。与学科课程的实施相比，综合实践活动课程的实施具有自身的特殊性，其特点主要表现在以下几个方面。

（一）影响因素多

影响综合实践活动课程实施的因素很多，有人、财、物、信息、时间、空间等。人的因素包括课程决策者和制定者、校长、教师、学生、家长等；财的因素包括资金投入和分配；物的因素有设施设备、条件等。也有人将其归纳为课程方案本身的因素（包括课程改革的必要性、合理性、优越性、可行性等）、学校内部的因素（包括校长、教师、学生等）和学校外部的因素（包括政策倾斜、课程资源、教育行政部门、社会团体等）。[①] 每个因素又包括多个方面。如人的因素，有学

----

① 刘红姣. 城市初中综合实践活动课程实施现状调查——以长沙市城区中学为对象[D]. 长沙：湖南师范大学，2007：36.

小学综合实践活动设计与实施

校领导和教师方面,有校外教师、家长认识与支持方面的,还有学生的知识经验、能力、兴趣爱好等方面的。指导教师素养,又主要表现为教师课程实施能力、合作协调能力、资源开发与使用能力等不同方面。

(二) 时间灵活并有延续性

在《国家九年义务教育课程综合实践活动指导纲要(3~6年级)》中明确规定了"各小学要统筹规划综合实践活动的课时,在保证基本课时(每周3课时)总数的前提下给予小学生弹性的时空环境,允许不同的学习小组或个体有不同的学习进度,保证小学生活动的连续性、长期性。同时要注意开发利用周末、节假日等课外时间,保证综合实践活动的充分开展"。[①] 可根据活动主题需要对时间进行灵活分配,时间长短可根据主题大小而定;或集中使用,或散使用,甚至可以利用周末、节假日等课外时间。总之,综合实践活动课程实施比学科课程时间更具灵活性和长期性的特点。

(三) 空间辽阔并有延展性

综合实践活动课程的综合性、实践性和开放性特点决定了其实施的活动场所多、活动空间广。其活动场所可以是教室、学校,还可以延伸到学校之外的家庭、企事业单位、社区机构、科研单位、部队等所有的场所,只要安全,不影响其他人的正常工作,都可以作为学生活动的空间,这样,学生在综合实践活动中就远远超越了学科课程的时空限制,为学生发展开辟了无限广阔的空间。

(四) 方式多种多样

在《国家九年义务教育课程综合实践活动指导纲要(3~6年级)》中指明了:综合实践活动以活动为主要开展形式,强调学生的亲身经历,要求学生积极参与到各项活动中去,在"调查"、"考察"、"实验"、"探究"、"设计"、"操作"、"制作"、"服务"等一系列活动中发现和解决问题,体验和感受生活,发展实践能力和创新能力。

(五) 环境较为复杂

综合实践活动课程的综合性、实践性、开放性的特点和实施中广延、辽阔的空间,多种多样的活动方式,比教室和实验室的环境复杂,危险得多,学生需要乘坐各种交通工具、操作各种工具、走访各类人员,调查各种事项、体验各种生活,这带来了各种安全问题。加之,小学生身心发展尚未成熟,判断是非的能力、应对偶发事件的能力、心理承受能力还不强,还有他们的本性活泼好动,这就要求综合实践活动中的教师为学生提供健康、安全的条件和环境。作为课程的组织者应当以高度重视、高度负责、高度警觉的状态对待,应注重调动一切社会资源为学生的健康和安全提供切实的保障。

(六) 管理更加困难

综合实践活动课程实施虽然有四大指定领域和广泛的非指定领域,但具体内容需要教师和学生从生活、社会中寻找他们熟悉、感兴趣的课题内容;有专任指导教师,但当超出指导老师的学科范围和精力时,可根据课题内容在学校聘请指导教师,或聘请社会相关人员;无固定的

---

① 《国家九年义务教育课程综合实践活动指导纲要(3~6年级)》。

活动场所和活动模式。综合实践活动课程的评价侧重质性评价、表现性评价等内在的评价。总之,课程实施涉及的因素多,而且有很多不定的因素,这都给管理增加了难度。

综合实践活动课程实施的上述特点,对教师实施活动提出了挑战,期望教师充分认识这些特点,在实施过程中综合考虑各方面的因素,合理利用课程的优势、克服实施中的困难,充分挖掘课程的功能,以促进学生最大限度的发展。

二、综合实践活动实施主体与任务

在综合实践活动课程的实施中,综合实践活动课程是客体,参与课程实施的人是综合实践活动课程的主体,它主要包括教育行政机构、学校、指导教师、学生、家长等。

(一)教育行政机构

综合实践活动课程的实施需要各级教育行政管理部门根据新课程实施的要求,改革教师配置政策、加快中考和高考改革的步伐,为综合实践活动课程的实施提供必要的政策保障。

(1)督导和管理。教育行政部门及其管理人员的职责,主要是从宏观上对综合实践活动课程进行督导和管理。地方教育行政部门要引导并督导学校认真落实课程计划,保证国家制订的课程计划的严肃性。

(2)指导。地方教育行政部门及其管理人员,需要把对学校的管理与对学校工作的指导结合起来,通过运用一定的评价手段和组织区域性的、校际的经验交流活动等方式,帮助学校领导和教师转变教育观念,指导学校切实地、创造性地落实课程计划中关于综合实践活动课程的要求。

(3)引导。地方教育行政部门还要引导学校建立起一支专兼职结合的指导教师队伍。调整教师编制结构,落实综合实践活动的指导教师,妥善处理综合实践活动指导教师的职称评定、业绩考核等方面问题。引导学校联系学生的生活经验和生活背景开发和利用多样化的课程资源。根据学校实际、教师指导与学生活动的需要,可分年段开发指导性的课程资源包。引导并加强对综合实践活动实施的研究。各级教研室要组织力量,深入学校,共同研究综合实践活动,总结经验,分析并解决问题。

(4)规划。市、区、县一级的教育行政管理部门,应对综合实践活动课程实施进行区域性的统一规划。

(二)学校

其主要任务是进行资源开发、校本培训、对课程实施进行管理评价,学校在众多的主体中起着主导作用,对课程起着规划、决策、管理的作用。学校的主要职责和任务如下。

(1)制订课程规划。在课程规划时,明确课程目标,配备领导和师资队伍,提出课程实施的建议。

(2)进行校本培训。通过聘请专家进行专题讲座和教研活动,帮助教师明确对综合实践活动课程的正确认识,形成新的教学理念,掌握课程实施的策略与方法。

(3)开发课程资源。学校要对学校、家庭、社区、社会的各种资源进行分析,联络相关部门,调动多方面的力量,建立综合实践活动课程基地,充分利用各种课程资源。

(4)组织课程实施。包括安排活动课时、选派指导教师、确定活动主题、落实活动场所以及提供活动经费等。

小学综合实践活动设计与实施

（5）开展管理、督导。按照课程规划设置课程，确保平均每周 3 课时；建立专门机构，负责对综合实践活动课程实施进行统筹规划、管理与督导；对教师和学生的课程实施进行评价；合理计算教师的工作量等。

（三）指导教师

学校指导教师是课程实施的直接责任人和核心主体。指导教师职责如下。

（1）制订课程计划。根据《综合实践活动指导纲要》和学校课程规划，结合社区、学校和学生的特点，设计不同年级的课程实施计划并考虑课程的年段衔接。

（2）开发与利用课程资源。根据课程的实施要求，最大限度地开发和利用学校、家庭、社区、社会的课程资源，提高资源的利用效率。

（3）具体实施课程。教师要指导学生完成确定活动主题、确定活动形式、制订活动方案、开展实践活动、交流活动成果、反思活动的整个实施课程过程。

（4）进行教学评价。对综合实践活动课程实施的效果进行评价，总结经验、发现问题，为下一步课程实施提供反馈信息，并指导学生学会对自己在整个课程实施过程中的表现进行客观的评价，还要发动家长参与评价。

【案例5.4】

教师比弟子更能受教

著名现象学家、存在哲学家海德格尔曾说："的确，教比学更难，人们知道这一点，但却很少思考这一点。为什么教比学难呢？并不是因为教师应具有更多的知识积累，并得做到有问必答。教比学难是因为教意味着让人去学。真正的老师让人学习的东西只是学习。所以，这种老师往往给人造成这样一种印象，学生在他那里什么也没有学到，因为人们把获取知识才看作'学习'。真正的教师以身作则，向学生们表明他应学的东西远比学生多，这就是让人去学。教师比弟子更能受教。"[①]

【案例点评】

海德格尔这段话揭示了教师职业的真实内涵：教非教导，教即学，教即多学。他强调的是：身教重于言教，身教深刻于言教。不仅如此，实际上，这段话还反映了一种民主、平等的师生观——教师与学生一样是学习者，是一位先行的同学。这种师生观在现代中国课堂里显得弥足珍贵，在综合实践活动实施过程中更加不可缺少。

（四）学生

学生是综合实践活动的直接参与者和受益者。学生的主要任务是在指导教师下根据自己的兴趣，选择课题、查找资料、参与活动过程、展示活动作品、进行自我评价等。

（五）家长

家长的主要任务是理解、支持和积极参与。家长可以根据活动的需要和自身的特长，有选择地参与综合实践活动课程的实施过程。

总之，在综合实践活动课程的实施过程中，不同主体所承担的任务不同，其中，学校以及学校指导教师作为课程实施主体中最核心的部分，任务重，作用大。他们既是课程实施的组织

① 张华. 研究性教学论［M］. 上海：华东师范大学出版社，2010：160-161.

者、决策者、设计者、实施者、指导者、管理者和评价者，又是其他主体之间的指导者、协调者和管理者。但是我们始终不能忘记学生是课程实施的主体，学校和指导教师不能越俎代庖，要让学生通过自主、合作、探究的学习方式，学会学习、学会做事、学会做人。

三、综合实践活动实施的基本要素分析

在新课程实施与实践中，综合实践活动课程从教育理念到实践操作都开拓出一套全新系统，为我们解读教育的本质和使命开辟了新背景。[①] 下面就活动实施中的基本要素——学生、教师、课程资源、活动方式展开具体分析。

（一）活动方式：学生自主探究

综合实践活动实施倡导研究性教学，反对传递性教学。传递性教学将人的发展视为由外而内的外铄过程，把知识视为外在于人的存在，将教学演绎为训练，因而成为一种抑制人的精神生命的力量。研究性教学通过发展人的观念来解放人的精神生命，把师生合作创作知识视为教学过程的本质，它追求真理一如追求自由，且将真理视为植根于个人的经验或体验，具有共享性和精神性。[②] 基于上述理念，综合实践活动实施设计了全新的教学样式——借助"学生实践活动"的方式重建教学：由传递性教学转变为研究性教学。因此，《综合实践活动指导纲要（3～6年级）》规定的"组织形式：鼓励小组合作学习，也允许个人独立进行活动与探究。"

个人独立探究。如果有条件和愿望，也允许个人进行活动与探究。

小组合作探究。考虑到小学生的年龄特征，为保证综合实践活动安全、有效地开展，加强对小学生团队合作精神的启蒙和培养，小学阶段通常鼓励以小组为单位开展综合实践活动。

其他方式探究。为使实践与探究走向深入，允许并鼓励各班之间、不同年级之间、甚至不同学校、不同地域之间小学生的组合。主要有结伴合作探究的方式、班级合作探究的方式、跨班级与跨年级合作探究的方式、跨学校合作探究的方式，也可通过各种方式如借助网络技术进行跨地区、跨国界合作探究。

无论采用哪种活动方式进行探究，综合实践活动实施的教学形态都是建立在"问题—解决"模式基础之上的，这是研究性教学的特征。它与传递性教学模式即"传授—接受"有着根本的差异。前者遵循生活原则：一是求真，在真实情境、真实问题、真实感受中进行真实探究与真实创造；二是向善，在求真的实践中学会倾听、学会理解、学会合作、学会帮助、学会欣赏。而后者遵循科学原则：遵从逻辑、实证、精确、高效、客观、理性等去人情化的原则范畴。[③] 总之，综合实践活动实施的活动方式是学生探究，这是综合实践活动的主要形态。

落实"学生探究"方式，需要参照如下做法：创设问题情境让学生投入进去；倾听、理解、研究学生的思想，并在对话、讨论中把学生的思想引向深入；与学生共同探究学科与生活；在自我反思及同伴研讨中不断提升自己思想。这样，教学就变成一项实实在在的研究：研究学生的思想；与学生共同做研究。[④]

（二）课程资源：动态性与生成性

落实"学生探究"的活动方式，需要重估知识价值，重建课程观。按照传递性教学论，只有

①③　赵书超. 综合实践活动课程：理念与价值[J]. 全球教育展望,2011(9)：19-24.

②④　张华. 研究性教学论[M]. 上海：华东师范大学出版社,2010：60,160.

小学综合实践活动设计与实施

少数人有权发现或"掌握"真理,大多数成人与所有儿童只能接受真理,而这些真理就在教材中,因此,把握教材、牢记知识则成为教学的必由之路。而根据建构主义的理论,并不存在客观性知识,真理只是人们对知识的神圣化,人的知识是自主建构的。因此,课程具有探究性,且由封闭走向开放(教材到一切可用资源)、由静态走向动态(传授知识到经验改造)、由预设走向生成(教师事先建构到师生在交互活动中持续建构)。

课程资料。学校要因地制宜、因时制宜,充分开发利用各种教育资源(包括校内资源、社区资源和学生家庭中的教育资源),落实课程计划的要求。要积极创造条件开发信息化课程资源,拓展综合实践活动的实施空间。

实施空间。活动场所可以是教室、学校,还可以延伸到学校之外的家庭、企事业单位、农场、园林、社区机构、科研单位、部队等所有的场所,只要安全、不影响其他人的正常工作,都可以作为学生活动的空间。

实施时间。《指导纲要》中也规定了平均每周 3 个课时弹性实施的时间。要求各小学要统筹规划综合实践活动的课时,在保证基本课时(每周 3 课时)总数的前提下给予小学生的时空环境,允许不同的学习小组或个体有不同的学习进度,保证小学生活动的连续性、长期性。同时要注意开发利用周末、节假日等课外时间,保证综合实践活动的充分开展。

(三)学生:课程实施的主体

在综合实践活动中,学生是课程实施的主体。"每一个学生不仅日复一日地创造着其个人知识,而且还与同伴一起积极创造着儿童文化。学生的知识来源于学生心灵与其置身于其中的日常生活世界、文化世界的交互作用,以及学生心灵的自我反思。"[①]无视这一点,所谓教育不仅难以达成,抑或走向反教育。

随着认知学习论及人本主义学习观越来越被人接受,教育界开始认识到,学习是学生个体有意义的探究行为,学习过程是学生给予自我意识、态度、兴趣、价值观的自我建构过程。综合实践活动,作为这一思想的典型课程,自然主张使学生从边缘进入中心。不仅要求正视学生的多元化、个性化,强调让教学回归儿童生活,而且主张将学生的自主性置于教学活动的第一位。强调让学生自主地、积极地参与;要充分相信学生,他们能够依靠智慧和经验从现实生活错综复杂的现象中思考问题。

总之,综合实践活动强调过程,主张学生是课程实施的绝对主体。学生通过自主考察、搜集、协作、访问、社会调查、分析研究、写课题小报告等实践活动,让学生学会探究,学会与人交往,锻炼自己勇于参与、大胆实践的品质,逐渐掌握独立自主学习的方式和各种能力。遵循"亲历实践、亲身体验、深度探究"的原则,对自己感兴趣的主题持续深入探究,亲身实践体验,防止浅尝辄止。如此,学生才可以创生知识,完成其"成才"的伟大目标;也才能完善其人格,实现其"成人"的终极理想。

【案例 5.5】

什么叫作"自己的想法"?

几年前,世界范围内曾流传这样一则笑话:一天,在一所国际学校,老师说:"同学们,今天咱们讨论这样一个问题:请大家就其他国家的粮食短缺问题谈谈自己的想法。"结果同学们无言以对。当老师进一步追问的时候,美国学生说:"什么叫作'其他国家'?"欧洲学生说:

---

① 张华. 研究性教学论[M]. 上海:华东师范大学出版社,2010:56.

"什么叫作'短缺'?"非洲学生说:"什么叫作'粮食'?"而中国学生,则怯生生地望着老师说:"什么叫作'自己的想法'?"[1]

【案例点评】

　　无论这则"笑话"的真实性如何,它概括出了不同国家孩子的基本观念和状态,这一点似乎可以达成共识。正因为如此,我们更为中国学生没有"自己的想法"感到屈辱和悲哀!如果这个判断正确,那么,以往中国教育则不是在培养人,其大有异化人、摧毁人之嫌!这说明中国教育迷失了最根本的使命,中国教师则疏失了自己最根本的责任,而中国课堂也已经到了不可不改的地步。

(四)教师:课程开发者、组织者

　　在综合实践活动实施中,教师是重要的课程开发者和组织者。当然,教师角色定位的这一转变,即从"代理人"角色回归专业人员,要求教师具有特定的专业自主权和特定专业素养。

　　新课程强调每个人(包括教师和学生)都必须拥有课程意识。课程意识是一种开放的、民主的、科学的意识。具体到综合实践活动实施来说,学生是课程实施的主体,但是,学生主体地位的落实,需要教师主导行为的现场"退隐"。犹如演员创造性演绎一个角色的前提是,导演愿意视演员为剧本的共同创作者,并且认可或默许演员的现场发挥。具体说,大多数活动由学生以自主实践为主独立进行,有些活动可以采取师生或学生与家长、学生与校外指导者合作的方式进行。但是,教师不仅是整个活动的参与者、指导者,还是整体活动的设计者、规划者和组织者。当学生碰到困难、产生疑问、遇到挫折时,教师应及时给予学生适当的援助、积极的鼓励,而且还需要整体设计、规划、组织并推进实践活动的进程,使学生活动的方向性更明确,探究更有效。

　　这一职能的实现,一方面需要教师拥有特定的专业素养;另一方面需要赋予教师专业自主权。教师专业自主,首先意味着教师是实质意义上的课程开发者,他/她可以自主地面对儿童生活和学生体验,充分发挥自身创造性来建构有意义的实践活动;其次意味着教师是实践活动反思与探究的主体,他/她亲身参与并不断反思,借助探究与体验进行现场指导;再次意味着教师是自身专业发展的决定者,反思、研究作为实践活动指导的前提,自然对教师素养提出了更高要求,而这一素养的提升往往离不开教师亲身实践和自主反省。因此,综合实践活动实施本身也是教师专业发展的"田野"和途径。

【案例 5.6】

活动主题的确定

　　课堂上,我(吴老师)先请最近经常迟到的同学跟大家说说原因。同学们以为我要批评人了,都一本正经地听他们发言。接着,我又请何梓龙读了自己写的那篇文章。然后,我问:"同学们,你们是不是也感受到了中巴出城给生活带来的变化呢?"我这一问,立刻引起了同学们的兴趣,教室里一下子热闹起来,他们都在议论纷纷。我请同学们站起来发表意见。

　　"中巴出城确实不好,我妈妈每天下班回来都抱怨公交车太挤!"

　　"原来我去上围棋学习班时,总是在伍家岭坐中巴,觉得很方便。现在中巴没有了,又没有公共汽车从伍家岭起点发车。我好不容易等到一趟公交车,车子里总是满满的,本来在伍家岭

---

[1]　张华.研究性教学论[M].上海:华东师范大学出版社,2010:54.

小学综合实践活动设计与实施

等车的人就多,我个子又小,经常挤不上车。我也认为中巴出城不好!"

"也不能光说中巴出城怎么不好。原来中巴车总是在路上抢客,我最怕坐中巴车了。"

......

学生的发言非常积极,课堂气氛也十分活跃。我说:"对于中巴出城这一话题,大家都挺感兴趣的,我们以'中巴出城'为主题开展一次综合实践活动,好吗?"

"好!"同学们都鼓起掌来。

【案例点评】

综合实践活动实践性、自主性、生成性的特点,决定了活动主题、内容需要由学生与教师共同确定。综合实践活动开放性、整体性特点,又增加了课程主题与内容选择的难度,离开教师,学生自己很难选择和确定一个合适的主题。因此,教师是综合实践活动不可或缺的开发者与组织者。

四、综合实践活动实施的本质

综合实践活动的实施强调学生自主性,坚持"以学生为本"的课程理念,活动过程是教师指导学生自主实践的过程。这一过程具有如下根本特点。

(一)综合实践活动实施的核心目标是"成人"

综合实践活动实施就立足于一种新的课程价值观。课程目标不是培养专业人才,即"成才";而是"成人",即将学生作为"整体的人"以促进其发展。他/她被当作"万物之灵"的生命来看待,即学生作为人,同样有七情六欲,生理、心理乃至精神领域的需求、志趣、规范和追求。[1]因此,综合实践活动一反将知识置于课程实施中心的做法,视知识为课程实施至高目标,学生为知识的内化者、运用者;取而代之,课程实施中的人——尤其学生——变为课程实施的中心:"强调自然、社会与他人对个体存在的意义,更加关注学生的'精神世界'、'价值世界'与'体验世界',在自然、社会、他者与自我的融合统一中探求知识的情境化意义。"[2]也就是说,综合实践活动实施将人而不是知识置于首位,真正落实"以人为本"的理念,将理解人、关怀人、重视人、成就人作为课程第一要务。

(二)综合实践活动的实质是学生"做中学"

综合实践活动是由学生"做"出来的,这是综合实践活动实施的实质。在综合实践活动中,学生是借助一种特殊形式——实践活动——完成其学习,进而达成其不断成长的。因此,综合实践活动实施,必须坚持学生自主选择和主动探究的原则,以使学生通过主动地获取知识、应用知识和解决问题,来提高其创新精神和实践能力。这是综合实践活动课程设置的理念和目的。在综合实践活动中,学生是综合实践活动的主体、决策者、实践者。从综合实践活动主题或课题的选择到活动实施或问题探究,从获取指导到活动总结和成果展示,都主要是由学生自主完成,教师只负责宏观指导和提供支持。

(三)教师"指导"是综合实践活动顺利实施的保证

这里,指导与教学有根本性区别。教学往往针对学科课程的实施,意味着教学内容是教师

---

① 赵书超. 综合实践活动课程:理念与价值[J]. 全球教育展望,2011(9):19-24.

② 张华. 研究性教学论[M]. 上海:华东师范大学出版社,2010:190.

确定的,教学过程是教师主导的,不可避免地,教师是课堂的中心;指导则面对综合实践活动(活动课程)的实施,意味着活动从主题、内容、活动形式等方面,皆由学生自己抉择,理所当然地,学生是活动的主体,也是活动的中心。然而,实践一定是面对问题的,尤其是儿童,由于缺乏实践经验,其难度是可想而知的。所以,在学生"做/实践"的过程中,离不开教师的指导。教师是学生"做/实践"的智囊、顾问、导师;是学生探究活动的强大后盾。没有教师指导,在综合实践活动实施过程中,学生就失去了依靠。

第三节　综合实践活动实施与教师指导

小学综合实践活动的实施,教师首先要注意角色的转变,由传统的主导者、支配者转变为指导者、参与者、支持者。小学阶段学生的发展水平,决定了综合实践活动坚持学生自主选择、主动实践的同时,教师必须给予切实的指导。

一、综合实践活动中的教师指导

在综合实践活动实施过程中,教师与学生的关系是一种指导与被指导的关系。教师的有效指导,是学生完成综合实践活动的基本保证,是提升综合实践活动课程价值的动力与源泉。

（一）综合实践活动指导原则

在综合实践活动实施过程中,许多教师的指导常常流于表面,不能为学生解决问题提供切实、具体、有效的帮助,原因是指导不到位。首先,综合实践活动教师的指导工作,应当遵循以下原则。

1. 适切性

适切性是指教师根据现场实况把握指导时机,在恰当的时间给予恰当的指导。按照时间标准,教师指导一般分为提前指导、即时指导和延后指导3种。提前指导是教师在活动之前面对学生进行活动目的、要求和技术方面的指导。即时指导是教师在活动中出现问题的第一时间进行的具体策略、价值观等方面的现场指导。延后指导是教师在活动结束后针对活动中出现的问题,进行的反思性或总结性指导。指导对象可以是单个或部分学生,也可以面向全体学生;指导方式可以是反思式、讨论式、宣讲式等不同方式,依据问题性质而定。

2. 针对性

针对性是指教师的指导应指向学生探究活动中所遭遇的核心问题,对问题的认识有深度,且提出解决问题的方法与对策切实对路。这包含两层意思：指向性与深入性,两者缺一不可。这也是综合实践活动教师工作难度大、富有挑战性的根本原因。指向性不明或不准,不能帮助学生解决问题;对问题的认识深度不够,解决方法不对路,指导如隔靴搔痒,难有成效。

3. 反思性

反思性是指教师在指导时给学生留有反思的空间,且教师的语言及活动干预,能够促使学生自省、反思。因为教师指导功效的显现,需借助学生的理解、思考、领会、反省、认同这个内在过程,最终才能转变为外在行动。所以,教师针对某个学生（或小组）指导后,应给他们一定的反应时间。

小学综合实践活动设计与实施

（二）综合实践活动指导要点

在综合实践活动实施过程中，指导教师应当抓住关键层面，针对关键问题进行深入的指导。

1. 关注学生探究意识并予以指导

综合实践活动实施的主要形态是学生探究，学生的探究意识和探究精神如何，直接关系到实施的成效。所以，教师指导的首要内容是养成学生的探究意识与探究精神。①探究意识的培养，应当贯穿活动实施全过程；②关注学生思维的多重反思，启发学生连续追问；③协调思维的广度与深度关系，兼顾问题域的范围大小与每个问题质的深刻性。

2. 关注学生探究方法并予以指导

探究方法是学生探究的"钥匙"，因此关注学生探究方法是教师指导的核心内容。要点有3个：一要指导学生学会评析与选择探究方法；二要教会学生正确使用各种探究方法；三要指导学生正确、有效记录探究过程。

3. 关注学生价值观并予以指导

实践活动作为学生亲身参与、探究、体验的活动，是学生形成世界观的关键平台。这时学生的思想、观念和价值取向，教师应当予以特别关注，并适时加以引导。需要注意3点：①适时引导学生对所持观点深入剖析。从产生根源、背景、影响诸方面加以探讨，在理解的基础上形成正确价值观。②教师引导需要抓住时机。不能因为耽误活动进程，而放弃价值观引导。③针对价值观讨论，教师要有明确倾向性。在学术上，价值观可以百花齐放；在教育中，价值观必须清晰、坚定。因为教师肩负社会公民的道德理性、道德判断、道德行为养成的特殊职责。

（三）综合实践活动指导形式——教师合作指导

综合实践活动的教师指导，倡导一种新的形式——教师合作指导（team learning），也称作协同教学（参见第五章第一节）。

1. 教师合作指导产生的原因

（1）课程内容综合性对教师的挑战。综合实践活动作为课程形态的出现，标志着课程内容的综合化，这意味着打破了知识学习与探究的学科界限。而以往教师的培养，是在分科课程与教学模式下完成的，因此造成了单科教师与课程综合化之间的严重冲突。为了解决这一现实问题，教师合作指导的模式提了出来，通过"1＋1产生大于2"的效果，每个教师在发挥各自学科优势的同时，相互取长补短，以完成指导内容的统合。

（2）适应学习个别化的要求。综合实践活动体现并倡导个别化学习。这种学习方式不同于学科教学的要求，即每个学生或小组根据自身特点选择不同课题，进行独立的、自主的探究活动，单个教师的统一指导已然无法胜任。教师合作指导则弥补了教师的不足，扩大了指导资源，保证了指导的深入性与针对性。

2. 教师合作指导与个体指导的比较

相对于教师个体指导，教师合作指导在指导过程、参与人员、价值体现方面都表现出其特点，见表5-1[①]。

---

① 熊梅等. 综合实践活动开发与设计[M]. 北京：高等教育出版社，2006：74.

表 5-1　合作指导与个体指导的比较

	合作指导(共享、合作)	个体指导(各自为政)
指导过程	1. 指导前——相互探讨,达成共识,制订计划 2. 教学资源——集体资源 3. 指导中——分工合作,互补短长 4. 指导后——共同讨论,改进计划 5. 教学评价——有共同语言,材料丰富	1. 指导前——多数时间单独备课,自己设计 2. 教学资源——个体资源 3. 指导中——单独指导,分身乏术 4. 指导后——自我反思,改进计划 5. 教学评价——沟通有障碍,材料单薄
参与人员	学校管理人员、任课教师、家长及其他教师	单个教师
价值体系	对教师——教学是一个合作、交流的过程,相互促进、相互补充,共同进步,改善人际关系 对学生——教学指导关注到每一个人,内容丰富、综合	对教师——教学是一个孤独的过程,自我反思、自我提高 对学生——教学很难关注到个体,单一学科内容

二、综合实践活动实施阶段与教师指导

各类综合实践活动因类型和特点不同,具体实施过程千差万别。但是,从总体上看,其主要模式又大体具有相似或相同的基本过程,即主题确立、主题探究、总结发表。下面分别对各个活动环节加以分析,并分析教师的指导策略。

(一)主题确立

生成活动主题是活动实施的第一步,主题选择的质量,直接影响活动实施的成效。一个富有创意的选题凝聚着师生深刻的体验和无穷的智慧,传达着活动的意义和价值。

1. 主题确立的要求

学生选题的途径有:问卷、社会调查、创设情境、捕捉时机、课堂讨论等方式。这一环节的基本要求如下。

(1)可行性。活动主题要具有新奇性、趣味性、启发性和实践性,既有一定的难度,又是学生经过努力能达到的。

(2)源于学生生活。学生感兴趣的事物或关注的焦点问题,并且有探究价值、能促进学生发展的问题。

(3)指向现实。选题对学生自身、家庭、学校、社区具有实际意义,并需要考虑本地、本校可利用的教育教学资源。

2. 主题确立的指导方法

(1)创设问题情境,引导学生提出问题。问题是思维和探究的起点。教师通过创设一种真实的问题情境,才能让学生产生问题意识,帮助学生发现问题、提出问题,进而激发学生探究问题的兴趣。创设问题情境的手段很多,例如探究当地环境问题,可以通过资料展示,引发学生讨论;可以通过实地考察;可以通过在具体场所(如教室)布置新闻、图片等。

(2)引发脑力震荡,发散学生思维。在发现、提出问题期间,最重要的是开拓学生思路,让他们出于思维活跃状态。作为教师要善于激发、激活课堂氛围,引发学生现场的脑力震荡系统。具体做法是,不把学生提出的问题作为最终主题,鼓励学生各抒己见,提出任何想法。启发学生思考、发言、献计献策和探讨问题。例如关于环境问题,学生从身边生活——自然现象、动植物、个人衣食住行、生活变化乃至校园环境与城乡规划等,发现并提出问题,如探究水、空气、食品、垃圾等。

小学综合实践活动设计与实施

（3）给学生思考空间，学会归纳问题。由于知识经验、综合学习能力和社会阅历的局限，学生归纳问题、确定主题的能力往往不足。作为教师，一要激发学生的动机和兴趣；二要给学生留有思考的空间和余地。让学生在实践中学会思考，在问题梳理中学会归纳问题。

（4）澄清选题思路，指导选题原则。在第一环节中，有时学生提出的问题很多，但是，并非每一个问题都可作为综合实践活动的主题，教师要引导学生在此环节中将问题转化为研究的课题。这时，教师需要指导学生学会选题。主题的选择与确定，引导讨论相关标准。选题原则一般有3个：①主题的可研究性，主题应适合小学生年龄特点和能力水平、源于现实生活、关系自身成长；②主题的可持续性，主题应该具有多次研究的价值；③主题的适应性，具有问题性、时代性、通俗性。

（5）引导学生论证选题，并协调分组。在学生初步选择或自主提出活动主题后，教师要引导学生根据兴趣选择适合自己研究的小课题，并针对课题展开论证，以确定可行的小组课题。因此，小组课题选择与分组往往是同步进行的。主题确定后，围绕主题，学生从不同角度选择课题研究，这样，教师可建议选择相同小课题的学生，组成一个小组。教师协调学生组建课题小组，需要遵照以下原则：①学生自愿。这是综合实践活动的出发点，分组也不例外，教师协调必须与儿童进行协商，不能强迫命令；②限制规模，人数过多容易造成相互推诿，人数过少指导教师难以满足；③鼓励打破班级界限，如果条件允许，不同班级、学校乃至地区的学生，可以根据各自研究兴趣开展合作研究，发挥各自资源优势，拓展课程实施空间，同时也更有利于发挥学生的自主性。

【案例 5.7】

走进湘江风光带

蒋利平老师请同学们谈谈最近的事情，当王夏雨同学谈到自己与家人一起在湘江风光带拍照留影时，其他同学也七嘴八舌地说起了自己在湘江风光带游玩的场面。周丹同学说，那天爸爸妈妈带我去杜甫江阁饮茶，我在那里眺望湘江，感受到了它的气势磅礴……廖泽宇同学说，湘江边上也有很多不文明的现象，那天我就在电视里看到很多人在风光带随地大小便……还有很多同学也纷纷举手，说着自己在湘江风光带高兴的事和不文明的事。这时班上有两三名同学就冲着老师说："蒋老师，湘江风光带风景好，又好玩，什么时候也带我们一起去感受一下啊？"于是，她抓住这个契机，让大家一起讨论，最后，同学们就一起确定了这次主题综合实践活动"走进湘江风光带"。[①]

【案例点评】

小学生具有很强的问题意识，但由于生活阅历和知识积累的限制，学生对生活的观察往往停留在表面，抓不住本质，即使主题在身边，也不能被学生发现，这时，我们不能硬性规定学生研究什么，而应该根据学生问题的集中指向，经过反复讨论、协商，帮助学生提升主题，明确研究方向。

（二）主题探究

主题探究是在确立主题后运用多种方法解决问题的过程。这一阶段主要包括制订活动方案与落实活动方案两个环节。

---

① 长沙市岳麓区望月湖一小课题组："综合实践活动课型及指导策略研究"课题结题报告．[EB/OL]．[2013-02-16]．http://www.yljy.com/jskt.asp?id=115．

1. 制订活动方案

活动方案是活动的规划和蓝图,是活动开展的前提条件。活动方案主要包括课题名称、探究目的、探究准备、探究内容、时间安排、人员分工、实施形式、主要步骤、资料收集途径、预期成果及其呈现形式、安全保障措施等,见表5-2[1]。

表 5-2　表格式探究方案

探究主题		指导教师	
活动目标:			
探究方法:			
活动准备:			
活动分工:			
活动过程:			
其他说明:			

制订活动方案的要求主要如下。

(1) 方案具体、细致、缜密,包括活动时间、组织形式、人员分工、活动内容、活动目标、实施步骤、预期成果、表现形式、总结评价等。

(2) 方案切实可行。方案设计考虑现实条件,科学评估主、客观因素对活动方案的支持度,充分挖掘校外社区物力资源、人力资源,以确保活动目标的顺利实现。

(3) 关注小组成员特点,根据各自优势、特点分配任务。

制订活动方案中,教师指导主要包括以下内容。

(1) 教师应当引导学生制订具体细致的方案,以提高活动的效果。

(2) 教师要引导学生根据人力、物力、财力、时间、学生自身情况等方面选择合适的活动目标、探究方法与实践途径。对于跨学科的活动,要考虑指导教师自身的水平与能力、社会人士参与的可能性、学生的知识和能力水平。

(3) 指导学生进行组与组之间的交流活动。学生小组做好活动方案后,教师要及时组织学生对活动方案进行交流,以便学生从其他小组受到启发,不断完善自己小组的活动方案。

(4) 善于利用各种力量,帮助学生完善活动方案。引导学生广泛听取有关教师、家长的意见,以确保活动计划贴近实际、趋于合理、便于实施。方案实施中,如果情况确实有变化,或发现方案不合理,应指导学生随时修改活动方案。

2. 落实活动方案

活动实施阶段的基本任务是运用一定的方法,搜集文献资料和第一手资料,进入实际活动情境,进行具体的活动操作,获得实际的实践体验。落实活动方案的要求如下。

(1) 让学生自主选择活动主题与活动方式。

(2) 让每位学生尽情进行自我表现。

---

[1]　熊梅等. 综合实践活动开发与设计[M]. 北京:高等教育出版社,2006:60.

小学综合实践活动设计与实施

（3）围绕"问题—解决"选择探究方法。小学生常用的探究方法有：调查法、访问法、观察法、资料索引法和准实验探究法（非严格意义上的实验探究，最多是一种准实验或前实验探究）。

落实活动方案中的教师指导主要包括以下方面。

（1）引导学生开展多样化活动。根据现有的条件和学生实际，引导学生多角度、多层次、多类型地展开活动。根据活动性质，可以分为游戏活动、体验活动、探究活动、创新型活动等活动方式。从活动主体视角，可以分为交往活动、探究活动、实做活动、游戏活动、表现活动、内省活动等活动方式。

（2）教给学生必要的方法。选择合理的活动方式和方法，是教师指导活动成功实施的关键。一是引导学生针对特定内容即所确定的主题选择适合的探究方法；二是指导学生充分认识每种探究方法的适用范围。有些活动所需要的方法、技能是学生较少接触到的，因此，教师必须对学生进行相关的培训。其中最常用的方法有：调查、访问、参观、实验、测量、统计、分析、制作、表演、社会宣传等。

（3）为小组活动提供各种支持。例如在资料咨询、组织协调、激发兴趣、方法指导、主题转向等方面，提供教师的意见和建议，以供学生做出正确决策。

（三）总结发表

总结发表是指学生通过书面、口头或活动的方式总结、展示探究过程及其结果。这个过程既是对学生在综合实践活动中表现和活动成果的小结，也是师生之间、学生之间共同学习和交流的机会。学生可以在总结发表阶段总结自我、表现自我、反省自我，进而学会发现自我、评价自我；同时发现他人、欣赏别人、评价他人，进而学会与人沟通、交流与相处。

1. 总结发表的形式

（1）阶段发表与最终发表。阶段成果是最终成果的基础，后者的完成往往由多个阶段性成果组成。所以，两种形式之间有内在的相互联系。

（2）平面展示与现场互动。平面展示一般是学生成果以文本、图片、影像的形式，通过展板、展台或其他形式来展示；现场互动则主要通过学生现场交流、报告、表演、答辩等形式立体式展示探究成果。两种形式各有千秋，可以结合起来使用。

（3）校内发表与校外发表。校内发表又分为班级、年级、校级3种规模。校外发表则面向社会，吸收家长、社区及社会相关人员等参与发表，可以拓展发表的规模，增强学校教育活动的影响力。

2. 总结发表的指导

成果的形成与展示交流过程在培养学生的综合能力和创新精神方面发挥着重要作用。学生活动成果的形成与展示需要教师大量的指导与合作，教师既不能包办代替，也不能放任自流，适当的建议、点拨、积极参与，是对学生活动成果的最有力支持和肯定。教师的指导策略主要如下。

（1）形式的选择。根据活动主题与学生特点，指导学生选择恰当的总结、交流形式。

（2）内容的确定。展示内容力求真实、自然。学生在汇报活动成果的过程中获得的情感体验，要及时总结、提炼技能和方法。例如，学生可以总结自己在活动中成功的经验、失败的教训，以及所领悟到的做人的道理、做事的方法以及情感的体验和价值观的升华，等等。

（3）意义的拓展。总结发表本身属于综合实践活动的一个组成部分、一个重要环节。因此在这一过程中,教师要引导学生对活动过程、结果等方面,进行整体和细节的反思,通过反思不断改进活动、拓展活动,达成学生感受、体验的理性升华和意义追寻。因此,鼓励随即展示,关注感情体验。

三、综合实践活动类型与教师指导

上述内容从总体上概述了不同活动类型实施的基本步骤与过程。实际上,小学综合实践活动课程的内容开发包括4个指定领域:研究性学习、社区服务与社会实践、劳动与技术教育;并且,各个领域的课程实施过程也不尽相同。下面就针对这4个指定领域,细化为5个主要类型;然后,分别阐述每种活动具体的实施过程及教师指导策略。

(一)研究性课题探究活动实施

研究性课题探究活动是综合实践活动实施的重要形式。这是研究性学习领域经常采用的活动方式。通过采用科学研究的方法对自然、社会中的真实问题和现象进行探讨、研究。活动目的在于探索未知,引导学生接触自然、科技和社会实践,初步了解科学研究的过程,学习科学研究的方法,获得科学研究的亲身体验,享受研究活动所带来的快乐。

1. 研究性课题探究活动实施步骤

如表5-3[①]所示,研究性课题探究活动中,学生活动与教师活动相互对应。

表 5-3　研究性课题探究活动程序

学生活动过程	教师活动过程
1. 确定主题	1. 考查学生所选主题
2. 研究制订计划	2. 帮助检查、修改研究计划
3. 实施探究活动;搜集资料、开展调查和实验	3. 分析资料、落实方案、将课题引向深入、解决学生困难、组织过程性反思
4. 撰写研究报告	4. 帮助修改研究报告
5. 总结交流评价	5. 组织总结交流与评价

2. 活动实施中的教师指导

在实践性课题探究活动指导中,教师的工作方法与策略如下。

(1)采用督导的方法考察并帮助学生制订、修改、落实活动方案。期间,注意创设良好氛围、激发学生活动兴趣,引导学生专注于自己的课题探究。

(2)运用教育机制,启迪学生将课题研究引向深入。通过运用已有知识、经验,或辩论、研讨的方法,帮助学生寻找问题的突破口。

(3)注重成果的总结与整理。这一工作可以帮助学生修正或深化课题研究,提高学生的分析与综合能力。

(4)鼓励学生建立个人工作档案。记录自己的行动、发现与感想,进行自我监督与反思,形成自我督促的习惯与责任感。

(二)应用性设计制作活动实施

设计制作活动以项目为载体,以作品制作为平台,引导学生学习劳动技术,提高学生动手

---

① 郭元祥. 综合实践活动课程的实施[M]. 北京:高等教育出版社,2003:115.

小学综合实践活动设计与实施

能力,侧重培养学生技术意识和动手操作能力。这类活动对应于劳动与技术领域。活动强调动手与动脑相结合,立足学生所处环境、条件、年龄与兴趣特点安排项目,力争实现活动中工具价值与发展价值的统一。

1. 应用性设计制作活动类型与过程

(1)设计与制作。设计与制作是指学生设计产品、物品、工具等,并开展相应的制作活动。例如,改进某一个系统,排除系统障碍;计划和组织一项活动,对活动所涉及各种资源进行整体规划和设计。它要求学生在综合应用所学知识和技能的基础上,进行问题解决的实际操作,如平面设计制作,班级形象宣传画;立体设计制作,个人学习工作计划;网络设计制作,电子贺卡、个人主页、网站等。设计与制作类活动实施的一般过程如下。

① 确定要解决的实际问题,设计产品、改造系统,还是组织活动。

② 提出问题解决的措施,制订活动计划,包括设计与制作的名称;创意合理性的论证;考虑所需要的材料和工具;制定具体的制作时间表。

③ 搜集信息,利用各种手段收集到尽可能多的信息资料,为自己的设计与制作做充分的准备。

④ 设计方案。

⑤ 设计或制作。设计或制作是一个制作、再学习、反复改造、重新设计的艰辛历程。这个历程也是学生思维能力、抗挫意识、动手体验、科技知识等在学生的设计与制作中建构的过程。

⑥ 活动总结和评价。在总结中,学生还要学会与他人共同作业的手段与技巧,让他人能做自己所展示过的或解释过的事情。除了实物展示、操作展示外,还可以应用信息技术制作宣传作品。

(2)应用学习。应用学习更着重于解决学生生活和社会生活中面临的实际问题,更强调操作性和针对性,更注重使学生获得解决实际问题的技能,如特定地区的草本植物的种植。应用学习一般与劳动技术教育领域紧密结合,以学生亲历实践、手脑并用为基本特征。应用学习类活动的实施过程如下。

① 确定应解决的问题。

② 确定解决问题的措施。

③ 按计划实施活动。

④ 活动总结交流。

2. 活动实施中的教师指导

(1)引导学生观察生活中的现象,发现生活中需要改进的问题。

(2)指导学生制订计划、设计方案并进行制作。

(3)引导学生运用学过的各科知识来解决问题。

(三)体验性社会考察活动实施

社会考察是学生接触社会、了解社会,获得社会生活经验,认知、理解、感悟社会物质文化、精神文化及制度文化的学习活动。基本活动方式有参观、考察、调查、访问等。具体操作方法是从现实社会生活中发掘、选择学生感兴趣的现象和问题,借助上述方式进行深入地分析研究。

1. 社会考察活动的基本过程

(1)提出或选择参观、考察、调查、访问的主题。

（2）提出活动目标,确定活动方案。

（3）与考察参观对象取得联系,确订活动的具体时间表。

（4）准备必要的活动装备。

（5）进入现场,展开实质性参观、考察、调查、访问活动,收集资料。

（6）撰写参观、考察、调查、访问的活动报告。

（7）小组成果发表,相互交流,进行活动总结。

2. 活动实施中的教师指导

（1）帮助学生确定考察对象、内容和目标,引导学生分工,指导撰写社会考察活动方案,教师可以提供可供参考的样本,让学生直观学习。

（2）了解调查、访问的要素,明确调查、访问、记录的要求、步骤与方法。

（3）教给学生搜集、整理资料的方法,如查阅图书的小窍门、上网的方法、如何取舍资料等。

（4）指导学生养成保存资料、及时总结的好习惯。

（5）指导学生学会整理、评析调查、访谈资料;学会考察总结,并指导学生展开专题讨论,得出结论。

（四）参与性社会实践活动实施

社会实践是学生通过社会参与的形式有计划、有组织地进入社会环境,亲历相关社会活动与社会生活,进而获得对社会、自然及自我的深刻认识与价值现实感。小学生参与性社会实践活动主要以小组的形式进行,人数一般在 3 人以上。活动方式一般包括社区服务、公益活动、生产劳动等。

1. 参与性社会实践活动实施程序

（1）明确活动项目。结合社区实际情况,根据小学生的特点,在社会调查或考察的基础上,确定活动项目。

（2）确定活动目的和对象。提出活动的具体目的,确定活动对象或活动领域。社区服务对象可以是社区特殊群体,或社区经济机构（如商场、农场）、政府机构（如环保部门、宣传部门）、文化机构（如图书馆、电影院）。

（3）制订活动方案。与社区服务对象或机构取得联系,制订具体活动方案。

（4）实施社区服务。根据活动方案,展开具体的社区服务活动。

（5）社区服务活动的总结。总结并交流社区服务活动的体验和感受。

2. 活动实施中的教师指导与监控

（1）指导学生积极参与社区实践活动,诸如生产劳动、社区服务、家庭生活等实践活动。明确活动任务,限定活动时间。活动前指导小组活动分工,明确每个成员的任务,确定每次活动的预期目标;根据小组人员的配备和组员个人的能力,确定活动起始的时间以及次数。

（2）建立监控机制,加强监督管理。建立活动实施过程监控机制,如制定《综合实践活动实施过程监控制度》《活动指导教师在活动实施过程监督管理中的职责》《活动小组组长在活动实施过程监督管理中的职责》等制度。利用制度建设,加强活动实施过程监督管理,这是综合实践活动高效率的保证。

（3）指导学生关注过程和方法。让学生把关注知识的眼光转向关注活动的过程和方法,要让学生在活动中学会合作和交往,学会解决各种问题。诸如操作方法上的、生活中的、交往

小学综合实践活动设计与实施

中的各种问题……充分挖掘活动中的探究因素,使学生的研究更有价值。

(五)反思性自我建构活动实施

自我建构是学生在教师指导下借助行动研究、营造一种自我监控、自我发展的内在机制的学习活动。它一改以知识为中心的接受式学习模式,为学习者建构一种开放的学习环境和自主建构的学习机制,让学生在实践活动中面对问题、困难,对自己的行为方式不断反省、分析,进而完成对自身经验、行为方式的不断调整。自我建构与反思性学习密不可分。反思性学习的模式如下。

1. 反思性学习的类型①

从时间维度看,反思类型有课内反思,课外反思。

从形式维度看,反思类型有:形成性反思,即知识生产过程反思;查漏性反思,即知识形成后补缺性反思;巩固性反思,即着眼于知识理解与应用的反思;辨误性反思,即确证知识合理性反思;归纳性反思,即知识梳理归类反思;升华性反思,即问题解决性反思。

从性质维度看,反思类型有:辨析,所用知识与方法有哪些;寻找,有无其他思路与方法;创新,知识有无其他变式或变形;反省,自己思维是否走偏。

2. 反思性自我建构活动的环节

反思性自我建构活动实施,一般包括 7 个阶段。

反思—评判—察觉问题—界定问题—确定对策—实践验证—总结提高。

七个阶段往往前后交错,界限不甚分明。其中,觉察问题是关键环节,而反思集中体现在界定问题阶段。

3. 活动实施中的教师指导

(1)指导学生开展反思性学习。首先,引导学生反思自己的行为及学习过程;其次,启发学生对学习过程与结果进行自我评判;再次,指导学生运用分析、假设等方法来界定问题;最后,指导学生确定对策,并通过实践来验证对策的正确性。

(2)创设学生反思与自我建构的平台。①搭建实践平台。设计相关活动,将学生与自然、与他人及社会、与自我建立联系,以便学生遭遇并发现自身问题。②要求即时反思。引导学生把自己在活动中的点滴收获与体会写下来,澄清并分析自己的不足。③安排延后反思。要求学生对整个活动中出现的困惑、挫折等进行全面反思,写出活动报告或学习小结,把学生的感性认识升华到理性认识。④组织集体反思。安排经验交流与问题反思会,引导学生共同交流、认真倾听、大胆质疑、思想碰撞,引发学生的深刻反思,借鉴他人经验,实现自我建构。⑤注重评价。借助评价启迪、引导学生反思,让学生在评价中反思。

综上所述,综合实践活动的顺利开展与高质量实施,教师指导不可或缺。教师规范和有效的指导是小学综合实践活动实施的基本前提和重要保障。因此,高素质的指导教师是综合实践活动不可代替的重要角色。

本章概要

综合实践活动实施以"学生探究—教师指导"的模式展开,有着广泛的国际教育发展的理论背景,即受到当代国际课程理论民主化思潮的深刻影响。①课程学术视角从理论本为走向

---

① 李孔文. 小学综合实践活动课程论[M].合肥:中国科学技术大学出版社,2009:117-118.

实践本位;②课程价值取向从知识崇拜走向意义追求;③课程内容建构从思想独断走向文化多元。此外,也迎合了我国新课程改革对教学行为的人本化要求。它主要表现两个方面,一是学生学习方式的多样化变革,倡导自主建构学习、小组合作学习、问题探究学习;二是教师教学模式多元化拓展,主张对话教学、讨论教学、探究教学、创意教学、协同教学。

　　综合实践活动实施的基本特点是:受多种因素影响、灵活与延续的时间、广延辽阔的空间、多种多样的方式、健康安全的环境、复杂困难的管理等。实施主体主要包括教育行政机构、学校、教师、学生、社会部门与人员、学生家长等。活动实施的要素特点是:学生探究的活动方式;开放、动态、生成的课程资源;学生作为课程实施的主体;教师作为课程开发者与组织者。综合实践活动实施的核心目标是"成人",综合实践活动实施的实质是学生"做中学",教师"指导"是综合实践活动顺利实施的保证。

　　综合实践活动实施中教师指导的原则是适切性、针对性与反思性。指导要点包括探究意识、探究方法和价值观。指导方式倡导教师合作指导。实施过程一般包括:主题确定、主题探究、总结交流 3 个阶段。按照探究活动的类型,综合实践活动实施与指导也有不同,主要有以下 5 类:研究性课题探究活动、参与性社会实践活动、体验性社会考察活动、应用性设计制作活动、反思性自我建构活动。

资源链接

[1] 李孔文.小学综合实践活动课程论[M].合肥:中国科学技术大学出版社,2009.

[2] 郭元祥.综合实践活动课程的管理与评价[M].北京:高等教育出版社,2003.

[3] 姜平.综合实践活动课程实施策略[M].北京:首都师范大学出版社,2010.

[4] 汪霞.课程研究:现代与后现代[M].上海:上海教育出版社,2003.

[5] 熊梅等.综合实践活动开发与设计[M].北京:高等教育出版社,2006.

[6] 张华.研究性教学论[M].上海:华东师范大学出版社,2010.

[7] 全国十二所重点师范大学联合编写.课程论[M].北京:教育科学出版社,2007.

[8] 钟启泉,崔允漷.新课程的理念与创新[M].北京:高等教育出版社,2003.

[9] [德]恩斯特·卡西尔.人论[M].甘阳译.上海:上海译文出版社,2004.

[10] [美]威廉·F.派纳等.理解课程[M].张华等译.北京:教育科学出版社,2003.

[11] [英]麦克·杨.未来的课程[M].谢维和等译.上海:华东师范大学出版社,2003.

[12] 刘红姣.城市初中综合实践活动课程实施现状调查[D].长沙:湖南师范大学,2007.

[13] 赵书超.综合实践活动课程:理念与价值[J].全球教育展望,2011(9).

[14] 长沙市岳麓区望月湖一小课题组."综合实践活动课型及指导策略研究"课题结题报告.[EB/OL].[2013-02-16].

[15] Pinar W F. Autobiography,Politics and Sexuality[M]. New York:Peter Lang Publishing,Inc.,1994.

思考与实践

一、理论思考

1. 综合实践活动实施的理论基础有哪些?

2. 影响综合实践活动实施的因素有哪些?

3. 综合实践活动实施主体有哪些?它们各自的任务是什么?

小学综合实践活动设计与实施

4．综合实践活动实施的实质是什么？

5．综合实践活动实施中教师指导的原则是什么？

6．综合实践活动实施中教师指导的要点是什么？

7．综合实践活动实施的阶段主要有哪些？

8．在综合实践活动实施的主题确定阶段教师怎样指导？

9．在综合实践活动实施的主题探究阶段教师怎样指导？

10．在综合实践活动实施的总结发表阶段教师怎样指导？

11．教师合作指导与协调教学是什么关系？

二、实践探索

1．试分析并评价综合实践活动实施的基本要素。

2．某小学仅有 3 位专任指导教师，试据此构想综合实践活动指导采用教师合作指导模式的具体规划方案。

第六章　综合实践活动资源

学习目标

- 理解课程资源的基本概念、特点和分类；
- 了解课程资源开发和利用的价值、原则和主体；
- 把握课程资源开发和利用程序、途径和策略。

问题情境

画　苹　果

中美两国的老师在美术课上教学生画苹果。美国老师拎来一袋子苹果，由学生任拿一个去画。结果第一次学生画出来的大多像西瓜，第二次画出来的像梨，到了第三次、第四次才像苹果。而中国老师在黑板上先画一个标准的苹果，学生画苹果则是按照老师的规定：先画左，后画右，这边涂红，那边涂绿……最后中国学生几乎一次完成并且画得很像。

请大家思考：中国老师一定要按照教材安排的来进行教学吗？学生难道非得一次教会才算好吗？中国老师难道缺乏教学资源吗？俗话说："教无定法"，每个人的学习方式也会因人而异，现代教学的资源丰富多样，在综合实践活动课上如何有效开发和利用资源，值得去思考和探索。

理论述要

人类社会进入 21 世纪以来，以信息技术为主的技术革命带来了世界范围内的经济、文化、教育、科技的全球化、信息网络化、社会知识化。这些促进着人类文化的传递方式及教育方式的变革，使教育资源跨越时间空间，实现共享。综合实践活动课程资源开发，正是在此背景下展开的。课程资源的开发和利用是综合实践活动课程实施的基础。能否充分挖掘各种现有条件，积极开发和利用现有的资源，是综合实践活动课程能否顺利开展的重要前提。

第一节　课程资源概述

一、什么是课程资源

资源是指生产资料或生活资料的基本来源,例如水力资源、人力资源等。按照经济地理学的解释,资源是自然条件下可以利用的部分。目前不能利用的部分,诸如地震、泥石流等,不属于资源。广义上,资源是指通过人类参与而获得的可以利用的物质、能源和信息的集合。①

(一)教育资源的概念

《教育大词典》对教育资源(educational resources)的解释是:"①通常指为保证教育活动正常进行而使用的人力、财力、物力的总和。任何教育活动都需要以一定的资源条件为前提。教育资源的投入多少,及其利用效率高低是评价教育效能的标准之一。②教育的历史经验或有关教育信息资料。"②教育资源是保证教育教学活动正常进行的基本资源,具有支持教学和提高教育效果的功能。有人认为:"教育资源是指支持与促进教育的物质、能量、信息等方面的内外因素和条件。"③这个定义反映了教育资源的实质。

(二)关于课程资源概念的不同理解

1. 西方的理解

课程资源,英文是 curriculum resources。泰勒主张,课程开发需要依据几个基本问题:学校教育目标是什么,提供哪些教育经验才能实现这些目标,如何才能有效地组织这些经验,怎样确定这些目标正在得以实现,在泰勒看来,课程资源即"寻求目标、选用教学活动、组织教学及在制订评估方案过程中的多种可资利用的资源"。④

依据课程研制进程,课程资源可以分为几类:目标资源、教学活动资源、组织教学活动资源以及制定评估方案资源。关于课程资源的使用,"①要最大限度地利用学校的资源;②加强校外课程;③帮助学生与学校以外的环境打交道"。泰勒对课程资源的理解和界定是从课程研制过程角度和资源可利用性的特点进行的,其最大优点在于通过确定显性课程资源使其具有可操作性,但却忽视了隐性的和潜在的课程资源。⑤

2. 我国的理解

在我国,目前还没有一致的定义,不同的学者对此有着不同的定义和认识,在内涵和外延上都有所区别,归纳起来,课程资源的定义大致有以下几种定义。

(1)"课程资源是课程设计、实施和评价等整个课程编制过程中可利用的一切人力、物力和财力以及自然资源的总和,包括教材以及学校、家庭和社会中有助于提高学生素质的各种资

---

① 孟广均等. 信息、资源管理导论[M]. 北京:科学出版社,2003:30.
② 顾明远. 教育大词典(第一卷)[Z]. 上海:上海教育出版社,1990:24.
③ 彭邵东. 信息、技术教育学[M]. 长沙:湖南师范大学出版社,2002:291.
④ [美]拉尔夫·泰勒. 课程与教学的基本原理[M]. 施良方译. 北京:人民教育出版社,1994:56.
⑤ 江山野. 简明国际教育百科全书[M]. 北京:教育科学出版社,1997:132.

源。课程资源既是知识、信息和经验的载体,也是课程实施的媒介。"①

（2）"课程资源指形成课程因素来源与必要而直接的实施条件。"②

（3）"课程资源是指富有教育价值、能够转化为学校课程或服务学校课程的各种条件的总称。"③

（4）"课程资源是指可能进入课程活动,直接成为课程活动内容或支持课程活动进行的物质和非物资的一切。"④

具体到本次课改,在《基础教育课程改革纲要（试行）》中指出"积极开发并合理利用校内外各种课程资源。学校应充分发挥图书馆、实验室、专用教室及各类教学设施和实践基地的作用;广泛利用校外的图书馆、博物馆、展览馆、科技馆、工厂、农村、部队和科研院所等各种社会资源以及丰富的自然资源;积极利用并开发信息化课程资源。"

（三）课程资源的定义

课程资源即有利于实现课程目标的各种因素。具体说,综合实践活动课程资源是指有利于实现综合实践活动目标的各种因素,凡是拥有教育价值的、能够转化并服务于综合实践活动的各种因素和条件。

相对于课程资源,综合实践活动课程资源更具体、更有针对性,体现了课程资源在综合实践活动中的目标、价值和意义。综合实践活动课程资源,有些可以直接转化为综合实践活动课程内容,有些则能为综合实践活动实施提供良好条件。在本质上,它们一定是为教育服务的、有利于综合实践活动课程实施和教育目标实现的。

从课程目标的角度看,凡是有利于目标达成的所有因素,都应归属于综合实践活动课程资源,既包括课程、参考书、教学场所等物质资源,也包括学科专家、教师、学生等人力资源。

二、课程资源的基本特点

课程资源既不同于一般社会资源,也不是现实的课程成分或运作条件,而是具有多样性、潜在性、动态性和多质性的特点。课程实施者只有把握其特点,才能够对课程资源进行深度有效的开发和利用。

（一）多样性

教材无疑是重要的课程资源,但课程资源绝不仅仅是教材,也绝不仅仅限于学校内部。课程资源涉及学生学习与生活环境中一切有利于达成课程目标的资源,它弥散于学校内外的方方面面,因而课程资源具有广泛多样的特点。

【案例 6.1】

少儿拖把的制作

学生打扫卫生是学校里最常见的活动。看着一个个孩子拖着沉重的大拖把,努力地拖地,也许你已习以为常,但是当他们因为拖把的沉重,把地面搞得污秽不堪时也许你就会有怨言,甚至提出批评。那么,可不可以制作适合学生年龄特点的拖把让他们顺利使用呢?细心的人

① 徐继存.论课程资源及其开发与利用[J].学科教育,2002(2):1-5,26.

② 吴刚平.课程资源的开发与利用[J].全球教育展望,2001,30(8):24-30.

③ 范蔚.实施综合实践活动对课程资源的开发和利用[J].教育科学研究,2002(3):32-34.

④ 范兆雄.课程资源系统分析[J].西北师范大学报版(社科版),2002,39(3):101-105.

小学综合实践活动设计与实施

或许会想到这个问题,如何绘制设计图,选用适合的材料,制作样品,实践后继续改进提高。这一连串的问题,不就是一个很好的综合实践活动素材吗?[①]

【案例点评】

课程资源源于很多方面,点点滴滴可能都会成为你的着眼点。与学习和生活最近的活动最需要关注,也最有可能挖掘出课程资源。

(二)潜在性

课程资源是一种"自然"因素,各种资源在未被课程实施主体开发之前,并没有显示出其教育功用,只有经过课程实施主体自觉能动地加以赋值和利用,才能转化为现实的课程成分和相关条件,发挥课程作用和教育价值。

【案例 6.2】

野菜里的大学问

现代人崇尚饮食的自然健康,因此野菜被越来越多的人食用。爷爷奶奶们会说他们小的时候没有钱买菜,就去河边地头里挖野菜,在现代生活的甜蜜中,回忆着儿时苦涩的经历。在孩子们的眼里,野菜与家庭常见蔬菜不同,给他们带来了新味道食物的同时,也产生了更多的好奇心。抓住孩子们的这份好奇心,教师可以充分挖掘野菜的"潜在价值"。可以让孩子们说说常见野菜有哪些,通过查阅资料说说野菜的营养价值和药用价值,野菜在我国的分布特点。通过走访了解为什么野菜在特定的历史时期曾经是苦命菜、革命菜、志气菜。还可以组织学生去亲自挖野菜,组织野菜菜肴制作,品尝不同野菜的味道。

【案例点评】

野菜虽然只是日常菜肴的补充品种,看似不起眼,但是对它的研究却使孩子们学习了如何查阅资料,如何访谈,并侧面了解历史,野菜的分布使孩子们学习了我国地域分布、气候特征对植物的影响,这些渗透着地理和生物的很多内容,亲身实践挖野菜会使孩子们尝试简单的农业活动,菜肴制作和品尝又让孩子们学习了参与和实践了日常生活,内容多样,潜在价值丰富。

(三)动态性

(1)一个地区的课程资源在一定时间内总有一定的限度,但这个限度又具有很大的伸缩性,即人为命定的不确定性。区域的区位条件、自然环境、经济水平、民族文化和社会条件等,都影响着课程资源的客观存在和动态发展。

(2)在不同的历史阶段,课程资源的内涵、外延及内容不同,其本身有一个与时俱进的发展过程。

(3)课程资源是一个与社会资源系统、人的主观价值系统和开发条件等动态适应的子系统,因而不同主体在不同情境下面对和可能开发利用的课程资源是不同的。课程资源是动态的,也是开放的,同时又具有较强的情境性,因而必须针对具体的时空条件和情境进行开发和利用。

[①]　原文刊登于《中国教育报》2004 年 5 月 14 日第 5 版,本案例编入本书时,对原文进行了修改。

【案例6.3】

京 剧 脸 谱

中国京剧脸谱艺术是广大戏曲爱好者非常喜爱的艺术门类,在国内外流行的范围相当广泛,已经被大家公认为是中华民族传统文化的标志。京剧脸谱是具有民族特色的一种特殊的化妆方法,在舞台上代表着一定的历史人物和人物类型。如何结合现代生活,让历史的艺术文化表现出现代气息,需要我们的挖掘。如何让孩子们了解京剧脸谱的由来和发展,认识美、发展美、创造美,是指导教师需要充分挖掘的。[①]

【案例点评】

就京剧脸谱的研究来说,是一个从历史到现代的过程,具有很强的动态性。了解脸谱的类型,代表的人物特点是前提,走出去从现代社会中寻找生活中的脸谱,在建筑物、商品的包装、各种瓷器上以及人们穿的衣服上搜寻风格迥异的脸谱形象,会让孩子们把历史与现实相结合。既学会了走访调查,又把握了文化的演变与发展,将古今中外有机地联系起来。

（四）多质性

同一资源对于不同课程具有不同的用途和价值。例如,动植物资源,可以成为学生学习生物学知识的资源,也可以成为学习环境学、生态学知识的资源,还可以成为学生调查、统计的资源。如学校附近的山,既可以用于体育课程中的体育锻炼,也可以用于劳动技术教育中的植树绿化;既可以在艺术教育中陶冶学生的情操,也可以在生物课中用来调查动植物的种类。课程资源的这一特点,要求教师独具慧眼,善于挖掘课程资源的多种利用价值。

三、课程资源的存在状态

由于课程资源具有多样性、潜在性、动态性、多质性等特点,根据课程资源开发利用的程度,可把其存在形态主要分为4种。

（一）待创生的课程资源

所谓"待创生的课程资源"指的是在现实中还没有,在未来意义上的须经主体赋值的课程资源,即"可能"的课程资源,是主体在一定的时空条件下可以创造的,如经历—体验资源和契机—情境资源。"经历—体验资源"是主体通过自身活动积累的大量社会经验和体验;"契机—情境资源"是对教育效果产生直接影响的、由特定要素构成的、有一定课程意义的氛围和环境,即具体的机会或相关的情境也是一种难得的资源。

（二）潜在的课程资源

潜在课程资源是指课程资源的课程功能处于潜在状态,而不是资源本身处于潜在状态。这类课程资源隐含在历史与现实的维度上和有形与无形的社会资源中,不具有直接的、显性的课程价值,需要主体在开发利用中进行合理有效的赋值、命定,即赋予并提升其

---

① 本案例已对原文进行了修改。资料来源：[EB/OL].[2013-02-16]. http://www.jksx.net/articleRead.asp?article_id=3299&class_id=19.

小学综合实践活动设计与实施

课程潜能,才可进入显在课程资源领域;经开发利用,便可转化为现实的课程的组成部分和实施条件。

(三)现实存在但未开发利用的课程资源

这是指社会资源中已经具有课程潜能的那部分资源。它是课程资源的直接存在形态,如文化馆、自然博物馆、科技馆、艺术馆、英雄纪念馆、民族文化传统等。这类资源易于开发,也是当前开发最多、效果最明显的资源。

只要在课程实施中合理开发利用,这类资源就会很快转化为课程组成部分和课程实施条件,发挥其课程价值。由于目前人们狭窄的课程意识和薄弱的课程开发能力,现实中这类资源也大量被忽视和闲置。

(四)已开发待利用的课程资源

已开发待利用的课程资源指的是社会资源已成为课程的组成部分,但还需要课程实施才能得到利用并发挥作用。这类课程资源价值的发挥必须通过课程实施、通过师生的互动和交流才能体现。

当前由于教学方式和设备条件等的限制,很多课程形态未能进入课程实施阶段,造成课程资源的闲置和浪费。例如,一些优秀教师的教学录像带、光盘和课件等,大多尚处于闲置状态。对这类课程资源,需要合理管理和有效利用,才能使其发挥最大效益。

四、课程资源的分类

课程资源的分类,就是按照一定的标准把课程资源加以区分开来,以便更好地认识、开发和利用。课程资源极为丰富,且具有多样性、潜在性、动态性和多质性的特征。因此,从不同的角度都能对课程资源进行分类。

(一)根据资源所处的空间分类

根据资源的空间来源,课程资源可分为校内课程资源和校外课程资源。

1. 校内课程资源

校内课程资源指在学校范围内的各种可以利用来开发和建设课程的资源,主要有教材、教师、学生、学校文化、设施设备及各种软硬件环境等。

(1)教材。是教师最为常用、最为熟悉的课程资源。虽然就教材的发展趋势来说,其作用相对不断下降,但教材的地位和作用至少在相当长的时期内是无法取代的,所以要积极开发、合理利用好教材这一课程资源。但是,教师不能把教材作为"圣经",而应把它视为课程资源的一种。要把教材开发成一个活的文本,教师需要通过情境创设,引发学生产生问题,促进学生进行思考和探究。总之,关于教材的开发,需要做到既走进教材,又大胆地超越教材。

(2)教师。教师不仅决定课程资源的鉴别、开发、积累和利用,是课程资源的重要载体,而且教师自身就是课程实施的首要的基本条件资源。教师通过自身修养对学生"言传身教",学生通过"耳濡目染",可以从教师身上学到很多东西。

(3)学生。在信息时代,由于活动空间的增大,学生知道的东西远远超过教师所能想象的。所以,教师要充分调动学生的积极性,利用学生这一资源,丰富思想品德课程。而且,学生之间的相互影响,相互交流,取长补短,也可以互为课程资源。

(4)学校文化。文化是内在于人的一切活动之中,深刻影响人的行为方式而难以直接把握的深层东西。学校文化作为一种潜在的、弥散在学校每个角落的课程资源,对课程和学生发展起着潜移默化的、持久的作用。我们要积极建构优秀的学校文化,增强学校的文化底蕴,让学生在丰富的精神层面获得升华。

2．校外课程资源

校外课程资源主要包括校外图书馆、科技馆、博物馆、网络资源以及乡土资源等。校外课程资源的开发和利用,应该给予足够的重视。

(1) 图书馆。图书馆作为一种重要的社区文化资源。可以考虑学校和图书馆建立联系的做法,实现二者的资源共享;也可以在学校内建立与图书馆的网络联系,使学生能够更加主动和便捷地利用图书馆的资源。

(2) 科技馆。科技馆的利用可以拓宽学生的科学视野,加强相关学科(如科学、自然、地理等)的直观和形象的理解。在课程资源开发过程中,可以选择较为典型的科技馆作为样本。

(3) 博物馆。中国是一个历史和文化积累深厚的国家,全国各地博物馆是这种历史文化宝库的重要组成部分。这些博物馆具有重要的课程资源开发价值。

(4) 网络资源。网上充足的信息可以使思路更开阔,多媒体强大的模拟功能可以提供实践或实验的模拟情境和操作平台,网络便捷的交互性可以使交流更及时、开放。所以,可以利用网络这一巨大的信息载体,进行课程资源的开发和内容重组。

(5) 乡土资源。乡土资源主要指学校所在社区的自然生态和文化生态方面的资源,包括乡土地理、民风习俗、传统文化、生产和生活经验等。

(二) 根据资源的物理特性和呈现方式分类

根据资源的物理特性和呈现方式,课程资源可分为文字资源、实物资源、活动资源和信息化资源。

1．文字资源

文字的产生,纸张和印刷术的发明促进了人类文化的传播和教育教学活动的发展,以教科书为主的印刷品记录着人类的思想,蕴涵着人类的智慧,保存着人类文化,延续着人类的文明,直到今天依然是最重要的课程资源。

2．实物资源

实物资源表现为多种形式,一类是自然物质,如动植物、矿石等;一类是人类生产生活过程中创造出来的物质,如建筑、机械、服饰等;一类是为教育教学活动专门制作的物品,如笔墨纸砚、模型、标本、挂图、仪器等。

实物形式的课程资源具有直观、形象、具体的特点,是常用的课程资源。

3．活动资源

活动资源内容广泛,包括教师的言语活动和体态语言、班级集体和学生社团的活动、各种集会和文艺演出、社会调查和实践活动以及师生和学生之间的交往,等等。

充分开发与利用活动课程资源,有利于打破单一的课堂接受教学模式,使学生在掌握知识的过程中,同时增进社会适应和社会交往,养成健全的人格。

4．信息化资源

以计算机网络为代表的信息化资源具有信息容量大、智能化、虚拟化、网络化和多媒体的特点,对于延伸感官、扩大教育教学规模和提高教育教学效果有着重要的作用,是其他课程资源所无法替代的。

小学综合实践活动设计与实施

随着教育现代化进程的不断推进,信息化课程资源的开发与利用已势在必行,它将是最富有开发与利用前景的资源类型。

(三)根据资源的功能特点分类

课程资源如按其功能划分,可以分为条件性课程资源和素材性课程资源。

1. 条件性课程资源

条件性资源的特点是作用于课程却并不形成资源本身的直接来源,但它在很大程度上决定着课程实施的范围和水平。比如直接决定课程实施的范围和水平的人力、物力和财力,时间、场地、媒介、设备、设施和环境,以及对于课程的认识状况等因素,就属于条件性课程资源。

许多条件性资源的开发虽然不是教师的个人力量能实现的,但是可以利用现有条件尽可能地开发。

2. 素材性课程资源

素材性资源是指作用于课程,并能成为课程的素材或者来源的资源,素材性资源的特点则是作用于课程并且能够成为课程的素材或来源,例如,知识、技能、经验、活动方式和方法、情感态度与价值观以及培养目标等方面的因素,就属于素材性课程资源。教材就是最常见的素材性资源。

信息技术的发展给素材性资源开发和运用带来极大的便利。然而,素材性资源并不能直接构成课程,它只是备选材料,只有经过加工并付诸实施时才能成为课程。

(四)根据资源的载体形态分类

根据资源的载体形态,可将课程资源分为 3 类。

1. 以人为载体的课程资源

"以人为载体的资源"又称为"内生性"资源,它包括具有较高的思想道德素质、丰富的生活经验和广博的专业知识的各类人员,其最大特点是他们可以直接参与课程实施,并对其他资源进行深度加工。

2. 以物为载体的课程资源

"以物为载体的资源"是指以历史、现实和将来存在的物为载体的资源,即物化形态的资源。这类资源较多,只要是附载信息的物,都有可能成为此类课程资源,关键是要根据需要而灵活选用。

3. 以活动为载体的课程资源

"以活动为载体的资源"是指所有活动或特定的情境所蕴含的丰富资源,表现为特定的机会或情境。这类资源有着艺术化的功效,具有动态性、随机性、即时性等特点,只是在特定的时空条件下存在,是不能完全复制的情境性资源。

(五)根据资源与学习者的关系分类

根据资源与学习者的关系,可将课程资源分为两类。

(1)按课程资源是否专门为学习者而设计,可将课程资源分为两类。

① 专门设计的资源:指为课程实施专门设计的、以社会资源为内容或条件的学习资源,即从无到有创造的资源,如主题活动设计的系列学习材料、综合实践活动资源包等,包括相关文字材料、录音带、录像带、多媒体课件,以及相关活动场景和机会等多种形式。

② 非专门设计的资源:指本来并非为课程实施直接设计而存在的且具有一定课程价值

的相关资源,自然界、社会中广泛存在的具有多种特性和功能的社会资源都可看成是这类资源。

（2）按课程资源距离学习者的远近程度,可将课程资源分为 3 类。

① 直接的课程资源：泛指各种直接为学习者服务的课程资料和相关配套资料,不仅包括教材、练习册,还包括相关媒体和书籍等。

② 教学环境内的课程资源：指课程实施涉及的主要社会环境资源,其功能是呈现教学信息和提供活动空间,如课程实施所涉及的课程、教具、传统游戏等。

③ 教育环境内的课程资源：指具有教育意义的广泛的社会环境,既包括以提供服务为主的支持系统,如乡村图书室、学习中心、电影院等,也包括科学技术、文化氛围等因素。

（六）根据资源的属性分类

根据资源的属性,课程资源可被分为自然课程资源和社会课程资源。

1. 自然课程资源

我国幅员辽阔,山川秀美,物产多样,可以开发与利用的自然课程资源极为丰富,如用于生物课程的动植物、微生物;用于地质、地理课程的地形、地貌和地势;用于气象课程的天气、气候、季节;用于艺术课程的自然景观;用于生态课程的生物链、生物圈,等等。

认识自然,融入自然,与自然界和谐共处,是学生素质养成的重要内容,也是整个课程编制过程应体现的一个基本理念。

2. 社会课程资源

人们可以开发与利用的社会课程资源同样也是丰富多样。为了保存和展示人类文明成果的公共设施如图书馆、博物馆、展览馆等无疑是重要的课程资源;道路的线条美、雕塑的造型美、音乐的节奏美等均可成为陶冶学生情操的课程资源;人类活动的交往如政治活动、经济活动、司法活动、军事活动、外交活动、科技活动等也可以成为课程资源;影响人类社会的生产生活的价值观念、宗教伦理、风俗习惯等与教育教学活动有着直接的关系,因而也是不可或缺的课程资源。

自然资源与社会资源有着明显的不同,前者的突出特点是"天然性"和"自发性",后者则带有"人工性"和"自觉性"的特点。但是,它们都可以经过不同的开发转变为可以利用的课程资源,服务于教育教学活动。

（七）根据资源的存在方式分类

根据资源的存在方式,课程资源可被分为显性课程资源和隐性课程资源。

1. 显性课程资源

显性课程资源一般为物质形态的课程资源。显性课程资源往往是可以直接运用于教育教学活动的课程资源,如教材、计算机网络、实物等。

2. 隐性课程资源

隐性课程资源一般是指以潜在的方式,对教育教学活动施加影响的课程资源,如学生间的差异、学生的生活经验、课堂上学生的即时反应等。

与显性课程资源不同,隐性课程资源具有间接性和隐蔽性的特点,它们对教学活动的质量起着潜移默化的影响。因此,在教学过程中充分发挥显性课程资源作用的同时,需要挖掘和利用好隐性课程资源,同样可以提高教学效果。

（八）根据综合实践活动领域进行分类

活动领域的确定是国家课程地方化、校本化的过程。地方和学校在开发"活动领域"的过程中，需要将新课程改革理念、综合实践活动课程目标，结合学校办学的理想和实际情况，确立自己可行有效的开发思路。

活动领域的设计要体现地方和学校特色。一般来说，活动领域设计需要根据当地社会发展规划、学校现实条件和学校现实性和远景规划，本着以学生发展为核心，平衡学生与自然、他人和社会、自我的关系，整合研究性学习、社区服务和社会实践、劳动技术教育、信息技术教育之间的关系。例如，可以设立六大主题活动领域，即"国际理解"、"健康安全"、"环境保护"、"社区参与"、"生活经营"、"资讯科技"。

第二节 综合实践活动资源与开发

一、对于综合实践活动课程的基本认识

充分认识对综合实践活动课程的性质与特点，对于把握综合实践活动课程资源的开发与利用，具有重要的指导意义。

（一）综合实践活动是三级管理的课程

《基础教育课程改革纲要（试行）》明确了我国中小学课程，实行三级课程管理。在三级课程管理体制下，教育部下发的《义务教育课程设置实验方案》[教基 200128 号]明确规定："综合实践活动是国家规定的必修课。其具体内容由地方和学校根据教育部的有关要求自主开发或选用。"随后，教育部组织专家起草的《综合实践活动指导纲要征求意见稿》也明确指出："综合实践活动课程是国家设置、地方管理和学校开发的课程领域。"

综合实践活动课程管理具有明显的特殊性，即它作为三级管理的课程地位，即国家设置、地方管理和学校开发并实施。它与学科课程的重要区别是，国家只是设置了这门课程，而将课程开发的权力赋予了学校。

（二）综合实践活动是活动课程

按照课程组织线索，课程可以分为两类。一类是学科课程，包括如语文、数学等单学科课程和如科学、品德与社会、艺术、体育与健康等。这些课程以学科内容（知识）为核心来编排课程内容，其价值在于传承人类文明，使学生掌握人类积累下来的文化遗产。另一类是综合实践活动课程，包括指定领域与非指定领域，以问题解决（活动）核心来安排课程实施计划，其价值在于使学生获得现实世界的直接经验和真切体验，同时促进学生身心全面发展。

从目标上来看，两者都要贯彻国家制定的教育方针，都要促进学生德、智、体、美等方面生动活泼地主动地得到发展，因而它们的总目标是一致的，但同时双方所承担的任务各有不同的侧重面。综合实践活动课程与学科课程是相互依存、相互制约、相互配合、相互促进的关系。综合实践活动课程的实施要从儿童需要与社会需要出发，把学科知识学习与实践活动内容恰当地整合起来，在学科、儿童、社会三者之间寻求一种动态的平衡。

（三）综合实践活动是综合性课程

综合实践活动不是简单的学科的综合，它是基于学生综合素质发展需要的，基于学生成长环境的一门综合课程。综合实践活动包括指定领域和非指定领域两个部分。指定领域即信息技术教育、研究性学习、社区服务与社会实践以及劳动与技术教育。非指定领域主要包括班团队活动、学校传统活动（科技节、体育节、艺术节等）、学生同伴间的交往活动、学生个体或群体的心理健康活动等综合性内容。

（四）综合实践活动是实践性课程

综合实践活动课程作为独立的课程形态，其实施过程中，注重学生实践方式和学习方式的多样性，改变学生那种单一的以知识传授为基本方式、以知识结果的获得为直接目的的学习活动，强调多样化的实践性学习，如探究、调查、访问、考察、操作、服务、劳动实践和技术实践等，强调学生在实践的过程中的亲历和体验。以学生的发展是核心是综合实践活动课程实施的宗旨。

综合实践活动主题的选择，以及组织都是以学生为中心，沿着人与自然、人与社会、人与自我三大组织线索展开，形成学生体验自然、亲历社会、人际交往等三大活动系列。所以，它又是一种实践性课程。

（五）综合实践活动是经验性课程

综合实践活动课程不是教学层面或某一学科的一种教学活动，而是与学科课程处于同一层面且具有独立形态的课程。从这一层面理解，综合实践活动课程超越了具有严密知识体系和技能体系的学科界限，强调以学生的各种经验、社会实践和社会需要的问题为核心，以主题（课题或项目）的形式对各种课程资源进行整合的课程，从而有效地培养和发展学生解决问题能力、探究精神和综合实践能力。因此，综合实践活动课程是一种经验性课程。

二、课程开发与课程资源

（一）课程开发的内涵

综合实践活动课程的开发是指通过需求分析确定本课程目标，再根据这一目标选择适当的教学资源内容和相关教学形式进行计划、组织、实施、评价、修订，以最终达到本课程目标的整个工作过程。

（二）课程资源开发的内涵

课程资源是新课程改革提出来的一个核心概念，在国家颁布的各学科课程标准中都有"课程资源的开发与利用"这一组成部分。无论是国家课程的开发，还是地方课程的建设，尤其是综合实践活动和校本课程的多样化呈现与实施方式，都离不开大量课程资源的支撑。综合实践活动课程资源开发是指对影响综合实践活动开展的各种有形资源和无形资源，进行挖掘和利用以实现本课程目标的过程。合理开发和利用课程资源是课程改革顺利达到预期目标，促进学生全面发展，有效提高教育教学质量的重要保障，并为教师教学方式和学生学习方式的转变提供了广阔的空间。

（三）课程开发与课程资源开发的关系

课程资源是形成课程的要素来源，是实施课程的必要而直接的条件。现实中的许多课程资源往往既包含着课程的要素来源，也包含着课程实施的条件，例如图书馆、博物馆、实验室、互联网络、人力和环境等课程资源。但是它们毕竟还不是一回事，课程资源的外延范围远远大于课程本身的外延范围，它只有在经过相应的加工并付诸实施时才能真正进入课程。

没有课程资源也就没有课程可言，有课程就一定需要有课程资源作为前提。能否积极有效地开发课程资源，是关系到综合实践活动课程资源有效开发、积极实施与课程目标实现的关键问题。没有良好的课程资源的广泛支持，再好的课程和教学改革方案也不能有效地实施。课程开发和实施的范围和水平，一方面取决于课程资源的丰富程度；另一方面更取决于课程资源的开发和运用水平，也就是课程资源的适切程度。课程资源的丰富性和适切性程度决定着课程目标的实现范围和实现水平。所以说课程开发与课程资源开发存在着十分密切的关系。

三、课程资源开发和利用的原则

（一）针对性原则

根据地方、学校、学生差异和主题的差异，在培养目标一致的前提下，因地制宜，因时制宜，因人制宜，选择相应的教育资源。

首先，针对活动主题的差异，开发利用课程资源。其次，针对学校特色开发课程资源。依据本地区本学校课程资源的现状加以利用。最后，针对学生身心特点，开发课程资源，如针对学生年龄特征、兴趣、认知水平、能力等方面的差异；兼顾学生兴趣；利用直观性物质资源；难易适中可接受。

（二）合格性原则

筛选合格的课程资源才能确定为综合实践课程资源。从根本上说凡是有助于创造出学生主动学习和和谐发展的资源都应该加以开发和利用，但究竟哪些资源才是具有开发和利用的课程资源，这需要严格筛选。我们所选择的课程资源必须符合教育哲学、教学理论和学习理论。

（三）适应性原则

综合实践课程资源的开发利用，不仅要考虑典型和普通学生的共性情况，更要考虑特定学生对象的实际情况。考虑他们已经学过的内容，还需要考虑他们现有的知识、技能和素质背景。除了考虑学生的情况外，还要考虑教师的情况。只有这样，综合实践课程资源才能得到更加充分合理的开发与利用。

（四）整合性原则

将各种课程资源综合协调，以促进学生个性的、整体的、全面的、和谐的发展。学生的素质是有机的整体，学生生活世界里的资源也是多样化的，要实现学生整体性发展，必须是资源充分综合整合利用的结果。

首先，资源内容上的整合：各种资源都要尽可能协调开发利用。校内与校外资源整合、文本与非文本资源整合、人力与物力资源整合。其次,资源使用方式整合:接受性学习方式与研究性学习整合;动手、动脑整合;个人与集体整合。最后,目标要素的整合:科学的真、道德的善、艺术的美的整合;学会知识、学会合作、学会做事、学会生存。

(五)优先性原则

学生需要学习的东西很多,这非学校教育所能包揽,因而必须在可能的课程资源范围内及充分考虑课程成本的前提下突出重点,并使之优先得到运用。例如,学校教育要承担自己的责任,要为学生提供种种机会,进行综合的了解,做出恰当的判断,选择出重点内容并优先运用于综合实践课程。

(六)多样化原则

不同的民族、不同的地区有着不同的民风民俗、自然风光、名胜古迹、历史文化等,不同的学校有不同的办学理念、文化资源、物质资源等,不同的学生也有不同的兴趣、爱好、情感、态度、价值观、学习方式以及能力等。课程资源的有效开发正是为了满足不同地区、不同学校、不同学生的需要。因而,在课程资源选择、开发上应提倡多样化,并充分地体现出自己的特色。

①课程资源开发,应"以个体发展为基础,以社会进步为主导",不断促进学生全面、自由、和谐的发展。②注重挖掘各种民族文化资源,如民歌、民谣以及多种社区资源,不断提升民族文化、社区文化的水准,提高学生民族认同感。③课程资源开发不仅要培养学生科学素养,还要唤起学生人文需要。④课程资源开发主体应该是多元的,既有国家或地区,也有学校或社区,既有教师也有学生。

(七)可持续发展原则

可持续发展是一种全新的发展思想和发展战略,它反对"人类中心主义"思维方式,是人类在社会发展观念上的一次飞跃。可持续发展意味着满足当前需要不能以削减或牺牲后代需要为代价。它倡导一种发展趋势的持久力,强调未来的发展能力和发展机会。一方面,各种资源构成一个生态系统,生态是资源存在本性。另一方面,资源开发应避免功利主义态度和各种急功近利。因此,课程资源开发,首先需要着眼于资源利用价值的最大化与可持续性,以免不必要的浪费和对生态环境的破坏;其次,应对可资利用的资源进行甄别、遴选,优先选取具有较大育人价值、能使学生获得可持续发展能力的资源作为课程资源。

(八)主体性原则

学生是综合实践活动的主体。课程资源是为学生实践服务的。因此,课程资源开发,需要最大限度地调动学生的自主性、能动性、创造性,实现课程资源的最优化配置。平等对待每一个学生,充分尊重他们的人格和个性,善于抓住他们的闪光点。教师要积极为学生的学习创造宽松、和谐的气氛,培养他们互助合作、勇于创新的意识和精神,从而实现课程资源的价值。

(九)经济性原则

在综合实践活动进行课程资源开发时,要根据学校的实际,优先选择那些课程成本低,而且可能对学生终身发展具有重要意义的课程资源,即低成本高效益。

第三节 综合实践活动资源开发策略

一、课程资源开发的主体

综合实践活动课程资源是指形成综合实践活动课程的要素来源以及实施课程的必要而直接的条件,包括作用于课程并且能够作为课程的要素和作用于课程但不形成课程本身却直接决定课程实施范围和水平的因素。综合实践活动课程资源的开发范围和水平,直接依赖于开发主体的资源意识和开发能力。综合实践活动课程资源开发的主体是多元的,主要包括以下方面。

(一)教师

教师是综合实践活动的设计与策划者、组织与管理者、指导与参与者,是对课程资源进行鉴别、开发、利用的主要载体。教师不仅要开发外在的资源,包括学生的资源、实施条件的资源,还要开发自身的资源。教师的知识与技能、过程与方法、情感态度价值观等是教学过程中经常要遇到的课程资源。在课程资源开发主体群中,教师是课程资源开发的核心主体。教师作为资源开发的主体,与自身知识结构、能力素质和对资源的意识程度等密切相关。教师之间的合作与帮助、团结与促进、交流与共享利于积累、开发和利用各级各类课程资源。

(二)学生

学生既是课程资源的消费者,又是课程资源的开发者。尤其是在现代信息技术广泛运用到教学与生活各个方面的背景下,学生既是课程资源,又是课程资源的开发者。在课程资源开发主体群中,学生是课程资源开发的关键主体。学生的经验是一种资源,是进行教学的起点;学生的兴趣是一种资源,是学习的动力,学生的差异也是一种资源。正是这些知识、能力、兴趣、生活经历、智能倾向等构成了课程资源开发的重要手段,他们主动或在教师启发之下开发自身及自身以外的课程资源。同时,合作学习、探究学习能拓宽视野、启迪思维,有时产生智慧的火花。学生开发的课程资源不仅从形式上灵活多样,而且还具有多渠道、多层次、多类型等特点,对学生兴趣的培养、能力的锻炼、合作精神的形成有着积极作用。开发课程资源的过程,就是学生学习与发展的过程,而且这种学习过程还可以影响到其他学生的学习过程。

(三)学校

学校承担着对综合实践活动进行总体规划、资源开发、技术指导、管理与监督、经费保障等方面的职责,是综合实践活动资源开发的自然主体。学校开发综合实践活动课程资源的过程,就是使课程得以具体落实的过程,是贯彻国家教育方针、促进学生发展的体现。一方面,学校要开发好校内的人力资源和物力资源,把校内课程资源与校园文化建设、校园潜在课程等结合起来;另一方面,学校要主动与社区、部队、工厂、农村、家庭等联系,建立综合实践活动课程资源基地,把校外课程资源与校内课程资源有机地结合起来,并使校外课程资源成为校内课程资源不竭的源泉。

(四)家长

家长是学校开展综合实践活动的支持者和配合者。综合实践活动的实施,一方面取决于家长对该课程的信任程度;另一方面也依赖于家长对课程资源的开发程度。许多家长非常热心于学校的综合实践活动,他们自身具有的知识、智慧、特长,如在饮食文化、广告设计、动物饲养等方面,可直接为综合实践活动服务。同时,他们还可以利用他们家庭、社区、单位等方面的人力和物力资源,为学校开展综合实践活动提供便利。

(五) 社会人士

社会人士是综合实践活动实施的积极帮助者。他们分布在社会的各行各业,有着各种不同的人生经历、知识阅历和兴趣爱好,他们自身潜藏着非常丰富的资源,同时他们身处的图书馆、科技馆、博物馆、展览厅、青少年活动中心、工厂、农村、部队、政府机关、企事业单位、高等院校和科研院所等,都可以成为综合实践活动的课程资源,如果能把他们的积极性、主动性调动起来,综合实践活动的课程资源就非常丰富了。然而这些课程资源的功能与价值也远远没有被发挥出来。学校和教师要积极主动地取得他们的帮助和支持,可邀请他们来学校讲学、作讲座,有的可聘为学校的课外辅导员、荣誉校长、顾问等,发挥他们的作用。

由于综合实践活动课程资源的多样性、丰富性,因而综合实践活动课程资源开发的主体也是多元的。这里,教师是资源开发的核心主体,学生是关键主体,学校是自然主体,家长和社会人士是积极支持者和帮助者。他们缺一不可,共同构成综合实践活动课程资源开发的主体群。

二、课程资源开发程序

综合实践活动课程资源开发的基本程序如下。

(一) 成立课程资源开发小组

课程资源开发小组一般由学校校长、中层干部、教师、学生等组成。其主要任务有:拟订课程资源开发计划、编制课程指导书、组织师生申报课程资源、对课程资源开发与利用进行监控与管理、建立课程资源管理数据库。

(二) 对课程资源要素进行分析

课程资源要素包括:学生的身心发展、知识、经验、兴趣、能力和需求;教师的知识、技能、经验与特征;校园环境、学校基本设施建设、图书资料、教材等;校外可利用的自然资源、社区资源。

(三) 拟订课程资源开发计划

课程资源开发计划包括课程资源开发的总体思路与设想、时间安排与活动方式、组织与实施、成果形式与评价方式。

组织师生申报课程资源。对课程资源选择的意义、理由、开发的步骤与方法等进行分析,撰写申报书。

(四) 建立课程资源管理数据库

根据实际情况,编制课程资源登记表,把课程资源的类型、所有者、获取方式、开发动态和使用事项进行登记,分类存档,归口管理,以便查找和使用。

(五) 对课程资源进行评价与调整

根据课程目标及实施的具体要求,对资源开发的合理性、效用性、可行性等进行评估,有的可能要进行适当调整。实施课程资源的开发。依据课程资源的开发计划,对资源进行开发,注

小学综合实践活动设计与实施

重资源开发的合理性。

(六) 课程资源开发的评估

对课程资源开发的过程、结果进行评定，从是否具有教育价值、符合学生的特点、开发程度、安全性能等方面进行判断。

三、课程资源开发的途径

综合实践活动是国家、地方和学校共同开发的课程形态，国家只着眼于对课程的宏观指导，而不作统一的具体规定，各地区、各学校必须根据本地本校的实际确定具体合适的内容。开发利用课程资源不仅能充分满足设计和实施综合实践活动课程的需要，有效提高综合实践活动的效益，而且能带动其他学科课程资源的开发与利用，并逐步在实践积累经验，提高层次。

(一) 人力资源

人力资源是所有综合实践活动课程资源中最有活力的资源，是一种潜力最大的资源。作为教育系统中的人既是一种课程资源，又是课程资源的开发者和利用者，人力资源开发利用的范围和水平不仅影响着综合实践活动课设计的科学性和实施的实效性，而且影响着这门课程资源开发利用的范围和水平。

1. 校内师生人力资源

(1) 学校教师有专任教师和其他教师。专任教师是综合实践活动展开的核心力量，活动要由他们来筹划、组织，但由于综合实践活动具有整合性、实践性和开放性，任何专任教师都不可能仅凭自己的力量较好地完成课程的设计、实施任务，必须有其他教师的大力支持和密切配合。所以，综合实践活动的展开应该是一个学校中所有教师的事情。

综合实践活动是一门新开设的课，不仅缺乏专职教师或兼职教师，而且缺乏课程资源的积累。在缺少资源的条件下，实施教师不仅要实施而且要设计一门课程，其难度的确是很大的。因此，从开发利用课程资源的角度讲，通过培训提高教师组织综合实践活动的能力是必要途径。

① 要提高他们的认识。让他们了解综合实践活动的意义、性质、基本理念、目标、内容、实施策略、评价方式等。

② 增强责任感。让他们认识到，小学开设综合实践活动课是适应学生个性发展的需要，也是适应社会发展的需要，更是素质教育逐步推进的必然结果，是课程改革的重要内容之一。教师是这门课程的主要设计和实施者，应勇敢地肩负起这一历史赋予的光荣使命，在富有挑战性、创造性的教学实践中展现英雄本色。

③ 丰富知识。综合实践活动涉及社会生活的诸多领域，涉及许多科学知识和社会知识，要让学生运用或获取这些知识，教师首先要了解和熟悉这些知识。综合实践活动提倡自主探究大胆创新，一旦学生有什么新想法或新发现而教师一无所知或知之甚少，就难以鉴定评价。设计和实施综合实践活动，不仅要精通本学科知识，还应熟悉其他学科的知识，了解社会和生活知识，否则，将很难胜任。

④ 提高能力。综合实践活动有新的理念、新的内容、新的模式、新的方法、新的技术，设计和实施这门课程，对教师的能力提出了新的更高的要求。综合实践活动提倡自主学习，但是教师的指导仍是必不可少的，要有效地调动学生的主动性和积极性，教师应具备一定的指导能

力。综合实践活动的重点是让学生在实践中经历体验和积累经验,培养学生的自主意识、创新精神和实践能力,没有相应的能力,这些问题解决起来会十分棘手。

学校后勤人员是综合实践活动物质条件的提供者,其主要职责是,根据学校实际,在条件允许的情况下尽可能满足活动展开的物质需要。对后勤人员来说,最重要的是牢固树立为综合实践活动服务的思想,把为这门课程的展开提供必要的物质保障看做是自己份内之事。在行动上要千方百计地去开发、储存课程需要的物质资源,根据需要随时供给这些资源。

学校行政人员作为综合实践活动课程的一种资源,其主要任务是为这门课程营造宽松的环境和提供规章制度方面的保障。一是对课程给予足够的重视,使学校乃至社区形成这样一种氛围:综合实践活动虽不是基础性学科,但对学生的发展来说,其作用是专门学科所不能替代的。二是按规定开足课时,不允许以任何借口挤占。三是选聘富有责任感、知识面广、实践能力和组织能力较强的教师担任专任教师。四是要建立起一套包括物资保障、相互协作、工作评价等制度,并付诸实施。五是在开发校外课程资时起好联络协调作用。

利用教师这一人力资源,就是要合理使用,使每位教师,特别是非专任教师都能在综合实践活动中发挥各自的作用,做到人尽其才,才尽其用。

(2) 学生人力资源。学生对于综合实践活动来说,既是课程资源的消费者,又是一种课程资源,还是课程资源的开发者和利用者。作为一种课程资源,其开发的水平很大程度上决定着综合实践活动的适切性和效益性。由于学生是一个庞大的群体,和各种各样的家庭成员以及方方面面的社会人士有联系,作为课程资源的开发者,他们开发的课程资源在涉及的范围上,在品类的多样性上,都是教师难以达到的。开发与利用学生这一人力资源,关键是调动他们参与综合实践活动的积极性和主动性。

① 激发学生参与活动的兴趣。兴趣是最好的老师。布鲁纳认为,"学习的最好动机是对学科的兴趣"。我国古代的大教育家孔子也把兴趣看得比知识更为重要。要让学生明白,综合实践活动有助于他们在实践中经历体验,积累经验;有助于他们认识自然、社会、自身和三者的关系;有助于他们获取新知,增强综合运用所学知识的能力,张扬个性,弘扬创新精神;有助于他们养成合作、分享、积极进取等个性品质。教师要把学生作为展开课程的合作者,让他们参与资源的开发,参与课程设计和实施的过程,虚心听取他们的意见和建议,尊重他们的兴趣爱好,发挥他们的特长,让他们享有确定活动目标、活动主题、活动形式、活动成果展示方式的决策权,使他们感到自己确实是活动的主人,参与活动是快乐的,是能够成功的。

② 使综合实践活动既有挑战性又有适应性。活动的主题应该是新鲜的,是学生未知的,也不是轻而易举地找得到圆满解答的。这样的主题,必须综合运用所学知识,经过个体的和群体的、脑力的和体力的实践活动,才能求得解答。这样的过程和结果,其作用是促进学生的发展。有挑战性才能激起学生探究的欲望,但是,如果目标太高或者设计不切合学生或学校现有条件的实际,学生一开始就看不到胜利的曙光,尽最大努力又仍然难有收获,那必然会挫伤学生的积极性。所以,设计和实施综合实践活动仍然要像设计和实施其他学科课程一样,把目标定位于"最近发展区"。

③ 积极评价学生。评价要有整体观。一方面要通过考查学生在综合实践活动中的表现和活动成果来评定其努力程度;另一方面更应注重把评价作为师生共同学习的机会,改进课程设计与实施的手段。评价要多元化。允许学生有不同的解决问题的方式,有不同的表达所学的形式。评价要实行教师评价、家长评价、社会人士评价和学生自评互评四者结合,但要以学生的自评和互评为主。评价要重过程。评价不能只看学生活动的成果,应把他们参与活动的

小学综合实践活动设计与实施

积极性、主动性在活动中表现出来的科学态度、探究方法和创新精神等作为主要依据。即使活动所得结果是错的或者根本没有得到什么结果,也要从他们获得宝贵经验的角度给予肯定。

④ 要在综合实践活动中给学生必要和有效的指导,使他们能够沿着正确的方向去发现问题,解决问题,获取新知。这对于激发和保持学生参与活动的积极性也是非常重要的。

2. 校外人力资源

校外人力资源主要有学生家长和社会各界人士。家长、社会人士队伍庞大,构成复杂,生活在不同的环境之中,有着不同的社会、文化背景,个性、兴趣爱好千差万别,拥有不同的知识、技能和经验,有的拥有特殊才能,有的拥有稀缺资料。

利用家长和社会人士这一人力资源,一是利用他们所掌握的特殊的知识或技能,二是借用他们的资料、工具、器材,也可以让他们在经济和学生安全等方面发挥作用。开发校外人力资源要做好以下工作。

(1) 互相沟通。开展活动之前必须和家长、社会人士沟通,让他们清楚开展综合实践活动的目的在于培养学生各方面的综合能力并为他们今后的学习和生活奠定坚实的基础,让他们理解并支持我们。我们必须坦诚而又明确地说明,学校教师的能力、时间以及精力是有限的,不可能满足活动的需要,让家长和社会人士意识到,他们参与实践活动不仅是重要的而且是必要的。

(2) 广泛调查。通过调查访问,了解每个人对综合实践活动的认识及参与这项活动的热心程度,了解他们所从事的职业、爱好和特长,了解他们的住址和联系电话等。在此基础上建立起小学综合实践活动校外人才库和人才联络网。当综合实践活动展开时,一旦需要校外人力支持,就可借助人才库找到需要的人,并立即同其联系,求得他们的帮助。

(3) 预先告知。在进行综合实践活动的过程中,当需要家长、社会人士时,教师应提前跟他们联系,让其明白活动需要什么,他们应该以怎样的策略,通过怎样的途径乃至怎样的语言,借助怎样的形式、方式来参加活动。

(4) 及时反馈。校外资源利用以后,必须及时和他们交流将活动的情况、效果,以进一步密切双方关系,为今后的合作奠定更坚实的基础。

(二)物力资源

物力资源是一种条件性资源。这种资源的丰富性与多样性对综合实践活动课程的设计和实施有很大影响。物力资源受制于学校、社区条件,开发必须从本校、本地的实际出发,实事求是,因地制宜,量力而行,尽最大努力,但不可好高骛远。

1. 校内物力资源

校内物力资源主要有综合实践活动展开需要的资料、设施、设备、环境等。

(1) 校内资料资源。综合实践活动所需的资料主要有:一类是直接需要的资料,如活动方案,一般来说,比较具体,操作性较强,有较大参考价值;另一类是间接需要的资料,如报刊、图书、网络信息和音像制品是获取开展综合实践活动所需知识、技能的重要途径。

(2) 校内设施设备资源。学校的各种实施、设备也是综合实践活动的重要资源。学校设施有:一类是实践活动其他物力资源的储存所,如图书馆,资料室,陈列室,电子音像室,微机室,体育、劳动、文娱、教学用品保管室等;另一类是实践活动开展的场所,如运动场、劳动园、实验室、艺术室、实践活动专用教室等。设备是开展综合实践活动需要的工具,主要有计算机、摄影机、录音机、照相机、打印机、复印机、电视机、速印机、标本、模型、乐器、体育用品、小型农具、手工业工具、实验和测量仪器等。此外,还有一些综合实践活动所需的原材料,如科学实验用的试剂等。

（3）校内环境资源。学校环境主要指校容校貌。校园环境是学生学习和生活的地方,也是开展综合实践活动的场所。学校要加强校园环境建设,使校园环境便于师生开展综合实践活动。宽敞、整洁、美观,丰富多彩,人文性和科学性有机统一,这是对校园环境的基本要求。

2. 校外物力资源

校外物力资源主要有县、市、省、国家图书馆,大、中、小学图书馆,各地的博物馆、科技馆、展览馆、档案馆、陈列室,机关、团体、社会人士的资料室、收藏室,单位或个人的设施、设备、工具或用品等,本地的乡镇、村、组、街道、厂矿、机关、企事业单位是活动开展的重要场地。校外的物力资源丰富多彩,在很大程度上可以满足各种综合实践活动在场地、工具和材料方面的需要,尤其是一些稀缺的用品、器材、工具的需要。

开发利用校外物力资源,一般来说只能使需要的资源为我所用,而不能为我所有。所以,开发利用校外物力资源,首先要了解资源的情况,和资源拥有者搞好关系。要根据小学开展综合实践活动的需要,积极开展调查,对本地区资源的分布、特点、存在形态等有一个大致的了解。同时要同资源的拥有者建立联系,争取他们的支持,确定好联系方式。这些情况要用文字或计算机记载下来,一旦需要某种或某些资源,可以及时同有关的单位或个人联系,并以借用、租用、复印、复制、照相、录像、录音等方式加以利用。

（三）文化资源

1. 校内文化资源

学校的文化资源主要是学校开展的各种活动、校风和学校文化传统。各种有益活动,能让学生在活动中获得体验和经验,运用已知,获取新知,增强自主意识、合作和创新精神。学校能够形成一种积极向上的健康氛围,对学生的思想情感会产生潜移默化的影响。学校的光荣史,学校及师生荣誉,有利于弘扬学校的优良传统,让学生受到传统美德熏陶和感染。

学校应有计划地开展内容丰富形式多样的有益活动,如文体活动、科技活动、思想教育活动等。要通过宣传教育和建立健全规章制度,大力加强校风建设。师生要讲文明,讲礼貌,讲团结,讲卫生,友好相处,互相帮助。老师要热爱学生,学生要尊敬老师。领导与群众、教师与教师、学生与学生、教师与学生要处于融洽状态。要利用集会和校园电视台,大力表扬好人好事,批评不良现象。要开辟校史陈列室、学校及师生荣誉展览室,要大讲学校的优良传统,宣传学校师生的先进事迹。

2. 校外文化资源

社区文化资源主要是本地的文化设施、名胜古迹、民风民俗和社区开展的社会文化活动。文化设施、名胜古迹等既是综合实践活动的场所,也是活动开展的平台,其中蕴含的人文因素和科学因素是学生的精神营养品,有很高的利用价值。民风民俗对学生起着"润物细无声"的作用。社区开展的各种活动,如宣传活动、义务劳动、慰问活动、庆祝活动等,有利于学生获取社会和生活知识,有利于学生加速实现社会化。

开发校外文化资源,主要是调查了解,熟悉有关情况,作好登记,建立联系网络,并搞好关系,一旦需要,就可与之联系,争取有关方面的支持与帮助。还要让学生参加社区各种活动,参

小学综合实践活动设计与实施

观旅游，或探究人文环境中蕴含的人文因素及其现实意义，通过这些活动让学生受到熏陶感染。

【案例6.4】

仙居文化资源开发与利用

浙江仙居山川叠翠，风光旖旎，以其与人文景观相融合的文化史迹遍布全境。有虚幻莫测的韦羌山蝌蚪文、居全国之冠的崖刻大"佛"字、全国道家第十洞、宋代古塔、明代石灯柱、皤滩古街和近年新发现的后山根恐龙化石等，许多名胜古迹错落其间。地上地下文物资源丰富，现有省级文保单位 5 处，县级文保单位 26 处，现已收藏文物器件 2000 多件。①

【案例点评】

仙居县诸多小学抓住本体特色，引导学生对仙居的旅游文化和传统文化进行探究，开展对周边自然和人文风光的探究活动，开展"居仙居，我爱家"、"我是小导游"、"油菜花——仙居美丽的风景"等一系列活动介绍仙居，发展仙居的主体实践活动。

四、课程资源开发的方法

（一）调查访问

调查访问是通过对调查对象的观察，对被访问者的谈话以寻求所需资料的一种方法。引导学生调查访问，不但能提高他们搜集处理信息的能力，而且有助于增强他们进行口语交际的能力、进行社会交往和与人沟通的能力。为提高调查访问的效率，应让学生了解一些调查访问的方法。

1. 调查访问前应做好准备

（1）确定对象。调查访问的对象应该是比较容易找到的愿意接受调查访问的单位或个人，更为重要的是，有可能从那里获取你需要的资料。

（2）准备工具。根据需要和条件，准备好必要的器材，如笔记本、录音机、照相机、摄像机等。

（3）设计问卷。根据需要的资料，拟出若干问题，并设计成表格的形式。调查访问时，如被调查人能填写就让其填写，不会填写的，调查人可根据题目提问或观察，然后将其所得填写在表格里。有调查问卷，访问时不会有遗漏，操作起来也很方便。不能用文字记录又不能带走的资料，如声响、图画、实物等，可用录音机、照相机等工具记录。有些问题比较复杂，不能设计成问卷，也应拟出调查访问提纲。

（4）联络被调查访问者。用电话或书信同被调查访问者联系，约定调查访问的时间、地点。

2. 调查访问时的注意事项

调查访问从开始到结束环环相扣，为了取得预期的结果，进行调查访问必须讲究技巧。

（1）取得被访问者的信任。访问开始阶段，要做好几件事。一是同对方打招呼，向对方问好，联络感情；二是自我介绍，拉近同对方的距离；三是详细说明调查访问的目的，争取对方的合作支持；四是安排好座位，做好记录准备。安排座位尽量使自己和被访者面对面，距离以能听清对方的谈话为准，不能太近，也不宜过远。

① 管锡基.中小学综合实践活动课程资源包[M].北京：教育科学出版社，2010：62.

（2）提出明确的问题。向被访问者提出的问题应是清楚明白的，容量要小一些，以便对方能迅速准确地作出回答。要回避涉及对方隐私和难于回答的问题。提问的语气要亲切、平和，多用商量的口吻，如说："你能谈一谈……吗？""如果你知道……就请你说一说。"如果对方的回答不能令你满意，可以追问，但要注意礼貌，要用更客气的口气，如说："对不起，我还想麻烦你再谈谈……"

（3）做好记录。用笔记录，最好是在调查表内填写事先设计好的符号或简短的词语。记录谈话最好用录音机。如果要拍照或摄像，要及时进行，而且不能有遗漏。

（4）表示感谢。调查访问结束后，要向被调查人表示感谢，并商谈好以后联系的方式。

3. 调查访问后整理资料

调查访问之后要及时整理搜集到的资料，将资料分类。将搜集到的所有资料进行审察或阅读，清除出去不需要的或重复的资料。余下的有用资料要根据探究的问题和资料本身的性质，按一定的标准分类。资料分了类，用起来很方便。

4. 撰写调查报告

调查访问获得的资料一般有两个用途。一是用来解决某个特定的具体问题，往往要和从其他渠道获得的资料合起来使用。二是撰写调查报告。调查报告一般有 3 个主要部分。第一部分是调查概况，主要介绍调查的目的、对象、时间、地点，参与调查的人员等。第二部分也是主要部分，是调查的结果。调查结果要分条写，写得尽量详细具体，时间、地点、人物、实物、事情、数据都要一一写清楚。报告中所反映的主要事实、数据一定真实可靠，要有依据，不能凭主观臆断，想当然，更不能弄虚作假，有意歪曲事物的本来面貌。事实要完备，不能有大的疏漏。疏漏过多过大，报告的说服力就会受到削弱。第三部分是结论。根据调查结果写出明确的结论。结论要写得简明扼要，一目了然；态度要鲜明，语气要肯定，绝不能含糊其辞，模棱两可。

（二）运用资料

所谓资料是指负载一定信息的材料，包括文本资料、音像资料和实物资料等。

1. 查找资料的渠道

要查找资料首先要知道到哪里去查找。查找资料的渠道主要有图书馆、博物馆、单位或机构、互联网、社会人士等。省、市、县、学校图书馆都藏有大量的图书和报刊，而且一般是免费或低费服务，查阅资料非常方便。博物馆收藏的多为原始资料，有的还是珍稀资料，常以实物、音像形式存在，对我们了解真实情况更为有用。有些团体或机构，由于工作需要，平常总要搜集并保存一些有关的资料，这些资料区域性和专业性较强，当需要某地某方面的资料时就可请求这些单位给予支持。如要了解本地的环境状况，就可到当地的环保部门查找资料。互联网上的资料数量大，种类多，可以免费下载。一些专家、学者或特殊爱好者，也往往拥有一定量的专业资料，如果了解某人有你需要的资料，也可请求其给予帮助。

2. 查找资料的方式

查找资料的方式主要有：利用目录卡、目录索引、工具书和教材。图书馆、博物馆和单位资料室、个人收藏室，对所藏的资料一般都建有目录卡。目录卡上写有资料的名称、作者、出处、年代等内容，根据目录卡，很容易找到需要的资料。国内各种期刊每年最后一期都刊有当年该刊所有资料的目录索引，将一年的全部资料按时间先后分类排列，根据索引查找资料非常容易。大、中、小学教材多是分学科的，每种教材对某一学科的基本知识都作了系统的介绍，查

小学综合实践活动设计与实施

找一般性资料,利用教材是一条捷径。利用工具书查找资料是最常用也是最方便的方式。综合性的工具书如《青少年百科全书》、《十万个为什么》、《辞海》等,内容丰富而且范围广泛,很多资料可从中找到。还有一些专门的工具书如《古汉语字典》、《心理学大词典》等,可供查找某些资料。有些资料是潜在的,需要先进行实验、试验或调查、考察才能获得。

3. 积累资料的方式

查找资料要有明确的指向,先要想清楚为什么要查找资料,要查哪一方面的资料。找资料时,尽可能搜集得丰富一些,全面一些。通常可用建摘录卡、写读书摘要和建立收藏室、收藏箱等方式采集保存资料。摘录卡一般做成长方形卡片,查阅资料时可将需要的内容抄录在上面。摘录卡小巧灵活,分类整理时比较方便。读书摘要主要用来摘录资料的主要观点和事实,可以详细些,还可以加上自己的评语。个人收藏室或收藏箱主要用来放置实物或音像资料。有些实物、音像资料,在搜集时需要用摄录工具先制成音像制品。

4. 整理资料

整理资料的原则主要有 3 条:①查找资料和整理资料同时进行,当资料搜集到一定数量时,就要开始整理,看哪些资料已经找到,哪些资料还有待搜集,缺少的继续找,已经够用的就不必再去搜集,这样可以提高工效,节省时间和精力;②整理资料结合所探究的问题,看其是否有用,与原有的资料是否有重复;③初步评估资料的价值,要采用的应是有较大价值的新鲜的资料。

整理资料的方法如下。

(1) 观察资料。对实物、图片、音像制品等非文本资料要进行仔细的观察,弄清其外部形态和内部构造,抓住特点。还要考察其动态,了解变化发展情况及其规律。对某些资料的轻重、软硬、气味等性质还需进行检测。

(2) 阅读资料。阅读资料的方法主要有浏览、粗读和精读。浏览是将搜集到的文本资料普遍粗略地翻阅一遍,使自己对资料的内容、价值有一个初步的了解。一般用"扫描式"、"跳跃式"阅读法,抓住要点,了解概况。粗读也要通读全文,但主要是为了抓住资料的基本观点和主要事实、数据等,同时对其价值和正确性进行初步的判断。精读要求深、求精、求贯通、求创新,通过精读理解资料,评价资料,进而提出自己的见解。

(3) 资料分类。整理资料的重要环节是将经过观察和阅读的资料进行分类,将同一类资料放在一起,以备使用。分类首先要确定标准。常用的标准有时间、空间、内容、相同点或相异点等,究竟用哪一种,要根据探究的问题、材料与问题、材料与材料之间的关系来定。分类可以是一次划分,也可以是多次划分。

5. 使用资料

使用资料是为说明问题,而说明问题首先要有观点。资料是证明或阐明观点的材料,或证明观点是完全正确的,或将观点细化,使之更为具体明确。资料要服从观点,服务于观点,因此资料必须和观点统一,能够鲜明地说明或阐明观点,与观点缺少直接联系因而不能证明或阐明观点的资料不能使用。资料要有足够的数量,足以充分证明或阐明观点。如果观点本身涉及多个方面,每个方面应至少有一种资料与之对应。资料如果有多个类型,使用时至少要有两个不同的类别。但是类型完全相同的资料也不宜重复使用。同一观点下的多种资料要按资料与观点、资料与资料之间的关系条理清楚、层次分明地组织起来,清晰地说明观点。说明观点不能靠罗列资料,还须对资料的内容、实质进行分析,使之同观点联系起来,不然就难以让人看出使用资料的用意。

（三）多形式利用课程资源

1．直接利用

所谓直接利用课程资源,是指不把课程资源当作资源开发者,而是直接用于综合实践活动。例如让学生、教师、家长、社会人士参加实践活动,并成为其中的一个角色,或者将某种物件或资料用作实践活动器材、工具等原样利用,或将开发的资源原封不动地用于实践活动,如在实践活动中展示一幅图画或某件实物等。

2．加工利用

加工利用就是根据实践活动的需要,将开发的综合实践活动进行增删取舍,改造加工,使之适合于特定的实践活动。例如,开展热爱家乡的综合实践活动,通过各种渠道获得许多相关资料,但是,这些资料太多,必须舍去一些;有的内容过时,需要修改;有的语言比较艰深,需要使之通俗化,等等。

3．单独利用

单独利用就是将单个的资源用于实践活动,直接成为活动的组成部分,例如请某位社会人士单独介绍某种情况等。

4．综合利用

综合利用就是根据实践活动的总体设计,将开发的几种资源经过改造加工,使之重新组成一种新的资源,然后用于实践活动。例如,设计活动方案,可以由多人分别进行,初步方案出来后,各有千秋。这时,可以选择一种较好的作为基础并作删节,然后选取另外一种或几种较好的部分充实进去,组成一个最优的方案。

5．间接利用

间接利用就是把某种课程资源当成资源的开发者,让其再去开发新的可直接利用的资源。

（1）一次间接利用。一次间接利用是指利用某种资源去开发另一种新资源,这种新资源就用于实践活动。例如,实践活动需要某种资料,活动课教师不易直接取得,但某学生家长与掌握该资料的人员关系密切。动员该家长做工作,资料就能顺利获得。

（2）多次间接利用。多次间接利用就是将现有资源看作资源开发者,使之去开发新资源,然后又将新资源当作资源开发者,再去开发更新的资源。例如,实践活动需要一位能讲普通话的交通指挥手势标准的交警。通过了解,得知某学生家长是交警队长,于是就动员学生去说服家长,身为交警队长的家长很容易就请到了一位优秀的交警。

（3）用于学科课程。开发出来的课程资源除了用于综合实践活动外,还可用于学科课程,以提高资源的利用率。例如,有个班级开展一次题为"我是诗书城的小主人"综合实践活动,活动过程中收集了许多有关眉山的资料。随后,另一个班级在上思品课的"热爱家乡"这课时,选用了其中的一些资料,既省力,又取得了较好的效果。

【案例 6.5】

人与自我活动主题多样化

某校将"人与自我"的主题融合于综合实践活动课程的"非指定领域",坚持以"晨会"、"夕会"以及"国旗下的讲话"的形式,对学生进行思想品德教育和行为习惯训练。在管理上,以争创"文明班级"为契机,在班级之间、学生之中开展纪律、活动、卫生 3 项竞赛活动,并不断完善"文明班级"的考核内容,激励学生积极参加各项实践活动。以学生积极的情感体验为主,以学生"问题行为"为切入口,以起点低、贴近学生校内外生活为"内容"取向,以

小学综合实践活动设计与实施

综合实践活动的形式,组织学生开展良好行为习惯培养的实践与研究。具体措施如下。

穿好衣,即学生在校一般要求穿校服,衣着整洁;校外不穿奇装异服,朴素大方;培养学生正确的审美观念和符合学生要求的生活习性。

进好门,即学生进入校园必须佩戴胸卡,推车步入校内,见到老师、同学要问好。

走好路,即行路靠右;楼梯、过道拥挤时,礼让先行。过马路走斑马线、看两边保安全;不在马路上乱停车,有序上下公交车。

做好操,即准时参加广播操和眼保健操,集队做到静、齐、快,动作正确规范。

用好餐,即洗手进餐厅,并做到"六个不":不跑步、不插队、不喧哗、不挑食、不浪费、不乱倒剩饭菜。在家能起小小"营养师"的作用。

说好话,即语言文明,不说脏话、粗话;尊重教职工和长辈,友爱同学,见面主动问好;讲普通话,会用礼貌用语。

上好课,即课前准备好学习用品,上课专心听讲,勤于思考,积极参与讨论,勇于发表自己的见解。认真、按时地完成作业。①

【案例点评】

综合实践活动并非用具体专门的时间来进行的课程,抓住综合实践活动对培养人的素质的关键作用,从这一点出发,将活动有机地融入晨会、班会之中时多形式使用课程资源的表现。

(四) 管理课程资源

确定一名责任心强、工作细心的管理人员负责综合实践活动的保管工作,不让已开发与利用的综合实践活动课程资源毁损或流失。

所有开发与利用的综合实践活动课程资源登记,登记的内容包括:资源名称、形态类别、特点、用途、使用的实际效果、存在状态,拥有者姓名、地址、联系电话等。先由开发与利用者对所开发与利用的课程资源素材及有关说明材料交给专职保管员,再由专职保管员分类整理,按类存放,造册登记,编制目录索引。欲使用已有综合实践活动者可向保管员借用。借用要填写借据。使用时要倍加爱护,不让其损失或丢失。用后要如数原样归还,如有损坏或短少,要设法及时弥补。

本章概要

综合实践活动是一门特殊的课程,是一种不同于传统学科课程的新型课程,它超越传统单一学科之间的界限,将人类社会的综合性课题、跨学科性知识和学生感兴趣的问题,用实践活动的方式整合起来,实现学问性与体验性知识、单一学科知识与跨学科知识、理论与实践、课内与课外、校内与校外的有机结合。通过自主的、创造性的体验与探索活动,使学生身心得以和谐地发展。

课程资源是指有利于实现课程目标的各种因素,从课程目标实现的角度看,凡是对之有利的所有因素都应该归属于课程资源,这其中既包括教科书、参考书、教学场所等物质资源,也包括学科专家、教师、学生等人力资源。理解课程资源要把握其概念、特点、存在状态以及各个角

---

① 本案例引用时已作修改。资料来源:[EB/OL]. [2013-02-16]. http://yzq1343079.blog.163.com/blog/static/103889097201111462749849/.

度的分类。

　　课程资源的开发要全面而科学,要从对综合实践活动的正确把握入手,理解其价值、了解其开发主体、掌握其有效开发的途径和方法。

资源链接

[1] 郭元祥.综合实践活动课国内外案例分享[M].北京:高等教育出版社,2003.

[2] 叶蕾.小学综合实践活动课程资源开发的意义与途径[J].现代教育科学·普教研究,2011(2):147-148.

[3] 张建平.论综合实践活动课程资源开发的主体、程序及策略[J].教育理论与实践,2005(12):46-48.

[4] 管锡基.中小学综合实践活动课程资源包[M].北京:教育科学出版社,2010.

[5] 田慧生.综合实践活动课程的理论探索与实践反思[M].北京:教育科学出版社,2007.

[6] 田慧生.综合实践活动课程实践中的问题与策略[M].北京:教育科学出版社,2007.

[7] 孟广均等.信息、资源管理导论[M].北京:科学出版社,2003.

[8] 范蔚.实施综合实践活动对课程资源的开发和利用[J].教育科学研究,2002(3):32-34.

[9] 范兆雄.课程资源系统分析[J].西北师大学报版(社科版),2002,39(3):101-105.

[10] 顾明远.教育大词典(第一卷)[Z].上海:上海教育出版社,1990.

[11] 彭邵东.信息、技术教育学[M].长沙:湖南师范大学出版社,2002.

[12] [美]拉尔夫·泰勒.课程与教学的基本原理[M].施良方译.北京:人民教育出版社,1994.

[13] 徐继存.论课程资源及其开发与利用[J],学科教育,2002(3):1-5,26.

[14] 吴刚平.课程资源的开发与利用[J].全球教育展望,2001(8):24-30.

思考与实践

一、理论思考

1. 什么是课程资源?我们可以从哪些层面进行认识?

2. 什么是综合实践活动的课程资源?

3. 课程资源的特点有哪些?为什么?

4. 课程资源存在的状态有哪些?

5. 如何从多角度来理解课程资源的分类?

6. 在进行课程资源的开发之前,需要如何有效认识综合实践活动?

7. 课程开发和资源开发的含义是什么?两者有什么样的关系?

8. 课程资源开发的主体包括哪些?

9. 课程资源开发的程序是什么?

10. 课程资源开发的途径有哪些?

11. 课程资源开发的基本方法有哪些?

二、实践探索

1. 试分析综合实践活动课程资源含义的发展和变化。

2. 试分析课程资源的分类依据,联系实际谈谈各种分类对于有效开发课程资源的价值。

3. 选择一个课题资源,并对该课题资源进行开发,写出课题开发计划书。

管 理 篇

小学综合实践活动设计与实施

　　管理篇的主要内容包括综合实践活动管理、综合实践活动教师、综合实践活动评价 3 章。作为小学综合实践活动设计与实施的宏观背景，本篇目标是帮助学习者认识到，小学综合实践活动设计与实施不是在"真空"里开展的，它与国家政策、管理制度、评价体系乃至师资状况紧密相关。只有在管理、师资与评价配套建设的前提下，小学综合实践活动课程的实施才能规范化、高水平地开展。

第七章 综合实践活动管理

学习目标

- 理解课程管理的含义和特征,学生管理的含义,教师管理的含义,校园文化管理的含义;
- 了解课程管理的原则、范围,学生管理的价值,教师管理的内容,校园文化管理的原则和价值;
- 把握课程管理的内容、学生管理的内容、教师管理的策略、校园文化管理的内容和策略。

问题情境

对"秋天的诗"活动的分组安排

某校秋季开学,举行了国文诗歌诵读活动,某班级为了就此活动培养大家对古文诗歌的兴趣,结合应时的季节选取了"秋天的诗"作为综合实践课的活动主题,通过商议安排了如下的分组。

第一小组

负责内容:秋天的足迹。具体工作:①准备好数码相机,利用节假日,到公园去,寻找秋天,欣赏秋天;②结合景物,搜集相对应的古诗。

第二小组

负责内容:秋天的愁思。具体工作:①学生从网上搜集抒发秋天愁思的诗;②寻找最佳的表达方式。

第三小组

负责内容:秋天的赞歌。具体工作:①学生通过查阅书籍搜集赞美秋天的诗歌;②根据诗意创作出表现诗的意境的图画。

第四小组

负责内容:秋天的创意。具体工作:①学生搜集适于演和唱的古诗;②小组合作,进行创作,演古诗、唱古诗。

学生们依据自己的兴趣和特长,在教师指导下自由结组活动,通过寻、思、绘、演的形式充分展现出来,管理安排得当。把知识目标、过程目标、情感态度价值观目标结合在整体活动中,学生获得了知识,锻炼了能力,培养了审美情感和积极的价值观。综合实践活动课程管理涉及

小学综合实践活动设计与实施

哪些内容？又应怎样管理？这些就是本章所要探讨的问题。

理论述要

　　综合实践活动形态的变化，影响着管理的内容和管理的方式，也使得课程管理的范围不断向外延伸。有效开展综合实践活动管理，是综合实践活动顺利实施的基本保障。本章论及的综合实践活动管理，主要包括课程管理、教师管理、学生管理和校园文化管理等内容。

第一节　课程管理

　　在世界各国教育改革中，课程管理总是首当其冲地成为变革的焦点。无论是分散管理向集中管理的转变，还是集中管理向分散管理的转变，课程管理改革的根本目的都是寻找权力分配的最佳结合点，以促成一种"高标准、高要求、多选择与多元化"的动态平衡局面，使课程最大限度地满足国家、地方和学校以及学生的需要。

一、课程管理的概念

　　综合实践活动作为一种"新"课程，带来了教学组织形式、教学理念等诸多方面的新变化，特别是该课程本身具有的开放性和实践性的特点，对教学管理提出了新的更高的要求，所以教育部门、教研部门必须给予高度重视。

　　（一）综合实践活动管理的含义

　　综合实践活动管理是指教育管理部门和学校通过整合各方面资源，从制度建设、组织建设、队伍建设和资源建设等各个方面着手，在设计、组织、实施和评价等内容方面，实现对综合实践活动全过程的管理活动，从而为活动的有效开展提供充分的保障。具体来说，包括以下几个方面。

　　（1）从教育部门和学校管理的角度来讲，课程管理要从课程建设、课程开发以及课程价值实现的角度来规划，形成适合的体制。

　　（2）从课程开发的角度来讲，意味着对这门课程价值的认同、目标的设计、课程过程的协调以及制度的确立或者选择。

　　（3）从课程实施的角度来讲，管理是保证一门课程常态实施、有效实施不可缺少的一个重要的工作。

　　（4）从指导教师和学生的角度来说，课程的管理又意味着对学生的帮助，意味着对学生过程的跟踪以及适当的指导促进，甚至还可以说管理意味着有效协调、管理意味着专注倾听、管理意味着及时反馈。

　　以上分析说明，不同的管理主体会涉及不同的管理内容。因此，课程的管理是一个全方位、多角度、协调统一的综合管理活动。

　　（二）新课程与课程管理

　　综合实践活动课程是本次课程改革中课程结构调整的产物。《基础教育课程改革纲要（试行)》中明确指出,综合实践活动课程实行国家、地方和学校三级管理。即国家负责对综合实践活动课程制定统一的规划,地方负责实施对综合实践活动课程的管理和指导,学校负责对综合实践活动课程的开发与实施。这表明国家对综合实践活动课程的高度重视。

新课程实行三级课程管理体制,实现了集权与分权的结合,妥善处理课程的统一性与多样性的关系。重新划分了国家、地方、学校在基础教育课程管理的比例,特别是为地方和校本课程的安排增加了比例,促成了地方课程管理政策的有效运行,为课程适应地方经济文化发展、满足学生个性发展的需要、体现学校办学的特色等诸多方面创造了良好的条件。这种变革,改变了原有课程管理过于集中的状况,增强课程对地方、学校及学生的普遍适应性。对于促进我国课程体系建设的民主与科学性具有深远而广泛的影响。

二、课程管理的特征

综合实践活动课程是一门实践性、经验性很强的课程,没有统一的文本教材,内容确定及活动开展都有待于师生自主开发。所以,综合实践活动课程本身所具有的综合性、实践性、自主性、开发性、生成性、创新性必然影响到课程管理的诸多方面,使得综合实践活动课程管理具有如下特征。

(一)学生管理的自主性

综合实践活动是以主题、项目或课题的形式来开展学习活动的。这是一种由学生自主开展的综合性学习活动,活动中的学习内容、学习方式、学习时空、学习结果等都具有不确定性。主题、项目或课题的选择权在学生手中;学习材料需要学生在实践中寻找;活动时间长短、活动方式方法、活动空间范围都需要学生来确定。此外,活动结果的分析、活动效果的认定,都需要学生的独立判断。特别是在学生远离学校、远离课堂、独立开展活动的时候,学生的自主管理能力就显得尤为重要。

可以说,综合实践活动实施离开了学生的自主管理,或者学生自我管理的意识薄弱,其活动很难顺利开展,甚至会无果而终。所以,综合实践活动管理者在指导学生进行活动时,应加强和促进学生的自我管理,应力求做到以学生自主管理为主。

(二)学习管理的过程性

综合实践活动强调学生亲历、亲为,是一种开放性和实践性并存的课程。它不以活动结果的好坏而论,而是以学生在活动过程中知识与技能的生成累积、方式方法的变换运用、情感态度与价值观的发展变化来评判学生学习的效果。它追求的不是结果而是过程,学生在活动过程中不断地体验、感悟、提升,这是综合实践活动价值的根本性体现。

现实生活给予活动生成的基础,活动内容也在生成之中不断地变化。所以,综合实践活动的管理直接指向活动的过程,管理不把握住活动过程,也就相当于丢弃了综合实践活动课程最具生命力的部分,综合实践活动的管理将会失去本身的意义。

(三)社会组织的参与性

综合实践活动课程的学习方式是学生自主探究。它超越了书本,离开了课堂,走出了学校,将学习融入自然、社会,让学生们在自然情境、现实生活情境和社会情境中学习、考察、参观、访问。社区服务和社会实践活动需要社会成员组织和参与活动,对学生亲身指导。深度融入社会生活的综合实践活动,必然需要社会组织提供有力支持和保障;同时,社会组织及其相

小学综合实践活动设计与实施

关人员,不可避免要参与课程管理。

综合实践活动课程管理,强调社会成员和组织的参与,离开了社会层面的这支管理力量,学生的综合实践活动就无从谈起,综合实践活动的实践性就会失去根基。

三、课程管理的原则

综合实践活动管理,不能机械照搬过去学科管理或一般活动课管理的模式,要努力发掘其内在的特点和规律。其管理原则主要表现为以下几个方面。

(一)学生自主管理与教师指导管理相结合

学生是综合实践活动的主体,对综合实践活动具有主题选择权、活动决策权及对活动过程的自我管理权。即综合实践活动是学生自己的活动、自己的课程,在离开学校、远离教师、没有集体的时候,这种自我管理、自我决断越发突出。实施综合实践活动要依靠学生,依靠他们的才智,依靠他们的管理才能,使他们的自主性管理在实践中得到锻炼。

在充分放手让学生进行自主管理的同时,教师对综合实践活动管理应发挥指导作用。否则,学生活动的方向性有可能偏离,活动过程中的挫折感会大大降低学生开展综合实践活动的积极主动性,从而造成学生讨厌甚至害怕综合实践活动课程。另外需要说明的是,教师对综合实践活动课程管理的指导不是削弱学生的自主性,而是进一步促进学生的自主管理,使学生强化课程自我管理意识,提高课程自我管理能力。

(二)活动预设管理与开放管理相结合

对活动进行周密设计和整体规划是开展综合实践活动课的基础。这种设计和规划就是要对整个活动的各种因素有事先预见,以便于采取适当的应对策略。进行预设性的管理,从活动方案、活动组织、人员布置到过程指导、成果形式等要做好安排,使活动得以顺利实施。但综合实践活动课具有开放和生成的特征,这就要求我们不能仅仅局限于事先的预设,要对活动过程中生成的主题和目标以及内容的变化有新的认识,针对新情况及时调整管理策略,使管理行为更有利于活动的深入开展。没有预设就无法开放,预设管理与开放管理同等重要。在实际的学习活动中,一定要特别防止管得过死,失去灵活性的问题。

(三)学生的统一管理与多样管理相结合

综合实践活动主题一旦确定好了,基本的活动目标就已经形成了。我们要围绕主题、目标开展活动,以达到主题活动的基本目标。这就要求在管理学生时采取统一的原则,使主题活动如期完成它的历史使命。但是在学生具体活动中,个体的学习过程和行为方式会表现出多种多样的特点,我们应该尽可能地根据学生的特点和个体差异采取不同的管理策略,满足学生自身发展的需要,使多样化发挥积极的作用。

(四)课程管理与研究指导相结合

综合实践活动的综合性、开放性及生成性的特点使我们认识到,综合实践活动是一个相对复杂的过程,问题是在不断地生成和变化之中,旧的问题已经解决的同时,新的问题又摆在我们面前。所以课程管理与研究指导要有机地加以结合。只有管理很难使课程实施达到预期效果,要通过教师与学生一起对那些棘手的问题展开研究,寻找对策才能达到最终的效果。所以,对学生的活动过程进行有效的研究指导,及时清除活动过程中的障碍,才能使学生的调查研究、实践探索更加顺畅。

（五）硬性管理与软性管理相结合

综合实践活动要想做好，离不开有效的课程管理制度建设，通过科学的课程管理制度，加强硬性的管理要求，加强课程实施规范。加强硬性要求的同时，也少不了软性管理行为的具体渗透，例如，为活动中的师生提供支持与鼓励，为困境中的师生提供帮助，为活动的实施提供意见和建议等。硬性管理和软性管理两手都要有，相互结合。

总之，综合实践活动课程管理要从"服务于学校课程的创生和构建，服务于教师专业和指导能力的发展，服务于学生自主发展和全员参与，服务于学生的创新精神和实践能力的培养"来出发，让课程的实施更有价值和意义。

四、课程管理的范围

综合实践活动课程有其特殊的形态，这就使得综合实践活动课程的管理表现出与学科课程不同的形式，具体体现在管理的内容和范围的不同。

（一）时空范围

综合实践活动课程时间安排是每周 3 课时。这是基本课时数，并不意味着每周 3 课时不可变更。在实际实施中，综合实践活动时间常常突破单课时安排的限制，依据活动主题或项目的需要进行灵活分配。在时间管理上，分散与集中使用相结合，以便于活动的开展。基本原则是：小课题，短时间；大课题，长时间；校内活动，紧时间；校外实践，放开时间。

综合实践活动课程空间范围，一般以家庭为圆心、以学校与家庭的距离为半径的区域。学生活动点的移动决定着教师对活动管理场地的移动。管理区域应该着重在社区、教育拓展基地、工厂、农村、机关、资料室、图书馆、文化宫等场所。对学生活动应周密安排、悉心指导，对学生安全、活动效率应全面思考，管理的意义直接体现在综合实践活动过程本身。

（二）资源范围

资源是综合实践活动课程管理的核心要素。综合实践活动课程资源广泛存在，教师和学生是最直接的课程资源。此外，社区的、社会的、自然的、人文的，医生、画家、记者、科学工作者、专业技术人员，图书馆、博物馆、阅览室、陈列室、电视台、广播站，所有的文化娱乐场所、历史遗迹、自然风光都是课题研究的主要信息源，这些课程资源应该纳入我们的管理视野。

要登记造册，建立资料档案库，特别要与当事人或单位取得联系，谋求其对学生活动的支持与帮助。可见，课程资源的管理不是只限于教室、校内的活动场所以及学校有限的图书资源，而是把社区、社会和网络的资源最大限度地用于学生活动，让资源更好地为学生成长服务。

（三）行为和过程的范围

行为和过程主要指政府、学校、教师、学生在综合实践活动中的态度表现、行为结果。行为和过程的规范必须通过管理机制来约束，各级教育部门和学校要建立与之相适应的制度（或规划）。具体应包括以下内容。

（1）学校实施综合实践活动的规划以及组织机构和职责分工的制度。

（2）教师培训、指导、教研方面的制度。

（3）学生参与活动方面的制度。

（4）学校实施综合实践活动档案建设以及学校设施、设备使用方面的制度。

（5）师生参与活动的评价制度。

（6）社会资源利用方面的制度。

五、课程管理的内容

（一）组织建设与制度建设

要使综合实践活动课程顺利进行，必须有成熟的组织制度管理，确定相关机构、人员和资金设施的配备，才能有章可循、有序可依。

1.组织建设

在学校中应该设立以校长为首的"综合实践活动课程领导小组"，以教导处、政教处、总务处、各学科教研室等部门负责人以及家长委员会负责人为成员，负责全校教师的课程调配。下设两个并行的小组，即研究小组和执行小组。二者有合作、有分工，各有侧重，人员允许有交叉。

（1）领导小组。职能是：统一规划，协调各方面的关系，管理下属两个小组工作，负责牵头和总结整体工作，给予物质和精神上的支持，为综合实践活动课程实施保驾护航，加强宣传，营造舆论。

（2）研究小组。职能是：负责对学校综合实践活动课程的研究、交流与推广，负责教师的业务指导，负责对学校课程具体实施中的问题进行指导，进行理论和实践结合的研究，同时根据学校实际情况，安排各年级和班级的活动时间，负责教师工作的统计和考核。

（3）执行小组。职能是：制订实施方案，确定每个活动方案具体细节的设计，比如活动时间、地点、路线、人员分组、安全措施以及与外界的联络等。在课程的实施中，执行小组要与研究小组处理出现的问题，上报活动记录和总结。执行小组要直接面向活动参与人员和学生。

2.制度建设

为确保综合实践活动课程有效进行，学校必须加强制度建设。一是物质制度建设。例如，实验室、图书馆、机房、活动基地等设施、设备的使用管理制度，与综合实践活动课程相适应的学校规章制度，教师工作量的考核方案。二是教师培训发展规划。制订教师的培训计划，形成教师综合实践活动课程实施能力培养的同步机制，要求每个教师都必须接受每学年固定期限的观摩和学习指导，并将之纳入教师综合考核指标。这种培训发展规划应常态化，并使其逐步制度化。

组织机构配合制度保证，促使综合实践活动课开展，从被动、自发、无序走向主动、自觉、有序，真正做到在学校组织层面和制度上，保障综合实践活动课程的实施，激励教师和学生共同参与到综合实践活动课程当中来。

（二）课程规划和实施方案

综合实践活动作为学校的必修课程，应该有目的、有计划、有组织地开展。为了顺利开展综合实践活动课，学校首先应遵循课程计划和综合实践活动课程指导纲要的基本思想，根据区域和学校的实际情况，对综合实践活动课程的开设进行总体规划，制订出学校整体性的课程实施方案。只有学校对综合实践活动课程进行了统一的规划和方案设计，才能保证各年级综合实践活动课程内容有序协调，课程的目标衔接连贯、主题相互映衬，并在课程的设计与实施上最大限度地整合课程资源,充分发挥学校各方面优势,形成学校特色。否则,学校的综合实践活动课程就没有明确的目标,各个年级、各位指导教师各自为政,课程实施的随意性会很大,失去系统协调性,难以进行统一的管理。

【案例 7.1】

将军庄小学四年级综合实践活动计划方案①

一、年级总目标

(一)总体目标

培养学生的实践能力和创新能力,强调学生主动参与、乐于探究、勤于动手、善于思考,突出学生的主体性与参与能力。

(二)具体目标

1. 走进生活,了解我们身边的节日,对学生进行社会活动能力的培养。

2. 走进家乡,了解家乡的农作物,培养学生的自主获取知识、收集、处理信息的能力,解决问题的能力。

3. 激发学生的好奇心和求知欲,初步养成从事探究活动的正确态度,发展学生探究问题的初步能力。

二、学期活动主题

九月份:"教师节"知多少

十月份:"国庆节"知多少

十一月份:关于"棉花"的研究

十二月份:珍惜水源,节约用水

三、分析情况

综合实践活动作为一门新课程进入校园,对我们的师生来说既熟悉又陌生。综合实践活动是基于学生的直接经验、密切联系学生自身生活和社会生活、体现知识的综合运用的课程形态。这是一种以学生的经验与生活为核心的实践性课程。综合实践活动并不是追求严密的知识体,而是立足与学生的自身生活和社会实际,让学生利用已有的知识和经验开展有意义的活动。所以学生对此具有较高的学习兴趣。

四、学期活动内容

具体内容见表 7-1。

【案例点评】

综合实践活动规划要结合时间、学生的年龄,结合地域特点来进行。本方案出自农村学校,结合本地的农业特点来发挥地域优势是很好的设计和规划思路。

(三)课程实施过程管理

综合实践活动实施过程管理的目的,在于使综合实践活动规范化。综合实践活动开发与实施的主体是学生,实施过程是学生自我决策、自主行动和自主实践探究的过程。教师在活动中扮演着支持、管理、帮助、引导、合作等多种角色,对过程管理具有重要价值,具体表现为以下管理行为。

---

① 资料来源:[EB/OL].[2013-02-16].http://wenku.baidu.com/view/055c49bff121dd36a32d827c.html.

小学综合实践活动设计与实施

表 7-1　某学期综合实践课活动内容

月份	周次	活动主题	选题分析	活动目标	活动流程简介	课时	负责人
九月份	1～2周	"教师节"知多少	教师节是我国的一重要节日,是关爱我们的老师的节日,为了进一步了解关于教师节的知识,了解我们身边的老师,让我们行动起来,一起来研究它吧	1. 了解教师节的来源。 2. 了解我们身边的教师们的工作情况	1. 每个学生自主选择自己喜爱的课题。 2. 每个小组提交课题的分工方案,设计每次活动的记录	1课时	刘　东 孙宝栋
	3～4周		教师是太阳底下最光荣的职业,那么身边的人对教师有怎样的认识呢?通过调查研究,带动全体学生良好习惯的培养,让大家一起来了解我们的老师	1. 了解教师节在大家心中的地位。 2. 让学生搜集查找关于教师节的名人故事。 3. 在实践的调查访谈中锻炼学生的口才与社交能力	1. 设计调查方案。 2. 实施调查方案。 3. 调查结论分析	2课时	刘　东 孙宝栋
十月份	1～2周	"国庆节"知多少	国庆节在我国是一个重要的节日,是我们祖国的生日。无数的革命先烈为了我们现在的幸福生活付出了鲜血和生命,那么我们应该做些什么呢	1. 了解国庆节的来源。 2. 了解我们身边的爱国小事	1. 每个学生自主选择自己喜爱的课题。 2. 每个小组提交课题的分工方案,设计每次活动的记录	1课时	刘　东 孙宝栋
	3～4周		"爱国"是每一个中国人都应该具备的情感,是我们对革命先烈的缅怀与感恩,那么在我们周围有什么样的爱国的事情呢	1. 了解国庆节在大家心中的地位。 2. 让学生搜集查找关于国庆节的名人故事。 3. 在实践的调查访谈中锻炼学生的口才与社交能力	1. 设计调查方案。 2. 实施调查方案。 3. 调查结论分析	2课时	刘　东 孙宝栋
十一月份	1～2周	关于"棉花"的研究	棉花是我们王兰庄镇的主要经济作物,家家户户都种棉花,那么对于棉花你知道多少呢	1. 在活动中让学生了解棉花的种植、生长情况。 2. 通过调查、研究等方法,以学校、家里为主要活动场所,了解棉花	1. 确立主题。 2. 组成研究小组。 3. 指定活动方案	1课时	刘　东 孙宝栋

续表

月份	周次	活动主题	选题分析	活动目标	活动流程简介	课时	负责人
十一月份	3～4周	关于"棉花"的研究	棉花是我们王兰庄镇的主要经济作物,家家户户都种棉花,那么对于棉花你知道多少呢	1. 知道棉花的价值。 2. 培养学生观察、合作意识,与人交流的能力。 3. 培养学生的信息收集处理能力。	1. 以小组为单位,从日常生活到工农业,通过调查、采访、查资料来记录整理。 2. 到书籍中、到网上查找相关资料	2课时	刘　东 孙宝栋
十二月份	1～2周	珍惜水源,节约用水	水是生命之源,繁茅的信使,旅游的要素,幸福的根系。为了增强孩子们节约意识,培养良好的主人翁责任意识,对他们关注这一热点问题,我向他们提出"让我们走近生活中的浪费现象",并一起制定了活动的主题——"珍惜水源,节约用水"	1. 在活动中让学生切实感受到水的重要性,以及淡水资源的缺乏,培养学生节约用水的良好习惯。 2. 通过调查、研究等方法,以学校、家里为主要活动场所,了解水资源	1. 确立主题。 2. 组成研究小组。 3. 指定活动方案	1课时	刘　东 孙宝栋
	3～4周			1. 知道水在人类生活中的重大作用。 2. 培养学生观察合作意识,与人交流的能力。 3. 敢于创新,善于合作,互相关心,有很好的团队精神。 4. 培养学生的信息收集处理能力。	1. 以小组为单位,从日常生活到工农业,通过调查、采访、查资料来记录整理。 2. 到书籍中、到网上查找相关资料	2课时	刘　东 孙宝栋

1. 引导问题，参与策划

研究从问题开始，没有问题就没有研究。综合实践活动的最直接动因就是一个个活生生的现实问题。问题引导就是要求教师引导学生发现问题，从现实生活错综复杂的现象中思考问题。

社会生活丰富多彩，社会问题若隐若现。许多学生面对现实，不留意、缺思考，需要和兴趣也各不相同。一些很有意义的社会现象，很容易成为过眼烟云。教师应该有目的、有重点地带领学生观察社会、观察生活，发掘、捕捉那些有意义、学生感兴趣而又符合其身心发展规律的生活难点、社会热点、区域特色。经常组织学生参观、考察、访问、交流、讨论，根据学生学习需要举办讲座、报告，针对社会问题开展办板报、画廊、展览等活动，让学生通过多种途径了解社会、认识生活。帮助学生分析现象也是学生发现问题的好办法。学生的认识越深，问题意识就会越强烈。

2. 帮助学生提炼主题、归类问题

提炼主题是一项难度较大的工作，离开了教师的帮助，无论中、小学生（特别是小学生）都将很难把握研究的方向，有时还会南辕北辙。帮助学生归类问题，就是把学生提出的、带共性的话题集中起来，引导学生发现问题的焦点，找出症结所在，明确实质，达成共识。

综合实践活动主题的确立，常常会遇到这样的情况，由于学生平时的关注点不同，兴趣、喜好不同，学生会提出五花八门的问题。在选择主题时，既要尊重多数人的意愿，选择那些带共性的话题，又要注重问题的研究价值，用协商讨论的方式弥合分歧，达到统一，并允许少数人保留自己的观点。

【案例 7.2】

古城荆州与发展旅游事业

一位老师经过提议和民主筛选确定了综合实践活动"古城荆州与发展旅游事业"的主题。当老师动员同学们提供具体研究课题的时候，教室顿时像炒熟的黄豆一样炸开了锅，你一个环保问题，他一个交通问题，还有安全问题、文化问题、教育问题。大家充分地阐述着自己的理由，让教师也难以选择用哪一个具体问题开展活动。但古城荆州的地理优势和文化传统使师生认识到，荆州是我们的家园。我们要抓住荆州国际龙舟节这一契机，了解荆州、建设荆州、推介荆州，即"让世界了解荆州，让荆州走向世界"。老师利用荆州刚刚举办"龙舟节"事件启发、引导同学们，把大家七零八碎的提议统一在以发展荆州旅游事业为主题的活动上来，使环保、交通等提议都成为研究荆州旅游的基本内容。①

【案例点评】

地处古代文化胜地，利用好本地优秀资源，了解家乡，热爱家乡，是综合实践活动的突出资源形式。面对所谓的分歧，其实是体现出资源内涵的丰富，对于此主题教师这样的引导和协商弥合了分歧，突出了重点，使主题的时代特征和研究价值更加突出，因而这种主题确立的方法值得借鉴。

3. 参与制订方案，指导实践过程

综合实践活动强调充分放手让学生自主制订活动方案或研究方案，但并不排斥教师与学生一起研制方案，教师参与研制活动方案或研究方案，表明了教师与学生是活动的统一体，是

---

① 本案例在引用时已作修改。资料来源：[EB/OL].[2013-02-16]. http://ipac.cersp.com/ALFX/200510/197.html.

综合实践活动开展不可缺少的一种方式。参与的过程，就是对方案指导、调整、修改的过程。

教师参与方案制订，首先对学生分组分工，明确活动任务和研究方向，根据活动主题设计活动目标、内容，对时间、场地、活动方式、活动的具体过程等做出安排。科学合理的活动方案是综合实践活动顺利实施的基础。

4. 承认差异，重点扶植

学生经历不同、认知水平和行为能力不同，在综合实践活动中的表现也不同。教师必须承认学生差异，并且针对弱势学生的特点，创造条件积极引导。有些学生选题犹豫不决，有些学生方案落实虎头蛇尾，有些学生采访时缩手缩脚，有些学生在整理归纳时乱了分寸……学生的生活态度、学习习惯、个性品质、学生对综合实践活动的兴趣，也是形成差异的重要原因。

教师要对能力差的同学特别关心，让这些同学承担难度小、周期短的活动任务，适当降低活动要求。如果教师有意识地对行为能力差的同学进行锻炼，则必须加强在具体环节中的直接指导和帮助，防止因活动无法实施，或者实施中遭遇挫折、失败，而挫伤学生的积极性和自信心。

5. 内外配合，整体推进

综合实践活动的顺利实施，需要寻求多方配合、协同管理。校内可依靠学校管理者、指导教师、各科室部门人员、设施场地的管理人员；校外力量更加广泛，家长、邻居、离退休人员、居委会干部、活动场地的管理人员等，都应该肩负起对学生活动的管理责任。教师应将校内外专门人员登记造册，建立联系，协调行为，随时通报学生的活动情况，把活动的管理任务交付于他们。学生的自我管理、相互协作与帮助，也应该在活动中得到足够的重视。

整体推进是管理的客观需要。分组实施的综合实践活动，研究的任务各有侧重，但活动的总体目标是一致的。各小组在实施研究的过程中，速度快慢、效率高低、收获大小都会有所不同。教师应该整体把握活动的每一个环节，在规定的时间内保证综合实践活动任务的完成，分小组成员的搭配做到实力均衡，管理和指导的重点集中在薄弱小组、薄弱项目、薄弱环节，整体推进综合实践活动，使每一次研究都收到实效。

6. 提供机会，共同反思

开设综合实践活动课程，就是要让学生有更多的参与社会实践的机会。

这种机会要给予每一个学生，而不只是少数优生或特长生。提供机会不仅在于积极引导，尊重学生的劳动创造，还在于从制度、措施上给予扶植，对学生活动成果的积极评价，以及寻求社会的积极支持与合作。

反思综合实践活动，对教师和学生来说，都是一次主题再认识、再提高的过程。教师与学生作为综合实践活动实施的共同主体，需要针对综合实践活动进行共同反思。共同反思要求教师既要反思自身行为，又要帮助学生全面地看待主题活动，从活动过程和结果中看到自己的发展变化，了解自己的不足。不仅教师要认真组织学生写活动日记、总结，而且应当启发学生寻找有价值的问题，对活动做继续的思考，设计未来发展的目标，寻求主题突破。

（四）对活动过程的监督与管理

在学生的实践体验过程中疏于指导和监控，学生的活动就容易进入各种误区，甚至出现严重问题。因此，在学生进行综合实践活动的过程中，学校应通过适当的监控手段对学生整个实践体验过程加以引导，减少学生活动的随意性，绝不能放任自流。在具体监管中要注意以下几点。

小学综合实践活动设计与实施

1. 加强主题选择和确立过程的指导与管理

在综合实践活动中,主题的选择和确立直接影响实践活动内容、方向和最终的成败。活动主题,原则上由学生自行选择和确立。但是,由于学生缺乏经验,学校可以进行方法指导外,甚至提供一些主题供他们选择,如本校优势主题:环境教育、健康教育、科技教育、德育传统活动等。此外,学生初步确立主题后,学校要对学生的活动主题进行审核和评价。

2. 重视对学生研究实践过程的评价与管理

学生在研究过程中的行为和表现,如参与研究的主动性、创造性、人际交往与合作、感受和体验等,应是综合实践活动中教师关注的重点。学校和教师应在学生实践过程中及时进行评价和指导,促进学生的实践活动正常、有序地进行。另外,在学生开展实践活动的过程中,尤其是学生外出调查、访问和进行实验的实际操作时,要加强对学生的管理,采取有效的管理措施,进行充分的安全教育,尽量不单独外出活动、不去危险的地方(如野外、建筑工地等)调查。

3. 激励和督促学生完成各项实践活动以确保结题

由于学生的研究和实践经验不足,活动中学生可能没有达到预期的目标,或没有完成课题实施计划中的各项任务,但学校和教师仍然要引导督促学生最终完成结题的工作,研究失败或出现问题的原因可以在结题报告中加以分析和说明,为以后的研究提供可借鉴的经验,这对学生而言同样是收获和提高。学校要注意不能让学生的实践活动半途而废,不了了之。

4. 引导和促进学生在活动中自我管理和相互监督

在组织和实施综合实践活动的过程中,不仅学校和教师要明确各自的责任,学生本人也要承担一定的责任。要在活动中逐渐培养对自己、对他人、对社会的责任意识。学生活动小组的负责人要主持本小组日常活动,组织小组成员相互交流和评价,及时向教师反映情况,督促小组成员按计划完成各项工作,学生本人也要对自己在活动中的行为负责,明确活动目的,积极参与实践活动,主动与其他同学合作完成各项研究实践任务,认真总结活动收获,做好自我评价工作等。

(五) 对教师的管理与评价

在综合实践活动中,教师是课程开发和实施的主体,引导着学生们活动的推进和发展。为保证每位指导教师投入足够的时间和精力,尽职尽责地完成指导工作,学校必须建立起科学的教师管理和评价机制,促进教师在课程中的不断发展和提高。

1. 创造机会,让教师参与课程培训

综合实践活动课程本身对教师极富挑战性,它要求教师要不断地充电,不断地自我提高才能胜任其指导工作。在实践中发现教师在综合实践活动中面临着对课程的认识和理解、对自身角色和指导作用的认识以及自身的知识和能力方面的巨大挑战,教师要有效指导综合实践活动,就需要不断提高自身专业素质。学校应创造各种机会,鼓励教师参加综合实践活动课程的培训,积极开展多种形式的教育教学实践研究,促进教师在课程实施中的专业发展,应对来自综合实践活动课程对教师的挑战。

2. 有效管理,激励教师认真指导学生活动

科学合理地安排指导教师是课程管理的内容,学校要根据教师的专业特长和个性特点安排合适的活动主题,组织教师指导学生开展活动。同时学校还应该把综合实践活动的指导与教师的工作量核算、职称评定以及学年工作考核等多方面管理和评价相联系,建立一套有效的

激励和评价机制,促进教师提高工作积极性,主动深入地探索课程的有效实施,提高课程质量。

3. 搭建平台,加强教师间的交流合作

综合实践活动指导需要指导教师的多方面素养,诸如各种专业知识、计算机知识、科研方法、数据处理、结题报告写作等各方面的知识。但是,教师个体往往很难胜任,需要教师组成指导团队。因此,每个教师必须学会与其他教师相互联合、共同协作、互相帮助,施展集体的教学智慧。在教育学生学会合作的同时,教师首先要自己学会合作。

在综合实践活动实施过程中,学校要充分认识到教师合作的重要性,积极引导学校教师的合作交流,促进教师形成指导团队或成立专门的教师指导小组,定期集体备课,进行校本开发和校本教研。学校应通过课程管理,及时推广成功的实施经验和科学的实施策略,互相学习,交流成功的经验和失败的教训。有条件的还可以对综合实践活动进行网络管理。

【案例 7.3】

某校提高综合实践活动教师能力具体措施

具体做法:①聘请校外专家、学者讲座、骨干领衔等途径更新教师的教育观念,挖掘教师的课程开发潜能;②组织教师学习《小学综合实践活动指导纲要》和其他相关资料,深刻领会课程精神内涵;③定期举行各种研讨会,互相学习交流经验,吸取教训;④通过实施中的案例分析,探索指导学生开展活动的策略,提高教师的指导水平。我们一方面整理在实践基础上较有成效的主题教案,一方面组织教师开展综合实践活动案例征集活动,筛选修订汇编成册,做到资源共享。[①]

【案例点评】

做好综合实践活动教师的管理除了制定好制度和规划之外,还要在实施中把握具有可行性的具体措施,这样才能使好的制度落到实处,发挥真正的作用。

(六) 对课程资源的管理

充分开发各种教育资源,为综合实践活动的开展提供充足的信息。以下是一些具体的管理和利用课程资源的途径与方法。

1. 管理利用好学校现有资源

课程资源包括学习的内容素材等"软件"资源,也包括为学生开展研究提供条件的"硬件"资源,如学校的图书馆、阅览室、互联网、实验室等教学设施。通过引导和管理,最大限度地提高这些设施的利用率。

例如,图书馆老师向学生介绍图书、资料检索的基本方法、学校图书借阅的有关规定;调查学生课外阅读的兴趣与需求等方法,促进学生学会充分利用学校图书馆;组织学生开展读书征文活动,获得综合实践活动需要的资料;充分发掘和利用学校文化资源,如校训、雕塑、墙报等,激励学生主动参与学校文化建设,开展丰富的校园文化活动。此外,在课余时间开放网络教室和实验室,为学生开展自主研究,提供更多便利条件。

2. 发挥教师课程资源开发的主体作用

教师是综合实践活动课程资源开发的基本力量和开发主体。在综合实践活动中,教师可以调查和了解学生感兴趣、有积累价值的研究课题,建设综合实践活动的课题资源库,为今后

---

①　本案例引用时已做修改。资料来源:[EB/OL].[2013-02-16]. http://gxpx.cersp.com/article/browse/122827.jspx.

小学综合实践活动设计与实施

学生选题提供参考和指导。

综合实践活动一般以课题小组为单位，以合作探究的形式开展。教师的工作是针对具体学生小组加以指导和帮助。课程资源是一个在实践中不断生成的过程。由于活动内容综合性的特点，教师指导小组课题研究时，需要经常与同事交流、协作，甚至有些学校组成导师团，集体完成对课题小组的指导工作。

3. 拓展和利用校外教育资源

合理地利用校外教育资源，是综合实践活动课程资源管理的重要内容。这些校外教育资源主要包括公立图书馆、博物馆、科技馆等。公立图书馆的藏书更为丰富、种类较为齐全、新书引进速度快，这为学生开展研究提供更加丰富的文献资料。博物馆是我国丰富的历史文化资源，展览的资料内容完整、准确，介绍清晰、生动，是学生进行综合实践活动理想的资料来源。科技馆往往能够通过一些生动有趣的方式，向学生展示科技知识的原理。

学校在开发校外综合实践活动课资源的形式上，可以考虑与校外教育资源建立联系，形成共建关系，资源共享或共同开展一些教育活动。也可以考虑邀请校外教育资源中的专业人员来学校做报告，给学生介绍一些与开展研究相关的报告或科技报告，还可以组织学生到有关校外教育单位学习、参观、访问，甚至让学生利用校外科研单位的设施条件开展研究等。

4. 加强管理，促进学生和家长参与课程资源建设

学生在综合实践活动课程资源建设过程中，起着非常重要的作用。从研究内容的确定、研究方法的选择、研究活动的实施到研究成果的展示，无处不显示着学生自主的设计与思考。在恰当的管理与指导下，为学生留有广阔宽松的创新发展空间，学生将能够把教育者对综合实践活动的设想转变为更加美好的现实教育成果。

学生的家长从事各行各业，很多人在自己的岗位上已经工作多年，具有一定的经验和专长，能够很好地对孩子进行指导。学生在选题时，教师应当提示他们选择与自己家长职业相关的课题，这样更容易得到家长的认可和帮助。此外，在学生与家长共同进行研究的过程中，还可以增进学生和家长的情感交流，有利于形成融洽的家庭关系。

5. 管理利用好网络资源

随着信息技术的不断发展，互联网已经成为学生进行信息搜索的重要渠道，丰富多彩的网上信息可以为学生的学习和研究提供丰富的资料。因此，如果学校具备条件，可以为学生提供使用互联网的机会。但同时必须注意到，网上的信息良莠不齐，上网也有可能给学生带来负面的影响，因此，必须加强对学生上网的教育、管理和指导。

具体做法包括：一是学生在学校上网时需要有专人管理和指导；二是要加强与学生家长的联系，了解学生在家中上网的情况，发现问题及时商议解决；三是引导教育好学生，互联网并不是获取信息的唯一途径，各类资料室、图书馆中的文献同样是很重要的资料，应该善加利用。

（七）对课程评价进行管理

没有评价就没有前进的方向。有效的评价机制，能够给综合实践活动课程带来长久的动力。制订评价方案，可以明确综合实践活动课程的目标导向，形成合理、客观、系统、积极的评价机制是保证该课程顺利实施的重要条件。

1. 评价的层次与对象

课程评价包括两个层次：一层是具体课题的评价，另一层是学校整体课程的评价。无论

哪个层次都应该本着激励和维护积极性的原则建立相应的程序和制度。综合实践活动评价包括两部分最重要的对象：其一是学生；其二是教师。无论针对哪种对象，指标和权重都要根据平时学校课程督查与指导情况制定，学期末由学校组织对综合实践活动课程开展情况进行验收。

2. 评价的具体措施

通过问卷、访谈等手段向学生和教师了解课程开展的情况，通过召开成果汇报展示交流会、听取汇报等方式进行考核评价，形成平时检查和期末考核评价相结合、教师自我评价和学生评价相结合、教学成果评价和社会效应评价相结合、过程和结果相结合的评价机制。

评价制度应具有激励作用，在精神上可通过口头表扬、大会报告、汇报演出等形式，表现突出的教师和学生在评优、评先中可优先考虑；在物质上可对教师提供报酬奖励，对学生发给一定的纪念品等。学校还可以设立专门的奖励基金，对参与活动突出的个人和集体给予一定的物质奖励。

第二节　学生管理

很多人把综合实践活动课程，称为"学生自己的课"。因为这一课程最能体现学生的主体地位。在活动中，学生主动性虽然很强，但由于不成熟，他们的思考、判别、决策，带有很强的随意性，需要教师加以引导和管理。

一、什么是学生管理

综合实践活动的学生管理，围绕实践活动本身来规范和定义，表现在活动的整体过程之中。即学校及指导教师对参与综合实践活动的学生，在活动全过程中给予的指导、帮助、评价，用以保证综合实践活动目标最终实现的过程。它包括活动主题的确立、学生分组安排、活动方案具体实施、活动安全的保障和学生的评价等方面内容。这需要对学生参与活动进行全面考虑，周密安排，精心指导。

二、学生活动主题管理

活动主题是综合实践活动的核心与枢纽。好主题可以调动学生探究兴趣，可以激发学生潜能，可以磨炼学生意志，可以促使学生创新。学生活动主题管理是学生管理的重要组成部分。

（一）活动主题设计的内容及要求

指导教师必须制订学生活动主题的具体指导方案，编写活动设计。活动设计可分以下内容：主题来源、活动目标、活动准备、活动过程、活动支持资源、技术指导、可能出现的问题等。

制订好主题活动计划。在主题活动计划中首先要明确该主题活动要达成的目标。这些目标都是比较细化的可操作性目标，包括必须解决的具体问题和提出具体的解决措施。其次，对活动的实施步骤要有大致的安排。

小学综合实践活动设计与实施

（二）活动主题的实施要求

1. 活动主题注重接近学生的实际生活

学生研究的问题可以有以下几种来源：可以由教师提供一个较大的研究主题，然后由学生在老师的指导下，根据自己的兴趣爱好选择一个较小的课题独立或者组成小组进行研究；可以是课堂教学内容的拓展和延伸；可以是学生从自然和社会生活中独立发现和提出的问题。

2. 活动主题探究注重做到"短"、"少"、"小"

由于学生进行研究性学习，受到知识结构、操作技能、自控力、安全性、持续性等诸多条件的限制，选题时要注重"短、少、小"。

"短"是指学生开展某一课题研究的时间不宜拖得太久。如果时间过长，研究就会半途而废。

"少"是指小学生研究的问题要适量，不宜贪多。如果学生研究的课题过多，就会使学生的自主研究性学习浮于表面，如蜻蜓点水，还会增加学生负担。

"小"是指学生提出的问题要小，选择和确定的研究课题要小。如：有一个小组提出要研究《小学生压岁钱的来源和使用》，教师可帮助他们缩小探究范围，改为《某某小学或某班级学生压岁钱的来源与使用》，这样就可行多了。

三、学生活动小组管理

学生自愿或随机分组，教师适度指导，组成活动小组。小组成员共同参与，合作完成一项活动。这既可以扩大学生合作交流的机会，又能使每个成员得到锻炼和发挥才能的机会。因此小组活动最能有效实现课程目标，应是综合实践活动课程的主要组织形式。

（一）小组人员的确定

在个人自主的基础上，由4～6名同学自愿组成一个活动小组，小组民主产生组长，组长负责小组成员的研究分工以及与指导教师的联络等。在组织活动小组的过程中，既要考虑每一个成员的兴趣，又要考虑他在小组内分工负责的研究任务。对于没有组合起来的少数学生，教师要适当地提出建议，但应以尊重学生的自主选择为前提。

（二）小组长的职责

小组长在综合实践活动中作用非常重要。教师要特别注意对小组长的管理，及时听取组长的汇报，了解学生的活动情况。一般来说，他的职责主要有如下几条。

（1）小组长主要负责团结全组同学并带领大家积极投入每个阶段的学习活动，完成各阶段的工作目标和任务。

（2）小组长一般由学生民主推荐产生，以身作则，尊重组员，能协调小组成员间的关系，对小组的课题研究计划的实施和组员的管理负有责任。

（3）在教师指导下，带领小组制订讲师研究方案，开展课题研究。

（4）负责小组成员的分工，明确本组人员各自的责任。

（5）及时组织召开小组会，讨论活动过程中遇到的问题，商量解决的办法。

（6）按照填写各种活动量表，详细记录每次活动情况，并及时向指导老师汇报活动实施情况。

（7）经常组织小组成员与其他小组交流，相互借鉴、取长补短。

（三）学生参与的管理

加强学生参与的管理,是综合实践活动顺利进行的重要条件,也是学生自身发展的需要。综合实践活动倡导学生自主学习、研究性学习。从开题、实施、开题都是学生在自主、自由、自觉状态下进行的。尊重学生本身的选择,给学生以足够的空间发展自己,是研究性学生课题本身的要求。

但是也存在一些问题,如学生借口外出访谈迟归或玩耍、中途退出、袖手旁观等,这些问题对课题研究与学生个性发展都是不利的。为此,可以从两方面加强对学生参与的管理。一方面,对学生的过程参与进行考勤;另一方面,建立学校、家庭、社会的信息沟通和互动的反馈网络。这样,既不妨碍发展学生的个性,又能对一些可能带来的不良后果做到预防。

四、活动程序管理

教师指导工作主要包括以下几个方面。

（1）指导如何选择主题。到哪里去找问题？怎样把问题变成研究课题？

（2）指导制订活动方案。活动方案包括的内容,如要做什么,怎样做,做成什么,可能会出现的问题。

（3）指导查阅文献资料。需要哪些资料？可以从哪里找到这些资料？如何整理资料？

（4）指导学会社会调查。如确定调查的内容和对象,设计调查问卷,发放调查问卷,整理调查数据,可能会出现的问题等。

（5）指导学会整理和分析资料。对记录的目的、记录的原则、记录的方法进行辅导。

（6）指导选择成果表现形式。表现形式有文字类：课题研究论文;有实物类：模型、音像制品、多媒体制品、网页、广告。在选择成果表现形式的原则、方式方面给予指导。

（7）指导学生评价自己的表现和研究成果。

五、学生活动档案管理

学生活动档案的管理主要分为两方面。

（一）过程档案管理

过程档案管理主要包括：活动方案记录表、课题研究活动记录表、实验记录表、访谈表、外出活动申报表、小组成员考勤表等。

（二）学生成长记录袋管理

成长记录袋,也被一些学者翻译为"档案袋",主要是指收集、记录学生自己、教师或同伴做出评价的有关材料,学生的作品、反思,还有其他相关的证据与材料等,以此来评价学生学习和进步状况。成长记录袋可以说是记录了学生在某一时期一系列的成长"经历",是评价学生进步、努力程度、反省能力及其最终发展水平的理想方式。

六、学生安全管理

（一）上网管理

在对学生的上网方面要加强管理,自觉执行《全国青少年网络文明公约》,做到：要善于网

小学综合实践活动设计与实施

上学习,不浏览不良信息;要诚信友好交流,不侮辱、欺诈他人;要增强自护意识,不随意约会网友;要维护网络安全,不破坏网络秩序;要有益身心健康,不沉溺虚拟时空。

（二）外出管理

学生外出时,指导老师事先一定要预测到可能发生的种种情况,采取一系列对学生的监控措施。例如,委派或选举有责任心的同学做访谈小组长;学生小组外出活动必须 3 人以上;在征得指导教师或班主任同意后,活动小组要填写外出申请单和外出访谈表;每次活动后,学生小组要认真填写活动记录,写明外出时间以及返校时间;与家长取得联系,填写家校联系单,并及时反馈给学校,尤其是节假日;每次访谈结束后,学生要到指导教师或班主任处销假。

七、学生活动成果管理

（一）静态活动成果及其管理

活动结果的表现形式多种多样,具体而言有文字和实物两大类。

（1）文字类:包括调查报告、实验报告、小论文、建议书等。

（2）实物类:包括实物模型、有关图片、多媒体课件等。

可以设置动态资源库和固定居室对学生的活动结果做好登记和保存。固定居室展出学生的实物模型、各种文稿等。

（二）动态活动成果及其管理

动态资源库的资源划分为三大类:文字、多媒体(包括视频、音频和动画)、其他相关资源。

活动小组成员可以把自己的资料按照不同的载体形式发布在资源库中,这对以后资源的调用和管理都是十分有利的。

八、评价机制的构建与管理

在小学综合实践活动的实施过程中,对学生的评价是重要的一个组成部分。通过正确积极的评价,不仅能激发学生参与学习和探究的积极性,而且能促进学生各方面素质的健康发展。因此,在综合实践活动中,要建立和完善相应的评价机制,具体如何进行综合实践活动的学生评价详见本书第九章,在此不作赘述。

第三节 教师管理

教育家艾利奥特说:"课程改革说到底是人的改革。"新一轮基础教育课程改革深刻地改变着教师的观念与行为,每一位教师都在这次课改中接受考验,经历洗脑、充电、反思后的"蜕变",在高起点上实现新的超越。面对综合实践活动课程,对教师的要求会更高。因此,教师管理至关重要。

一、什么是教师管理

管理即管辖处理,是指管理主体在能动地认识客观对象的本质和规律的基础上,自觉地制订决策、计划,然后通过组织指导、控制等环节,把自己的思想、意志转化为管理客体的思想、意志,从而有效地利用人、财、物,特别是统一人们的认识、行动,协调他们的努力,实现决策、计划并达到共同目标的一种社会活动过程。

对教师的管理,其实就是"统一教师的思想、认识,协调教师的努力",实现教学目标的过程。它体现着管理主体自觉自为的精神。要实现真正意义上的高水平管理,有赖于教师的自律和责任感。如果说他律是外在的规约,那么自律则是由里而外的自我约束;责任感是源于教师对教育的本质、功能、价值的认识,对教师职业规范的理解,对教育规律的把握,从而清晰地意识到自己所肩负的使命的一种内部感觉。只有有了这种自律能力和责任感,才会把教学原则内化为教学的行为准则,只有责任感转化为自觉意识,才会使自己的教学活动成为艺术性和科学性兼容的活动。

二、教师管理的内容

(一)建立科学的指导教师管理制度

按现状来看,综合实践活动指导教师一般兼有其他管理和学科的教学任务,负担相对较重,学校的管理者如果不建立相应的激励制度,就会挫伤教师参与课程实施的积极性。同时,一个课题往往需要多个指导教师,组内教师往往因为责任不明而出现等待、推诿情况。为保证每位指导教师投入足够的时间和精力,做到责任分明、才尽其用,学校必须建立起科学的管理制度。

学校应根据教师的特长在自愿的基础上成立专门的教师小组,小组定期集体备课;组内教师合理分工,扬长避短;每位教师都应做好工作记录,记载自己的教学设计思想、指导内容、知识的更新情况和教学心得等,这些工作记录将作为教师考核的重要参考。

(二)出台课程质量监督保障制度

学校应出台整套管理规范,建立起从校领导、教学管理部门、教师直至学生本人的责任制度。其责任关系是:校长和学校课程开发领导小组→教导处或课程开发办公室→年级组长→班主任和指导老师→学生项目负责人→学生本人。建立层层责任制:学生项目组负责人负责主持本小组日常生活和组内评价,及时向教师反映情况,督促组内同学的工作;学生本人要对自己的行为负责,与其他同学合作,做好自我评价。教师做好活动指导过程的记载,学校负责对教师进行评价。

(三)建立教师校本研修制度,提高教师的综合素质

学校可采取案例教学、观摩研讨、校际交流、辅导讲座、专家指导等方式开展研究,在实践中发现问题,在交流和研讨中找到解决问题的方法。

三、教师管理的策略

综合实践活动是一种校本开发和实施的课程,是从开发、实施到评价实行全过程管理的课程。要使之进入常态化,师资建设和管理是关键,同时也是制约综合实践活动课程发展的瓶颈之一。为了使综合实践活动课程进入常态化实施状态,每个学校势必要建立一支结构合理,能规划、管理、指导的综合实践活动课程教师队伍,加强综合实践活动课程教师各方面的科学管理。

小学综合实践活动设计与实施

（一）建立和形成"专职＋兼职＋特长"的综合实践活动教师队伍

在管理中要充分利用本校教师的兴趣和特长，组建"专职＋兼职＋特长"的综合实践活动实施的合理教师队伍。

专职教师应由具有一定的组织协调能力、规划管理能力和科研能力，并把综合实践活动课程作为自己发展方向的青年教师担任，主要负责学校综合实践活动课程的规划、管理、协调、科研和校本培训工作。

兼职教师即班级综合实践活动指导教师，由各班班主任担任，主要负责综合实践活动主题各阶段活动的规划和指导、活动小组行为的监督、活动安全的管理以及活动过程和成果的评价和管理。

特长教师即小组或个人综合实践活动指导教师(课题指导教师)，由具有特长的本校教师、学生家长、社区人员、企事业人员、机关干部、有关专家和学者担任，主要负责活动主题背景知识的介绍、研究方法的指导、小组或个人活动的具体指导以及活动过程的管理和评价。综合实践活动课程提倡"团队指导"，因此建立一个良好的教师团队是有效指导综合实践活动的前提。

（二）实行校本培训为主的综合实践活动教师培训机制

在综合实践活动的实施中，往往许多指导教师来自学科课程教师，综合实践活动课程对他们来说是一门全新的课程，是陌生的。他们亟须了解综合实践活动课程的理念、特征和实施模式，掌握综合实践活动的组织方法以及有效的教师指导策略和管理策略。虽然，在全国范围内进行了大量的、多层次的、形式多样的综合实践活动课程培训，但对亟须培训的广大综合实践活动指导教师来说未必都能有机会。因此，综合实践活动课程培训必须依靠校本培训。培训什么、怎样培训和如何落实，是综合实践活动课程校本培训的三要素。

1. 培训什么

培训什么是指教师在综合实践活动实施之前和之中要学习哪些东西，即培训的基本内容或基本任务。综合实践活动课程培训需要解决 3 类问题：第一类，全面认识综合实践活动对学生素质提高的重要性，了解综合实践活动课程的理念、特征，了解综合实践活动的总体目标、基本要求以及各要素的实施过程；第二类，实施过程技术层面上的具体任务和操作要领；第三类，教师教学策略。

综合实践活动课程校本培训，着重解决教师在实施综合实践活动过程中碰到的具体问题。培训内容的主要方面应包括：如何指导学生进行活动主题分解整合、如何指导学生组成活动小组、如何指导学生制订修改活动计划、如何进行活动实施指导、如何指导学生制作活动成果、评价活动过程和成果的策略、如何指导学生进行活动反思、综合实践活动档案袋的管理和应用、综合实践活动课程学生学习活动评价策略。

2. 怎样培训

怎样培训说明了培训的方式是各种各样的，选择哪一种培训方式最适合教师，操作最方便，而且耗费最低，更受教师欢迎。在具体实施中应采取"三个结合"。

（1）"走出去"与"请进来"相结合。即学校划拨专项资金让综合实践活动骨干教师走出校门参加县市、地区、省、全国各级教师培训和综合实践活动课程研讨活动。同时，学校领导出面邀请县市、地区教研员和专家来校指导年轻教师上课或做讲座。

（2）集中学习与自我研修相结合。即学校定时组织综合实践活动指导教师集中学习《综合实践活动指导纲要》，讨论在活动实施过程中碰到的问题，探讨教师教学策略。同时学校鼓励教师通过各种渠道进行自我研修。

（3）实践操作与理论学习相结合。即教研组"定时、定人、定主题"开展教研活动，研讨综合实践活动各阶段活动的组织方式，探讨教师指导策略。另外定期编辑《综合实践活动课程校本培训学习专辑》是供教师进行学习交流的有效方式之一。

3．如何落实

培训落实是综合实践活动课程校本培训的关键，可以通过"两个计划"和"三个固定"来落实校本培训。

（1）"两个计划"，即指综合实践活动课程培训长远计划和近期计划。校本培训长远计划包含八方面的培训内容：综合实践活动基本理念、综合实践活动内容开发策略、综合实践活动课堂组织实施策略、综合实践活动实施过程的教师指导、综合实践活动课程的整合、综合实践活动课程的学生评价、综合实践活动课程管理与研究、综合实践活动与教师专业发展。近期计划指的是每学期的综合实践活动课程校本培训计划，培训内容根据教师队伍的现状和需要来确定。

（2）"三个固定"，指的是综合实践活动课程校本培训时间固定、人员固定、场所固定。学校应为综合实践活动课程校本培训提供固定时间（这时段所有的综合实践活动班级指导教师没有课），所有的综合实践活动的任课教师和各段负责综合实践活动的行政人员应必须参加综合实践活动课程校本培训。

（三）加强综合实践活动教师指导过程的管理和监督

综合实践活动教师指导过程是指综合实践活动指导教师指导班级或小组开展活动时进行指导的全过程，包括制订教师指导方案、指导各阶段活动、指导小组活动、管理活动小组、指导学生管理档案袋以及组织和管理指导教师、家长、学生对活动小组和个人活动的多元评价等，并根据综合实践活动指导教师的配备情况制定相应的措施。

1．建立综合实践活动教师指导过程档案袋

综合实践活动教师指导过程档案袋分两类，即综合实践活动教师班级指导过程档案袋和综合实践活动教师小组指导过程档案袋。

综合实践活动教师班级指导过程档案袋包含主题活动方案、主题活动教师指导方案、主题活动教学案例、主题活动日程安排、活动小组分组情况、活动指导过程记录、学生优秀成果和活动日记、活动精彩照片等，由班级综合实践活动指导教师负责收集、整理。

综合实践活动教师小组指导过程档案袋包含小组活动方案、小组活动日程安排、活动指导过程记录、学生活动成果和活动日记、活动照片、指导教师对活动小组和个人的评价等，由小组或个人综合实践活动指导教师（课题指导教师）负责收集、整理。

2．实行综合实践活动教师指导过程档案袋常规管理

定时监督是综合实践活动教师指导过程档案袋常规管理的主要手段，应由学校教务处和教研组实施，目的是为了发现和解决在实施综合实践活动课程中的管理问题。定时监督分3个阶段。第一阶段，综合实践活动准备。这阶段主要监督教师编写主题活动方案、制订教师指导方案、安排主题活动实施日程等综合实践活动准备工作。第二阶段，综合实践活动实施。这阶段主要监督综合实践活动的实施进程和教师指导小组活动的具体情况。第三阶段，综合实践活动总结。这阶段主要监督教师组织综合实践活动成果展示、活动过程和成果的评价、指导学生整理综合实践活动成长档案袋等情况。

（四）实行科学、合理的综合实践活动实施情况评估

实行综合实践活动实施情况评估的目的是为了了解学校或班级实施综合实践活动的整体情况，更好地发现和解决学校或班级在实施综合实践活动过程中出现的问题，更好地提高教师专业发展。评估内容包括教师指导方案是否得当、主题活动各环节是否完整、教师对各阶段活动的指导是否充分、各阶段活动时间安排是否充裕、学生是否全员参与活动、评价学生活动的方式和主体是否合理、指导学生整理成长档案袋是否及时等。学校在每学期末组织有关部门对各班的综合实践活动实施情况进行综合评估，评出综合实践活动实施优秀班级和优秀指导教师若干，并作为评选年度良好班集体和优秀班主任的指标之一。

综合实践活动教师管理是学校实施综合实践活动课程首先需要解决的问题，学校必须根据本校实际，适当利用社区和家长资源配备一支结构合理，能够胜任综合实践活动课程规划、管理及指导任务的教师队伍，同时进行必要的校本培训、管理和评估。

第四节　校园文化管理

校园文化在提升学生的人生观、价值观过程中，产生着潜移默化的深远影响，而这种影响往往是任何课程所无法比拟的。因此，以全面"完成人"、"提升人"为目标的综合实践活动课程，必须强调校园文化管理。

一、校园文化管理概述

（一）什么是校园文化

校园文化是学校发展的灵魂，是凝聚人心、展示学校形象、提高学校文明程度的重要体现。校园文化具体可以表述为在学校组织、校园空间中，学校的群体成员，经过长期的创造、奋斗所保留下来的物质与精神的财富，以价值观、办学宗旨与作风以及道德准则为核心，是物质文化、制度文化以及精神文化的总和。

校园文化体现在校风、校训以及学风与传统文化等各方面。校园文化受着学校发展背景、区域文化、培养目标等各方面的影响，因此，其不仅拥有普遍的共性文化，学校的类型不同、个体不同，其校园文化也有着自己鲜明的特色。

在长期的办学实践过程中，经过一代又一代人的提炼、沉淀，无论是教职工还是学生，都是校园文化的创造者。校园文化是学校开展教育、培养人的过程中必不可少的一个重要组成部分。

（二）什么是校园文化管理

校园文化管理是指根据学校实际情况，对校园的物质文化、精神文化、制度文化、环境文化所进行的综合管理行为。在综合实践活动中，校园文化对学生态度精神的提升，综合素质的培养具有很高的价值引领。

学校文化管理的目的在于通过这样一个管理过程，把学校建成一个学习共同体和道德共同体。当然，学校文化也是一把双刃剑，它可以提高学校竞争优势，也可能创造出某种状态，阻

碍学校进行必要的改革和创新。因此,必须使学校文化的管理经常处于主动建构的动态过程中。

(三)校园文化管理的意义

1. 校园文化管理是一种氛围和精神的塑造过程

古人云:"近朱者赤,近墨者黑。"人们也常说:耳濡目染。这些说的都是环境及文化对人的影响。校园文化作为学生无法置身于外的文化环境,是一种重要的教育力量,对学生成长无时无刻不产生着巨大的影响。健康、向上、丰富的校园文化对学生品性的形成具有渗透性、持久性和选择性,对于提高学生的人文道德素养,拓宽同学们的视野,培养跨世纪人才具有深远意义。

2. 校园文化管理可以极大提升学校的文化品位

校园文化管理的终极目标就在于创建一种氛围,以陶冶学生的情操,构筑健康的人格,全面提高学生素质。因此,要加强校园文化管理,发挥学校师生在校园文化管理中的主体作用,构筑全员共建的校园文化体系。要树立校园文化全员共建意识,上至学校领导,下至每个师生员工都要重视、参与校园文化管理。校园文化在学校实现培养目标过程中的重要作用决定着它不是单靠学校内部某一部门努力就能收到应有的效果,它与学校各方面工作都有关系。

3. 校园文化管理是一所学校综合实力的反映手段

校园文化管理包括学校物质文化管理、精神文化管理和制度文化管理,这 3 个方面管理的全面、协调发展,将为学校树立起完整的文化形象。校园文化是一所学校综合实力的反映,校园文化的核心竞争力主要表现在文化的凝聚力和创造力,优秀的校园文化能赋予师生独立的人格、独立的精神,激励师生不断反思、不断超越。

二、校园文化管理的基本原则

校园文化的教育功能是通过学校优美的物质环境、和谐的人文环境和健康向上的精神食粮所施加给学生的积极影响、感染、熏陶而实现的。因此,要管理校园文化,以最大限度地发挥校园文化的教育功能,特别是人文素养陶冶与提升功能以形成良好的育人环境,促进学校的教育教学活动和人的发展,就必须把握好以下几个原则。

(一)特色性原则

校园文化管理的特色应该是实事求是的体现。校园文化的管理必须根据学校、教师、学生及当地的实际情况,根据学校的地理位置、办学资源、发展历史、人文素养和文化底蕴来重建,建设促进自身健康、和谐发展的特色校园文化,管理有多元化、现代化、开放化气息的有利于培养学生创新能力的校园文化,不能盲目地追求一种模式,更不能盲目地全盘吸收别人的做法,将自己的学校办成名副其实的特色学校。

(二)教育性原则

古人云:"百行以德为首。"学校是人才成长的摇篮,校园文化作为学校教育的隐形部分,必须突出深远的教育性特点,时时刻刻、处处点点把握教育性原则,真正做到"学校无闲地,处处能育人;学校无小事,事事能育人"。学校就是要通过管理建设校园文化,利用各种有效形式对学生进行爱国主义、集体主义、社会主义、奉献主义和中华民族伟大精神的教育,探索激发学生成才的基本教育规律,让学生的综合素质不断提高,最大限度地发挥校园文化的导向教育功能。

小学综合实践活动设计与实施

（三）科学性原则

校园文化管理是学校的一项综合性整体工程，它涉及面广，内涵丰富，需要调动各方面的力量，学校应该在学校领导的指导下，统筹兼顾，科学规划，合理安排。例如，学生课余文化生活，一要建立组织系统；二要合理安排活动的内容，以满足不同年级、不同年龄、不同心理状况和不同兴趣爱好学生发展的需要，真正实现让每一个学生在自身的优势中不断地得到健康、和谐发展。

（四）艺术性原则

在校园文化管理中，要有艺术眼光，要让学生通过学校的设施、氛围等，处处受到艺术的感染，得到美的享受。如学校文化活动的安排，也要融教育性、科学性和艺术性于一体，努力使活动开展得新颖、活泼有趣，使校园文化对青少年产生强烈的感染力和吸引力，促使他们主动、热情、积极地参与其中，从而使他们的思想情操自然而然地得到陶冶，心灵在无形中得到净化。

（五）实效性原则

根据《国务院关于基础教育的改革与发展的决定》的要求，必须加强校园文化建设与管理，特别加强德育教育文化，加强中华民族优良传统、革命传统教育、法制教育和国防教育，并将这些工作贯穿于学校教育教学的全过程，树立学生正确的世界观、人生观和价值观，培养学生的实践能力和创新精神。

（六）时代性原则

校园文化作为一种文化现象与人类社会的发展一样，具有鲜明的时代特征。在校园文化的管理与建设中，必须大力提倡学习科学文化知识，认真践行科学发展观，教育学生学会学习、学会创新、学会做人，与时俱进，赶上潮流，树立科学精神，消除愚昧，全面提高师生的科学文化素养。

三、校园文化管理的内容

校园文化管理的组成要素主要包括物质文化管理、精神文化管理和制度文化管理3个方面，这3个方面在校园文化管理结构中的价值和作用各不相同，有机地形成一个整体。具体表述如下。

（一）校园物质文化管理

校园物质文化是校园精神文化的体现，是校园文化的外在形象与具体形式，是校园文化的途径和载体，是推进学校文化管理的必要前提。校园物质文化，属于校园文化的硬件，是看得见、摸得到的东西。校园物质文化的每一个实体，以及各实体之间结构的关系，无不反映了某种教育价值观。

完善的校园设施和环境将为师生员工开展丰富多彩的寓教于文、寓教于乐的教育活动提供重要的阵地，使师生员工教有其所、学有其所、乐有其所，在求知、求美、求乐中受到潜移默化的启迪和教育。完善的校园设施激励师生开拓进取，约束校园人的不良风气和行为，将促进校园人的身心健康发展。

（二）校园精神文化管理

校园精神文化管理是校园文化管理的核心内容，也是校园文化管理的最高层次。它主要包括校园历史传统和被全体师生员工认同的共同文化观念、价值观念、生活观念等意识形态的塑造和实施,校园精神文化是一个学校本质、个性、精神面貌的集中反映。校园精神文化又被称为"学校精神",并具体体现在校风、教风、学风、班风和学校人际关系上。

1. 校风管理

校风管理实际上就是校园精神的塑造,校风作为构成教育环境的独特的因素,体现着一个学校的精神风貌。在校风体现形式上,校风主要表现在校训、校歌、校徽和校旗上。好的校风具有深刻"强制性"的感染力,使不符合环境气氛要求的心理和行为时刻感受到一种无形的压力,使每一位校园人的集体感受日趋巩固和扩展,形成集体成员心理特性最协调的心理相容状态;好的校风具有对学校成员内在动力的激发作用,催人奋进;好的校风对学校成员的心理发展具有保护作用,对不良的心理倾向和行为具有强大的抵御力量,能有效地排除各种不良心理和行为的侵蚀和干扰。

2. 教风管理

教风是教师在长期教育实践活动中形成的教育教学的特点、作风和风格,是教师道德品质、文化知识水平、教育理论、技能等素质的综合表现。要抓好校风管理首先必须抓好教风管理(包括工作作风管理),因为学校是育人的场所,是人才的摇篮,而教师是人才的培养者,理应在"三育人"(即管理育人、教书育人、服务育人)的过程中发挥主力军的作用,只有在干部职工中树立起实事求是、艰苦奋斗、勤政廉政、团结协作、高效严谨、服务周到、细心耐心的工作作风和在教师中树立起为人师表、教书育人、治学严谨、认真负责、耐心细致、开拓进取的教风,才能引导和促进勤奋学习、积极向上、严谨求实、尊师重教、遵纪守法、举止文明的优良学风的形成。总之,没有良好的工作作风和教风就难以形成良好的学风。

3. 学风管理

学风是指学生集体在学习过程中表现出来的治学态度和方法,是学生在长期学习过程中形成的学习习惯、生活习惯、卫生习惯、行为习惯等方面的表现。优良学风像校风、教风一样,对学校教育教学质量的提高,对学生人格品质的发展和完善,对培养学生成为德、智、体、美、劳全面发展的接班人,都有重要意义。

4. 学校人际关系管理

学校人际关系包括学校领导之间的关系、学校领导与教职工之间的关系、教师之间的关系、教师与学生之间的关系、学生与学生之间的关系。良好的学校人际关系有助于广大师生、员工密切合作,形成一个团结统一的集体,更好地发挥整体效应。

(三) 学校制度文化管理

校园制度文化作为校园文化的内在机制,包括学校的传统、仪式和规章制度,是维系学校正常秩序必不可少的保障机制,是校园文化管理的保障系统。"没有规矩,不成方圆",只有建立起完整的规章制度,规范了师生的行为,才有可能建立起良好的校风,才能保证校园各方面工作和活动的开展与落实。

但仅有完整的规章制度是远远不够的,还必须有负责将各项规章制度予以执行和落实的组织机构和队伍,因此,还必须加强相应的组织机构建设和队伍建设。也就是说,制度文化管理实际上包括制度建设与管理、组织机构建设与管理和队伍建设与管理3个方面,组织机构的建设与管理以及队伍建设与管理是确保制度建设落到实处,并使其真正规范校园人言行的关键环节,校园文化组织机构的健全和完善,校园文化队伍的勤奋与能干,对正常开展校园文化活动,加强校园文化管理,具有十分重要的、决定性的作用。

四、校园文化管理策略

校园文化作为学校组织生存和发展的灵魂和精神支柱,它是学校教育的重要组成部分。合理有效的校园文化管理,需要切实可行的行动与策略。

(一)物质文化管理——以优美、高雅的校园环境净化人

1. 构建优美的校园环境,营造良好的育人氛围

明丽清新、生机盎然的"绿色校园",有益于学生愉悦地学习。布局合理的校园设施与外形美观的标志性建筑,可以陶冶学生的情操,解放学生的个性。校园里的文化长廊、文化造型、个性化雕像,都渗透着学校的文化特色与文化品位,也必然诱发学生的精神成长。因此,建构优美的校园环境与文化品位,是高雅校园物质文化建设的重要内容。

2. 完备的校园文化设施是校园文化管理的重要组成部分

校园文化设施作为校园文化的有机组成部分,它所折射出的文化信息,将对学生健康、精神世界观的形成,完美人格的塑造等,都有一定程度的影响。学校要设立少先队活动室,建立标准的课外活动场地,成立学校广播站,创立校报和校刊,设立作品展览室和设立宣传窗等文化设施,可激励学生的情志,启迪学生的智慧,使学生在耳濡目染中练就美的品格和健康的个性。学校还要建造教师学习资源中心,促进教师专业发展与精神成长。

(二)制度文化管理——构造和谐校园,以科学的制度管理人

1. 学校管理和领导艺术

健康和谐的校风是校园文化管理的重要内容,学校要把以人为本,以善为本,尊重、发展师生的个性作为学校管理的一个基本理念,积极推行人性化、科学化和规范化的现代管理艺术与现代学校发展制度。

领导应重视自身素养,廉洁自律,实行民主管理,坚持民主评议。只有工作严谨踏实,不谋私利,才能赢得教师的信任,说话才有权威性,才能政令畅通,才能管理好学校。同时,领导作为学校的"领头雁",要带领好一班人,应具有卓识远见,不断学习先进经验。

2. 建立健全切实可行的活动安排制度和活动管理制度

(1)明确领导责任,形成以教导处为中心,以各年级为主导,以各班班委会为主体的校园文化活动网络和制度网络。

(2)建立活动制度,统筹安排各种兴趣小组,统一确定各年级活动内容和活动时间,并列入学校学期工作计划。

(3)还要抓好重点文化活动。

(4)学校建立切实可行的检查制度、考评制度。

3. 加强教师素质,提高教师教育教学能力

教师是学校教学活动的实施者。教师的专业水平、思想观念、言行举止无时无刻不影响着身边的每一个学生。教师作为教育下一代新人的教育者,绝不能故步自封,停滞不前,而要不断地接触新事物、学习新科技,以更好地为校园文化注入新的活力。教师素养一般包括:扎实的专业知识、现代课改信息、不断更新的学识、校本研究、做人的学问等。

4. 充分发挥学生的主体性,以学生为主体进行教学

学生主体性的调动,可以从四方面入手:①班级管理中学生自主参与管理;②在课堂教

学中,重视研究性学习和探究性学习;③在教学组织形式上,采取集体教学、小组教学和个别教学等;④组织以学生参与为主的兴趣活动小组,从各方面锻炼学生的学习技能。

学生充分参与管理和教学的具体方法有:①要建立民主性的师生关系,改变以往学生"怕"老师的观念;②重视培养学生参与课堂的意识,让学生在参与中获取成功与快乐的体验;③要重视学生之间的个体差异,注意因材施教。

5. 挖掘人文资源,塑造德育教育文化

(1)修炼礼仪文化。健康的、高雅的交际方式和能力是现代中学生必备的素质之一。让学生学会做人、树立纯净无私的思想品质是学校德育教育文化的又一特色,为学生的健康发展提供了有力的基础。

(2)提升养成教育文化。俗话说:"少若成天性,习惯成自然。"良好行为习惯的培养在孩子今后的学习、生活等成长的道路上起着非常重要的作用。

(3)重视健全人格教育文化。一般包括以下几项比较稳定的教育内容:理想信念教育、做人教育、心理健康教育、思维方式教育。

6. 加强学生的艺术教育,创造一个和谐的氛围

艺术作为一种重要的教育门类,以其独特的方式发展和完善着人的精神与肉体,促进着人类文明程度的不断提高。在教学中,必须根据教材的内容和学生的心理特征、性格、接受能力,有机地把艺术教育与思想品德教育结合起来。

艺术教育的特点就在于它不是强迫的,而是通过艺术活动调动人的兴趣,打动人的感情,让学生愉快地受到教育。审美教育以其特定的形式起着沟通和协调作用。艺术欣赏是通过不同国家、民族、流派、风格的艺术作品,增强受教育者审美的广度和深度。艺术实践则是锻炼受教育者的审美创造、空间感和直觉形象思维能力等,从而达到提高受教育者的审美感受力和创造力的目的。

(三)精神文化管理——以丰富多彩的文化内涵塑造人

1. 充实学校活动文化,培养积极健康的文化情趣

学校要超出课堂,寓教于乐,开展丰富多彩的校园文化活动,创建文明、健康向上的校园文化生活。学校要成立各学科学习兴趣小组,开展班级范围内的班主任助理招聘,竞选出学生班主任助理;学校要每周评选最值得表扬的学生,并让他们担当升旗手;开展世界环保日的环保宣传教育,倡导师生爱校、节能;举办校园艺术节活动。

2. 以校风建设为基础,挖掘更深层次的校园文化

优良的校风既是无声的命令,又是有形的榜样。它对于规范师生行为,培养学生高尚的道德品质,塑造教师良好的师表形象,起到无法估计的积极效应。

3. 以网络文化为特色,拓宽校园文化管理范围

实施网络教学、网络管理,是现代学校的一大课题。在校园网上要开辟这样一些栏目:教师频道、新闻频道、学校频道、家长频道、少年频道等。

在这里,班主任可以交流经验、探讨热点问题;学生们可以畅所欲言,诉说自己的烦恼。为了方便师生交流,倾听学生的呼声和要求,在校园网上应开通"师生留言栏",解释并回答学生提出的问题,了解学生的各种动向。

同时,为了全面掌握学生概况,校长和班主任各自聘任校长助理和班主任助理,大力开展师生之间全方位的对话和交流,充分发扬了校园民主,这也是学校校园文化建设的另一亮点。

小学综合实践活动设计与实施

本章概要

　　综合实践活动的管理是本课程有效实施的保证,在综合实践活动管理的诸多方面中,课程管理、学生管理、教师管理和校园文化管理是重中之重。本章对这几方面的含义、原则、管理的具体内容和管理的有效策略进行了详尽阐述,理解和把握这些内容对于课程的有效实施具有重要意义。

资源链接

[1] 李玉军.试论新课程视野下的教师管理[J].教育实践与研究(中学版),2009(1):10-12.

[2] 于晓康.浅论综合实践活动中教师的作用[J].教师周刊,2011(75):208.

[3] 孙洪娥.综合实践活动课程对教师素质的要求[J].大连教育学院学报,2009,25(2):29.

[4] 郭元祥.综合实践活动课程的管理与评价[M].北京:高等教育出版社,2003.

[5] 田慧生.综合实践活动课程的理论探索与实践反思[M].北京:科学教育出版社,2007.

思考与实践

一、理论思考

1. 什么是课程管理?

2. 课程管理的原则和特征有哪些?

3. 课程管理包含哪些内容?

4. 什么是学生管理?

5. 综合实践活动中学生管理的价值是什么?

6. 综合实践活动中学生管理包含哪些内容?

7. 什么是教师管理?

8. 教师管理包含哪些内容?

9. 教师管理包含哪些策略?

10. 什么是校园文化管理的含义?

11. 校园文化管理的原则有哪些?体现了哪些价值?

12. 校园文化管理包括哪些具体内容?

13. 校园文化管理的策略有哪些?

二、实践探索

1. 试分析综合实践活动管理包括哪些内容,彼此之间存在什么关系。

2. 选择某个地域的一所学校为其规划综合实践活动的实施方案。

3. 根据综合实践活动对教师素质的要求,试分析如何制定管理制度和措施。

第八章　综合实践活动教师

学习目标

- 了解课程与教师关系的历史演变；
- 把握小学综合实践活动教师素养；
- 掌握综合实践活动教师成长方法。

问题情境

教师：逃离综合实践活动

在一次综合实践活动课程课题组研讨中，一位老师抱怨说，自己教了这么多年的书，从来都是充满信心地走进课堂的，可是现在面对综合实践活动课程却有点胆怯，心中没有底气，不知道会遇到什么不可预知的状况。另外一位老师也表达了这样的困惑，说综合实践活动没有教材和教参，教师无从把握，学生学不到系统的知识，对提高考试成绩也没有什么帮助，还占用很多时间。还有一位老师说，学生在这门课中的表现很难评定，而且评定结果与最终的升学考试也没有什么关系，所以现在上这门课似乎意义不大。一时间，弥漫着对综合实践活动课程培养目标和存在价值的怀疑。[①]

上述案例中，教师们既有对课程价值质疑，又有对课程目标的疑惑，还有对自身素质的恐慌。可谓心情复杂！那么，综合实践活动课程对教师意味着什么？对教师提出了哪些新要求？教师又应该如何胜任这类课程？本章将围绕这些问题，具体讨论从事综合实践活动课程指导的教师问题。

理论述要

第一节　课程与教师

当今社会，课程改革日益成为教育事业的主旋律。课程与教师关系问题的考察，开始成为学术探讨的热点。讨论越热切，表明它在教育实践中矛盾越尖锐，影响范围越广泛，时间要求

---

① 张华,安桂清等. 综合实践活动课程开发与案例研究[M]. 北京：高等教育出版社,2008：39-40.

小学综合实践活动设计与实施

越急迫。在新课程背景下,特别是综合实践活动列入基础教育课程体系作为一门必修课程来实施,使得课程与教师关系的厘清,已经成了燃眉之急。

一、历史回顾:课程与教师分离

从历史的角度看,课程与教师关系的演变,经历了从浑然一体、分化,再到融合的发展过程。陈桂生教授在《学校教育原理》的"课程与教师"一章,阐述了从古代农业社会到现代工业社会转型中,课程与教师的分化、分离过程。[①] 这个过程可以细化为课程发展在形态、资源、编制与管理 4 个要素方面,逐步演进的 4 个阶段。

(一)课程形态:从萌芽到成型

在远古时期,当社会文化积累到一定程度,以致形成清晰的存在形态,即完成了从制度、礼仪、口耳相传的故事向经典的转变,这个过程就是课程从萌芽到成型的转变过程。经典出现之前,即使有原始宗教的、技艺的,或公共生活的经验遗产,也是弥散在社会生活当中。那时,教育是整个社会的事情。即使有些人被看做是"教师",也与今天教师的意义完全不同。"教师"作为社会文化的代表,教育内容与方法体现在他们的行为中。也就是说,教师与课程无法从根本上加以区分,二者浑然一体。

文字诞生后,教育内容开始从"教师"身上分离出来转化成文字,社会文化开始借助文字演变成文献,成为较为独立的文化形态;同时,教师也从一般社会成员演变成相对独立的教育者身份。在此背景下,教育内容大都是以文献为本位课程编制,称作文献课程,因为"经典"(如"四书"、"五经"等)是其主要内容,此类课程又被称作"经典课程"。[②] 19 世纪中叶,教育旨趣从"培养有教养的人"转向"培养适于各种工作的人员",科学知识逐渐主导课程领域,学校增多并追求"标准的"教育内容,"教材"编写规范化标志了课程问题开始成为一个专门研究领域;该领域研究又进一步促进"教什么"意识的觉醒,使得课程成为 20 世纪学校教育的核心问题。

如上所述,随着文化符号的产生与知识的积累,完成了教师与课程分化与疏离,课程逐渐由隐性形态变为显性形态、由萌芽走向独立,成为外在于教师的"客观"存在物。教师也借此从社会成员中分化出来,逐渐形成一个独立的行业。

(二)课程资源:必要的选择与不必要的孤立

社会文化的内容与形式简朴的远古时代,教育"内容"基本包含了社会文化的主要内容,因此不存在选择课程资源的难题。但是,当社会文化丰富到一定程度,其保存与传递就有必要成为一项专门活动,如果专门活动也无法全部包容进来时,就不得不借助于选择了。由于社会文化内容的内部一致性和社会成员的基本共识,选择的重心往往不是围绕"(应该)教什么"的问题,而更多的是"不(应该)教什么"的问题。

近代社会制度确立以来,上述问题愈加显著。社会文化在数量上的极大丰富和内部结构上的日益复杂,使得教育无法满足"文化传递"的需求,甚至"文化适应"也变得困难起来。主要原因在于制度化造成的庞大机构的封闭性、分科课程逐渐成为教育内容的主体。这种教育制度尽管教育高效率,但是阻断了与社会密切的、全方位的联系。上述过程中,借助分科的方法选择和整理不断增长的知识,使得课程内容日益分离、相互孤立。课程的分化导致了教师的分

---

①② 陈桂生. 学校教育原理[M]. 长沙:湖南教育出版社,2000:287-295.

科化与片面发展。教师也逐渐由社会文化代表演变成某一学科或某一领域的"专家"。

（三）课程编制：从经典课程到分科课程

在教育制度化前,经典文献是教育的主要内容,经典本位的课程是课程的主要类型。在经典课程主导教育内容的时代,语言学习在教育中占据着相当重要的地位,诸如中国古代的蒙学教材是初级教育的主要内容。也就是说,在 19 世纪中叶前,教育中存在着明显的双轨:一方面是语言文字及生活常识教学主导初级教育,它既维系了实用教育的旨趣,又为经典课程做准备;另一方面是经典课程主导高级教育,包含了政治、宗教等精神方面的神圣内涵与价值追求。

教育制度化以后,分科课程逐渐成为课程的主体。19 世纪中期以后,以班级授课为特征的制度化学校系统逐渐形成,教育世俗化逐渐瓦解了其神圣性,学校系统开始由"双轨"演变成"单轨",分科课程逐渐成为教育内容的"正统"。分科课程的主要物化形式是教科书,从丰富潜在的教育内容到学科,从学科到教科书,知识经过逐级选择演变成教科书。分科课程虽然适应了制度化教育的需要,特别是当时工业化社会分工的需要,但是却切断了学科间知识的有机联系。在上述演变过程中,课程旨趣经历了从神圣的精神世界到世俗的实用技术的蜕变,总体课程的各类知识的内涵日渐隔离了。教师又逐渐从学识及精神上的导师转化为教书匠,神圣的身份坠落了。

（四）课程管理：从内容规范到程序规范

制度化教育出现以前,教育内容的神圣性(如经典课程)不允许掺入教师的个人见解,同时缺少明确的教学规则,因此,教师的观念、行为与教育内容所蕴含的观念、行为之间较少存在冲突。所以,尽管教育形式松散,但是在内容上没有太大的差异。这时,社会文化强大的内部统一性,通过习俗、时尚、舆论的力量,保证了教育的方向。19 世纪,随着西方公立学校的出现,教育权逐渐从父母手中转归社会力量或政府,教育开始成为一项社会事业,儿童教育不再是家庭私事,义务教育强化了这一教育特征。

于是,在教育内容选择上任何降低个人意志或教师素质等所带来的失误和偏差,开始成为突出的问题。这样,国定或审定教科书制度开始出现。20 世纪参照工业管理中的泰罗科学管理原理,即通过"社会分析"方法筛选出构成社会活动的最主要的知识、行为,再经过学科专家组织编写成教科书。教师按照教科书把教育内容呈现给学生,教育结果就可以得到保证了,因为其中既包含"可靠"的知识,也蕴含了"方便"的程序。这其中蕴含了一个逻辑:教师在教育活动中只是作为工具——完成既定社会任务——而有价值。这样,教师(包括学生)及指代他们的"称谓"都成了教学中的忌讳。

【案例 8.1】

可以用"我"这个词吗？

这里再讲一个我教学中的故事。我曾经布置过一组分析性短文,这些短文涉及我们准备阅读的课文中的主题。然后,我又布置了一组并行的自传体短文,也和主题有关。这样,我的学生就可以看到课文中的概念和他们自己的生活之间的联系。

第一节课后,一个学生对我说:"在你要我们写的那些自传体短文中,可以用'我'这个词吗?"

我不知道该笑还是该哭,但是我知道我的回答对这个刚刚使自己成为笑柄的青年人可能会产生重要的影响。我告诉他,他不仅可以用"我"这个词,我还希望他自由地并经常地用。然后,我问他是什么促使他提出这个问题的。

"我是历史专业的学生,"他说,"我在作业里每用一次'我'字,他们就扣掉半分。"

那种反对主观性的学术偏见不仅迫使我们的学生写得蹩脚(用"它被认为"来代替"我认为"),它还改变了学生关于自己和世界的思考。只是以一种简单的扣分方式,我们便诱使学生相信将观点当成事实的文章是很差的文章。与此同时,我们诱使他们和他们自己的内心世界相脱离。①

【案例点评】

在教育现代化过程中,课程作为一种社会文化控制的手段,不容掺入任何个人观点与情绪因素,教师与学生被拒于课程之外,且被异化为知识"授—受"的工具,不仅制约了学生与教师的课程参与深度,遏制了他们的人性、心灵自由与创造性的发展,同时也疏离了课程与人——学生与教师本身。

需要指出的是,在当今社会背景下原有课程与教师的关系正再次被打破。人们开始反思原有课程的弊端。一方面,课程系统的内部体系尽管不断完善,但是却越来越弱化它与社会现实的密切联系;另一方面,分科课程为主体的课程编制,虽然提高了教育效率,却以丢弃人们的精神生活为代价。同时,"目标—内容—结果"的目标导向课程理论,在教育实践中显得过于肤浅和不切实际,但仍然无法绕过"教师素质在教育中作用"问题的考量。

二、现实状况:课程与教师回归融合

1990 年,奈斯比特(Naisbitt)断言,我们的社会正处于工业时代和信息时代的交汇点上。随着新技术、新思想的出现,现在我们已经完全进入了一个知识的至少是信息的社会。② 在后工业时代或信息时代,课程与教师再次走向融合。

(一)当代课程发展的新特点

20 世纪下半叶以来,课程改革逐渐成为世界教育发展的一种常态。许多国家为了适应社会发展需要,提高人才培养质量,不断推进课程改革。从总体发展看,当代全球课程发展在管理主体与课程文化等方面出现了一些新趋势,主要表现在以下几个方面。

1. 行政主体多元化

行政主体多元化的一个显著特征,就是"中间化"趋势,即传统上实行集权控制的国家,教育管理体制在逐步实行分权,扩大地方和学校的权力;而传统上实行分权尤其以地方和学校实施教育管理的国家,普遍加强了中央政府对教育的影响和控制。③

法国最早的课程行政改革始于 1973 年,规定中等教育的前期和后期,可以由学校自由支配年授课总时数的 10%。1983 年的分权法令规定:地方政府负责辖区内的教育规划、对学校设备的管理和校舍的建筑。开始把一些教育行政权从教育部下放到地方。苏联课程是国家控制模式的代表,其继承者俄罗斯对此进行了改革。1992 年 7 月 10 日,叶利钦总统签署《俄罗斯联邦教育法》,要求联邦教育机构采用数十种课程计划,扩大地区和学校的课程选择权力。1993 年俄罗斯联邦公布了基础课程计划,这个计划由不可变与可变两部分组成。在基础课程

---

①② [美]阿伦·C.奥恩斯坦,琳达·S.贝阿尔·霍伦斯坦,爱德华·F.帕荣克.当代课程问题[M].余强主译.杭州:浙江教育出版社,2004:106,406.

③ 陈玉琨等.课程改革与课程评价[M].北京:教育科学出版社,2001:32.

计划外,各地区和学校还可以设立自己的课程。

相反,澳大利亚宪法没有赋予联邦政府管理中小学教育的权力。但是 20 世纪 80 年代后联邦政府仍然积极参与中小学课程改革。在与各州政府以及教育界人士取得一致意见的基础上,联邦政府公共福利部提出了"澳大利亚学校教育共同与一致认可的教育目的",并进一步提出课程改革的框架意见,即关于中小学学校教育的"关键学校领域",用于指导整个国家的课程改革。美国在 20 世纪 70 年代前,没有设置联邦政府教育部,课程由各州政府管理。20 世纪 80 年代后,联邦政府开始插手教育事务,最具代表性的是国家高质量教育委员会 1983 年 4 月发表的《国家处于危机中:教育改革势在必行》。报告认为,美国中小学教育存在的主要问题是:教学内容分散肤浅且没有系统;课程标准过低;教师工资低;学生价值观混乱。这份报告最终导致联邦政府采取措施加强教育,提出制定全国教育标准。尽管教育质量标准不具有强制性,但仍对美国课程行政产生了深远影响。

2. 课程现代化

课程现代化是以"教学内容现代化"为中心议题的,发端于 20 世纪 50 年代后期的美国,强调着眼于充分反映科学的新成就,注重课程设计的科学观念与方法。20 世纪 80 年代以来,课程现代化的深度与广度得到很大扩展,其主要内容表现为生计教育课程、环境教育课程、创造教育课程、信息技术课程。

(1)生计教育课程:首先在 20 世纪 70 年代由美国提出,是一种为学生未来的职业生活做准备的教育。它主要包括 3 件事:①生计教育成为所有学生而非职业学校学生课程的一部分;②能够贯穿小学一年级到高中甚至大学所有年级;③中学毕业甚至中途退学者都能掌握维持生计的各种技能。1996 年 7 月,日本中央教育审议会向文部大臣提出"面向 21 世纪我国教育的发展方向"咨询报告,提出"在宽松的环境中培养学生的生存能力"。为此,课程体系做出调整,精简课程内容 30%,削减必修课,增加选修课,从小学三年级到高中开设"综合学习课"。

(2)环境教育课程。从 20 世纪 70 年代以来,环境教育课程就受到各国普遍重视。这与 20 世纪 70 年代以来环境问题不断恶化及人们环境意识不断觉醒密切相关。1970 年美国颁布《环境教育法》率先为环境教育下了定义:"所谓环境教育,是这样一种教育过程,它要使学生围绕着人类周围的自然环境同人类的关系,认识人口、污染、资源的分配与枯竭、自然保护,以及运输、技术、城乡的开发计划等问题,对于人类的环境有着怎样的关系和影响。"

(3)创造教育课程。1950 年美国著名心理学家吉尔福特(J. P. Guilford)开创了创造教育研究领域,20 世纪 60 年代后创造教育开始成为备受关注的问题。《学会生存》指出:"人的创造力是最容易受文化影响的能力,是最能发展并超越人类自身成就的能力,也是最容易受到压抑和挫折的能力","教育具有开发创造精神和窒息创造精神的这样双重的力量"。

(4)信息技术教育课程。20 世纪 90 年代以来,世界各国信息化速度加快,网络成为引人注目的焦点和日渐融入人们日常生活的工具。各国政府开始把信息技术教育纳入基础教育课程。法国早在 1971 年就开始着手计算机普及教育,1981—1988 年,执行了"10 万台微电脑,10 万名教师"计划,1997 年法国教育部部长宣布了 3 年多媒体教学计划,每年投入 10 亿法郎。德国起步较晚,20 世纪 80 年代初呼吁新技术教育应当成为基础教育的一部分。1996 年德国议会通过了世界第一部《多媒体法》,1998 年政府和企业联合实施"中小学联网"计划,把多媒体教育纳入师资培训内容。美国学校在 20 世纪 80 年代初也开始普遍重视计算机教育。1997 年克林顿提出"12 岁少年必须掌握计算机"的施政目标。

小学综合实践活动设计与实施

3. 课程后现代思潮

课程现代化浪潮,在进入 20 世纪 70 年代后开始受到批判与质疑,并启迪了后现代主义课程思想的萌发。后现代主义 20 世纪末掀起了一场最为激进的文化批判与反思运动。

现代主义知识论的核心——本质主义企望借助科学,找到一种超历史的、普遍有效的知识体系与终极价值标准,作为人类认识世界过程中所发现的确定的、绝对的真理。但是,在后现代主义者看来,"科学既不能给我们以真理,也不能探求真理。"[①]人类的知识,只不过是不同时空条件下、不同旨趣引导下形成的,具有明显的不确定性、个体性特点与品质。

【案例 8.2】

后现代的历史学习[②]

斯拉特瑞祖居西西比州的维克斯堡,其祖父母曾在维克斯堡亲历了美国国内战争和维克斯堡之战带来的困苦、灾难和家人的不幸。他说:"尽管我的成绩单表明我曾经在美国历史课方面获得过几次奖励,但我一点都不记得自己曾经在初等学校、中等学校、大学学习过国内战争。我觉得自己从没学过围攻维克斯堡,而不幸的是也没有一个老师曾经问过我家族的故事。我究竟是否曾经把家族的独特经历和学习历史联系起来过? 事实上我连这一点也没有把握。甚至到成为研究生后,我也不能说出围攻维克斯堡的准确日期,不能说出将军们的姓名,不能分析该事件在美国历史上的战略意义,尽管我在高中曾获得过历史课方面的奖励……"

正由于他的困惑和体会,他的孩子们就幸运许多了。在《后现代课程的发展》中,他介绍道:"我有 3 个孩子,第一次带他们去维克斯堡,我就把家族的故事告诉了他们,还带他们参观了所有有历史意义的地界标以及我们家族的墓区。我们做了墓碑拓片,考察了公共图书馆,看了一些与我们的祖先相关的报纸,并复制了一些相关的微型胶片。我们从自己家族的视角探索维克斯堡的历史……用自传的方式体验历史。当我们参观市内的那些博物馆时,孩子们想买一些书,读读以前的那场战争。我们还计划了下一次旅行,准备整理一下家族墓地,竖一块历史标记。"

斯拉特瑞深有感触地回忆道:"维克斯堡之旅最激动人心的一幕发生于我们参观郡政府博物馆时,里面有许多内战时期维克斯堡的物品。在这以前我们从没参观过这个博物馆。当我们参观一个个的房间时,9 岁的女儿卡蒂走在最前面。突然,我们听到她在隔壁房间大叫,于是赶紧跑了过去。她站在一个玻璃容器前,一脸敬畏之意。她非常兴奋。她发现了一个穿着 19 世纪维克斯堡市民服装的人体模型。她骄傲地念出了容器的铭文,声音之大,整个博物馆都能听到:'这套服装是埃伦·凯恩妮·纳乌拉的结婚礼物,披肩已被她的女儿多拉拉·纳乌拉穿破。'在卡蒂的眼睛里,历史变活了,当她注视着那个披肩时,5 代人关于国内战争的故事一齐在她耳边回响。围攻维克斯堡成了她的故事,将永远不会被忘记,因为它已经在她的精神里留下了不可磨灭的烙印。有意思的是,她现在把这个故事告诉了她的 4 年级同学们,他们也为国内战争所吸引,也想去参观维克斯堡。"

【案例点评】

后现代课程学派主张学习应当走出"教材"的疆界,以便使学习回归儿童的生活世界;让学生直接与"世界"对话。上述案例表明,即使历史的学习同样可以做到,而且能够非常成功! 这种学习是一种真正意义上的学习,它是一个将历史与孩子们的生命融为一体的熔铸过程。

① 郝德永.课程:走向自觉与自律[M].合肥:安徽教育出版社,2009:84.
② 汪霞.课程研究:现代与后现代[M].上海:上海科技教育出版社,2003:267-269.

知识观的转变必然导致课程品质的突破。首先,后现代主义将个体看作知识的创造者,强调其不仅是意义的解释者,而且是意义的创造者,教育的主要任务在于个体自我意识的唤醒与提升,而非客观知识的传播与灌输。其次,后现代主义将课程当作个体的文化经验,反对传统课程之"计划性、目的性"的限定,认为课程是师生共同参与的探究活动,是一个动态的、发展变化的生成过程。

(二)课程与教师融合的表现

在课程领域现代化与后现代思潮的抵悟纠结中,教育家和学生都逐渐意识到,在这个高度复杂的世界中,感悟生存目的与意义是十分必要的。这样,教师与课程的关系,再次变得紧密起来。"在州和地区范围内,澳大利亚的教师在学科领域里可以有所变动地实施他们的课程框架。在韩国、印度和马来西亚,教师正由原来的按规定实施课程向一定程度的地方性解释转变……"[①]从世界课程改革的总体趋势看,教师在课程实施中的权限日渐增加,所起的作用越来越大。

1. 西方课程变革中的精神诉求与范式转向

信息社会使课程内容的选择变得困难,使人们对人生意义的思考变得更加迫切。"在这个时代……人们所需要的不是更多的事实。人们需要理念、概念和精炼的感受力去感知那些存在于事实之外,每天包围着他们、影响着他们的本能和理解的东西。"[②]于是,课程设计不仅关注传递社会和世界文化的精华,还要致力于赋予学生转变自身和自身文化的能力。

基于上述认识,马斯洛开创的人本主义心理学和超越自我心理学(也称"超个人心理学")[③]就成为课程设计的重要理论。一些课程学家建议,教育和课程应更关注学生道德乃至精神上的需求。伏希(Arthur Foshay)提出要在课程里加入超验的内容。戴维·波普尔(David Purpel)主张自由神学,以解决教育中的道德和精神危机问题。因此,美国当代著名课程论专家、圣约翰大学的阿伦·奥恩斯坦(Allan Ornstein)教授指出:"我们必须将教学的重大决策权交给教师,而不是交给外部团体。"[④]

【案例 8.3】

波普尔的教育信条[⑤]

波普尔认为,如下目标可以看作一种教育信条。

(1)对宇宙威严、奇迹和神秘的考察与沉思。

(2)意义的孕育和培养过程。

(3)自然与人类一体之概念的孕育和培养。

(4)孕育、培养并发展一种文化信仰,这种信仰建立在对人类有能力建立一个争议的、有同情心的、充满关心、爱和欢乐的世界的信任基础上。

---

① 钟启泉,张华. 世界课程改革趋势研究[M]. 北京:北京师范大学出版社,2001:25.

② Schlechty. Schools for the 21st Century. 转引自[美]阿伦·C.奥恩斯坦,琳达·S.贝阿尔·霍伦斯坦,爱德华·F.帕荣克. 当代课程问题[M]. 余强主译. 杭州:浙江教育出版社,2004:419.

③ 参见本书第二章中的"心理学基础"部分。

④ [美]阿伦·C.奥恩斯坦,琳达·S.贝阿尔·霍伦斯坦,爱德华·F. 帕荣克. 当代课程问题[M]. 余强主译. 杭州:浙江教育出版社,2004:369.

⑤ David Pupel. The moral and Spiritual Crisis in Education. New York:Bergin & Garvey,Inc,1989. 转引自[美]艾伦·C.奥恩斯坦,弗朗西斯·P.汉金斯. 课程:基础、原理和问题[M]. 柯森主译. 南京:江苏教育出版社,2002:420.

小学综合实践活动设计与实施

（5）在传统的民主原则中孕育、培养一种社区、同情和相互依赖的观念。

（6）孕育、培养和发展一种在面对不公平和压迫时的愤怒和反抗的态度。

【案例点评】

波普尔的教育信条关注意义、人与自然关系、民主公平和文化信仰，期望矫正人类中心主义的"急功近利"！于是，教师已经无法独立于课程而"洁身自好"，他们个体的自主参与、理解互动与精神创造，在课程设计与课程实施中越来越占据重要地位。这样，学校开始转变成为一个知识产生的组织，一种创造、雕塑和重新设计人的思想、身体和精神的地方。

如此一来，学生在课程参与中的主观感知和精神世界，变得越来越重要起来。正如美国著名课程专家多尔所说的"对精神或态度具有强烈的内在感觉，这正是充溢课程所必要的。"[①]在上述研究和价值诉求推动下，美国20世纪70年代的课程领域开始从现代走向后现代，课程学术则从开发范式走向理解范式。

【案例 8.4】

多尔的教育观[②]

我（多尔：William E. Doll, Jr——编者注）自己的教育观以第六章中提到的罗蒂—孔达拉的声称为中心：存在一个"迷人的想象王国，在那里没有人拥有真理而每个人都有权要求被理解"。这是我关于课堂的和社会的（自由反讽家的）观点的框架。……数学历史学家克兰（Morris Kline）为此提供了一个故事作为隐喻。他把那些在数学和科学领域中工作的人比成一个农夫，农夫在清扫一块地时，"意识到野兽就在这块清扫地附近的林里藏着"。

随着清扫地的扩大，野兽被迫越来越向后移，只要在清扫地里面活动，农夫便越来越感到安全。但野兽总是在那里，也许有一天它们会出乎意料地毁灭他。（1980，p.318）

在这样一种偶然性框架中，课程成为一种过程——不是传递所（绝对）知道的而是探索所不知道的知识的过程；而且通过探索，师生共同"清扫疆界"，从而既转变疆界也转变自己。这一转变依赖于我们"在野兽藏身的地方"工作的意愿，依赖于我们在工作中不在自身之外寻求一种出奇制胜之物，一种"自然法则"或一种末世目的论而是转向自身、社区与生态性的努力。当我们以自由反讽家的角度看待这些问题时，我们便能够发展自己的能量和能力感——这种能量和能力感最终会将"是"转化为"应该是"、不成熟转化为成熟、不明确感到的转化为充分经历的。

【案例点评】

多尔的阐述预示着课程学术范式的转型：从客观到主观，从课程开发到课程理解。其中隐含着一个隐喻：师生是探索者（可以像科学家一样"清扫疆界"），不是传递者和接受者！因为在无边的森林里，即使科学家清扫的"疆界"也十分有限，他们与教师或学生的"清扫能力"并无本质的差异。

当学习变成学生自主控制的事件、学习内容开启个体意义大门之时，课程无法回避学生的个性需求和意义再造。这时，教师也无法置身课程之外。

2. 日本课程变革中诉求教师的专业自由

在日本，教育与课程改革紧随世界潮流。随之，教师角色定位发生了3次转型：从战前的

---

① ［美］小威廉姆·E. 多尔. 后现代课程观（中文版序）[M]. 王红宇译. 北京：教育科学出版社，2000：2.

② ［美］小威廉姆·E. 多尔. 后现代课程观[M]. 王红宇译. 北京：教育科学出版社，2000：221-222.

"圣职论"到战后的"劳动者论",再到20世纪70年代以来的"专业者论"。[①]当代日本教育强调,课程目标不仅在于传授知识,而且在于培育学生人格。筑波大学教育学研究会编辑的《现代教育学基础》指出:"课程的本质就在于它是人格形成的实践过程中进行内化的手段","学校生活的场所一经变成了更加人格化的心心相印的组织体,那么,课程的创造便有了可能。"[②]也就是说,如果现代教育关注完善人格培养,而课程作为这种学校教育目标的载体和手段,就必须具有创造性。这样,教师与课程分离,已经变得不再可能。

日本当代著名教育家佐藤学认为,在以往高度中央集权的制度与政策制约下,教师自身以学校与课堂为本位去创造、评价、实践课程的经验是贫乏的。课程被理解为教育行政部门规定的教育内容的"公共框架",或者教师在年初制订的"教学计划"。这种单向度的传递"制度性知识"的课程,将儿童看作灌输知识的袋子,置学生于记忆竞争与考试大战中,扼杀了他们学习的兴趣及追寻真正学习的动机。佐藤学主张,要重新界定课程,教师必须摆脱"公共框架"的束缚,根据自身的教育想象力与设计力,形成课程见解,这样可以发现3个视角的课程定位:"教师构想的课程"、"作为儿童学习经验之总体的课程"、"作为师生创造性经验之手段与产物的课程"。三方面的课程重建,将课程由他律化的"国家课程"、"法定课程"、"专家课程"、"公共框架"转变为自律化的"教师的课程"与"学生的课程"。[③]

为了促进课程的现代化,日本教育界呼吁教师的教育自由,即教师在日常教育实践中所拥有的权限。国家强行全面地介入教育的管理与实施这一点,也已被战后的教育改革否定,并制定了承认教师在教育实践上的自由的教育法制体系。《教育基本法解说》规定教育行政"不应干预教育内容",将教育内部事物的处理看作是属于教师的权限范围的职责。

三、我国新课程下的教师定位

21世纪初发生在中国大地的课程改革,是一场以实施素质教育为鲜明旗帜、盛况空前的课程变革运动。在经济体制改革开放背景下,中国教育也努力与世界接轨。因此这次课程改革在理论上具有重大创新,集中体现在课程与文化关系的思维方式方面的大胆突破。这种突破标志着我国基础教育范式的根本转换。

(一)新课程在变革中的文化角色

从历史的角度看,以往的课程往往是作为文化工具的角色而产生和发展的。学校课程在历史发展中,其文化工具角色主要表现在3个方面。首先,课程是一种文化代码。它作为现实文化的传播工具而存在,必须如实反映现实文化,而不能随意创造文化。这样,社会本位的、规范化的社会文化构成了学校课程的本体与标准。其次,课程是一种文化资本。当学校课程与学生个人的前途、命运、社会地位等相联系时,课程本身就具备了"资本"的社会调控功能。学生评价以其所占有的文化资本为指标,学历证书与学业成绩单是凭证。最后,课程是一种文化霸权。当课程作为一种社会法定文化的控制手段而存在时,这种课程就具备了法理化权威,教师与学生无权对其进行个人化解释,只能认可与服从。

我国基础教育课程改革赋予了课程新的文化角色,即课程不仅仅是社会文化的客观载体,

---

① 刘捷. 专业化:挑战21世纪的教师[M]. 北京:教育科学出版社,2002:29.

② [日]筑波大学教育学研究会. 现代教育学基础(中文修订版)[M]. 钟启泉译. 上海:上海教育出版社,2003:250,253.

③ [日]佐藤学. 课程与教师[M]. 钟启泉译. 北京:教育科学出版社,2003:17-23.

小学综合实践活动设计与实施

还包括教师与学生的现实生活与主观经验。也就是说,在课程活动中,教师与学生是社会文化的学习者、建构者,这就从根本上赋予了教师与学生以文化主体的地位。随之,课程从静态的知识世界走向了动态的生活世界,并使其本身具有的独特的文化意义,进而使课程超越了文化工具的角色。这样,课程在其文化功能方面具有新的突破:课程即学生自主建构文化的过程,而非社会整理传递文化的过程。

以往课程角色意味着选择与加工功能,即从文化成果中选取"最好"内容,对其进行编码、整理,使其更易被学生接受。课程文化以社会主流文化为标准,职能定位于对其进行诠释与辩护、传播与扩散,这种课程文化功能定位难具自律性品质,缺乏课程的文化批判、创新与生成功能。本次课程改革强调学生积极主动学习的态度,学习任务不只是知识与技能的获取与占有,还包括学会学习即独立、自主的学习,探究、质疑、富有个性的学习,乃至正确价值观的生成。这样,课程实践就与"社会整理与传递文化"分道扬镳了,立足于学生与教师作为课程的主体而自主建构文化。也就是说,在学习过程中,学生与教师可以对某些课程文化认同、服从,同时也有权对它反思、批判,课程实践从原来"外部塑造"的灌输式与认同模式转变为"教育对话",课程实践即是一种学生与教师借助于课程及其文化展开互动、创新知识的过程。

(二)新课程与教师的关系

新课程实践开启了课程的文化角色转型,即"从机械、被动地传承与占有文化财产的过程转变为学生自我建构、个性的全面发展和促进文化变革、生成的过程"[①]。《基础教育课程改革纲要(试行)》明确提出:"改变课程过于注重知识传授的倾向,强调形成积极主动的学习态度","关注学生的学习兴趣和经验","倡导学生主动参与、乐于探究、勤于动手"。这意味着课程与教学观的重建,即学生的学习兴趣与学习态度(不再是知识)成为课程与教学着眼点和关键,这不仅意味着课程与教学中心的转换,还意味着知识观的变换:从客观主义到建构主义。知识获得将是一种自主建构。知识消解了其权威特质,成为人人可建构的、个性化探究的附属品,教学自然需要对话与探究。这样的教学,必定呼吁"研究性教学论"——教学即研究,教学即精彩观念的诞生[②],教学即创造新知[③]。

教学观的转换,要求教师角色重新定位,要求教师从新的视角和高度思考教育问题:"我们究竟要培养怎样的人……作为教师,您首先是一位教育者,其次才是一门课程的教师。"[④]这样,教师引导学生对社会、对人生、对学术问题进行思考——这一过程本身,也成为课程的一部分。也就是说,教师的作用,已不再是知识的传递者,开始转型为在课程实践中学生学习的对话者,意味着教师本身成为课程资源的一部分。于是,教师在课程活动中拥有了与学生同样的主体地位。因此,中国教育学者呼吁:"把课程还给教师",[⑤]这样,在新课程的背景下,教师与课程的关系在经历了长期的分化、分离乃至相对独立之后,最终又走向了融合,完成了二者关系"合—分—合"的周期性演进。

① 郝德永. 课程:走向自觉与自律[M]. 合肥:安徽教育出版社,2009:173.
② [美]爱莉诺·达克沃斯. 精彩观念的诞生——达克沃斯教育论文集[M]. 张华等译. 北京:高等教育出版社,2005.
③ 张华. 研究性教学论[M]. 上海:华东师范大学出版社,2010:34.
④ 肖川. 教育的使命与责任[M]. 长沙:岳麓书社,2007:198.
⑤ 陈桂生. 学校教育原理[M]. 长沙:湖南教育出版社,2000:287.

第二节　综合实践活动课程与教师

一、新课程的基本理念

《基础教育课程改革纲要(试行)》的颁布,标志着我国基础教育进入一个新时代。新课程秉持全新的课程改革理念,以"为了中华民族的复兴,为了每位学生的发展"为着眼点,建构了全新的课程体系,开拓出符合素质教育精神的革新理论和价值取向。

(一)关注学生"整体人"的发展

新课程追求"为了每位学生的发展",意味着在课程目标上将学生看作"整体人",强调学生在人与生活的整体性上,获得全面的、有机的自然生长。

1. 学生智力与人格的协调发展

新课程认为,学生成长不是学科知识的简单叠加,也不是条分缕析的理性思维的还原,而是知识学习与精神建构的有机统整。学术化、专门化的学校课程体系,把学习等同于"读书",把教学看作机械、单向度的文化传递等,上述一系列做法都是对人格与智力的割裂、对人完整性的肢解。新课程一方面降低知识标准(用课程标准代替教学大纲),另一方面将课程目标由一个维度(知识与技能)扩展为 3 个维度(又增加"过程与方法"、"情感态度与价值观"),以实现学生人格与智力的统整。

2. 个体、自然与社会的和谐发展

新课程从整体主义视角看待个体、自然与社会的关系,变"科技至上"理念下个体与自然、社会的对立(个体把自然、社会、他人当作操控的对象)为"生态和谐"理念下个体与自然、社会的融合(个体是自然、社会中的一分子,彼此友好相处)。于是,新课程试图突破学科疆域的束缚,倡导回归儿童生活世界,力求在有机和谐的大环境中培养有机和谐的人。

(二)寻求个体的知识建构

新课程对于学生学习与成长的理解,发生了根本性转变。学生学习不再是一种对客观知识的机械灌输和简单累加,而是一种对知识的重新理解与个性化建构;学生成长是在其生活经验基础上,与世界对话、互动的过程中实现的。

1. 建构主义知识观

20 世纪末,随着建构主义知识观与认识论的兴起,寻求学生主体对知识的主动建构,成为一种重要的教育理论和教学原则。新课程倡导"主动参与、乐于探究、勤于思考",意味着知识不再是客观真理,只是学生用于"分析和解决问题"的材料和工具;同时,学生在解决问题过程中也会创生新知识。

2. 研究性学习方式

新课程提倡"自主、探究与合作的学习方式",意味着教学不再是教师独白而是共同创生知识的过程。这样,教材不再是课堂里唯一合法的课程资源,学生经验开始在课堂上占据重要地位。作为建构知识的主体,学生受到鼓励可以进行质疑、探索和表达。

3. 发展性评价模式

要求教育评价的功能定位,在于促进学生在原有水平上的发展,在于评价者与被评价者彼

小学综合实践活动设计与实施

此理解与共同建构意义。师生之间、学生之间是一种对话关系,构成一个群体合作的学习共同体;在这里,学生学习的独特性和个性化,开始受到人们尊重。

(三)回归儿童的生活世界

生活世界是通过知觉可以直观体验的世界,是一个有人参与其中,保持着目的、意义和价值的世界。教育活动必须以生活世界为基础,回归儿童生活世界是教育活动得以成功的基本策略。

1. 课程的生活化

整个 20 世纪,对课程内容的选择其支配作用的是科学世界,教育越来越脱离儿童的生活世界,导致教育中生活意义的失落。德国现象学大师胡塞尔指出:对生活世界的认识是回答自然科学如何可能的关键,生活世界是一切科学世界的前提。[①] 因此,教育要想成为启迪学生生命意义的事业,必须走向儿童世界、直面学生的亲身生活和社会生活。也就是说,课程生活化已经成为课程发展的重要理念。

2. 课程的综合化

分析与综合是人认识世界的两种方法,无优劣之分。长期以来,人们衡量课程的尺度是科学化、理性化与实证化,造成了课程的高度分化。知识的分门别类、越分越细,使学生难以在生活中整合运用,这样,课程就越来越远离学生的生活。新课程强调课程综合化,意义在于促进学科知识的应用,促进生活、体验与学科的统一,促进师生合作,促进学习社区的建立;最终,实现科学世界与生活世界的统整,保证学生全面、均衡、和谐地发展。

(四)创建富有特色的学校文化

新课程的实施,不仅意味着课程内容的更新、学习方式与教学方法的变革,更意味着学校文化的重建。学校文化是一所学校在文化方面所表现出来的独特的风格与个性,是学校的灵魂,其再造与更生是课程变革走向深化的必然结果。

1. 管理文化从集权走向民主

新课程"实行国家、地方、学校三级课程管理,增强课程对地方、学校以及学生的适应性"。提出开发校本课程,主张学校拥有课程自主权,教师是课程开发主体。

2. 教师文化从孤立走向合作

教师的课程赋权要求他们进行教育研究、协商与合作,即倡导一种合作的教师文化。他们必须打破原有独立作业的教学形态和生活方式,开展交流与对话,培养团队合作精神,实现共同的专业成长。

3. 环境文化从贫瘠走向丰厚

环境文化既包括显性的课程、师资队伍、教育设施等硬环境,也包括较为隐性的办学目标、班风、校风、校魂等内容的软环境。环境文化建设就是在原有环境基础上,自觉主动打造学校文化个性,推动独特而丰厚的环境文化的形成与水平提升。

二、小学生特点与综合实践活动的学习方式

小学教学重点在于向儿童提供人生中的基础经验或基本体验,以便为他们眼下或将来的

---

① 谢劲松. 胡塞尔传[M]. 武汉:长江文艺出版社,2002:165,169-170.

生活、学术、技艺等方面发展奠定基础。面对这个特殊学生群体和综合实践活动这个全新课程，小学教师的工作必然有其特殊性。

（一）小学生身心特点

小学生阶段是一个人的社会生活大幅度改变的时期，"儿童总要凭借自身隐含的内在力量，着迷于游戏与作业来表现自己的。……儿童的想法在成人看来往往是任性的、离奇的、奔放不羁的。"[①]此阶段从六七岁开始到青春期为止，在身体发育方面处于平稳发展期。但是，在心理发展方面却处于"断乳期"，具有一些明显的过渡特征，主要表现在以下几个方面。

1. 自主性萌发

对家长和家庭，具有明显的"独立—依赖"的矛盾心理，想离开父母独立活动，但很少付诸行动，仍需家庭鼓励、支持与照顾。对同伴群体，具有明显的依从性和趋同性。

2. 社会性增强

开始喜欢团体性活动，对小团体产生依赖感和归属感，希望成为受团体欢迎的成员。非正式团体的组成人员皆为同性，小团体之间具有排他性，对异性团体具有敌意。小学生的社会性行为迅速发展，很快超越自我中心和自私阶段，变得合作，较少与人争吵，逐步学会离开大人独立活动。

3. 自我意识进一步发展

他们开始关注自己在他人心目中的印象，关心自我行为对他人的影响；但是自我认识主要依照他人对自己的看法和评价。父母、教师、同学和伙伴以及其他重要人物的评价是其自我概念形成的最重要因素。

（二）综合实践活动的学习方式

《基础教育课程改革纲要（试行）》在传统学科教学普遍采用的接受式学习之外，提出并倡导一些新的学习方式，即自主学习、合作学习和探究学习[②]。综合实践活动需要在学习方式方面，完成一些根本性的转变。

1. 从被动学习到自主学习

学习由跟随教师"教"而亦步亦趋，变为一种自觉、自愿、自我做主和自我负责的行动。学生由"要我学"变为"我要学"，并以行动展示"我能学、我会学"，彰显了学生的主体性："我在学"。主张让学生自己思考问题、质疑问题、解决问题，有利于提高学生发现和解决问题的能力，同时学会自我调控和自我建构的方法。

衡量自主学习的效果和质量，可以从以下几方面考察：学比教的用时是否更多；知识获得来源于学还是教；学习热情是否高涨；学生是否要学、能学、会学；课堂气氛是否民主；学生能力是否逐步提高。

2. 从个体学习到合作学习

学习由个体独自完成，变为由合作体共同完成。即学生可以围绕共同学习任务结伴、结组，既明确责任分工，又互助合作，展示了学习的社会性："互助学"。强调学生的共同发展，注重学习中的互动性，包括师生互动与生生互动，有利于提高学生的交往能力、合作能力和表达能力，增强学生的社会适应性。

---

① ［日］筑波大学教育学研究会. 现代教育学基础（中文修订版）［M］. 钟启泉译. 上海：上海教育出版社，2003：275.
② 裴娣娜. 教学论［M］. 北京：教育科学出版社，2007：87-88.

小学综合实践活动设计与实施

衡量合作学习的效果与质量,可以从以下几方面考察:师生或生生是否双向交流、沟通、启发、补充;小组成员之间是否积极支持、配合,既分工又合作;讨论是否热烈并有新灵感、新发现。

3. 从接受学习到探究学习

学习由教师"传授"和学生"接受",变为基于"问题解决"的师生一起探究。以问题解决为目的的学习方式,强调在学习过程中发现问题、探究问题并解决问题,突出了学习的实践性:做中学。突出学习的探究性和体验性,注重学习与探究过程和每位学生的主观体验,有利于培养学生的创新精神、实践能力和科学素养,增强学生的使命感和社会责任感。

衡量探究学习的效果与质量,可以从以下几方面考察:学生是否参与学习活动,如用眼睛看、用耳朵听、用嘴巴讲、动脑思考、动手操作;学生是否参与实践活动,进行参观、考察、调查、搜集整理相关信息等活动;学生学习是否基于发现问题、提出问题、分析问题、解决问题的思路。

4. 从认知学习到体验学习

体验式学习的内涵应因学习的时代要求而变化,但直接经验与反思是其不变特征。从心理学角度看,体验式学习的优势在于它更多地涉及情节记忆、情绪记忆、默会知识、实用智力以及学习过程中的自我决定性。[①] 学习方式的视角由认知变为体验,意味着评价重心开始从知识转向人格。

衡量体验式学习的效果与质量,主要从 3 个方面加以考察:学生参与度,涉及他的注意力、情感状态、意志水平;所获得直接经验的深度、广度;对事物、观念及活动本身有无反思、反思方法、反思深度等。

三、小学综合实践活动中的师生关系

综合实践活动置学生于实践主体地位,师生关系自然需从以往的、单向度的"人际控制"文化("师尊生卑"、"师威生服"和"师授生受")中走出来,形成一种新型的、双向度的"对话交流"文化。

(一) 师生关系的行为表现

在综合实践活动中,教师与学生的关系是一种对话关系、指导关系,即教师通过与学生对话以实现对学生实践活动的指导。

1. 对话关系

知识从"圣经"变为解决问题的材料,学生成为选择、运用材料来解决问题的主人,教师则由掌握知识的权威变为一起解决问题的伙伴。这时,教师与学生的关系,不再是教与学、传与承的关系,而是共同言说、倾听、回应、探讨和磋商,这是一种认知过程中的互助关系,一种情感上的朋友关系,一种共同行动中的合作关系。

这才有利于培养学生的民主、平等精神,有利于培养学生学会共同生活,培养在人类活动中的参与和合作精神。教师参与学生的综合性学习活动,有利于塑造民主、合作、平等的师生关系。例如,对于共同活动的目标确定、方式性质、选用材料等,教师只有个人建议权而没有独自决定权;对于学生个人的评价,教师只能以理服人而非以权压人,并且学生同样可以建议和

---

① 庞维国. 论体验式学习[J]. 全球教育展望,2011,40(6):9-15.

评价教师。

2. 指导关系

综合实践活动实施过程是学生主动操作的过程,也是师生交往、共同发展的过程。这种学习方式的改变必然导致教师角色的改变,即从原来"传道、授业、解惑"的知识传授者(圣者),转化为学生探究过程中对话者、组织者和指导者(顾问)。这意味着教师只是学生探究的"导师",其机制是一种"价值引导—自我建构"的关系,即学生成长是一个自我建构过程,教师只是在价值判断和策略选择方面承担一种引导作用。

因此,教师必须尊重每个学生的经验、情感和态度,与学生建立一种真诚、互信的关系,为学生主动发展提供一种宽松、融洽的心理氛围。例如,教师可以给学生建议,而非武断地为他们安排学习材料、活动情境等;帮助学生明确想学什么,而不是规定他们学什么;帮助学生找到适合自己的活动方式,发现自己所学内容的用处、所做事情的意义,而不是要求学生按统一的方式接受他们无法感受、不能理解其意义的东西。

(二)师生关系的内在特征

在综合实践活动中,师生关系在文化层面上必须进行重建,即要建构民主平等、尊师爱生和教学相长[1]的新型文化,以实现师生关系文化的创新。

1. 民主平等

从活动中的地位看,教师与学生是平等的;从问题决策的机制看,教师与学生是民主的。他们针对问题展开平等的对话与协商,双方在互动交流的过程中积极参与,共同学习。这有利于培养学生的独立人格,以至养成他们的公民素质。

2. 尊师爱生

民主平等即有相互尊重之意。师生彼此尊重人格、意愿和思想,同时辅以相互关爱,这是师生对话得以畅达、感情交流得以充分的基础。"亲其师,信其道",没有良性感情的对话只能流于肤浅,无法完成感化心灵的育人任务。因此,在综合实践活动中,尊师爱生是双方的基本态度和情感定位。

3. 教学相长

平等民主的对话,必将引发双方各自的反省,乃至自我修正与纠偏。既能激发学生兴趣、思想和智慧,又能促进学生知识、能力、道德及人格的提升,同时也会激发教师专业成长和生命境界的不断超越。可见,真正的教育足以实现教学相长,这是一种共创、共享的学习共同体,互动共生、相互启迪生命的教育机制。

四、教师角色的新内涵

新课程特别是综合实践活动课程的新理念,对教师传统思想观念和教学实践提出了巨大挑战,要求教师对传统角色进行重新定位和理解。

(一)新课程对教师角色的期待

新课程管理模式下国家课程、地方课程、校本课程的落实,需要教师转变课程观念,提高课程实施能力,提升教育理论水平和教育科研能力等;需要从单纯的知识传授者转变为学生学习

---

① 冯军梅. 教育基本原理[M]. 北京:高等教育出版社,2003:154-156.

小学综合实践活动设计与实施

的促进者、课程的开发者和研究者。

1. 教师作为学生学习的促进者

新课程倡导学生主动参与、乐于探究、勤于动手的学习方式,不仅标志着学生学习方式的转型,也意味着学生观的转变。学生不再是接受知识的"容器",而是一个自觉、主动的学习者,知识的建构者、创生者。因此,教师角色随之转变,教师是学生学习的促进者。

教师作为学生学习的促进者,不仅要面向全体学生,而且应当面向每一个学生,了解和研究他们的个性化需要和发展的可能性;注重个别指导,促进学生有个性的发展。要做到这一点,教师必须放弃过去"知识授受"(具体表现为"三中心"即"教师中心、教材中心、课堂中心")的课程教学逻辑,采用"儿童发展"(具体表现为"师生对话、知识创生、活动情境")的课程教学逻辑。

2. 教师作为课程的开发者

新课程赋予教师课程开发的权力,意味着教师既是课程实施者,又是课程开发者。这样,课程开发开始成为教师专业生活的一个重要组成部分。教师作为课程开发者表明:教师必须参与课程决策,在课程开发中发出自己的声音,为课程的开发献策出力,以提高课程的适应性,为学生的个性发展作出贡献。

作为课程开发者,一方面,教师需要对国家课程进行"二次开发"。美国学者波斯纳(G. Posner)把这种经过教师"二次开发"的课程称为"操作的课程"(operational curriculum)。这种课程是教师根据自己的知识、信念和态度而解释了的课程[1],是参照实际情境对课程内容适度增删、调整和加工后的课程。另一方面,教师参与校本课程开发。校本课程是由学校的校长和教师在具体的学校情境中根据学生个性化学习需求而开发的课程。作为三级课程(国家课程、地方考察与校本课程)体系中的一个层次,校本课程在学生成长中起着重要的作用。在校本课程开发过程中,教师是课程开发的主体。这就要求教师必须具备一定的课程理论、课程研究能力和课程实践与开发能力。

3. 教师作为研究者

20 世纪 70 年代,英国学者斯腾豪斯(L. Stenhouse)提出了课程开发的过程模式,从课程实施的角度首倡"教师作为研究者"(teachers as researchers)的理论。他认为,基于课程作为一个过程的原则,教师应当采用探究的方法,而非讲授、指导的方法;在课程改革中,教师需要扮演学习者和研究者的角色,将每一间教室都变成新课程的实验室。[2] 斯腾豪斯的观点现在已经被越来越多的人认可,成为新课程对教师的基本要求。

教师作为研究者的理念,要求教师在实践中反思,通过"理论实践化"和"实践理论化"两条途径,搭建理论与实践的通途,消解理论与实践的二元分离。这样,教师不再是"专家"的传声筒和课程的忠实执行者,他本身就是课程专家与专家型教师。一方面,教师在实践反思中发现自身不足、提高教学水平,成长为优秀的反思性实践者;另一方面,教师在实践基础上把成功经验上升为教学理论,为理论发展作出贡献。研究者角色有利于构建教育理论与实践良性互动平台,有利于提升教师的专业水平和专业地位,有利于树立教师的新形象。

---

[1]　Posner,G. J. Analyzing the Curriculumm[M]. New York:Mcgraw-Hill,1992:10.

[2]　Stenhouse,L. An Introduction to Curriculum Research and Development[M]. London:Heinemann Educational Book Ltd. ,1975:82. 转引自张华. 课程与教学论[M]. 上海:上海教育出版社,2000:175.

（二）小学综合实践活动教师角色

综合实践活动课程的性质、内容和特点，决定了它必然是一类全新的课程类型。这一新课程"几乎将教师熟悉且习惯的一切颠覆，从教育理念到实践操作都开拓出一套全新的系统"[①]，首先表现在教师角色方面的新特点。

1. 活动组织者

在综合实践活动实施过程中，教师既要与学生一道对活动进行规划，组织活动开展，还要协调学生、学校与家长的关系，协调社会有关部门、机构与学生活动的关系，为学生开展综合实践活动提供外部环境和课程资源。但是，教师的组织和协调，只限于指导性建议。例如活动小组的组建，教师提出活动小组成员组合的原则和原因，对活动小组的人员进行组织和分工，然后由学生自由组合。对活动过程的安排和活动过程的管理，教师只提出一些基本原则和要求，让学生在具体细节上参与组织和管理。

2. 探究引导者

教师还是学生学习、探究活动的引导者，教师要对活动主题生成、活动方案设计、活动程序安排、活动成果形成、主题活动拓展等给予指引、点拨和指导。需要注意的是，指导不是包办和替代，而是要从"方法"和"通识"层面对学生进行指导。

3. 实践参与者

教师是实践活动的参与者，即教师不仅参与综合实践活动的方案制订、组织实施、管理和评价，更重要的是，教师作为活动中的普通一员，自觉加入到活动中，和学生一样成为一个交换意见的参加者，为实现活动目标相互影响、讨论、激励、了解、鼓舞。教师作为实践活动参与者中的重要一员，他/她的作用不再是传授知识，而是在活动中与学生共同解决问题，其知识也将被激活，这时，师生互动产生的新知识将大大增加。这样，教师才能对学生的个性特长、思想状况、社会背景有更深入的了解和把握。

4. 终身学习者

综合实践活动课程要求教师具有跨学科、跨领域的知识和技能，较强的规划能力、设计能力、实践能力、探究能力和收集处理信息的能力等。因此教师应当意识到自己知识和能力上的不足，坚持不断学习，使自己与学生一道在综合实践活动中成长。此外，综合实践活动课程要求学生研究性学习，教师首先应该成为研究者。因此必须改变自身科学研究能力薄弱的现状，结合综合实践的课题研究，在研究中学习研究，要努力提高自身科研素养。

5. 团队合作者

教师作为合作者，首先是参与活动、解决问题的伙伴；其次是指导学生活动的顾问；此外，教师与指导团队合作，与其他教师、家长、活动涉及项目的相关人员及专家等一起指导活动。要求教师积极参与"个人独立探究、小组合作探究、师生共同探究、班级集体探究"的过程，积极关注探究过程中出现的新问题和学生解决问题的创新点。

6. 学生的倾听者

通过倾听，教师可以了解学生的所思所感，才能增强教师指导的针对性和有效性。"指导即倾听"，首先意味着尊重并积极呼应每一个儿童自然天性或潜能的无声的呼唤；其次还意味着倾听儿童自己的观念，并帮助儿童在综合实践活动中诞生新的、更精彩的观念。倾

---

① 赵书超. 综合实践活动课程：理念与价值[J]. 全球教育展望，2011，40(9)：19-24.

小学综合实践活动设计与实施

听儿童，即向儿童学习，并欣赏其心灵的美丽、神奇和力量；构建相互倾听的、新的教育文化。

五、小学综合实践活动教师素质

综合实践活动涉及内容广泛，且具有开放性、探究性特点，要求教师具有一定的科学研究的知识、能力和素养，及丰富的探究经验和临场指导能力和启发教学的智慧。综合实践活动课程教师应具备以下素质。

（一）广博的综合性知识

1. 知识的广博性

综合实践活动教师的知识应当具有广博性。这是对综合实践活动教师最低的要求。大家知道，综合实践活动涉及的知识，具有明显的跨学科性质，涉及科学、艺术、道德等诸多领域，涵盖自然、社会与自我 3 个维度，内容异常丰富，范围极其广泛。课程内容的广泛性，呼唤知识广博的教师。在综合实践活动课程体系中，无论哪一领域，哪一主题，其涵盖的内容都较学科教学更丰富、更广博。所以，仅仅拥有某一学科专业知识的教师，难以胜任综合实践活动课程的要求。作为综合实践活动指导教师，除了要拥有原有知识外，必须有针对性地充电，不断拓展自身知识的广度。

2. 知识的综合性

综合实践活动教师知识应当具有综合性。也就是说，综合实践活动教师应当在知识广博的基础上，从宏观角度重构和整合自身的知识，使自身具有的知识逐渐涵盖人类学科的全领域，即从整体上掌握自然科学、社会科学和人文科学的知识。也就是说，综合实践活动教师知识，应当具有比学科课程教师更宽广的知识背景，基本掌握自然与社会、科学与艺术、世界与自我诸多层面及领域的基本知识；同时具备系统而深厚的教育教学知识与理论。

3. 知识的贯通性

综合实践活动教师的知识应当具有贯通性。也就是说，综合性知识只是综合实践活动教师知识要求的基础，在此基础上还应加以提炼。这种提炼不是内容的简单删减，也不是简单的拼盘；它强调的是知识间的关系和关联性。不仅强调学科知识间的关联性，而且强调知识与学生、与现场活动的关联性。这样，才能联系社会生活现场，指点学生在活动中发现问题、解决问题；在指点学生探究活动的同时，促进学生全面地发展。

（二）深厚而扎实的专业能力

小学综合实践活动课程对教师提出了更高的要求，需要教师具备更加全面的工作能力，只有这样，才能胜任综合实践活动的设计及对学生的活动指导。具体能力包括以下几个方面。

1. 教学设计的能力

综合实践活动的设计包括：与学生共同设计主题，制定具体的课题及其关联图；明确学习资源；为学生设计有价值的体验活动，让学生进行问题解决学习；设计个别化和协同化的学习过程；准备教师的支持和学习环境；准备对学生评价的工具等。指导教师要善于根据学生的生活经验、已有的知识基础和特定的背景与条件，引导学生选择或自主提出活动项目、活动主题或课题，并合理地制订活动方案，保证综合实践活动得以顺利有效地实施。

2. 教学预测的能力

综合实践活动具有更大的开放性，需要教师从多角度和多方面加以预设、构想。并且，还要考虑如何让每个学生都有发挥的空间,如何让学习活动对每个学生都能产生意义。

3. 教学内容与方法"链接"的能力

教师应帮助学生设计恰当的学习活动,并能针对不同的学习内容,选择不同的学习方式;创设支持学生自主学习的心理氛围。

4. 应用信息的能力

作为综合实践活动指导教师,必须掌握如下最基本的信息技术:熟练地掌握 Windows 操作系统;掌握办公应用软件的操作技术(文字处理程序、Excel 电子表格处理程序、PowerPoint 演示文稿编辑软件、FrontPage 网页编辑软件、掌握 Internet 应用技术)。

5. 课程组织、管理与协调能力

综合实践活动的实施设计的因素相当复杂,它要求指导教师具有较强的组织与协调能力。指导教师要组织和管理好学生,引导学生组成活动小组,并协调学生活动中各部门的关系,通过与相关部门或人员的沟通,为学生开展综合实践活动创设宽松的活动时空,充分利用各种课程资源。

6. 协作教学的能力

指导教师还要协调好教师指导小组内指导教师之间的关系,使学生活动得到有效的指导和有力的领导。

7. 促进学生学习的能力

在教学过程中尽可能地诱导学生思考,激发他们的想象力与创造力。而在学生思考的同时,给予他们解题的思索上的方向指引,使学习过程成为学生不断提出问题解决问题的探索过程。

8. 科学研究的能力

综合实践活动的学生研究或探究,必然应用到科学研究方法。因此科学研究能力是小学教师指导学生开展综合实践活动的前提条件,他所掌握的科研方法也是指导学生进行综合实践活动所必备的知识。

9. 综合评价的能力

教师应加强过程性评价,并引导学生对学习过程和结果进行评价。鼓励与诱导学生养成良好的学习习惯,诸如广泛的阅读,观察与思索问题,搜集信息,与人讨论与发问,自己动手实践,注意力与持续力、口头表达能力等的培养。

（三）积极而明晰的课程意识

课程意识是人们对教育活动中课程系统的一种整体认识,本质上是教师的教育行为所隐含的课程观与课程方法论。课程意识的基本形式是观念层面的,包括教师对课程本质、课程结构与功能、特定课程的性质与价值、课程目标、课程内容、课程学习方式、课程评价、课程设计和课程实施等方面的基本看法、核心理念以及课程实施中的指导思想。[①] 综合实践活动教师必须拥有先进的课程意识,它主要包括以下 3 个方面。

1. 主体意识

强调教师时刻把自己与学生置于课程之中,看作课程主体。在综合实践活动中,教师的角

---

① 郭元祥. 综合实践活动课程呼唤教师的课程意识[A]. 综合实践活动课程的实施[M]. 北京:高等教育出版社,2003.

色从根本上发生了改变,成为综合实践活动的决策者、管理者、实践者。这就要求教师:首先,建构全新的学生观,学生在课程中,通过与课程对话、反思生活方式,才能发生素质变化;其次,建构全新的教师观,教师在课程中,通过开发课程资源、创生课程过程,才能完成课程实施工作。

2. 生成意识

斯腾豪斯指出:"教育即引导儿童进入知识之中的过程,教育成功的程度即是它所导致的学生不可预期的行为结果增加的程度。"[①]在他看来,教育(课程)是一个生成过程,其本质在于"引导"。课程本身并非一个完全预设、静止不变的教育要素。这就要求教师:首先,有能力对预设课程进行批判与创造,包括对课程目标的具体化,对课程内容筛选、增删,对学习方式创造性设计,甚至对课程预设中不合理因素的批判与重建等;其次,有能力对课程意义的动态生成与重建,包括在综合实践活动课程中,针对课程目标、情境设计、手段与方法的选用等方面,所蕴含的价值取向的审视、辨析与取舍等。

3. 资源意识

教师必须意识到,教材只是课程实施的一种资源,一种文本性资源,是可以超越、选择和变更的。这就要求教师做到以下方面。首先,能够创造性利用教材。教材只是师生对话的一个"话题",一个引子,一个案例,而不是课程的全部。教师应当"用"教材而非"教"教材。课程实施应当紧扣课程标准,而不是忠于教材、紧扣教材。其次,利用与开发多种课程资源。学生的发展离不开其"生活世界",因此课程开发也不应局限于教材、教室,应当紧密联系学生的生活经验与社会背景,除了文本性课程资源(如教材)外,非文本性课程资源(如学生经验、重要社会事件、热点问题与现象等)也是教师课程开发的重要内容。

课程意识支配着教师的教育理念、教育行为方式、教师角色乃至在教育中的存在方式。没有明确课程意识的教师,总是把课程视为一种"法定的教育要素",一种不可变更的系统,将自己定位于课程的忠实执行者。这样的教师无法胜任综合实践活动课程赋予教师的重任。

第三节　综合实践活动教师培养

一、教师专业发展理论

(一)教师专业发展的含义

20 世纪 80 年代以来,教师专业发展开始成为教育研究的重要课题。一般认为,教师专业发展是指教师作为专业人员在教学专业上不断成长的过程。这个过程包括职前教师培养、新教师入职辅导和在职教师进修 3 个阶段。教师在这个过程中专业素养获得持续发展,专业结构得以更新,专业水准得以提升。

1. 教学是一门专业,教师是专业人员

联合国教科文组织在 1966 年提出,教学应被视为一个专业。原因是,教学是一种服务于

---

① Stenhouse, L. An Introduction to Curriculum Research and Development[M]. London: Heinemann Educational Book Ltd., 1975: 82. 转引自张华. 课程与教学论[M]. 上海:上海教育出版社,2000:175.

公众的工作，它需要专门知识、特殊才能和一定的专业责任感，教学知识和才能经过长期持续努力才能获得与维持。目前，我国教师已经被国家认定为"专业技术人员"，教学的专门性正在逐渐被社会认可。但是，从世界范围看，教师专业的总体发展水平较低，因此在 20 世纪 80 年代教育界提出了"教师专业化"的口号，此问题随之成为教育研究的一个重要课题。

2. 教师发展以终身学习思想为指导，教师是持续发展个体

教师工作是一个专业，是指导学生学习的专业。由于学习的复杂性，指导学习的专业需要专业地学习，不断地学习，终身地学习。所以，教师是一个持续发展的个体，一个终身学习者。我国著名教育学者钟启泉教授曾经指出，专业学习有 3 个基本定律：越是基于学习者内在需求的学习越有效；越是扎根于学习者鲜活经验的学习越有效；越是细致地反思学习者自身的经验的学习越有效。因此，教师的专业学习的理想模式是：内发性、实践性与反思性相融合的学习。"教师专业发展，是一个教师终身学习的过程，是一个教师不断解决问题的过程，是一个教师的职业理想、职业道德、职业情感、社会责任感不断成熟、不断提升、不断创新的过程。"①

3. 教师专业发展求得专业结构优化和专业素养提升

教师工作是理论指导下的实践活动，而实践能力是教师专业成长的核心，教师反思是教师成长的主要途径。所以教师专业发展的构成要素主要包括专业理论、实践能力和实践反思。首先，教师专业理论主要是：①关于儿童的理论（发现儿童、尊重儿童），成为儿童发展的促进者；②课程开发理论，能够洞察教材的发展性；③拥有自己的教育主张，成为有理论的实践者。其次，教师实践能力的成长是在教师具体案例研究中展开的。通过课例研究，既能促进教师学习，又可以促进教师合作。最后，教师是反思性实践者。他通过反思将实践与理论联结起来，成为贯通理论与实践的研究者。

（二）教师成长阶段理论

教师专业成长是教师个体内在素质的专业性提高过程，是由一个新手教师不断成熟为一个专家型教师的过程。教师专业发展研究表明，教师专业成长与职前教师的教育质量与水平相关，但是优秀教师的成长与出现更与其入职后的教育实践密不可分。教师专业成长是一个连续的过程，并且是分阶段推进的。关于教师专业发展阶段，国内外学者的研究形成了各种不同的理论。

1. 富勒的教师教学关注阶段论

美国学者费朗斯·富勒(F. Fuller, 1969)在研制职前师资课程时，通过访谈、文献研究，编制了著名的"教师关注问卷"，并与得克萨斯大学的同事对教师关注的问题进行了探讨。通过这项研究，富勒认为，在专业发展过程中，教师一般经历 4 个阶段。②

（1）任教前关注(preteaching concerns)阶段。师资养成过程的师范生，依然扮演学生角色，教师角色仅限于想象，没有教学经验，所以只关注自己。对任职教师持观察、评判的态度。对教师的观察常常不表同情，甚至充满敌意。

（2）早期生存关注(early concerns about survival)阶段。初次接触教学工作，关注自己作为教师的生存问题：能否在这个新环境幸存下来，限于课堂管理、教学内容组织及指导者的评价等。此阶段有很大压力，表现出明显的焦虑与紧张。

---

① 王长纯. 教师专业化发展：对教师的重新发现[J]. 教育研究，2001(11)：45-48.
② 冯军梅. 教育基本原理[M]. 北京：高等教育出版社，2003：129.

(3) 教学情境关注(teaching situations concerns)阶段。面对教学情境的限制与挫折及不同的教学要求,开始关心教学所需知识、能力与技巧,并尽可能运用到教学情境中。关注自己的教学表现,而不是学生的学习。

(4) 关注学生(concerns about students)阶段。当教师逐渐适应角色负荷与压力后,才有可能真正地关心学生。这时,学生开始成为教师关注的核心,他们的学习、社会和情感需要是否得到适当的满足,开始成为教师思考的问题。

富勒教师关注阶段论,使人们认识到:个人成为一名教师经由关注自身、教学任务,最后才关注学生学习与自身教学关系的一个逐渐发展过程。这个教师关注点不断迁移与变化过程的研究,开辟了教师专业成长阶段研究的先河。但是,它的研究重心放置于职前培养时期,没能囊括教师发展的全貌。

2. 教师技能发展阶段论

我国一些学者从专业技能角度研究教师成长阶段,把教师专业发展划分为 5 个阶段。[1]

(1) 准备阶段。师资养成时期,师范生学习教育理论,进行实践训练,提高教育实际能力的水平。

(2) 求生阶段。任职一两年,教师主要获得处理日常教学方面的特殊技巧,获得对学生行为进行指导的能力。

(3) 巩固阶段。任职三四年,教师主要增强解决儿童行为问题的能力,提高教育策略。

(4) 更新阶段。任职四五年,教师主要探索儿童教育的新趋势、新观念和新方法,调整、更新、充实和提高自己的能力。

(5) 成熟阶段。任职四五年后,通过多种途径(如参加研讨会、到大学进修等)进一步丰富、充实和提高自己。

教师技能发展阶段论着眼于教师技能探讨教师专业发展,将教师发展分为准备、求生、巩固、更新和成熟 5 个阶段。这一理论清晰揭示了教师技能发展的脉络,但是,与教学关注论一样,也是从一个侧面研究教师专业发展,不能洞见教师在各阶段专业发展的全貌。

3. 斯帖菲的教师生涯阶段模式论

斯帖菲(Steffy,1989)依据人文主义心理学派自我实现的理论,建立了教师生涯阶段模式。他将教师生涯分为 5 个阶段。[2]

(1) 预备生涯阶段(anticipatory career stage)。新任职教师或重新任职教师。前者通常需要 3 年左右的时间,后者则很快就进入下一阶段。此阶段教师的特征是:理想主义、有活力、富创意、接纳新概念、成长取向等。

(2) 专家生涯阶段(expert/master career stage)。此阶段,教师具有任教科目的多方面能力、知识和态度,同时拥有多方面的信息。能够进行有效的班级管理和时间管理,并对学生具有高度期望,也能在自己的工作中激发自我潜能,达成自我实现。

(3) 退缩生涯阶段(withdrawal career stage)。它可细分为初期退缩、持续退缩和深度退缩 3 个时期。①初期退缩(initial withdrawal):在学校中人数最多,也最被忽视。他们很少致力于班级革新,所持信念较为固执、不知变通,表现为沉默寡言、跟随别人、消极行事。②持续退缩(persistent withdrawal)。教师表现出倦怠感,经常批评学校、家长、学生、教育行政机构,

① 陈琴等. 论教师专业化[J]. 教育理论与实践,2002,22(1):38-42.
② 刘捷. 专业化:挑战 21 世纪的教师[M]. 北京:教育科学出版社,2002:131-132.

甚至对表现良好的教师,有时也予以批评。他们往往抗拒变革,对于行政措施不做任何反应。也可能出现一些心理—社会问题,如独来独往、行为极端、喋喋不休、人际关系紧张等,期望寻求帮助。③深度退缩(deep withdrawal):表现为教学上无能力,甚至伤害到学生。但是,往往认为自己没有这些缺点,具有很强的自我保护心理。

(4)更新生涯阶段(renewal career stage)。在此阶段,教师开始出现专业厌烦的征兆。较为积极的回应方式包括参加研习、选修课程或加入专业组织。如此,又可看到预备生涯阶段的一些特征,如有活力、肯吸收新知识;与预备生涯阶段"对教师工作感到振奋与新奇"不同的是,致力于追求专业成长而吸纳教学新知识。

(5)退出生涯阶段(exit career stage)。由于到了退休年龄,教师必须离开教学岗位。一些教师开始安度晚年,而一些教师则可以继续追求生涯的第二个春天。

斯帖菲的教师生涯阶段模式,非常清楚地反映了教师专业生涯发展的特点,他提出的更新生涯阶段启示:学校和教育行政机关若妥善规划教师进修,将有助于教师度过其专业发展的低潮期。

(三)教师专业成长模式

教师专业发展的目标不同,其范式也不同,主要有能干型实践者、研究型实践者、反思型实践者 3 种[①]基本范式。

1. 能干型实践者

能干型实践者是以教师教育实践能力的发展和提高为核心的教师专业化范式。教师教育实践能力是教师专业能力与水平的一项重要指标,不只是教育学生的能力,还包括教师间交流、合作的能力,与学生家庭及社区建立和谐、支持性合作关系的能力等。许多我国本土的教育家、名师的成长,主要是这种范式。

这一范式强调两方面的学习:教育理论知识学习、教育实践经验积累。尤其是针对实践中具体问题解决的策略性知识学习,这就需要及时反思、分析与总结。

2. 研究型实践者

研究型实践者是教师借助开展教育研究提高和完善自己专业能力和水平的一种范式。这种思想最初源于西方,目前在教育行政部门倡导下,通过"允许中小学教师课题立项来促进教师成长"的形式在我国普遍出现。其中,教师不仅是教育实践者,同时也是教育研究者。具体方式有 3 种。

(1)教师成为研究者:教师通过自身教育试验(实践)检验、修正和完善自己原有理论。教育理论是研究核心,目的在于通过研究,提升自身理论水平。

(2)教师成为行动研究者:教师以教育实践的具体问题为起点,通过研究以改善自身教育行动,一般借助自我监控、自我评价来修正、改进、提高自身能力与理论水平。自身教育行动改善是研究核心,目的是通过研究来提升教师素养与能力。

(3)教师成为解放性行动研究者:教师与教育研究者(专家)组成研究共同体,帮助自己反思、调整教育实践与教育行为,主要通过团队学习与合作的方式运作,目的是在改变教师教育行动的同时,发展教育理论。

3. 反思型实践者

反思型实践者主要源于西方,目前逐渐受到国内学术界重视。反思是教师以自己的教育

---

①　陈琴等. 论教师专业化[J]. 教育理论与实践,2002,22(1):38-42.

小学综合实践活动设计与实施

活动(实践)为对象,对自己的行为、决策及其所产生结果,进行自我审视和分析的过程。通过反思,教师的自我觉察能力、自我反省水平得以提高,教育教学能力不断发展。目前,反思能力被美国卡耐基组织编制的《教师专业化标准大纲》列为教师专业化发展的重要目标。

(1)国外理论。1910 年杜威出版《我们怎样思维》(*How We Think*),论述了反思性思维(reflective thinking)与教学过程的关系,提出教师是反思性教学的实践者。20 世纪 80 年代后,"反思性实践"的口号被普遍接纳与认可,成为优秀教师的标准。英国教育家斯腾豪斯(L. Stenhouse)强调"解放理性"在教师专业成长研究的应用,主张"教师成为研究者"(teacher as reseachers),认为"反思"和"研究"是通往"解放"、实现教师专业自主的有效途径。埃里奥特(J. Elliott)更多地使用"教师成为行动研究者"(teachers as action reseachers),主张"以行促思"(action initiates reflection)。在他们看来,"做中学"、在教学中反思和探究、在反思和探究中教学,是教师实现专业成长的有效途径。

(2)国内理论。欧用生教授认为,这种反省、探究、研究和实践导向的教师教育模式,才能使师范生有别于"艺匠"或"技术员",成为教育专业人员;成为一个"有转化能力的知识分子"(transformative intellectual)或"解放的公民"(emancipatory citizen)。[①] 熊川武教授提出"反思性教学",教学主体借助于行动研究(action research),不断探究与解决自身和教学目的以及教学工具等方面的问题,将"学会教学"与"学会学习"统一起来,努力提升教学实践合理性,使自己成为学者型教师。反思性教学与操作性教学区别有 3 个:一是以教学问题解决(不是任务完成)为基点,不仅求"完成"教学任务,且求"更好"地完成教学任务,喜欢问"为什么"(不仅喜欢问"怎么样");二是以追求教学实践合理性为动力,提升教学实践水平;三是发展学生的同时,全面发展教师。

(3)实践反思的环节。奥斯特曼和柯凯普将教师实践反思分为 4 个环节。

积累经验——通过教育教学,感受、寻找自己教育中的问题,并明确问题的性质与结构。

观察分析——收集有关经验、特别是自己活动的信息,以批判的眼光,反思自己的思想、行为、信念、价值观、目的、态度和情感等。

重新概括——在明了问题成因的基础上,辨析自己教育教学思想及其依据,寻求新思想、新策略来解决现存问题。

积极验证——在新思想、新策略基础上设计新的教育教学方案,并落实于实践,验证理论的有效性。

上述理论中,不同范式强调了教师成长的不同方式与策略。其中,"能干型实践者"是在教师自然成长基础上的个体有意识的发展模式,缺乏外部因素干预和帮助,发展较慢。"研究型实践者"研究主体(一到多)、关注核心(理论、行动)不同,其中"解放性行动研究者"需要借助外部专家结成共同体,成长更快。"反思性实践者"强调了反思在教师成长中的作用、方式与具体环节。

二、小学综合实践活动教师工作现状与任务分析

(一)小学综合实践活动教师现状分析

教师是学生开展综合实践活动不可缺少的因素。谁来担当综合实践活动的指导教师?能

---

① 欧用生. 开放与卓越——台湾师资培育的改革与发展[J]. 香港中文大学初等教育学报,1996(1-2):1-10.

否配备专职的教师？哪些人能够成为综合实践活动课程的教师？这是实施综合实践活动需要回答的基本问题。

1. 指导教师来源与组织机制

目前我国小学一般办学规模不大，教师编制不多，如果倡导专职教师担任综合实践活动课程指导教师，课务安排比较困难。因此，从目前的情况看，学校的所有教师和管理者都应当成为综合实践活动课程的指导教师。学校应鼓励班主任、任课教师组成综合性的综合实践活动的教师指导小组，不能仅仅指定少数专职教师来承担指导任务。必要的时候，还可以利用社会教育资源，例如公务员、社区工作人员、有关专家及家长等。

指导教师的构成与组成机制密切相关。机制是指一个工作系统的组织或部分之间相互作用的过程和方式。从机制角度来看，教师组织主要有 3 种机制："专兼结合"机制、"全员参与"机制和"教师小组"机制。[①]

(1)"专兼结合"机制。是由几个专职教师和主题活动指导教师构成的组织形式。综合实践活动涉及知识的综合运用，专任教师应选文理综合知识广的教师担任。由于国家职称系列未设综合实践活动教师职称，专任教师一般由知识面广、组织能力强且具有高级职称的教师担任。兼任教师为每学期担任主题活动的指导教师，一般由班主任或任课教师担任。形成以专任教师为核心、兼任教师为主体的"专兼结合"机制下的综合实践活动科组。

"专兼结合"教师配置的优势在于，能充分发挥"专职教师"带头人的作用，有利于推动综合实践活动课程的内涵发展和可持续发展，但要防止出现"专职教师主导"、"兼职教师被动"的现象。

(2)"全员参与"机制。以每学期担任主题活动的指导教师为主体，以年级组为综合实践活动教研组，由教导处统筹规划、组织实施与评价。一般要求每个教师每学年至少开发与实施一个主题活动。这种机制的组织结构是"教导处—年级组—指导教师"，即以年级组为综合实践活动科组，也就是说，综合实践活动是年级组的一项常规工作。

"全员参与"教师配置优势在于能调动所有教师的开发与实施课程的积极性，但由于缺乏"带头人"，从而导致综合实践活动课程难以"做深"、"做宽"和"做厚"。

(3)"教师小组"机制。又称"T—T 机制"(Teacher Team)，是将年级教师按学科、年龄和职称分为若干"教师小组"，以教师指导小组的形式对课程实施进行指导。每个小组选出一个组长，负责对本年级的综合实践活动的指导、组织与实施。指导对象可按班级划分，也可按活动主题划分。

"教师小组"配置优势在于能充分发挥教师的指导作用，但容易出现"指导到位"而"管理缺位"的现象。各小学可根据学校实际情况决定采用哪一种机制，并在实践中不断修正与完善。

2. 指导教师素质的相关问题

综合实践活动是一门需要进行校本开发的课程，没有统一的课程标准和教材，教师必须根据具体情况独立设计和开发。综合实践活动以主题活动为主线贯穿始终的特点，加大了实施过程的多样性、复杂性和动态性，对教师的课程开发能力提出了更高的要求。由于师资建设处于起步阶段，存在着一些明显的问题。

(1)教师团队专业化分工迫在眉睫。教师需要从课题或任务出发，设计出较为灵活的活动方案，且对活动中每个关键性问题需设计多种可行性措施。有些学校任教综合实践活动的

① 林淑媛等. 小学综合实践活动课程教师行动手册[M]. 广州：广东高等教育出版社，2008：148-149.

小学综合实践活动设计与实施

教师,或者单纯由班主任担任,或者单纯由某一门学科教师担任,教师资源比较单一,不能满足活动指导的需要。并且,大多数教师未受过专门训练,因此综合实践活动高水平的实施遇到了较大困难。

(2) 兼职教师的"继母"心态。过去学校课程主要以学科为标界进行专业划分,进而在学校内部形成了不同的专业及专业文化,每个教师则以各自的专业和专业文化为归属。他们把自己的学科看成"亲子",养成了面对学科课程的"亲母"心态,综合实践活动课程的闯入,加剧了已经让他们疲惫不堪的时间和精力战争,因此,对综合实践活动形成了一种"继母"心态。[①]这种心态直接影响了教师参与活动指导的热情和积极投入状态。

(3) 缺乏规范、系统的制度保障。要保证组织系统的正常运行,需要制度作保证。为此要建立、健全保证相应机制正常运行的各项规章制度,如"综合实践活动指导教师职责"、"学校设施设备使用制度"、"学校检查评价方法"、"综合实践活动激励奖励制度"、"学生校内外活动安全保障制度"等。在制度建立、健全的情况下,才能为教师的活动设计、开发与全身心投入指导扫除后顾之忧。

(4) 专业化的教师教育体系有待建立和逐步形成。小学综合实践活动实施的复杂性对教师提出了更高要求,即应具有广博的知识和全面的能力,如教育科研能力、课程开发能力、活动指导能力、组织协调能力、信息驾驭能力及良好的个性品质。但是,目前小学教师职前培养仍然以分科教育为主,面对新的课程要求难免遇到各种困难和问题,致使小学教师整体素质滞后于小学综合实践活动的现实要求。[②]

(二)综合实践活动教师工作要求

基于小学综合实践活动课程全新的学习方式与教师的新角色,教师的工作任务和指导方式也发生了根本性的变化,主要包括以下几个方面。

1. 提倡学生在实践活动中亲力亲为

工作目标:强调学生亲身经历、动手去做,使学生在各种活动中获得对于实际的真实感受。这种内心感受是学生形成认识,转化行为能力的原动力,也是他们的情感、态度、价值观健康发展的基础。

基本策略:一要立足学生的生活世界,指导学生选择恰当的活动主题、学习内容和活动方式;二要通过多种途径设置具体而现实的问题情境,引导学生在操作与活动中获得独特体验;三要在活动方式上,尽量采用参观、访问、调查、实验、测量、采访、宣传、郊游等多种感官参与、动手与动脑相结合的方式;四要将学生评价侧重点放在学生参与活动的态度和获得体验。

2. 注重学生在实践中自主选择、独立创造

工作目标:引导学生按照课程一般目标并根据自身的条件和需要,自主选择活动主题,设定具体活动的目标;根据自己的兴趣和现有的水平,选定活动内容和活动方式。

基本策略:一要关注学生的主体意识,尊重学生的思想、情感和自主选择;二要从资源、情境、活动方式乃至思考路线方面,给学生以指点;三要及时给学生以鼓励;四要在学生遇到困难时,给予适当答疑和解惑;五要重视学生的自我评价,引导学生反思、发现和发展自我。

3. 鼓励学生在活动中积极交往与合作

工作目标:教师将综合实践活动视为一种师生、生生交往与合作的过程;努力推动学生间

① 张华,仲建维. 综合实践活动课程:价值分析和问题透视[J]. 当代教育科学,2005(12):3-6.
② 姚婧. 行为偏差:小学综合实践活动实施中存在的问题[J]. 中国教育学刊,2004(8):46-48.

的交流与合作,从而促进学生的学习和智力发展,并在此过程中帮助学生正确认识和评价自己,形成民主素养和团队精神。

基本策略:一要疏通交往渠道,为学生提供各种交往条件和机会;二要协调人际关系,营造民主平等、和谐融洽、团结互助的心理环境;三要采用多种交流形式并随时进行调整;四要引导学生制定小组共同目标,分享学习资料和活动设备,协助学生安排不同的角色分担相应的责任,组织小组成果汇报与交流,让学生共享成功的喜悦。

4. 启发学生在实践中探究、发现和创新

工作目标:将综合实践活动营造成一个解决现实问题的真正实践过程,教师和学生一道力图在学习过程中不断探索与发现,进而将问题成功解决;鼓励学生努力寻找解决问题的方法和技巧,创造性地应用知识解决问题。

基本策略:一要通过多种方式创设问题情境,激发学生探究动机;二要引导学生学会解决问题的多种有效手段;三要启发学生掌握探究的思维和方法;四要评价学生时,重方法、体验和感悟而非知识及其多少。

5. 促进学生素质在活动中全面发展、不断提高

工作目标:教师以综合实践活动为教育平台,全面指导学生自主解决所面临的真正实践问题、社会生活问题和自我成长问题,建立起一种接纳的、支持性的、宽容的课堂气氛,使他们的各种能力、情感生活与人生境界都能得到拓展和提升。

基本策略:一要冷静旁观,及时掌握各种情况并收看指导策略;二要给学生心理支持,以适当的方式活跃学生思维;三要培养学生自律能力、友好态度与合作精神;四是加强社会责任感、生命价值与生活意义的讨论与引导。

三、小学综合实践活动教师专业发展策略

通过对当前小学综合实践活动教师现状与问题的分析,发现上述问题的解决需要从教师教育整体改革入手,才能彻底把各种关系理顺。针对教师成长的职前培养和在职进修两个环节,具体策略包括:改革小学教师职前培养的办学机制;推进小学教师校本研修以促进其专业发展。

(一)小学教师职前培养改革

教师职前培养严重滞后于中小学教育改革需要,已经成为制约基础教育课程改革的一个重要因素。小学教师培养尤其如此,亟须进行改革。改革领域主要体现在培养方案和办学模式两个方面。

1. 小学教师培养方案的优化

小学教师虽然按综合的通才模式培养,但相对开展综合实践活动的要求来说,还存在缺乏知识深度的问题。基于上述问题,可以从以下几个方面进行改革。

(1)细化小学教育专业方向。小学教育专业的培养方案,应当将宽泛的专业细化为不同专业方向,如小学教育专业可以细化为文科、理科、综合科、艺体科等不同方向。小学教育专业的学生,可以采用主、辅修制度选修课程。例如,规定每个学生主修一个方向,同时辅修一两个方向。课程改革在综合实践活动方向上的基本举措,是强化综合实践活动教师的针对性培养,即将综合实践活动作为小学教育教师培养的一个重要专业方向。

(2)加强综合实践活动的理论培训。合理优化综合科方向的课程培养方案,使得理论课程的开设,不仅使他们具有广博的综合知识,而且帮助他们树立综合实践活动的正确理念,掌

小学综合实践活动设计与实施

握综合实践活动的开发、指导、评价方法。

(3)强化综合实践活动能力培养。通过见习、实习,甚至学期业余顶岗实习的方式,切实培养准教师综合实践活动指导的能力,使他们具备探究能力、合作能力、开发设计能力、管理评价能力等各种综合能力。[①]

2. 小学教师培养模式的变革

在我国基础教育改革如火如荼的今天,师范大学或综合大学之教育学院"独立培养教师"的办学模式受到越来越多的质疑,教师培养机构与中小学"合作培养教师"的办学机制,则越来越受到人们的关注和赞赏。小学教师培养模式同样沿着这一路径进行改革,其具体策略主要表现在以下几个方面。

(1)教育见习与日常实习:作为师范生接触并教育实践的基本环节,贯穿于教师培养的全过程。许多学校每学期都安排师范生进入学校及其课堂,观摩、临习,参与教研活动。

(2)顶岗实习:是师范生入职的重要第一步。一些师范院校或综合大学的教育机构,目前尝试将高年级(一般为大三)学生整学期安置在小学,顶替原有教师进行教育岗位实习。

(3)毕业实习:作为师范生培养与教师岗位转换的中间环节,进行最后的实践培养和入职准备。一般安排在职前教育的最后一个学期。

(4)构建研究型高师课堂。借助学生见习、实习的实践平台,变革大学课堂:由讲授式课堂转变为研究型课堂。即课前学生进行专题研究,课上学生发布研究结果,并就此展开讨论。让师范生在研究中学会研究,进而学会指导研究性学习。

上述实践环节的加强,需要大学之外的中小学支持。因此,许多教师培养机构与中小学建立了联合培养师范生的机制。目前,我国大学与中小学联合培养教师的形式,主要采取一种"教学实习基地"、"科研合作单位"等形式。而国外更为普遍的则是教师专业发展学校的模式。

(二)小学教师在职研修的探索

杜威说:"一盎司经验所以胜过一吨理论,只是因为只有在经验中,任何理论才具有充满活力和可以证实的意义。"[②]这说明经验是理论与实践相融合的产物。对于具有明显智慧特征的教师职业来说,教师专业发展实际上是一种基于实践的教育实践理论化过程。[③] 于是,"在实践中反思"正被教师教育领域强调,甚至"教师专业发展=实践+反思"逐渐发展成一种共识。从实践研修主体数量上,可以分为自主模式和团队模式两种。

1. 教师自主发展模式

教师自我成长是教师在职发展的一种常见模式。这种模式要求小学综合实践活动教师转变角色定位,成为教学活动的研究者、实施者和创造者,并从以下几个方面应对[④]。

(1)树立自我成长的自觉意识。激发自我成长、自我提高的内在需要,启动自身专业发展,这是教师成长的内部动力。

(2)进行实践反思。波斯纳曾提出一个教师成长的公式:经验+反思=成长。一方面,针对教学实践问题,力争从理论层面给予剖析,找到解决办法;另一方面,采用反思日记、与同事讨论、召开学生座谈会等形式,提升自身实践能力。

---

① 陈必聆.综合实践活动实施中的问题与对策[J]. 上海教育科研,2007(3):91-92.
② [美]约翰·杜威. 民主主义与教育[M]. 王承绪译. 北京:人民教育出版社,2001:158.
③ 刘华. 课例研究:走向实践性理论的创生[J]. 教育发展研究,2008(8):68-71.
④ 姚婧.行为偏差:小学综合实践活动实施中存在的问题[J]. 中国教育学刊,2004(8):46-68.

（3）进行教育科研。教师由"教书匠"变为"研究者"，以一个研究者的身份参与教学实践，研究自己的教学，成为一个对自己实践不断思索的"反思的实践者"。

2. 教师团队发展模式

与教师自主发展相比，教师团队发展受到学校和教师培训机构的更多关注。随着教师专业发展研究的深入，小学教师团队发展理论逐渐从原有的培训模式转型为研修模式，即结合教师本人工作的"实践、反思、学习与研修、再实践"的递升模式，主要可以从以下几个方面入手。

（1）增进团体合作发展意识。由于综合实践活动课程本身具有较强的综合性，所以其教师的构成就具有一定的广泛性。同时，《综合实践活动指导纲要》指出，在教师指导方式上倡导团体指导和写作教学。因此，综合实践活动教师需要树立强烈的团体合作发展意识，增进同广大本学科教师和其他学科教师间的融通与合作，增进同学生间的沟通与交流，增进同社会各界人士的接触和交往，赢得学校和社会各界的支持。

（2）参加参与式培训（participatory training）。它改变传统的、被动的讲授为主的培训模式为开放性的、支持性的主动参与为主的培训模式。目前在世界范围内日益兴盛的参与式培训方法，是以教师主动学习为基点，以小组合作学习为主线，以实践探究为核心，培训者和受训教师共同承担培训任务的教师培训方式[1]，体现出借助多种方式，参与者的主动选择、积极参与和反思合作，从而建立一个学习共同体。

（3）开展相关合作研究。结合教师在实践中遭遇的现实问题开展课程行动研究（action research）、课例研究（lesson research）、校本教研等。行动研究是对教师实践中的问题进行计划、行动、观察、反思不断循环的研究过程。课例研究是教师长期、系统地合作研究课堂中的教与学行为，从而改善教师的教学经验和学生学习经验的综合过程[2]。以"课例"为载体，围绕教学中的问题进行集体研讨，然后授课、观摩、反思，获得新认识，进而再授课、观摩、反思等不断修改、反复授课、反复研讨的过程。校本教研是以校为本，以教研组（室）为基本单位对教育教学环节中的某个问题、方式、方法等进行探讨和记录成果的过程。它需要教师们的主动参与、平等对话、交流和碰撞。

（4）建设专业共同体。专业共同体体现的是一种自律文化的形成[3]，它源于教师们在课堂教学实践中的反思性思考和群体间的交流，相互取长补短，尊重多样性和差异性，从而不仅收获经验和知识，更开阔视野，形成一种态度和风范，进而提升教师职业的专业地位和社会地位，它已成为一种新的重要的教师专业发展方式。专业共同体的建立与发展需要教师间建立共同的愿景，获得领导的支持，开展合作性学习，共享个人经验等。

当然，教师的发展一方面需要教师群体提升发展的自觉性和主动性，但同时需要学校及相关主管部门为其提供相应的时间、空间、经费、制度等的保障才能顺利实现。

本章概要

综合实践活动课程的真正落实和有效实施，很大程度上取决于教师。从历史的角度看，课程与教师的关系经历了从浑然一体、分化、再到融合的发展过程，从现实的角度看，我国规模空

① 黄菊芳. 参与式培训的实践与探索[J]. 学前教育研究,2002(5)：32-33.

② 赵昌木. 教师专业发展[M]. 济南：山东人民出版社,2011：153.

③ ［日］佐藤学. 课程与教师[M]. 钟启泉译. 北京：教育科学出版社,2003：270.

小学综合实践活动设计与实施

前的课程改革运动更是从根本上赋予了教师和学生的文化主体地位,综合实践活动课程所具备的全新理念也促使教师重新进行角色定位,转变观念,改变教法,促进小学生们转变学习方式,要从被动学习到自主学习、从个体学习到合作学习、从接受学习到探究学习、从认知学习到体验学习。

在师生关系方面,需从以往的、单向度的"人际控制"文化("师尊生卑"、"师威生服"和"师授生受")向新型的、双向度的"对话交流"文化转变。同时,综合实践活动课程的性质、内容和特点等也促使教师担当复杂多样的角色,包含活动组织者、探究引导者、实践参与者、终身学习者、团体合作者、学生倾听者。综合实践活动的广泛性、开放性、灵活性等特点也需要教师具备广阔的综合性知识、深厚而扎实的专业能力、积极而明晰的课程意识。

综合实践活动教师的培养与发展需要基于世界教师专业发展的理论基础和现实的工作状态之上,厘清该群体的来源和组织机制、相关素质问题等,并进一步明晰综合实践活动教师的工作任务和指导方式:提倡学生在实践活动中亲力亲为;注重学生在实践中自主选择、独立创造;鼓励学生在活动中积极交往与合作;启发学生在实践中探究、发现和创新;促进学生素质在活动中全面发展、不断提高。综合实践活动课程的实施过程既是促进学生的成长与发展,也是促进教师成长与发展的过程。教师的成长与发展需要从教师教育整体改革入手,针对教师成长的职前培养和在职进修两个环节,具体策略包括:改革小学教师职前培养的办学机制;推进小学教师校本研修以促进其专业发展。小学教师职前培养的改革包含小学教师培养方案的优化、小学教师培养模式的变革。小学教师在职研修鼓励教师自主发展模式和教师团队发展模式。

资源链接

[1] 张华,安桂清等. 综合实践活动课程开发与案例研究[M]. 北京:高等教育出版社,2008.

[2] 陈桂生. 学校教育原理[M]. 长沙:湖南教育出版社,2000.

[3] [美]阿伦·C. 奥恩斯坦,琳达·S. 贝阿尔·霍伦斯坦,爱德华·F. 帕荣克. 当代课程问题[M]. 余强主译. 杭州:浙江教育出版社,2004.

[4] 陈玉琨等. 课程改革与课程评价[M]. 北京:教育科学出版社,2001.

[5] 郝德永. 课程:走向自觉与自律[M]. 合肥:安徽教育出版社,2009.

[6] 汪霞. 课程研究:现代与后现代[M]. 上海:上海科技教育出版社,2003.

[7] 钟启泉,张华. 世界课程改革趋势研究[M]. 北京:北京师范大学出版社,2001.

[8] [美]阿伦·C. 奥恩斯坦,弗朗西斯·P. 汉金斯. 课程:基础、原理和问题[M]. 柯森主译.南京:江苏教育出版社,2002.

[9] [美]小威廉姆·E. 多尔. 后现代课程观[M]. 王红宇译.北京:教育科学出版社,2000.

[10] 刘捷. 专业化:挑战21世纪的教师[M]. 北京:教育科学出版社,2002.

[11] [日]筑波大学教育学研究会. 现代教育学基础(中文修订版)[M]. 钟启泉译.上海:上海教育出版社,2003.

[12] [日]佐藤学. 课程与教师[M]. 钟启泉译.北京:教育科学出版社,2003.

[13] [美]爱莉诺·达克沃斯. 精彩观念的诞生——达克沃斯举行论文集[M]. 张华等译. 北京:高等教育出版社,2005.

[14] 张华. 研究性教学论[M]. 上海:华东师范大学出版社,2010.

[15] 肖川. 教育的使命与责任[M].长沙:岳麓书社,2007.

[16] 裴娣娜. 教学论[M]. 北京:教育科学出版社,2007.

［17］庞维国.论体验式学习[J].全球教育展望,2011,40(6)：9-15.

［18］冯军梅.教育基本原理[M].北京：高等教育出版社,2003.

［19］Posner,G.J. Analyzing the Curriculumm[M]. New York：Mcgraw-Hill,1992.

［20］ Stenhouse,L. An Introduction to Curriculum Research and Development[M]. London：Heinemann Educational Publishers,1975.

［21］赵书超.综合实践活动课程:理念与价值[J].全球教育展望,2011,40(9)：19-24.

［22］郭元祥.综合实践活动课程的实施[M].北京：高等教育出版社,2003.

［23］张华.课程与教学论[M].上海：上海教育出版社,2000.

［24］王长纯.教师专业化发展:对教师的重新发现[J].教育研究,2001(11)：45-48.

［25］陈琴等.论教师专业化[J].教育理论与实践,2002(1)：38-42.

［26］欧用生.开放与卓越——台湾师资培育的改革与发展[J].香港中文大学初等教育学报,1996(1-2)：1-10.

［27］林淑媛等.小学综合实践活动课程教师行动手册[M].广州：广东高等教育出版社,2008.

［28］张华,仲建维.综合实践活动课程:价值分析和问题透视[J].当代教育科学,2005(12)：3-6.

［29］姚婧.行为偏差:小学综合实践活动实施中存在的问题[J].中国教育学刊,2004(8)：46-48.

［30］陈必聆.综合实践活动实施中的问题与对策[J].上海教育科研,2007(3)：91-92.

［31］[美]约翰·杜威,民主主义与教育[M].王承绪译.北京：人民教育出版社,2001.

［32］刘华. 课例研究:走向实践性理论的创生[J].教育发展研究,2008(8)：68-71.

［33］黄菊芳.参与式培训的实践与探索[J]. 学前教育研究,2002(5)：32-33.

［34］赵昌木.教师专业发展[M].济南:山东人民出版社,2011.

思考与实践

一、理论思考

1. 小学综合实践活动教师应扮演哪些角色？

2. 综合实践活动课程对教师提出了哪些素质要求？ 这对教师的专业成长有何作用？

3. 如何正确处理小学综合实践活动课程实施中教师与学生之间的关系？

4. 小学综合实践活动教师专业发展的策略有哪些？

二、实践探索

1. 确定一位小学综合实践活动教师作为合作者,观察、记录和分析她（或他）作为一名小学综合实践活动教师的成长历程。

2. 结合小学综合实践活动教师素质的要求和自身实际,为自己制订一份作为未来小学综合实践活动教师的成长计划。

第九章 综合实践活动评价

学习目标

- 把握综合实践活动课程评价的基本原理;
- 掌握综合实践活动学生评价原则与方法;
- 掌握综合实践活动教师评价原则与方法。

问题情境

评价：帮助还是阻碍？

我自己在舞蹈中的经验证实了这种缺乏信任。作为一个舞蹈学生,老师常常叫我发现对自己表演动作的能力和运用身体的能力上的不满意。让我怀疑我身体上的偏好,据说,这些偏好充满了错误的理解……让我……将自己与身体分开,把它变成一个可以安装的物体……由于这种控制,大多数舞蹈演员都变成干巴巴的,我认为,这是因为自己与身体的结合不能抵制教师的教学。在某种意义上,巧妙控制的价值成为一个陷阱,阻止了创造力的发展。①

这是一位舞蹈学生对自己学习生涯的反省。其中,年轻女舞蹈学生在回顾自己在教学中被"非人性化"控制时,表达了强烈不满:"让我……将自己与身体分开,把它变成一个可以安装的物体"！在综合实践活动中,如果教师使用他们习惯的"标准化"、"客观化"评价,学生的这种感受会更加突出。因为这与该课程的理念恰恰相反。所以,这样的评价对学生来说,无异于"削足适履"。那么,在教学实践中,教师究竟应当如何使用评价手段？课程评价意味着什么？我们又应当怎样评价教师？这些问题同样是综合实践活动课程设计与实施无法回避的。本章将从课程评价的宏观视角,以及学生评价与教师评价的微观视角,探讨综合实践活动课程实施过程中的理论、原则和方法。

---

① [美]威廉·F.派纳等.理解课程[M].张华等译.北京:教育科学出版社,2003:626.

理论述要

第一节　课程评价

评价是人类有意识活动的重要特征。评价体现人类行为的自觉性与反思性,旨在促使人类活动不断完善。课程评价同样如此,根本目的在于保证课程开发、设计与实施的合理性。

一、课程评价概述

综合实践活动作为一个新的课程类型,尤其需要通过评价手段来保障,以便形成课程活动合理、有效和高水平的运行机制。在阐述综合实践活动课程评价之前,我们有必要首先对课程评价进行概述,并探讨其相关概念。

(一)课程评价的含义

关于课程评价的含义,存在着一些争议,原因主要来自两个方面。

首先,人们对评价的理解不同。关于"课程"的含义,有人理解为"学习结果"或"课程目标",有人理解为"学习经验"或"课程内容",也有人理解为"学习活动"或"课程实施",还有人理解为"学习计划"或"课程方案",等等。关于课程含义的不同理解,导致人们对课程评价同样存在着众多的论争。

其次,关于评价一词的理解也众说纷纭。目前,评价领域常用的 3 个英语词汇是:evaluation,assessment,measurement。"evaluation"一般译为"评价","assessment"可译为"评定","measurement"一般译为"测量"。尽管 3 个词汇常常可以通用,但是许多评价人员倾向于,"评价"指向课程、教学计划或与之相关的问题;"评定"指向人,如学生的学业成绩或教师能力,等等;而"测量"则指向评价或评定的一种方法、手段。[1]

其中,美国学者克龙巴赫(L. Cronbach)的观点,在教育评价界产生了广泛影响。他把评价广义地定义为:"为作出关于教育方案的决策,搜集和使用信息。"并且,进一步把"使用评价的决策"分成 3 种类型:①教程的改革;②关于个体的决策;③行政调控。另一位美国学者斯塔弗尔比姆(D. L. Stufflebeam)的观点,也令人耳目一新。他说:"评价最重要的意图不是为了证明(prove),而是为了改进(improve)。"这一观点在很大程度上影响了美国教育评价标准委员会,这个委员会在 1981 年对评价下了一个简明的定义:"评价是对某些现象的价值如优缺点的系统调查。"[2]这一定义在国际教育评价界影响很大。

一般来说,课程评价的含义有广义与狭义两种。广义课程评价是指用一定方法搜集课程改革成效的相关信息,以供价值判断并做出决策的过程。这里的评价,指向课程决策与管理,指向课程开发、设计和课程整体系统,诸如课程目标、课程材料、课程组织、课程实施等诸多方面。而狭义课程评价是指通过一定的方法和途径对课程方案、课程实施过程和课程结果的价值与特点做出判断的过程。

---

① 张华.课程与教学论[M].上海:上海教育出版社,2000:374.

② 陈玉琨等.课程改革与课程评价[M].北京:教育科学出版社,2001:136.

小学综合实践活动设计与实施

价值(value)与判断(judge)是评价的基本问题,关系到评价活动的其他问题,甚至评价观。但是,20世纪60年代之前,评价往往不直接涉及价值问题。如泰勒对评价的定义:"评价的过程,从本质上讲,就是判断课程与教学计划在多大程度上实现了教育目标的过程。"[①]20世纪60年代以后,这种情形发生了变化。随着社会批判思潮的兴起,人们提出,纯粹的价值中立的描述是不存在的;评价不是一个纯技术的问题,需要对评价对象的价值与特点做出判断。20世纪80年代后,评价领域出现了价值多元化的趋势。这样,上述评价概念中的"特点"(speciality)一词,就具有特殊的意义,其含义为评价对象作为一个整体,及其与众不同之处。

(二)课程评价的目的与功能

课程评价目的主要包括两个方面。一方面,有助于"学生决定";另一方面,也有助于"课程决定"。因此,在教育活动中,课程评价具有重要的功能。

1. 课程评价有助于"学生决定"

该功能即通过课程评价可以评估学生特点和学习状态,以便决定学生的学习改进策略和具体出路。在这一方面,课程评价的功能具体表现如下。

(1)诊断:如利用观察、心理量表测验学生优缺点,以确定特别教学的需要。

(2)教学反馈:如教师编制测验或小考,帮助学生检测学习状况,以便调整学习途径和方法。

(3)安置:如针对学生群体,了解每个学生特定技能精熟程度,把层次相同的学生安置在一起进行教学。

(4)升级或留级:如根据标准化测验,教师教学观察等,了解某个学生在某一方面学习的精熟程度,作为决定升级或留级的依据。

(5)授证:如通过国家考试或某一专业领域标准考试,可以获得某种课程证明或许可证书。

(6)甄选:如许多国家利用学生的学习成绩单或学术性向测验等标准化测验,决定是否允许某位学生入学。

2. 课程评价有助于"课程决定"

该功能即通过课程评价来评估课程方案设计、课程管理、课程实施策略等方面的合理性,以便决定课程方案、实施过程乃至课程管理诸方面的策略调整与方案修订。在这一方面,课程评价的具体功能主要表现在以下5个方面。

(1)需求评估。在课程方案设计之前,需要评估和调查社会、学生、学科发展需要,以及课程实施机构的目的、资源和条件,作为课程设计的依据。

(2)课程诊断与修订。系统收集原有课程方案的优劣信息及成因,作为课程方案修订或新的课程方案设计的基础。

(3)课程方案抉择。对于不同版本的课程方案,通过评价的方法,比较彼此目标、内容、实施、效果等方面的优劣,以便从整体上判断每一课程方案的合理性,为正确选择适当的课程提供信息和服务。

(4)目标达成评估。对于已经实施的课程,通过评价将实施结果与预设目标相比较,判断课程实施的目标达成度。

(5)绩效判断。针对课程参与机构或人员,诸如教育行政机构、教研机构、学校等部门的

---

① [美]Ralph W. Tyler. 课程与教学的基本原理[M]. 罗康,张阅译. 北京:中国轻工业出版社,2008:96.

职能，以及行政人员管理效能、研究人员对策有效性、教学人员的绩效、学生的学习状态与学业水平等方面，通过课程评价来评估、做出判断。

（三）课程评价的类型

依据不同标准，可以对课程评价进行不同的分类。

1. 形成性评价与总结性评价

按照评价的作用，评价可以分为形成性评价（formative evaluation）与总结性评价（summative evaluation）。这是美国课程评价专家斯克瑞文（Michael Scriven）1967 年提出的两种评价类型。两种评价在操作方法上，没有突出的区别，只是它们对过程中的课程活动的作用不同。

总结性评价是在课程开发或课程实施完成之后所实施的评价，目的主要是搜集资料对课程计划的成效性做出判断，以便进行课程推广或课程方案比较。总结性评价的特征是终结性、结论性，关注的是课程计划与实施的整体效果。由于对处于实施过程中的、变化状态下的课程方案缺乏干预，不能进行及时地调整，因此，该类评价受到一些批评。

形成性评价是在课程开发或课程实施过程中所进行的评价，目的在于搜集各种相关方面的资料、分析其优缺点，以便修订和完善相关方案与行动策略。形成性评价的显著特征是过程性、探索性和灵活性，关注的是课程计划与实施的改进。它注重计划的各个组成部分，而且强调重复的过程；不是为了比较，而是为了寻求如何识别有意义的变量。形成性评价的及时干预功能，使得这一概念一经提出，便受到研究者的广泛兴趣。

与形成性评价、总结性评价相关的，还有一种评价，即诊断性评价（diagnostic evaluation）。诊断性评价是在课程计划或课程实施之前，针对需要或准备状态的一种评价，目的在于使计划与活动安排更加具有针对性。诊断性评价的特点是事前性、准备性，关注的是课程计划与方案的完善。这种评价使得课程计划更加完备、课程实施准备工作更加扎实。

2. 效果评价与内在评价

按照评价的视角，评价可以分为效果评价（pay-off evaluation）与内在评价（intrinsic evaluation）。这一分类也是斯克瑞文提出的。

效果评价是针对课程计划实施后的实际效果所做的评价，注重课程实施前后学生或教师所产生的变化。它重视课程方案实施前后学生、教师所产生的变化。这种评价只关注结果，研究视角的是输入与输出之间的关系，忽视中间的过程，因此被称为"暗箱式评价"（black-box evaluation）。

内在评价是课程计划或课程实施过程本身所做的评价，不涉及其实施后所可能带来的效果。它重视课程内部因素，如学生经验类型、课程内容性质等，以及课程运作的具体过程、变化原因等。这种评价只关注过程。在提倡内在评价的学者看来，只要是好的课程计划，一定会取得好的实施效果。

3. 内部人员评价与外部人员评价

内部人员评价（insider evaluation）是指评价由课程设计者或使用者自己实施的评价。这种评价的优点是，评价者了解课程设计的精神实质与技术细节，有利于课程方案的进一步修订与完善。缺点是，局限于自己的设计思路，容易导致评价有失开放的视野和客观性。

外部人员评价（outsider evaluation）是指评价由课程设计者或使用者之外的其他人员来实施的评价。外部评价人员对课程计划内在精神不甚了解，但是有更为开阔的评价思路，评价行为具有客观性，容易得出令人信服的结论。

4. 伪评价、准评价、真评价

这3种评价及其区分是美国评价专家斯塔弗尔比姆(D. L. Stufflebeam)和辛克菲尔德(A. J. Shinkfield)在1985年出版的《系统评价》(*Systematic Evaluation*)一书中提出的。

伪评价(pseudoevaluation)是指为了政治或商业目的,特意地提出引导评价的问题,有选择地公布所搜集的各种课程信息中的个别部分,或有意掩盖某些部分,甚至伪造研究信息,使人们对评价对象的价值或特点产生某种扭曲的认识。"秘密调查"与"公共关系—授意的研究"都属于此类评价。前者隐藏部分信息,不完全公开事实真相。后者目的是为了获得宣传所需要的信息,帮助委托人或当事人为某一机构、计划或活动树立优良形象。

准评价(quasievaluation)是指具有正当的评价目的与途径,但因关注问题过于集中或狭隘,而不能深入有效探讨评价对象的价值与特点的评价。这类评价只关心问题及其解决,至于评价的准确性、合理性往往不予重视。斯氏认为,泰勒的目标本位评价、萨奇曼(E. A. Suchman)的实验定向评价,都是准评价的典型例证。前者忽视目标以外的价值与特点问题;后者作为理论定向的评价,忽视研究者之外的人员(如一般选民、实际工作者等类实践一线人员)的看法,以及忽视具体的、真实的教育情境的考察。

真评价(trueevaluation)是指全面反映评价对象的价值与特征的评价,强调客观、真实的评价工作,反对带有偏见或私人目的、利益的调查与欺骗。20世纪60年代后期以来出现的一些评价模式,如决策定向的评价、消费者定向的评价等,都属于真评价。前者强调评价的作用,在于协助改进某项计划,同时判断该计划的价值。后者主要目的在于,对一些具有可选择性的事物及服务的相对价值做出判断,协助纳税人及从业者对教育服务做出明智的选择。

二、现代课程评价理论

(一)课程评价的产生与理论发展

现代教育评价的奠基者是美国学者莱斯(T. M. Rice)。1897—1898年,他对3万名小学生进行拼字测验,以检验教学时间对学习效果的影响,被评价界作为评价研究的开端。此后,课程评价理念几经变换,评价思想不断更新。美国评价专家古巴和林肯(E. G. Guba & Y. S. Lincoln)将课程评价划分为4个阶段[①]。

1. 测验和测量时期

19世纪末至20世纪30年代,评价的本质在于用测验或测量方法测定学生对知识记忆状况或学生的某项特质。随着自然科学的发展,统计、测量技术迅速发展,一批教育、心理学家开始将这些技术用于教育领域。各种智力、学业成就、人格等方面的测量工具不断涌现。同时,第一次世界大战后,"科学管理运动"也对教育产生了深刻影响:"学校被视为工厂"、"教师成为加工者"、"学生被视为原材料和产品"。检验学生——作为教育的"产品"——质量的方式就是测量。这一时期评价的特征是:评价即测量;评价者即测量技术员。

2. 描述时期

20世纪30年代随着"八年研究"而兴起,一直持续到20世纪50年代,评价的本质在于描述教育结果与教育目标的一致性。20世纪30年代经济大萧条,使得大批青年找不到工作,只好到中学注册学习,引起中等教育急剧膨胀,并引发原有教育目标、课程、评价标准等方面,受

① 张华. 课程与教学论[M]. 上海:上海教育出版社,2000:383-391.

到前所未有的挑战。"八年研究"就是针对上述挑战而进行的实验研究,其中评价组主任泰勒指出,评价应该是一个过程,而不仅仅是一个测验。布卢姆(B. S. Bloom)等人提出,制定教育目标是为了便于客观地评价,而不是表述愿望,事实上,只有具体的、外显的行为目标才是可测量的。这一时期的特征是:评价是根据预定目标对教育结果的客观描述;评价是明确清晰的、可操作的行为目标;评价不等于考试和测验。

3. 判断时期

1957年以后,美国因苏联卫星上天而发动教育改革,持续到20世纪70年代,评价的本质是判断。这个时期的代表人物有艾斯纳、斯克瑞文、斯塔克等人。艾斯纳认为,"凡是内容、活动、目标、顺序或呈现方式,都必须考虑各种抉择,评价各种计划的用途……评价就是要对某些计划方案的优劣进行价值评估。"[①]这一时期的特征是:评价即价值判断;过程本身的价值也是评价内容。

4. 建构时期

20世纪60年代末70年代初开始,评价与质性评价方法相联系,本质是期望建构新的评价理论与方法。针对传统评价方式,古巴与林肯进行了总结性批评。首先,"管理主义倾向"造成4种不良后果:①管理者无过失;②管理者与评价者地位有失平等;③利益相关者权益受损;④管理者自我保护。其次,"忽视价值的多元性"。人们常常要问,"这个教育评价是谁做的? 是为谁做的评价?"受到伤害的被评价者,往往采取不合作的态度。最后,"过分依赖科学范式"。"科学是价值中立的"说法,旨在逃避评价者的道德职责;过分依赖"数的测量"而忽视"质"的探究;使人以为"科学方法"、"实证技术"只是评价事物的唯一正确方法;强化并支持"管理主义"。这一时期的特征是:评价即共同建构,评价即"协商"。

(二)课程评价的几种典型模式

课程评价模式是在一定评价理论与价值观念指导下,对课程评价的各个要素进行整体性说明和规定,以指导课程评价实践。课程评价的模式众多,其中最具影响的课程评价模式主要有以下几种。

1. 目标模式

目标模式也称泰勒评价模式,在1933—1941年间,美国著名教育家泰勒及其同事在"八年研究"过程中,发展出来的第一套系统的课程评价方法。

目标模式是以泰勒原理为理论依据,围绕目标达成而建构的评价。目标模式的工作程序包括以下步骤。

(1)拟定一般目标。

(2)对目标进行分类。

(3)用行为术语界定目标。

(4)确定目标达成程度的具体情境。

(5)选择或发展评价所使用的测量技术与方法。

(6)搜集学生行为表现的资料。

(7)将资料与行为目标进行比较,确定达成程度。

在"八年研究"中,泰勒从30所进步主义中学抽取学生与传统中学的学生配对,形成1475对

---

① 张华.课程与教学论[M].上海:上海教育出版社,2000:386.

小学综合实践活动设计与实施

配对组,对他们的中学成绩、高校成绩或工作表现等方面,进行长期追踪的对照研究。结论是:进步主义学校的学生虽然在事实性、概念性知识上不占上风,但是在动手能力、创新能力、高层次思维、情感态度上具有明显优势。

泰勒的目标评价模式是通过对学生学业表现的评价(即结果性评价)来评价整个课程方案的,其评价的实质是确定预期课程目标与实际结果的吻合程度。这种评价模式通过对目标的行为化表述,增加了目标的可操作性,评价者可以明确判断目标的达成情况。但是,由于它关注预期目标,忽视其他目标与因素而受到批评。并且,目标确定的合理性也受到人们的质疑。因此,人们开始寻求课程评价的其他模式。

2. 差距模式

差距(discrepancy)模式强调标准与实际表现之间的差距,并以此作为课程计划改进的依据,是 20 世纪 60 年代末 70 年代初由普罗佛斯(M. M. Provus)提出的。他指出,一些评价模式只重视几种课程计划之间的比较,忽视此计划本身所包含的成分。实际上,一些自称实施某计划的学校,并未按照该课程计划运作,因此,方案比较毫无意义。

差距模式把评价内容分为设计(design)、配置(installation)、过程(process)、成果(product)、成本(cost)5 个方面,每个方面的评价过程又划分为若干环节(见表 9-1[①])。

表 9-1　普罗弗斯差距评价模式的总体框架

	调查实际表现	确定理想目标	对比标准和表现	发现标准与表现之间的差距	作出改善、维持或终止的决策
设计					
配置					
过程					
成果					
成本					

(1)设计阶段,对比类似方案,对本方案、本课程的设计做出评价。

(2)配置阶段,落实方案前,对资源配置包括设施、设备、媒介、学生能力、教职员资格等方面进行评价。

(3)过程阶段,评价课程实施过程中教师、学校、行政部门落实设计和配置的情况。

(4)成果阶段,评价课程方案、课程改革的成果,如学生学业成绩、教师及领导的专业发展、学校与社区的发展等。

(5)成本阶段,评价成本与效益情况。成本包括财力、物力、人力等方面的投入,收益包括学生、教师、领导、学校、社区等方面的发展成果和收益。

差距模式关注课程计划的标准与各实施阶段实际表现之间的差距,及其差距造成的原因。尽管继承了目标模式设定目标与成果比较的思想,但是,评价内容涵盖了设计、配置、过程、成果、成本 5 个方面,它们分别与标准进行对比,拓宽了评价的范围。并且,这一模式便于行政部门对课程方案及其实施进行全方位监督、控制和管理,也便于发挥评价的形成性功能。

3. CIPP 模式

CIPP 模式即"背景(context)—投入(input)—过程(process)—成果(product)"模式,是由

---

① 　全国十二所重点师范大学联合编写. 课程论[M]. 北京:教育科学出版社,2007:311.

美国评价专家斯塔弗尔比姆及其同事提出的。他们认为,评价不应局限在目标达成的程度上,而应当为课程决策提供信息。

长期以来,CIPP 模式包括背景评价、投入评价、过程评价、成果评价 4 个步骤。21 世纪初,斯塔弗尔比姆经过实践反思,认为这 4 个评价还不足以描述和评价长期的、真正成功的改革方案。于是,将成果评价分解为影响(impact)、成效(effectiveness)、可持续性(sustainability)和可应用性(transportability)评价 4 个阶段,由此构成七步骤评价模式。

(1) 背景评价,即对所在环境(如方案的受益人、领导者、利益相关者等方面)的需求、资源和问题的评价,旨在提供确定课程目标的依据。

(2) 投入评价,即参照其他备选方案,对本方案设计与工作计划、财政预算等方面(诸如材料、设备、程序、方法、人员、环境等)的评价,旨在确定资源投入以达成课程目标。

(3) 过程评价,即监督、记录和评价方案进展中的活动,旨在提供方案实施情况的及时反馈,以协助方案负责人与实施者检验、追踪乃至调整相关程序。

(4) 影响评价,即对方案影响目标受众(如社区领导、雇员、学校和社会人员等)程度的评价,旨在提出、选择改进措施。

(5) 成效评价,即对结果的品质和重要性(如成效的范围、深度、性质等方面)进行评价,旨在搜集评价的效果信息。

(6) 可持续性评价,即评估方案的制度化情况,以确定其长久实施的可能性,旨在评价方案的长远效益和持续性的概率。

(7) 可应用性评价,即评价方案已经或将会应用于其他方面的可能性,旨在评估该方案的适用范围、程度及推广工作。

CIPP 模式的信念是,评价不是为了证明(prove),而是为了改进(improve)。它能提供多方面的课程资讯以供课程决策,符合绩效评价的需求,可以增进人们对课程方案的理解。尤其最近提出的七环节评价模式,特别适用于大型方案的评价。它的缺点是,在理论上,忽略总结性评价的功能;在实际操作中,需要充足的经费和强大的评价队伍。

4. 应答模式

应答(responsive)模式是由斯塔克(Stake R. E.)首先提出,再由他人进一步发展而形成的。斯塔克认为,要使评价结果真正产生效用,需要关心活动决策者与实施者所关心的问题。应答模式的评价步骤如下。

(1) 评价者与评价对象相关人接触,获取他们对评价对象的看法。

(2) 根据获取的信息,确定评价范围。

(3) 评价者对评价方案实施进行实地观察。

(4) 通过观察,评价者对期望的目标与实际的成果进行比较。

(5) 评价者对相关问题进行理论上的修正。

(6) 在上述基础上,设计评价方案。

(7) 根据不同的要求,选择信息搜集的方法。

(8) 处理信息资料,并按需要回应的问题分类。

(9) 撰写分类评价报告并分发给有关人员。

(10) 在分类评价报告基础上,全面评价课程方案。

一些评价专家认为,应答模式是目前评价模式中最全面、最有效的。理由有两个:首先,不单纯从理论出发,强调从关心评价结果的相关人员需要出发;其次,回答了所有其他模式希

小学综合实践活动设计与实施

望回答的问题,如目标达成程度、决策、判断等。因此,它适合多元、复杂的现实情况及持不同观点人员的需要。

(三) 课程评价的过程

1. 确定评价目标与任务

把焦点集中在所要研究的课程现象上。评价小组不应限于评价专家,评价专家之外的学者、教育行政人员、教师、家长等也应参与到评价小组中。确定目标与任务的过程,主要包括3个环节:首先,依据评价问题,描述所需资料;其次,搜集相关文献,并针对评价的现实主题,探讨相关文献;最后,明确本评价的具体目标和任务。

2. 进行评价设计

该过程即选择评价方法与工具。根据具体情境,检查现成评价工具,或编制有针对性的评价工具。这一过程,需要检评评价标准。美国评价标准联合委员会曾经建议4组评价标准:效用标准(utility standards)、可行标准(feasibility standards)、正当标准(propriety standards)、精确标准(accuracy standards)。[①] 另外,评价目的在于改进或促进课程发展,因此,评价设计应当是延续、综合的过程,需要注意横向与纵向因素构成的整体结构。

3. 依据设计搜集所需资料

该过程即评价实施过程,需要记录评价对象在相关情境中的行为及其情绪变化等所需信息。除了纸笔测验外,搜集资料的方法还有行为观察、录音录像、检核行为等。行为观察,由观察者详尽描述学生的反应,录音录像,利用录音机、录像机加以记录;检核行为,利用检核表核对经常出现的某种特殊类型的行为。

4. 整理、分析并解释资料

首先,需要决定总结或评定行为记录的用语和单位,并指出涵盖不同范围的广度,与不同层次的深度。其次,在实际计分前,先行发展评定方案和评分标准。再次,根据评分方案和评分标准进行量化处理。最后,根据量化数据,分析并解释评价数据,形成评价结论。

5. 完成评价报告

围绕评价目标,系统、完整地呈现评价模式、评价过程、评价方法及评价结果,并针对评价结论提出建设性意见。一般而言,评价报告应当能够促进受评单位或个人改进或发展。因此,评价报告有3项原则:清楚地定义评价对象的活动目标;指针清晰与明确;评价报告内容应因评价报告的听读者对象不同而有所差异。[②]

三、综合实践活动课程评价

在我国新课程体系中,综合实践活动作为现行课程结构的两类课程之一,具有不可或缺的重要地位。这一全新领域的出现,是我国基础教育课程体系在结构调整方面的一次本质性突破。如此巨大的课程巨变,必须依托课程评价这一手段,来保证课程改革与发展的合理、有效展开。下面分别从评价的理念、对象、主体和原则几个方面,对综合实践活动课程的评价加以阐述。

(一) 综合实践活动课程的评价理念

综合实践活动课程的评价理念如下。

---

①② 黄光雄,蔡清田. 课程设计——理论与实际[M]. 南京:南京师范大学出版社,2005:199-203.

（1）综合实践活动主张采用"自我参照"标准，引导学生对自己在综合实践活动中的各种表现进行自我反思性评价。

（2）综合实践活动评价，坚持整体观（即课程、教学与评价一体化）、多元化和过程性等原则。

（3）综合实践活动评价，主张通过观察、记录和描述学生在活动中的表现，并以此作为评价学生的基础。

（4）综合实践活动评价，在具体操作中倡导"档案袋评定"与协商研讨式评价。

（5）综合实践活动评价，鼓励每位学生建立自己的课程档案，作为了解、反省和肯定自己的手段与途径，并记录和与人分享自我探索的体会与喜悦。

（二）综合实践活动课程的评价对象

综合实践活动课程评价，除了课程方案及实施过程评价等具体内容的评价外，还涉及比较宏观的课程政策评价、学校管理评价、家庭与社区参与评价，以及相对微观的课程资源开发评价、学生活动评价、教师指导评价。

1. 综合实践活动宏观评价对象

综合实践活动宏观评价对象是指在宏观层面影响其改革与发展的因素及主要内容，主要有国家与地方教育政策、学校课程管理、家庭与社区参与3个方面。

（1）国家与地方教育政策评价。国家与地方政策，具体来说，即关于综合实践活动课程的国家与地方教育政策，是综合实践活动宏观评价的第一个对象。这一评价对象是综合实践活动课程评价的源头。与国家与地方政策评价直接相关的内容有：课程定位、课程性质、课程实施方案研制、课程投入、课程实施对策、师资队伍建设、教师职称政策、基地建设等诸多方面。

（2）学校课程管理评价。学校课程管理，具体说，即关于综合实践活动课程开发、组织、实施、评价等方面的学校制度及其管理机制，是综合实践活动课程评价的关键。与学校课程管理评价直接相关的内容有：①课程设置，包括课程地位、开课方式、课时安排、实践基地等；②组织机构，包括课程研究指导小组、师资配置等；③方案和计划，包括学年学期课程计划、课程资源开发、传统活动领域等；④管理制度，包括校本培训、学生评价、教师工作量计算、教师评价、学校文化建设等诸多方面。

（3）家庭与社区参与评价。学生家长与社区人员参与是综合实践活动课程实施的一个重要特征。参与的广度与深度，标志着这类课程的社会声誉和社会反响，也在一定程度上反映了这一课程的实施效果。因此，家庭与社区参与是综合实践活动课程评价的辅助。与家庭与社区参与评价直接相关的内容有：课程认知度、参与频率、参与内容、参与方法、课程评价、改进意见等诸多方面。

2. 综合实践活动微观评价对象

综合实践活动微观评价对象是指参与综合实践活动课程实施的核心要素及其相关内容，主要有课程资源开发、学生活动、教师指导3个方面。

（1）课程资源开发评价。课程资源开发是综合实践活动实施的核心环节与物质条件要素。开发的广度与深度标志了课程设计理念的高度，以及课程实施的活动方式与背景。与课程资源开发评价直接相关的内容有：课程开发的理论构想，包括理念、目标、维度、范围；课程开发的现实条件，包括时间、场所、问题现状、探索资源等。

（2）学生活动评价。学生活动是综合实践活动实施的具体表现，因此成为评价的核心要素。与学生活动评价直接相关的维度主要有5个方面：①整体性发展，如能从多方面提出问

小学综合实践活动设计与实施

题、有较多的体验和感受、能综合运用学科知识等；②实践能力，如有问题意识、能解决现实问题、情感体验丰富等；③社会适应能力，如与人交往广泛、沟通顺畅融洽、具有独立见解、活动成果多样等；④自主意识与能力，如积极参与、兴趣浓厚、主动思考并行动、自觉克服困难等；⑤创新精神，如不断发现问题、有兴趣深入研究、有创造性成果等。

（3）教师指导评价。教师指导是综合实践活动实施的关键因素。不同的教师指导，学生的活动质量与水平往往会有很大的差异。教师指导评价可以从课程意识、课程开发、方法指导、启发引导、沟通与交往、协商评价等方面加以评价。在教师指导评价过程中，注重教师的个别差异，强调评价的针对性；注重教学实践，强调评价的过程性；注重教师自我反思，强调评价的主动性。具体形式主要有：①教师自评；②同事互评；③学生、家长座谈；④部门日常考核评价；⑤相关理论知识测试。

（三）综合实践活动课程的评价主体

综合实践活动由于其具有自主性、开放性、实践性、探究性等特点，因此，作为其评价的主体应当多元化，才能全方位评估和判断该课程的价值与有效性。一般来讲，综合实践活动评价的主体主要包括：学生、教师、学校领导、家长、社区代表、教育行政人员、教育研究人员等。

1. 学生

学生是综合实践活动的主体，也是评价的主体。学生不仅可以对自己的自主探究活动进行自我评价，也对课程设置、课程开发、课程实施、课程管理、教师指导，甚至课程评价等方面进行评价。

2. 教师

教师是学生综合实践活动方案设计及其实施的指导者，是具体活动的陪伴者、参与者。教师不仅对自身指导活动可以自我评价，也有权就涉及综合实践活动的相关方面与问题开展评价。

3. 学校领导

学校领导是学校层面课程设置、课程管理、课程评价的领导者与管理者，不仅可以对自身工作进行自我评价，也有资格评价学生、教师等。

4. 家长

家长是综合实践活动课程实施的相关人，有权了解学校课程设置及其实施对子女的具体影响，也有权参与学校所有课程的评价。

5. 社区代表

学校及其师生是社区成员。社区不仅是学校所在地，也是综合实践活动开展的主要活动基地。学校教育活动，尤其是综合实践活动直接与社区建设相关联。因此，社区代表也是综合实践活动不可缺少的评价主体。

6. 教育行政人员

教育行政人员作为学校教育活动的主管者，有权指导、建议、评价学校教育活动。

7. 教育研究人员

教育研究人员是教育问题的研究者，是学校教育活动开展的理论指导者，同样有资格和能力参与综合实践活动的评价。

（四）综合实践活动课程的评价原则

1. 整体性原则

综合实践活动课程设计的出发点和基本理念，就在于促进学生身心有机的整体的发展。

该课程不仅关注学生知识的学习与掌握,而且关心学生情感、态度、价值观、人际关系、社会责任感、问题解决、创新精神、动手能力、自我反思等方方面面的成长。因此,综合实践活动评价必须坚持整体观,不仅关注学生评价,还需关注与学生活动相关的所有因素的评价,如教师评价、学校评价、国家与地方政策评价等。总之,综合实践活动评价要有宏观的视野,要有系统论思想的指导。

2. 发展性原则

评价的目的,在于促进每个学生乃至每个课程参与者在活动中不断成长与进步,所以,综合实践活动评价应当坚持发展性原则。在综合实践活动中,应当从发展的角度设计与实施评价,关注学生、教师及相关人员的成果、进步表现乃至每个人身上人性的闪光点,并及时给予肯定和表扬;同时,允许学生及每个参与者存在各种能力及个性方面的差异,不强求一致;鼓励他们独立思考、积极想象、尝试反思、不断创新和勇于实践。

3. 过程性原则

学生全面发展以及教师成长是在教育过程中实现的。综合实践活动课程设置的出发点,就是借助实践性活动来达成上述目的,而不仅仅为了学科知识的掌握,因此综合实践活动课程评价必须注重过程性,必须揭示活动中学生(包括教师等课程参与者)的表现以及如何解决问题的。即使最后结果按计划来说是失败的,或者没有得出所谓"科学"结论,只要他们对自然、社会、自我形成了一定认识,获得了真切的体验和经验,都应当给予积极评价。

4. 多元化原则

学生(包括教师等课程参与者)的发展在综合实践活动目标中是宽泛的、全面的、非局限于知识传承的,因此评价活动和方式也需要是多元的,首先,评价主体是多元的。教师、学生、家长、校外指导教师等都可以成为评价者。其次,评价标准是多元的。不仅问题解决答案可以不同,表现形式也允许丰富多样,反对简单量化的划分等级。再次,评价内容是多元的。按照时间维度,可以分为活动设计评价、活动过程评价、活动结果评价;按照评价对象,可以分为政策评价、管理评价、学生评价、教师评价等。复次,评价形式是多元的。主要有形成性评价与总结性评价、效果评价与内在评价、内部人员(自我)评价与外部人员(他人)评价等。

5. 主体性原则

主体性原则是指需要明确综合实践活动中被评价者在评价中的地位与作用,具体来说,就是强调被评价者的自我评价,注重发挥被评价者的主体性,使他们处于主动地位并产生积极参与的意识。这样做,既能充分调动被评价者的主动性、积极性、自觉性,使评价产生积极效果;而且能使评价过程成为评价者自我认识、自我分析、自我改进、自我完善的过程,使评价最大限度地达成预期目的。

第二节　综合实践活动的学生评价

一、综合实践活动的学生评价的内涵及意义

综合实践活动的学生评价是指对学生在综合实践活动开展过程中的表现、发展和变化的评价。评价不仅关注学生的活动结果或学业成绩,而且更要了解学生发展中的需求,发现和挖

小学综合实践活动设计与实施

掘其多方面的潜能,帮助其认识自我、建立自信,提升发展的自觉意识,促进其获得在原有水平上的发展。

综合实践活动的学生评价,有助于学生更加深入地了解自己参与活动的表现,充分认识和肯定自己的能力,养成勤奋、积极的生活态度,提升自我教育、自我发展、自我创新与合作探究能力,并与他人分享自我探索的体会及进步的喜悦。同时,有效的学生评价将能够帮助学生进一步调整学习策略,改进学习和研究的方法,从而提升他们的探究能力与综合素质。

二、综合实践活动学生评价的内容

《国家九年义务教育课程综合实践活动指导纲要(3~6 年级)》在综合实践活动评价方面主张采用"自我参照"标准,引导学生对自己在综合实践活动中的各种表现进行"自我反思性评价",强调师生之间、学生同伴之间对彼此的个性化的表现进行评定、进行鉴赏。要将学生在综合实践活动中的表现纳入学生综合素质评定的范围之内。综合实践活动的学生评价内容包含以下几个方面。

(一)学生参与活动的态度

学生参与活动的态度主要指学生在综合实践活动中的积极性和主动性,这可以从学生一些外显的行为看出。如,他是否积极参与每次主题活动,主动提出活动设想、建议,积极做好资料积累和分析处理工作,是否表现出不怕困难和辛苦,勇于合作,善于倾听、乐于分享等。

(二)学生的创新精神和实践能力的发展状况

学生的创新精神和实践能力的发展状况主要指学生在综合实践活动中的创新思维和表现等,可通过学生在实际解决问题中表现出来的创新思维,创造性解决问题的表现、技巧和动手状况等反映,包含其在活动中表现出来的问题意识和社会实践活动能力、解决问题的能力,在实践活动中的创新性表现,取得的创造性成果等。

(三)学生对学习方法和研究方法的掌握情况

学生对学习方法和研究方法的掌握情况主要指学生在综合实践活动中使用学习方法和研究方法的情况。综合实践活动着眼于改变学生的学习方式,主要评价学生查阅资料、实地观察记录、调查研究、整理材料、处理数据、运用工具、交往与表达等活动水平。

(四)学生获得的感性经验和情感体验情况

学生获得的感性经验和情感体验情况主要指学生在综合实践活动中获得的对自然、社会、他人和自我的整体认识、感受和体验情况。主要评价学生在开放的生活空间中获得的对自然、社会、他人及自我的鲜活的、丰富的体验和感悟,其良好的个性品质、思想意识、情感信念、价值观等的形成与发展情况,获得的成功或失败的经验与教训等。

当然,在进行学生评价时,也需要结合学校和学生的具体情况,灵活确定评价项目及针对每个项目提出更为具体的区分内容。如也可以从参与度、感受度、提高度 3 个方面进行评价,参与度的指标包含不参加、被动应付、积极主动、出谋划策;感受度的指标包括无感受、有所感受、感受深刻;提高度的指标包含无收获、有所发现、有所发展、有所创造和突破、能力有提高。还可以从隐性和显性两方面设计评价指标,显性指标主要体现学生行为的变化,包含选择和确定活动主题、制订活动方案、实施活动方案和总结活动情况等。隐性指标主要体现学生情感、态度、价值观的发展，如学生参与活动的主动性、积极性、合作精神、社会意识等的发展和变化。

【案例 9.1】

中巴出城，关注公交

综合活动课的吴羽老师发现班级突然增多了很多迟到的学生，并在批改周记时意外发现学生讨论"中巴出城"的话题。吴老师便适时引导学生讨论中巴出城给生活带来的变化，随后，大家确定了"中巴出城，关注公交"的综合实践活动主题，并通过小组讨论，制订活动方案，开展了丰富多彩的小组活动。有的同学利用周末时间上街采访，有的同学在学校向老师发放调查问卷，有的同学忙着设计公交线路，制作设计模型，最后大家进行了各具特色的成果展示。从中可以看出，学生们从发现和解决身边的问题入手，获得了丰富的体验和巨大成长。[①]

【案例点评】

评价是学生成长的支点。深切的评价使学生刻骨铭心。因此，在评价时，不要过分简单概括，不应仅仅说："在活动中，某某表现出色"、"某某参加活动很积极"等，而应将评价的内容突出地提出来，引导学生结合集体或个人的行为表现、态度、能力发展等进行分析和评价。评价过程应融入对活动过程（特别是重要细节）的记忆、主题的讨论以及成果的展示。

三、综合实践活动的学生评价方法

《基础教育课程改革纲要》中指出：建立评价方式多样，评价项目多元的评价体系，发挥评价的发展功能。综合实践活动评价的学生评价也需要做到方式多样，主体多元，结果多元，特别关注学生参与活动的态度，关注解决问题的能力和创造性，关注学习的过程和方法，关注合作与交流，关注经验与教训等。重视对学生综合实践活动过程的评价和过程中的评价，注重评价的激励性、教育性和发展性，进而激发形成广大学生积极进取、勇于探索和创新的良好氛围。要使综合实践活动的学生评价科学合理，恰当地选择评价方法非常必要，下面就一些评价方法作简单介绍。

（一）当众口头评价

当众口头评价是最直接、最快捷、使用频率最高、对学生影响最大的一种评价方法。有位教师将口头评价经验总结为"低"、"小"、"勤"、"快"4 个字。"低"指"低起点"，根据不同学生的不同情况来定；"小"指"小目标"；"勤"指"勤评价"；"快"指"快反馈"。这位教师还在笔记中写到以下内容。

记得去年我班部分同学研究"关爱他人，服务社区"的主题活动时，我班公认的后进生苏丹主动说她负责去联系社区负责人（她的邻居）进行调查特困户、孤寡老人和残疾人的情况。由于她的主动积极，我们的调查很顺利，然后我们上门去采访患有脑瘫的双胞胎姐妹刘丽亚、刘菲亚。此时刘菲亚正在锻炼站立，两个保姆在旁边看着。一向热情大方、爱说爱笑的蔡任任首先上去说明我们的来意，就与她俩攀谈起来。刘菲亚由于激动和站立太久双脚直抖，苏丹见了

① 本案例引用时已做修改。姜平：综合实践活动教学设计与特色案例评析[M]. 北京：首都师范大学出版社，2010：1-14.

小学综合实践活动设计与实施

忙上去扶着。其他几个男同学则害羞地坐在椅子上,我悄悄地鼓励他们上前去采访。他们总算问了一个问题。回来的路上,我不停地称赞蔡任任的能说会道,苏丹的能干和细心,对那几位平时较胆小的男同学,我则表扬他们成功地迈出了第一步。表扬之后,我及时地评价他们这次采访存在的问题,使他们明白自己今后努力的方向。第二天,我便当着全班同学表扬他们的表现。学生调查采访的积极性一度高涨。①

(二)观察评价

观察评价是指观察者有目的有计划地记录观察对象的活动进而进行评价的方法。其优点是真实性和便捷性,评价者通过真实记录学生在综合实践活动中的表现进而进行分析和价值判断。进行观察评价,首先要明确观察的目的,即为何而观察,其次设置详细的观察指标,然后进行全面细致地观察和记录,力求反映学生在不同场合下的行为表现,最后整理分析观察记录,对被观察者表现进行综合评定。观察评价可以用于教师、同伴对学生的评价,也可以用于学生的自我评价。进行观察评价,需要培养和提高观察者的观察能力,要乐于观察,善于观察,并根据需要将全面观察与重点观察有机结合。下面介绍几种观察记录的方法②。

1. 事项记录法

事项记录法是把学生的活动按发生的顺序实录的方法,也是评价的原始资料。用这种方法要注意在记录的各阶段区别事实记录和判断记录、含有解释的记录。

2. 行为目录法

行为目录法是把想要观察的事项预先列表,发现与之相符的事项,立即校对标记。这种方法对于观察者来说具有效率高并一次能处理许多同类事项的长处。但是由于记录机械,不能反映行动的因果关系,所以有必要补充对活动场面和产生的条件的记录。

3. 评定尺度法

评定尺度法是把学生的行动按事先制定的一定标准逐阶段评价记录的方法。这种方法是将所要观察的特征,用简短的文字设立不同程度的标准,使观察结果归类或标准化,或者把评定尺度图式化,后者是在直线上设不同的阶段点,往上作标记。

(三)档案袋评价

档案袋评价是综合实践活动中较为常见的质性评价方式,一般由师生共同完成。通过搜集整个学习活动过程中代表学生发展变化的资料来展现学生成长的轨迹。对于档案袋中装什么则由教师、学生、同伴甚至家长等协商灵活决定,可以保存学生从学习活动开始到结束各种活动成果、各个阶段的代表性作品、活动的体会、学习心得等,并可以根据实际情况不断充实、变化。档案袋评价的关键是发挥档案袋记录、激励、展现学生成长的目的,使学生在主动参与评价的过程之中,学会判断自我、反思自我,从而更好地促进自身的发展。

依据不同标准,档案袋评价也可分为不同类型。

以不同的功能为标准,美国南卡罗来纳大学教育学院教育心理学教授格莱德勒(M. E. Gredler)把学生成长档案袋分为理想型、展示型、文件型、评价型和课堂型 5 种③,见表 9-2。

---

① ② 姜平. 综合实践活动课程实施策略[M]. 北京:首都师范大学出版社,2004:128-134.

③ 钟启泉等. 基础教育课程改革纲要(试行)解读[M]. 上海:华东师范大学出版社,2001:292-295.

表 9-2　成长档案袋的类型

类　型	构　　成	目　　的
理想型（ideal）	作品产生和入选说明，系列作品，以及代表学生分析和说明自己能力的反思	提高学习质量。通过一段时间的成长帮助学习者成为自己学习历史的思索者和非正式评价者
展示型（showcase）	主要是学生选择出来的学生最好和最喜欢的作品集。自我反思与自我选择比标准更重要	给家长和其他人参加的展览会提供学生作品的范本
文件型（documentation）	根据一些学生的反映以及教师的评价观察、考查、轶事、成绩测验等得出的学生进步的系统性、持续性记录	以学生的作品、量化和质性评价的方式，提供一种系统的记录
评价型（evaluation）	主要是教师、管理者、学区所建立的学生作品集。评价的标准是预定的	向家长和管理者提供学生在作品方面所取得成绩的标准化报告
课堂型（class）	由 3 部分组成：①依据课程目标描述所有学生取得的成绩的总结；②教师的详细说明和对每一个学生的观察；③教师的年度课程和教学计划及修订说明	在一定情境中与家长、管理者及他人交流教师对学生成绩的判断

以入选材料的性质为划分依据，约翰逊（Johnson B.）将学生成长档案袋分为：最佳成果型、精选型和过程型①。

最佳成果型（best-works）是通过集学生在某一学科和领域的最佳成果，对学生达到的水平做出评价。入选这种成长档案袋的材料的形式可以多种多样，只要能反映出学生在这一学科和领域达到的最高水平就可以。

精选型（selection）要求在更广的范围内了解和搜集学生的成果。它要求学生提交的不只是标志他们已经达到的最高水平的成果例证，还包括他们感到困难的典型成果例证。这样的成长档案袋能够深刻反映学生成长的概要，高度揭示学生取得的一般成绩。搜集这种成长档案袋材料的时间一般需要持续一年以上。

过程型档案袋（process）致力于寻求发展性成果，而不是最终达到结果的证据。所以，它要求学生按照步骤搜集能够反映他们在一定领域和学科中从开始到完成阶段所取得的进步的成果证据。

在具体的评价过程中，以上 3 种类型并非截然分裂的，而通常表现为混合型。它既包括过程性作业，也包括结果性作业；既包括最佳成果，也包括虽然不是最佳但具有典型性的成果。它的目的实际上就是为学生提供一个有形的窗口，以便教师、学生、家长等可用它来评价学生的进步以及一段时间内的发展状况。

进行档案袋评价，需要注意以下要求：在建立档案袋之前，要明确评价目的，并据此建立相应的档案袋，然后建立资料搜集的标准和规范，包含格式的规范和材料的分类，格式规范一般包含封面、目录、各种记录、反思、成果等。材料分类确保有序地整理学生在活动过程中获得的各种类型的资料和成果，如可以分为观察活动类（包括观察计划、记录、结论等）、作业类、实验活动类、成果类、反思类等。最后，要及时进行交流和反思，肯定成绩，分享成果，发现不足，寻找对策等，以期不断成长和进步。

（四）自我评价

自我评价是指学生按照一定标准对自己在参与活动过程中的态度和成效所作的主观性评

---

① 钟启泉等. 基础教育课程改革纲要（试行）解读［M］. 上海：华东师范大学出版社，2001：292-295.

小学综合实践活动设计与实施

价。它是学生依据学习活动特点自己设定目标,然后实施具体的自我表现的学习活动,最后将自我学习结果与预定学习目标相对照而进行的评价。这种评价方法符合综合实践活动评价的依据来源于学生在活动中的亲身体验、细心观察和深刻感受,主张采用"自我参照"标准的要求,恰好为学生加强实践活动体验,记录活动原始感受,以及由此产生自我内省提供了机会。

在学生进行自我评价时,尤其是初期,教师要给予适当指导和帮助,如引导学生制定恰当的学习目标,选择合适的方法解决问题,不断调控学习过程等,在选择评价项目和方法时可以采用完全由教师提供、部分由教师提供、完全由学生自主确定的递进的方式,以便实现从教师主体的自我评价不断走向学生主体的自我评价的动态发展过程。

综合实践活动学生评价表见表 9-3 和表 9-4。

表 9-3 综合实践活动学生评价表①

姓名:		班级:		活动主题:	
评价主体	评 价 内 容	评 价 标 准			选项
学生自评	1. 选题的兴趣	1. 浓厚	2. 一般	3. 不感兴趣	
	2. 搜集信息的方法	1. 多	2. 一般	3. 少	
	3. 对所搜集信息整理、加工的能力	1. 好	2. 一般	3. 较差	
	4. 设计开展活动的方式	1. 多	2. 一般	3. 少	
	5. 活动的开展情况	1. 很顺利	2. 一般	3. 较困难	
	6. 在活动中的表现	1. 很积极	2. 一般	3. 不积极	
	7. 与小组成员合作	1. 很愉快	2. 一般	3. 不愉快	
	8. 活动成效是否达到预期目标	1. 达到	2. 基本达到	3. 没达到	
	9. 对这次活动进一步开展的愿望	1. 很想	2. 想	3. 不想	
我要对自己说:			我给自己_____颗星		
家长评价	1. 孩子是否与你们讨论	1. 经常	2. 较少	3. 不讨论	
	2. 孩子对活动的兴趣	1. 很多	2. 一般	3. 较少	
	3. 孩子在活动中投入的精力	1. 浓厚	2. 一般	3. 不感兴趣	
	4. 孩子活动后的收获	1. 很多	2. 一般	3. 没收获	
我想对你说:			我给你_____颗星		
教师评价	1. 学生对所选主题兴趣是否浓厚	1. 浓厚	2. 一般	3. 不感兴趣	
	2. 学生是否经常请教指导教师	1. 经常	2. 较少	3. 很少	
	3. 小组成员自主合作与探究	1. 能	2. 基本能	3. 不能	
	4. 学生搜集和处理信息的能力	1. 好	2. 一般	3. 较差	
	5. 学生的个人创意	1. 有	2. 一般	3. 没有	
	6. 活动成效是否达到预期目标	1. 达到	2. 基本达到	3. 没达到	
我希望你:			我给你_____颗星		
小组评价	我们给你_____颗星				
我的星级	我一共得到了_____颗星				
备注	另附星级评价标准				

---

① 资料来源:广州市天河区棠下小学教科室。[EB/OL]。[2013-02-16]。http://www.guangztr.edu.cn/oldwww/gztr/kgtx/08dztpj.htm。部分内容稍作修改。

表 9-4　星级评价标准[①]

	标 准 星 级			
	五颗星	四颗星	三颗星	两颗星
1. 活动态度	积极认真参与	较认真参与	一般	不够认真
2. 活动方式	方式多样,得当,能积极、有效地完成这些活动	方式较多,较得当,能积极完成这些活动,效果较好	方式一般,基本完成这些活动,效果一般	方式较少,不能完成这些活动,效果不好
3. 活动内容	丰富、具体,有良好的效果	较具体,效果较好	内容、效果一般	不太具体,不能按计划完成
4. 搜集、处理信息	方法灵活多样,信息有价值	较多方法,信息较有价值	方法及信息价值一般	方法比较少,信息没有什么价值
5. 合作情况	团结愉快,积极合作	较愉快,愿意合作	一般状态	不善于合作
6. 交流情况	仪态自然大方,声音洪亮,意思表达清楚、准确	仪态较自然,声音较洪亮,意思表达清楚	一般状态	不够自然大方,声音不够洪亮,意思表达不够清楚

(五) 协商研讨式评价

协商研讨式评价是指围绕学习目标,教师和学生等共同协商评价的方式与标准,并根据协商的结果进行的评价。它体现评价主体多元,可以包含教师、学生、家长甚至社会人士等,评价方式是研讨的,评价过程民主、开放,评价结果多元。这种评价方式一般体现在综合评价中。

进行协商研讨式评价要求教师、学生、家长等评价主体要充分观察和记录学生的表现,然后开诚布公地对每个学生尽可能地从优点、进步状况等方面进行激励性的、肯定性的评价,同时也可以对教师的指导与教学进行评价,便于教师改进,最后在教师指导下,师生等合作做出评价结论。

【案例 9.2】

双向协议式评价[②]

一、和学生商定评价方案

每个学期初,我一般都是和学生一起商定本学期计划实施的主题,除此之外,我依据各个主题的实施重点提出评价要点,然后请同学们提出自己的意见和建议,就作业单的形式、汇报的形式、汇报的内容等一起展开讨论。这样不仅对这个学期的主题有一个很好的规划,对我们这个学期想要达到的一些教学目标也有一个整体的预想。在主题实施的过程中,我们就针对前期已经商量过的评价方式和评价内容,根据主题的生成情况,有针对性地在实施过程中调整评价方案。整个学期中,在每个主题实施的过程中,我和学生对评价的方式和内容都做到心中有数,大家共识多一些,异议就会小一些。

这种师生商定评价方案的方式的优势体现在以下方面。其一,每个主题活动的评价和各教学内容的指导重点是紧密相扣的。在设置指导方案的时候,评价的方式和评价的内容是一

---

① 资料来源:广州市天河区棠下小学教科室. [EB/OL]. [2013-02-16]. http://www.guangztr.edu.cn/oldwww/gztr/kgtx/08dztpj.htm. 部分内容稍作修改。

② 此案例由湖北省武昌实验小学徐莉老师实施并整理。引自郭元祥,沈旎. 小学综合实践活动[M]. 上海:华东师范大学出版社,2008:223-225.

小学综合实践活动设计与实施

起被确定下来的,它的针对性很强。其二,让学生参与评价方案的确定过程,注重培养学生的自主意识和自主能力。要让学生始终明白,在主题活动过程中,在经历发现问题、解决问题、进行反思的过程中,需要考虑用什么方式来展示和交流自己的成果。除了我自己有所获,还要学会把我的所获与小组成员分享,或者展示给其他组的同学。确定主题的时候,如果把评价方式和评价内容排除在外,一切都是老师说了算,学生自主的积极性就会被削弱,而当我们和学生商议决定评价内容和评价方式的时候,学生的认同度会大大提高。比如说每个组在完成这个活动之后,我们有时候需要提交作业单,提交作业单有不同的形式,有以个人的形式来提交,也有以团队的形式来提交。如果强制要求,全部用小组形式来提交或者是全部由个人形式来提交,学生就会觉得有很多被迫,自己很少有决策了。如果我们不仅在乎学生做了,还在乎他是否愿意主动去做,是否做得非常愉快,那么就要留一定的空间给孩子们。评价过程中,要让学生明白他有自主的空间,而不是老师专等着他们做完了给他们一个分数。此时,他们才会在这个过程当中自己去琢磨,怎么能做得最好,并选择自己喜欢的方式。

一个好的评价方案里边,一般既有硬性规定的一些东西,比方说哪些指标是必须达成的,但又为学生留有一定的自主空间。当我们把刚性和弹性结合起来时,实际上是在开放性、生成性和有效性之间找到了一个恰当的平衡点。

二、二次评价

在我们第三阶段小组汇报的时候经常会遇到这样的情形,那些最先来汇报的组看到别的组有更好的表现,心里就会很失落:"我觉得看了他们的展示以后很有启发,要是能再给一次机会就好了。""我觉得我对得到的这个评价等次并不满意。"此时我就想,评价的目的是什么,是给学生一个等次,还是帮助他们进行自我诊断,不断地有所思,有所悟。我确信后者其实更重要。因此,我建议同学们自愿申报二次评价:如果对你前期的汇报不太满意,可以在所有的小组汇报结束以后,申请再汇报一次。前提是全组的同学都通过这个决议,并且认真地再准备一次。然后以你最后一次汇报的成绩作为小组的最终评价。

这样做以后,学生的学习情态有很大变化。第一,大家不会在第三阶段成果汇报的时候相互推诿。第二,他们都意识到,只要我愿意不断去改进,我就有机会不断改进,力求做得更好一些。给学生一次对自己的行为作出调整的机会,让他意识到自己还有哪些可以改进和发展的空间,这个意愿和最终的结果一样是很重要的,因为这对他后续自主发展和主动参与活动是有激励作用的。

【案例点评】

本案例明确展示了教师和学生双向互动式的评价方式与过程,充分展现了评价的发展和激励功能,体现了评价主体是多元的,评价方式是协商的、研讨的,评价过程是民主的、开放的,评价结果也是多元的等特点。并且,该评价深深面向促进学生未来的自主发展和主动参与,面向师生平等、民主的共同进步,这样的评价,只要师生长期坚持和完善,就一定能真正发挥评价的作用,取得良好的效果。

(六)成果展示评价

成果展示评价是综合实践活动学生评价中较为突出的、常用的方法之一,即将学生在实践活动的不同阶段所设计的小制作、小发明、手抄报,撰写的研究方案或设计方案、科技小论文、调查报告,拍摄的照片、录像等具体成果以学生喜闻乐见的形式进行展示,让学生感受成功、体验喜悦。这既是一个总结学生在综合实践活动中各种表现和活动成果的过程,也是一个师生之间、同学之间相互学习和交流的过程,是学生发现自我、鉴赏他人、协作共勉、深化提高的过程,满足学生对评价的需要。

进行成果展示评价要坚持以激励和交流为目的,依据活动主题的类型确定多样化的展示形式;同时依据学生的特点,采用个性化的展示形式,让学生尽可能通过展示体验成功;还要依据展示材料特点,引导学生采用最优化展示形式。成果展示时间可以是随机的,也可以是阶段性的或总结性的;成果展示形式可以是论文、绘画、报告、制作等的静态展示,也可以是动态的汇报、辩论、演讲;成果展示范围可以是组内、班内、校内也可以拓展到校外。评价过程中师生要共同商定展示的相关事宜,确保成果展示效果,发挥评价的发展性、激励性作用。

下面介绍几种成果表达形式的评价标准①。

1. 论文

评价课题研究论文的主要标准有以下几条:①课题背景与研究的目的意义是否讲清楚了;②所要研究的问题是什么,假设是否明确无误;③研究过程的论述是否严密、科学,包括提供的数据是否精确,提供的事实分析是否符合逻辑;④研究结论对目标的达成度及是否有一定的创新性。

2. 实验报告

实验报告必须完整地反映实验探索活动的全过程,且必须有较规范、详细的记录,实事求是的描述,较严密和合乎逻辑的推论。对实验报告的评价可以从科学性(包括假设的理论基础、实验设计的合理、正确)、准确性(实验过程的控制、测量水平)、有效性(分析推理的逻辑性、社会现实价值)等方面设计评价指标,按评价指标的标准进行衡量。

3. 调查报告

调查报告要把调查的过程,包括目的、任务、对象、采用的方法,实施步骤讲清楚。在表达结果时尽可能多用图表,给人直观、形象的结论。调查报告的评价标准主要体现在抽样的代表性、手段方法的适当性等。

4. 作品评价

作品的评价标准:①作品是否体现了主题,即完成需要解决的问题;②作品是否符合科学性,即是否用到了学科的科学知识或原理;③作品使用的材料是否合理、合适,是否废物利用;④作品是否有创新性。

5. 方案设计

科学性,即方案运用的科学知识是否正确、合理;独创性,即方案的设计思路是否新颖、先进;实用性,即方案是否解决了提出的问题,是否有现实价值。

四、综合实践活动的学生评价要求

(一)统整教学与评价

综合实践活动的评价要坚持整体观、系统论的观点,将课程、教学和评价融为一个有机整体,并落实到行动中。一则需要评价时充分依据学生在综合实践活动中的表现和活动或学习成果;二则需将评价视为师生共同学习与进步的机会,搜集有用的信息,应用于课程与教学的改进之中。

---

① 转引自姜平. 综合实践活动课程实施策略[M]. 北京:首都师范大学出版社,2010:133.

（二）兼顾过程与结果

综合实践活动评价过程中，虽然重视过程评价，但也不能过分偏重过程体验，而对学生实际发展程度关注不够，忽视结果评价和学生解决基本问题能力的评价。要明确学生发展评价的具体指标，评价过程不能随意为之，评价要通过各种方式收集和记录学生动态的、真实的发展过程资料，真实全面地反映学生在活动中获得的丰富体验，认识变化，以及其实际解决问题能力和综合素质的发展情况。

（三）协调一元与多元

进行综合实践活动学生评价，时刻需要处理好一元与多元的辩证关系，体现在评价主体既有学生一元的自评，还要有互评、他评等多元的评价；评价指标既要有符合学生个性化的指标，还要有考察增进学生团队合作精神与意识的多元化指标，评价周期和时空既要体现某个时间或节点、阶段学生的表现，同时又不能仅以此来给学生妄下结论。评价方法也需不断引入多种评价方法而不拘泥于一种。协调好一元与多元的关系，方能让综合实践活动学生评价尽可能客观、真实、有效，也才能尽力实现学校教育、家庭教育和社会教育形成的"教育合力"。

（四）把握预设与生成

鉴于综合实践活动的开放性、生成性、自主性等特点，综合实践活动学生评价也既要有对预设目标实现情况的考察，同时又有对预设目标之外生成情况的关注，一个活动主题、课题或活动项目随着实践活动的不断展开，学生认识和体验的不断丰富与深化，可能又生成新的活动主题、课题或活动项目，评价中认真处理预设与生成的关系，使两者相辅相成、相互促进，共同服务于有效的教学、正确的价值导向和健康的学生发展，综合实践活动也随之不断完善。

第三节　综合实践活动的教师评价

一、综合实践活动的教师评价的内涵及意义

综合实践活动的教师评价是指对教师实施综合实践活动课程的素质和教育教学效果进行的评价。评价目的并非给教师排队，把教师分等级并以此依据进行奖惩，而是给教师提供信息反馈和咨询服务，帮助教师总结和反思教学的优劣，分析问题产生的根源，从而改进教学，提高教师的专业发展水平。[①]

对教师客观公正的评价，不仅能给教师以正确的课程导向，提高教师从事综合实践活动的积极性和上进心；还可以使教师不断反思与改进自己的教学行为，提高教师教学设计和课程开发的水平；同时，对于培植和发展健康的教师文化，建立优秀的教师机体，提高学校的办学水平将大有裨益。

二、综合实践活动的教师评价的内容

综合实践活动课程的开放性、综合性等特点对教师的素质要求很高。对综合实践活动的

---

① 顾建军. 小学综合实践活动设计[M]. 北京：高等教育出版社，2005：279.

教师评价要依据每一个主题活动而定。一般而言,评价内容包含以下几个方面。

(一)课程实施与开发的基本素质

综合实践活动课程没有现成的教材和固定的模式与套路,它要求教师既要承担课程实施的任务,又要肩负课程开发的使命。需要教师有强烈的责任感和事业心,坚强的意志和拼搏精神,不倦的探索和创新精神以及较强的课程开发和研究的能力等。要求教师开发出的课程体现如下特点:活动项目内容全面,适合学生的心理生理发展水平与学生实际需要,具有较大的意义和价值,能促进学生深层次的发展,活动项目新颖别致、特色突出等。

(二)合理优化的知识结构

综合实践活动课程对于从事传统单科教学的教师是个不小的挑战。它需要教师具备丰富的通识性知识,深入的学科性知识,灵活的"教什么"和"怎么教"的条件性知识以及智慧的实践性知识。需要教师有强烈的求知欲,敏锐的信息捕捉力和较强的理解与整合新知的能力。

(三)较强的沟通与协调能力

综合实践活动的整合性打破了传统的教师单独任教一门学科、一个活动的局面,需要形成以教师为核心的团队力量。教师不仅要面对学生,还要协调学校的领导、同事、校外的学生家长和社会人士。这要求综合实践活动教师具有较强的沟通与协调能力,能够有效地协调与各方面的关系,具备较强的与领导、同事、学生、家长及社会人士合作的能力。

(四)突出的设计和指导能力

综合实践活动因为没有现成的、固定的适合所有学校和班级的教材、教学参考书和教学大纲,综合实践活动的主题或课题也复杂多样,故要求教师具有较强的自主设计综合实践活动方案并有效开展特色活动的能力,同时善于指导学生进行有效的设计与学习。

综合实践活动教师应具备的设计能力主要包含选择活动主题内容的能力、制定教学目标的能力、制订活动方案的能力、预测活动情境变化的能力。指导能力主要包含教师指导学生转变学习方式,引导学生在综合实践活动中自主选择、主动实践、积极参与、交流合作、知难而进、随机应变,拓展学习空间,增加学生在活动中、在交流中、在探索中、在竞争中参与的机会,使其真正成为学习的主人。

(五)较强的综合评价能力

综合实践活动课程强调学生的主动学习、活动和探究,重在培养创新精神、实践能力和终身学习的能力,对学生活动结果的评价不能简单模仿传统学科学习的评价方法,应全面、综合考察学生从确定问题、设计方案、执行方案、活动收获及后续探索等活动的全过程,客观评价学生学习活动的过程及产生的各种成果。教师具有较强的综合评价能力,才能在实践中建立起内容丰富、手段和方法多样、价值取向多元的评价体系。

三、综合实践活动的教师评价的方法

综合实践活动的教师评价的目的在于增进教师反思和改进教学的主动性与自觉性,提升其设计和实施综合实践活动课程的能力,要着眼于此选择恰当的评价方法。依据评价主体的不同,可以采用教师自评和外部他评的方法。

小学综合实践活动设计与实施

（一）教师自评

教师自评是教师根据一定的评价指标，对自身素质及课程实施及开发等表现情况所做的评价。哈里斯（B. M. Harris）和希尔（J. Hill）曾指出："只有教师本人对自己的教学实践具有最广泛、最深刻的了解，并且通过内省和实际的教学经验，教师能够对自己的表现形式和行为作一个有效的评价。"[①]

的确，教师对自己的情况最熟悉，最有发言权，针对自身的评价也较容易进行，建立在诚信基础上的评价也将具有最大限度的契合性。教师自评使教师主动、自觉地接受评价，及时、便捷地做出反馈与调整；也能不断提升教师的发展自觉，增进自我评价的意识和能力。

在评价指标方面，教师自评可以采用学校设定的评价项目与方法，根据学校的要求，对照自己的工作进行评价，及时调整指导方法与策略；也可以自行设计评价项目与方法，即在任务开始前设定系列目标，然后针对目标落实情况进行自我评价，及时反馈行动过程与成效；此外，还可以结合学校、自我和学生、家长、社会等他人的要求进行自我评价，尤其获得对突发情境、教学机智的理解和认识，及时获得宝贵的实践性知识，提升实践智慧。

具体评价过程中，教师可以采用自我反思、自我观察、自我访谈、课例研究、案例研究、教研论文等形式，倾听自己的声音，挖掘自身的实践智慧。但由于教师自评易受主观影响，同时缺乏外界参照体系，不便于进行横向比较，为了确保评价客观公正，有必要进行外部他评。

（二）外部他评

外部他评是指与教师相关的他人对其素质和课程实施与开发等情况进行的评价。这些与教师相关的他人包括教育主管部门领导和学校领导的评价、相关专家的评价、同行评价、学生评价、家长评价及社会评价等。其中，学校领导和同行评价是外部他评的重要组成部分，他们较为了解教师及其活动的目标、实施状况、评价标准等，相对而言，他们的评价比较全面、准确，并将有利于形成良性互动的教师发展团队。同时，学生评价也不容忽视，学生是教学活动的直接参与者，也是既得利益者，他们拥有绝对的发言权，应给予他们平等的评价教师的权利，尤其鼓励他们对教师在活动过程中给予的指导和帮助做出评价，提出自己的意见和建议，教师也应当重视学生的评价并做出及时的反馈。此外，家长普遍关注孩子的教育和在校的发展情况，很多还可能是教师的合作者，他们同样拥有评价教师的权利，而且，吸收家长的评价也将大大有利于增进家庭和学校的理解与合作。

进行外部他评，需要建立将定期和不定期的评价与经常性的教师自评相结合的学校评价机制，充分调动学校领导和广大教师参与综合实践活动的热情与积极性。要明确恰当的评价标准和指标，确定由学校、教师、学生、家长等多方代表组成的评价小组，制定透明的评价程序，并做到及时沟通与反馈评价结果，评价的形式也要力求多样，通过查看教师自评报告、座谈、实地观察、问卷、了解学生的发展、家长的反映、社会的反响等多渠道对教师展开综合评价。综合实践活动的教师评价并非是以此为依据对教师进行奖惩或排队、分类，而要着眼于激励教师增进发展的动力，鼓励教师不断改进和创新，实现可持续发展。当然，对教师进行一定的精神奖励和物质奖励也是可以和必需的。

---

① 王俭. 教师专业化发展与教师自我评价[J]. 高等师范教育研究，2002(2)：26-31.

综合实践活动教师评价表见表 9-5。

表 9-5　综合实践活动教师评价表①

评价项目	评价要点	评 价 标 准	自 评 A	B	C	D	他 评 A	B	C	D
目标内容	1. 目标明确	符合情感态度、实践能力、综合知识,学习策略的培养目标								
	2. 内容综合	贴近学生的生活实践、社会实践、劳动技术实践、信息技术实践								
		内容综合、宽泛、新异,符合学生身心发展的规律,促进个性发展								
		丰富学生的体验,培养兴趣爱好								
		引入多种信息								
		围绕主题,运用多门学科知识								
	3. 实践性强	次主题分量适当,有操作性								
		难易适当,实践性突出								
活动过程	1.组织形式	走入社会,面向大自然								
		组织形式多样								
	2. 学生活动	方法得当,体现探究式学习方式,如交流活动感悟、存在现象及原因分析、新问题的后续研究等								
		自主活动,主体性得到充分发展								
	3. 教师指导	教师是活动合作者、参与者、指导者								
		指导方法形式得当								
	4. 活动步骤	活动导入贴切、自然								
		学生亲自实践,动手、动脑、动口								
活动效果	1. 学生体验活动	自主思考、设计、操作和解决问题,有真实体验,陶冶情操、愉悦身心								
		多元评价贯穿于活动全过程								
	2. 学生参与活动	学生主动活动面大,活动量大、获得实践锻炼								
		以"活动促发展",能力得到提高								
	3. 学生知识面和学习策略	知识面有所拓宽								
		学习方法、方式多样,学会学习								
		具有创新精神和意识								

四、综合实践活动的教师评价的要求

(一)把握评价的针对性和综合性

综合实践活动的教师评价力求展现每一位教师在课程设计、实施与开发过程中表现出来

---

① 资料来源:《教师评价表》,引用时稍作改编。参见李孔文. 小学综合实践活动课程论[M]. 合肥:中国科学技术大学出版社,2009:168-169.

小学综合实践活动设计与实施

的个性特色,要针对教师的个别差异确定相应的评价标准,从而增强教师发展的信心,激发教师主动创造的动力。与此同时,综合实践活动的教师评价需要从多视角、采用多种方法对教师进行全方位的综合评价,体现评价的综合性。

(二)协调评价的主动性和被动性

综合实践活动的教师评价尤为关注教师自身在综合实践活动设计与实施中的表现,获得的成长与进步。因此,发挥教师在评价中的主体作用和主动地位尤为重要。教师应主动搜集活动信息,不断进行自我反思和自我评价,改进教学行为,提升发展自觉。同时,在外部他评的过程中,体现一定程度的被动性,但教师不是一个被动的评价客体,被动接受他人评价的结果,需要通过建立良性的学校评价机制,增进彼此的交流与沟通,使教师消除与评价人员的对立情绪,进而自觉接受和理解评价结论。

(三)兼顾评价的过程性和结果性

综合实践活动教师评价的目的在于认识和改进教学,提升开展综合实践活动的能力。评价要关注教师实施综合实践活动的过程,搜集具体的教育教学行为,对教师在此过程中的认识和行为变化,对学生的指导以及获得的成绩等做出评价。但同时,因为评价结果直接作用于教师的教学过程,因此评价手段要具有较强的可操作性,评价程序要公开透明,评价结果尽可能客观公正,并及时反馈给教师,增进对话与沟通,以便评价结果更好地服务于教师不断调整自己的综合实践活动的教学行为。

(四)注重短期性与长期性

综合实践活动的教师评价是一个由一系列长期的阶段性评价与一系列不定期的短期评价共同构成的评价体系。长期的阶段性评价有助于综合评价教师的教学活动,促进教师持续的专业成长,而不定期的短期评价有助于激发教师的教学热情、及时调整自己的教学行为,提高教学效率。长期的阶段性评价多表现为学期末或学年末的教学评价,不定期的短期评价多表现为课堂评价。

当然,评价只是手段,并非目的,进行综合实践活动的教师评价最终目的是提升教师的发展自觉和综合素养,并最大限度地服务于学生的成长与进步,因此,不能为评价而评价,反对一切"伪评价"、"准评价",支持"真评价"。

本章概要

本章首先简要介绍课程评价的基本原理,包含了课程评价的含义、目的与功能、类型,梳理了现代课程评价理论的历史演变,呈现了几种典型的课程评价模式,明确了课程评价的过程,并全面介绍了综合实践活动评价的评价对象、评价主体和评价原则,同时,又从内涵及意义、内容、方法和要求4个方面详细介绍了综合实践活动的学生评价和教师评价。

资源链接

[1] [美]威廉·F.派纳等.理解课程[M].张华等译.北京:教育科学出版社,2003.

[2] 张华.课程与教学论[M].上海:上海教育出版社,2000.

［3］陈玉琨等.课程改革与课程评价［M］.北京：教育科学出版社,2001.

［4］［美］Ralph W. Tyler.课程与教学的基本原理［M］. 罗康,张阅译.北京：中国轻工业出版社,2008.

［5］全国十二所重点师范大学联合编写.课程论［M］. 北京：教育科学出版社,2007.

［6］黄光雄,蔡清田. 课程设计——理论与实际［M］. 南京：南京师范大学出版社,2005.

［7］张华,安桂清等. 综合实践活动课程开发与案例研究［M］. 北京：高等教育出版社,2008.

［8］郭元祥,沈旎. 小学综合实践活动［M］. 上海：华东师范大学出版社,2008.

［9］郭元祥. 综合实践活动课程的管理与评价［M］. 北京：高等教育出版社,2003.

［10］郭元祥. 综合实践活动课程设计与实施［M］. 北京：首都师范大学出版社,2001.

［11］姜平. 综合实践活动课程实施策略［M］. 北京：首都师范大学出版社,2004.

［12］钟启泉等. 基础教育课程改革纲要(试行)解读［M］. 上海：华东师范大学出版社,2001.

［13］顾建军. 小学综合实践活动设计［M］. 北京：高等教育出版社,2005.

［14］王俭. 教师专业化发展与教师自我评价［J］. 高等师范教育研究,2002(02)：26-31.

［15］洪明等. 综合实践活动课程导论［M］. 福州：福建教育出版社,2007.

［16］李克文. 小学综合实践活动课程论［M］. 合肥：中国科学技术大学出版社,2009.

思考与实践

一、理论思考

1. 谈谈你对一种课程评价模式的认识。

2. 进行综合实践活动评价应坚持哪些原则？

3. 谈谈综合实践活动评价中的学生评价对学生成长与发展的作用。

4. 谈谈综合实践活动评价中的教师评价对教师成长与发展的作用。

二、实践探索

1. 结合综合实践活动的学生评价的内容,设计一个具体的学生评价表。

2. 设计一份综合实践活动的教师自我评价表。

3. 走进一所小学,观察和分析他们的综合实践活动评价情况,写一份调研报告。